政治权力与公司控制
公司治理的全球政治学新解

国家社科基金一般项目：
商事组织形式创新的法律供给研究（23BFX183）阶段性成果

POLITICAL POWER AND CORPORATE CONTROL

THE NEW GLOBAL POLITICS OF CORPORATE GOVERNANCE

政治权力与公司控制

公司治理的全球政治学新解

[美] 彼得·A.古勒维奇　著
　　　詹姆斯·希恩
　　　　Peter A. Gourevitch
　　　　James Shinn
　　　李诗鸿　译

中国政法大学出版社

2023·北京

Political Power and Corporate Control: The New Global Politics of Corporate Governance
by Peter A. Gourevitch and James Shinn

Copyright © 2005 by Princeton University Press

All rights reserved. No part of this book may be reproduced or transmitted in any form or by any means, electronic or mechanical, including photocopying, recording or by any information storage and retrieval system, without permission in writing from the Publisher.

著作权合同登记号：图字01-2024-2032号

图书在版编目（ＣＩＰ）数据

政治权力与公司控制：公司治理的全球政治学新解 ／（美）彼得·A.古勒维奇，（美）詹姆斯·希恩著；李诗鸿译.—北京：中国政法大学出版社，2023.12
书名原文：Political Power and Corporate Control: The New Global Politics of Corporate Governance
ISBN 978-7-5764-0821-8

Ⅰ.①政… Ⅱ.①彼… ②詹… ③李… Ⅲ.①公司—企业管理—研究 ②公司法—研究 Ⅳ.①F276.6 ②D912.290.4

中国国家版本馆CIP数据核字(2023)第154975号

出 版 者	中国政法大学出版社
地　　址	北京市海淀区西土城路 25 号
邮寄地址	北京 100088 信箱 8034 分箱　邮编 100088
网　　址	http://www.cuplpress.com（网络实名：中国政法大学出版社）
电　　话	010-58908289(编辑部) 58908334(邮购部)
承　　印	固安华明印业有限公司
开　　本	720mm×960mm　1/16
印　　张	27.25
字　　数	440 千字
版　　次	2023 年 12 月第 1 版
印　　次	2023 年 12 月第 1 次印刷
定　　价	115.00 元
声　　明	1. 版权所有，侵权必究。
2. 如有缺页、倒装问题，由出版社负责退换。|

推荐序
RECOMMENDATION

《政治权力与公司控制》(Political Power and Corporate Control)系加州大学圣地亚哥大学政治学教授彼得·古勒维奇(Peter A. Gourevitch)和普林斯顿大学詹姆斯·希恩(James Shinn)的作品,本书解释了公司治理是如何为政治学所塑造——公司管理者、所有者和劳动者都在竞争着制定公司运营的规则,以及致力于主导公司为了谁而运营。作者结合了一个明确的与政治互动的理论模型,将其与欧洲、亚洲、非洲、北美和南美等39个国家和地区的统计证据以及详细的案例描述相结合。在公司治理的政治学维度方面,本书有着很高的学术价值,是继马克·罗伊(Mark J. Roe)教授的《公司治理的政治维度》(Political Determinants of Corporate Governance)之后,另一部备受瞩目的作品。

主流意见中通过研究少数股东的保护和所有权集中在各国不同经济偏好和政治机构的相互作用来解释问题,而本研究提出了不同意见。它探讨了特别重要的养老金计划和金融中介机构在不同的公司治理原则下,促成政治偏好的作用。

古勒维奇和希恩描绘了一幅政治学意境下的公司治理图景,作者通过分析认为,管理者、所有者和劳动者之间的联合决定了股东治理模式的架构。主要政策结果表现为少数股东保护(minority shareholder protections, MSPs)以及协调程度(degrees of coordination, DoC)的差异。少数股东保护被认为是比较公司治理的主要问题,如 LLSV 在《法律与金融》("Law and Finance")一文中的论述,他们认为良好的公司法要求防止公司管理者推卸责任或者自我交易。在大股东系统中,大股东会持续监测管理者,但是如果公司法是有效的,他们就能够放弃自身效率低下的监控状态,允许资本市场的繁荣和股权的分散,这会自然地消除大股东的自我交易。相比之下,古勒维奇和希恩认为,保护

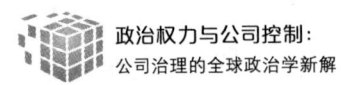

少数股东和所有权集中之间的负相关性太小,无法单独解释公司治理的构架。

某一个国家的公司治理制度的形成取决于政治的联盟与分歧。分歧(cleavage)通常是指一定社会中,依据一定的社会结构层面将其成员分割为不同群体的现象。从分歧的视角研究政党及政党制度,是政治社会学的一个重要传统。本书的作者另辟蹊径,运用政治学理论,分析公司治理中群体联合现象。作者从三个层面来分析"管理层""股东""劳动者"之间的联合与分化。偏好分歧一:阶级冲突;偏好分歧二:部门冲突;偏好分歧三:透明度、发言权与养老金。在偏好分歧一,所有者和管理者联盟,劳动者是控制方或被控制方。在偏好分歧二,管理者和劳动者联盟,所有者是控制方或被控制方。在偏好分歧三,所有者和劳动者联盟,管理者是控制方或者被控制方。作者运用统计分析的方法,结合细致的描述,分析了数十个国家的不同类型的偏好分歧及其原因。最后作者揭示了分化的原因,并引发进一步的思考。

彼得·古勒维奇教授系美国数学与艺术学院院士、加州大学圣地亚哥分校的政治学系创始系主任,是著名的环太平洋政治学研究的领导者,他的研究涉及国际关系与国际政治等多个方面。他的代表作 *Politics in Hard Times: Comparative Responses to International Economic Crises* 已被吉林出版集团翻译成中文——《艰难时世下的政治:五国应对世界经济危机的政策比较》。

李诗鸿是我指导的博士,他的研究涉及公司治理的政治维度,其博士论文的写作与本书亦有着密切的联系。2011—2012年,他受国家留学基金委资助在美国斯坦福大学联合培养一年,对美国相关理论也有了进一步的研究,对此领域的现状比较了解,也有较好的英文基础,适合从事本书的翻译工作。

特此推荐!

吴志攀

北京大学法学院教授、博士生导师

北京大学金融法研究中心原主任

北京大学原常务副校长

序 言
PREFACE

有限责任公司即将迎来它的四百岁生日。[1]其通过创建调动资本和鼓励风险承担,为经济增长提供了强大的动力。拥有深厚资本市场和健康企业结构的经济体,其增长速度要快于那些财务和公司结构薄弱的经济体。与此同时,公司容易受到问责制和相关责任问题的困扰。最近的丑闻[安然(Enron)、帕玛拉特(Parmalat)、阿德菲亚(Adelphia)、阿霍德(Ahold)等]都是公司历史学家所熟知事件的重演。

观察世界各地的公司结构甚至会让达尔文着迷。不存在所谓的单一的形式,现实是多种多样的。美国对内幕交易、敌意收购、董事会组成、代理投票过程有严格的规定;它在大多数"股东保护"指标中排名靠前。相比之下,日本各公司之间存在大量交叉持股,因此不存在有效的控制权市场。在德国,公司由制度化的大股东监管。在世界上的许多地方,对于外部股东几乎没有什么保护措施,而大多数公司都处于那些互有家族、种族、宗教或社区渊源而密切联系的所有者的监管之下。

美国模式并不典型。如果我们衡量的是公司内部的股权集中度,或者是股东保护的规定,抑或是董事会组织规则,那么美国就处于天平的一端。但情况并非总是如此。在19世纪末期,美国的公司与欧洲大陆的公司情况相

---

[1] 1602年3月,荷兰共和国特许东印度联合公司(Vereenigde Oost-Indische Compagnie, VOC)为有限责任股合股公司(limited liability joint stock company),是上市跨国贸易企业的原型。文艺复兴时期佛罗伦萨和热那亚的商人在此日期之前已经尝试过联合股票安排,但投资者和管理者之间设定的期限有限,并且签订的是一份"完全契约"。基于一份雄心勃勃但回报不确定的,(最初)运营期限为10年的公司特许状,VOC从超过一千名投资者那里筹集了645万荷兰盾(目前超过10亿美元)。在VOC消亡前的300年里,所有者、股东和员工之间关于VOC治理的争论充斥着该公司的档案,直至该公司终结。See Paul Frentrop, *Corporate Governance*, *1602-2002* (Amsterdam: Prometheus, 2002) chap. 2.

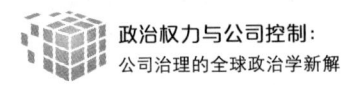

似,随后政策发生了强制改变。美国的政治体制颁布了反垄断和集中金融机构的法律,并建立了证券监管机构,但其他国家没有通过类似的法律。

本书旨在解释这种分歧。侧重于有关公司结构的法律和法规的政治学解释。当然,在技术和竞争中存在一些变量,不管法律的形式如何,这些变量都是有效的,私人约束或信任机制是真实存在的。但是,驱动公司行为的一些重要因素在于法律和监管结构的激励。因此,解释法律和法规是所有对公司治理阐释的核心。

我们的著作并不聚焦于最近的丑闻,尽管它们很重要且具有启发性,并且在折损养老金和就业岗位流失方面给社会大众造成了相当大的痛苦。它们还告诉我们一些关于系统如何运作的事情——丑闻对人们有害,但对社会科学研究有益。虽然我们对这个问题有一些想法,但我们并未提供"如何解决"的分析建议。我们确实为制定改进方案提供了必要的材料:对塑造现实情况,而不仅仅是应该发生什么的政治进行现实分析。政治推动监管,监管塑造公司治理模式,然后保护或伤害投资者。当我们设计解决方案时,我们必须考虑在给定的政治过程中可能发生的情况,而不是抽象的理想情况。

我们的写作动机将道德关切与实际问题相结合。持有股份(shareholding)为个人和机构储蓄提供了重要的资产。因此,它成为一个人的保障、生活计划和人生目标的重要组成部分。寡妇和孤儿、退休人员、慈善机构和教育机构、基金会和非营利组织,以及富裕、舒适或寻求快乐的人,或目标适度的人——都在利用证券市场。吸引这些储蓄的能力推动了经济发展。因此,我们关心"什么是有效的",因为我们关心广大人民和机构投资者的目标。

这种担忧使我们非常好奇。公司治理监管的政治是什么?我们发现这一课题在对公司的研究中出奇的不发达。而在法律、经济、历史的所有相关主题上都有丰富的文献。没有那些文献,我们就无法承担这项工程。然而,直到最近,政治变量还没有被认真地视为解释的重要因素。随着几个领域的同事观察到这些变量,这种情况正在改变。我们寻求对这一不断增长的文献做出贡献。

我们深信,公司治理是比较与国际政治经济的核心。发生的大部分事件以及谁受益都是由它驱动的。公司治理模式在很大程度上与劳动力市场、教育和培训、社会服务和收入分配有关。它们影响经济增长和调整的速度,无论是好是坏。它们与腐败、法治和政治民主等问题密不可分。它们与贸易争端和国际经济协调交织在一起。公司治理不是这些政策领域的唯一驱动力，但它是一个重要的组成部分，因此理解它非常重要。

早在最近的丑闻发生之前，我们俩就对这个话题产生了兴趣。不同的经历和原因把我们带到这里。古勒维奇（Gourevitch）一直在研究比较与国际政治经济：各国如何应对国际经济的变化及其带来的压力。他的《艰难时世下的政治》(Politics in Hard Times) 一书探讨了各国在面对我们现在称之为全球化的挑战时——19世纪80年代、20世纪30年代和70年代的危机——如何选择政策。

这引发了人们对各国表现如此不同的兴趣：为什么在20世纪80年代，美国经济表现糟糕，而德国和日本却表现出色。古勒维奇确信，关键因素在于公司治理，公司如何运作以及它们如何与分包商、银行、投资者和员工联系在一起。这似乎不是国家在经济中的正式角色（国家强势或弱势，官僚机构的作用），而是关键变量。他就这个主题撰写了几篇论文。

希恩（Shinn）从一个不同的自下而上的路径谈及公司治理的主题。在他丰富的职业生涯中，曾做过工会雇员、一线工人、公司中层和总经理、首席执行官、企业家，然后是内部和外部董事。在他共同创立的第一家公司中，他在16个国家和地区建立并管理公司，包括阿根廷、比利时、巴西、中国和中国香港地区、法国、德国、印度、意大利、以色列、日本、韩国、马来西亚、新加坡、西班牙和英国。这使他"实地"了解诸多公司治理的细节，并对各地公司法、财务报告标准和治理规则的巨大差异（有时甚至是令人不安的）印象深刻。他决定攻读博士学位，并在普林斯顿大学撰写了一篇关于公司治理和资本市场整合的论文，论文涉及他担任过经理的几个国家和地区。本书中的一些资料和数据借鉴了该论文。

1999年至2000年，在圣地亚哥的一次会议中，经过共同好友迈尔斯·卡赫勒（Miles Kahler）的牵线，我们发现彼此志同道合，迈尔斯是古勒维奇在加州大学圣地亚哥分校的同事，曾与希恩一同担任外交关系委员会的成员。我们决定一起工作。我们说服了当时的外交关系协会[1]主席莱斯·盖尔布

---

[1] 美国外交关系协会（Council on Foreign Relations），是美国一个专门从事外交政策和国际事务的非营利、无党派的会员制组织、出版商和智库。——译者注

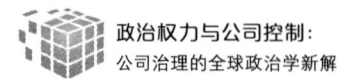

（Les Gelb），让他认同在这个与外交政策有关的主题中确实存在一些国际问题。2002 年 3 月，他授权我们在外交关系协会就这一主题开展工作，为我们合著《股东改革如何支付外交政策红利》（*How Shareholder Reforms Can Pay Foreign Policy Dividends*）奠定了基础。我们非常感谢那次研讨会的参与者，特别是来自华尔街的从业人员、投资组合经理、承销商、会计师事务所、律师和经济学家，他们对公司治理的了解源于实践经验和公共政策利益，而且他们对自己（非常昂贵的）时间很慷慨。

我们深信还有更多话要说，于是转而开始写作本书。我们在 2002—2003 年间写了第一稿。古勒维奇向加州大学圣地亚哥分校申请休了一个学术长假，2001 年 2 月起在哈佛大学欧洲研究中心度过，2002 年 2 月起在行为科学高级研究中心度过。他感谢这些机构的大力协助，感谢威廉和弗洛拉·休利特基金会（William and Flora Hewlitt Foundation）对他在行为科学高级研究中心（CASBS）时所提供的支持。2002 年，古勒维奇与迈克尔·霍斯（Michael Hawes）共同发表了一份关于政治制度在塑造公司治理结果的重要性的早期声明。2003 年，古勒维奇进一步发展了一些关于联盟（coalitions）和结盟（a-lignments）的观点，这些观点促成了他在耶鲁法学杂志发表论文：《公司治理监管的政治学》（"The Politics of Corporate Governance Regulation"），评论马克·罗伊（Mark Roe）对这一主题的精细研究，并对本书的研究做出了贡献。

我们将公共政策问题与实证问题相结合。我们在这里试图撰写一篇社会科学的研究成果——一种对现实的分析，努力理解和发展关于事物为什么会发生的理论，并检验这些理论。

与此同时，我们确实对这个话题存在实际和伦理上的考虑。什么公司治理体系最有效率？哪种系统能促进经济增长、保护投资者，同时鼓励就业和机会均等？我们在这个项目中已经了解到这些变量是相互关联的。这些联系影响着塑造公司治理的政治，要理解这些联系，还需要做更多的工作。

许多人对我们的项目提供了帮助。

彼得·古勒维奇感谢几个班级的学生，他们对这个主题表现出热情，并阅读了部分章节草稿，做了一些自己的研究，并帮助寻找参考文献；他特别提到了雅各布·艾伦（Jacob Allen）、阿德里亚娜·比扬（Adriana Bejan）、克里斯·陈（Chris Chan）、威利·豪（Willi Hao）和冈萨洛·伊斯拉斯

(Gonzalo Islas)。

我们感谢巴勃罗·平托（Pablo Pinto）协助进行的数据分析，特别感谢他编写了附录，并协助复核了我们的许多计算；霍斯帮助开发了用于第四章的有关政治机构的数据（并为与古勒维奇合著并发表于法国期刊 *Régulation* 中的论文提供了帮助，该文章是本书部分观点的早期版本）；罗布·克纳克（Rob Knacke）当时在外交关系协会工作，他帮助我们举办了一些会议并为后来的外交关系协会出版物做了大量的辛勤工作；普林斯顿大学的菲利普·诺瓦克（Philip Novack），他提供了极好的研究帮助。在加州大学圣地亚哥分校，玛丽娜·格林（Marina Green）在手稿准备的最后阶段担任研究助理。琳恩·布什（Lynne Bush）用她高超的编辑技巧使我们免于许多错误。

特别感谢阅读过本书初稿的许多同事。他们展现的才华和敬业精神让我们肃然起敬，正是这种精神让研究变得激动人心！我们特别要提及苏珊娜·伯杰（Suzanne Berger），弗兰克·道宾（Frank Dobbin），彼得·霍尔（Peter Hall），彼得·卡赞斯坦（Peter Katzenstein），大卫·莱克（David Lake），玛格丽特·列维（Margaret Levi），马克·罗（Mark Roe），克里斯勒特·桑潘-塔拉克（Krislert Samphan-tharak），肖逸夫（Yves Tiberghien），尼古拉斯·韦隆（Nicolas Véron），尼古拉斯·齐格勒（Nicholas Ziegler）；以及阅读手稿部分章节的人士，包括露丝·阿吉莱拉（Ruth Aguilera），帕特里克·博尔顿（Patrick Bolton），马可·贝希特（Marco Becht），约翰·乔菲（John Cioffi），朱利安·迪尔克斯（Julian Dierkes），佩珀·库尔佩珀（Pepper Culpepper），罗纳德·多尔（Ronald Dore），米歇尔·戈耶尔（Michel Goyer），马丁·霍普纳（Martin Höpner），星岳雄（Takeo Hoshi），戴维·索斯凯斯（David Soskice），布赖恩·柴芬斯（Brian Cheffins），阿塞姆·普拉克什（Aseem Prakhesh），艾尔莎·罗尔（Ailsa Röell），乌尔里基·谢德（Ulrike Schaede），维维安·施密特（Vivien Schmidt）和约翰·齐斯曼（John Zysman）。一些匿名审稿人提供了非常有价值的评论。

我们也要感谢许多为我们的项目贡献了关键想法或数据的个人，他们在我们的研究和访谈过程中慷慨地投入了时间，包括杰米·艾伦（Jamie Allen），布鲁诺·阿马布尔（Bruno Amable），加文·安德森（Gavin Anderson），西奥多·鲍姆斯（Theodore Baums），约翰·比格斯（John Biggs），罗伯特·博耶

（Robert Boyer）、卡罗琳·布兰卡托（Carolyn Brancato）、肯·布克哈特（Ken Burkhardt）、彼得·巴特勒（Peter Butler）、肯特·考尔德（Kent Calder）、彼得·克拉普曼（Peter Clapman）、彼得·克拉克（Peter Clark）、安德鲁·克利菲尔德（Andrew Clearfield）、杰拉尔德·柯蒂斯（Gerald Curtis）、约翰·戴维（John Davey）、斯蒂芬·戴维斯（Stephen Davis）、西梅翁·迪扬可夫（Simeon Djankov）、赵东成（Cho Dong-sung）、亚历山大·戴克（Alexander Dyck）、哈特·费森登（Hart Fessenden）、朱利安·弗兰克斯（Julian Franks）、理查德·弗雷德里克（Richard Frederick）、深尾光洋（Mitsuhiro Fukao）、杰弗里·加滕（Jeffrey Garten）、里奥·戈德施密特（Leo Goldschmidt）、张夏准（Chang Ha-joon）、林良造（Ryozo Hayashi）、星岳雄（Takeo Hoshi）、迈尔斯·卡勒（Miles Kahler）、梅里特·亚诺（Merit Janow）、基亚提萨克·杰拉提安拉纳特（Kiattisak Jelatianranat）、李正洪（Lee Jung-hong）、安德鲁·金（Andrew Kim）、小野正夫（Masao Konomi）、约翰·朗格卢瓦（John Langlois）、拉斐尔·拉波塔（Rafael La Porta）、安迪·劳伦斯（Andy Lawrence）、威廉·拉佐尼克（William Lazonick）、费尔南多·莱福特（Fernando Lefort）、约翰·莱马斯特（John Lemasters）、皮埃尔-亨利·勒鲁瓦（Pierre-Henri Leroy）、史蒂夫·莱维特（Steve Levitt）、索菲·勒赫利亚斯（Sophie L'Helias）、弗洛伦西奥·洛佩兹-德-西伦斯（Florencio López-de-Silanes）、乔恩·卢克姆尼克（Jon Lukomnick）、安迪·马丁（Andy Martin）、松井凯蒂（Kathy Matsui）、科林·梅耶（Colin Mayer）、凯瑟琳·麦克纳马拉（Kathleen McNamara）、巴里·梅茨格（Barry Metzger）、艾拉·米尔斯坦（Ira Millstein）、内尔·米诺（Nell Minow）、罗伯特·蒙克斯（Robert Monks）、村上世彰（Yoshiaki Murakami）、塔格特·墨菲（Taggart Murphy）、威廉·梅金森（William Megginson）、罗伯托·纽维尔（Roberto Newell）、罗杰·诺尔（Roger Noll）、查尔斯·阿曼（Charles Oman）、史蒂夫·奥林斯（Steve Orlins）、芭芭拉·奥图尔（Barbara O'Toole）、威廉·奥弗霍尔特（William Overholt）、罗伯特·帕拉西奥斯（Robert Palacios）、休·帕特里克（Hugh Patrick）、罗伯特·波曾（Robert Pozen）、盖特·拉伊梅克斯（Geert Raaijmakers）、柳相永（Rhyu Sang-young）、弗里茨·沙尔夫（Fritz Scharpf）、埃里希·施奈德曼（Erich Schneiderman）、盐崎恭久（Yasuhisa Shiozaki）、史蒂夫·斯马哈（Steve Smaha）、安妮·辛普森（Anne Simpson）、

本·斯蒂尔（Benn Steil）、沃尔夫冈·施特雷克（Wolfgang Streeck）、索莫·苏布拉马吉安（Somo Subramajian）、斯托扬·特涅夫（Stoyan Tenev）、保罗·泰尔（Paul Theil）、艾伦·廷布里克（Alan Timblick）、单·特恩布尔（Shan Turnbull）、景·乌尔里希（Jing Ulrich）、迈克尔·瓦蒂基奥蒂斯（Michael Vatikiotis）、保罗·沃尔平（Paolo Volpin）、鲁迪格·冯·罗森（Rudiger von Rosen）、爱德华多·沃克（Eduardo Walker）、盖伊·维瑟-普拉特（Guy Wyser-Pratte）、杨永茂（Youn Young-mo）和尼克·兹威克（Nick Zwick）。

我们感谢几次讨论会的参加者，他们耐心地听取了我们不断酝酿和发展的意见。我们特别感谢玛格丽特·列维（Margaret Levi）于2003年秋在华盛顿大学组织了一次为期一天的研讨会，讨论了本书手稿的初稿，并感谢她的同事们参加了这次研讨会。我们感谢以下研究机构和参加相关会议的同僚以及他们的宝贵意见：2001年秋季欧洲研究中心，2002年冬季哈佛商学院，2003年秋季的柏林社会科学研究中心（Wissenshafts Zentrum Berlin, WZB），2002年11月的行为科学高级研究中心，美国政治学会2001年、2002年、2003年和2004年的会议，2000年和2004年的加州大学伯克利分校，2001年秋季的北卡罗来纳大学，2003年6月在巴黎的CEBREMAP集团，2003年7月在科隆马克斯·普朗克研究所，2004年3月召开的欧洲研究理事会会议，2003年5月在英属哥伦比亚大学召开的会议，以及2004年秋季在杜克大学和杨百翰大学召开的会议。

感谢加州大学圣地亚哥分校对2001—2003年间部分地区学术休假的支持，以及国际关系与太平洋研究学院的研究的支持；感谢加州大学圣地亚哥分校评议会的旅行资金和手稿准备；感谢对外关系协会对举办研讨会的帮助；感谢夏威夷大学东西方研究中心，感谢他们在几个夏天里对我们的研究和写作的热情款待；感谢普林斯顿大学伍德罗·威尔逊学院和乔治城大学外交学院的后勤支持、优秀的同事以及高速的计算机系统。

最重要的是，感谢我们的太太和我们的孩子多年来忍受我们不断地在键盘前喃喃自语、低沉嘶吼和发出电邮。这是一种乐趣（至少对我们来说是这样），也是一种智力冒险。我们感谢彼此的精诚合作；从始至终，我们始终坚信，如果没有对方，谁也写不出这本书。

缩写列表
ABBREVIATIONS

A&P	大西洋与太平洋食品公司
ABN AMRO	荷兰银行，一家总部设在荷兰的大型银行
ABP	公共部门养老基金（荷兰）
ABRASCA	巴西上市公司协会
ACWI	全球指数
ADRs	美国存托凭证
AEGON Nederland	荷兰全球保险集团
AFG	法国金融资产管理协会
AFL	美国劳工联合会
AFL-CIO	美国劳工联合会-产业工会联合会
AFP	养老基金管理者
AGF-Paribas	法国保险总公司-法国巴黎银行
AGM	年会
AKZO Nobel	阿克苏诺贝尔，总部设在荷兰的大型跨国公司，主营化工、涂料和医疗产品
AOW	荷兰国家养老金制度（第一支柱养老金计划）
ARRCO	国家职工养老保险金管理局（法国）
ASC	中国会计学会
ASEAN	东南亚国家联盟
AT	奥地利
ATP	国民补充退休金（瑞典）
AU	澳大利亚
BADC	商业会计讨论委员会（日本）
BASF	巴斯夫公司，总部设在德国的大型化工跨国公司

BDI		德国工业协会
BE		比利时
BIS		国际清算银行
CA		加拿大
CAC-40		法国 CAC-40 股价指数，巴黎证券交易所以大盘为基准的股指，1998 年成为法国证交协会（SBEF）一部分
CalPERS		加州公务员退休基金
CAS		中国会计准则
CDU		基督教民主党（德国）
CEO		首席执行官
CEP		资本主义经济政策
CES		创新电子系统（德国）
CH		瑞士
CI		协调指数
CICPA		中国注册会计师协会
CII		机构投资者委员会（美国）
CIO		产业工会联合会（美国）
CL		智利
CME		协调市场经济
CNAVTS		职工退休补助金制度协会（法国）
CNC		国家会计委员会（法国）
CPA		注册会计师
CPF		中央公积金（新加坡）
CRC		会计法规委员会（法国）
CSRC		中国证券监督管理委员会
CSX		CSX 公司，一家大型运输公司（美国）
DASC		信息披露与会计准则委员会
DB		固定福利
DE		德国
DK		丹麦
DoC		协调度
DPI		政治指标数据库
DRSC		德国会计准则委员会

DSM	帝斯曼集团，荷兰大型跨国化工企业
DSR	德国会计标准委员会
EPF	雇员公积金（马来西亚）
ERISA	《雇员退休收入保障法案》
ESOPs	员工股权计划
EU	欧盟
EVA	经济增加值
FASB	财务会计准则委员会
FDI	外商直接投资
FDP	自由民主党（德国）
FESE	欧洲证券交易所联合会
FI	芬兰
FIBV	国际证券交易所联合会
FKI	韩国工业联合会
FPI	外商证券组合投资，区别于 FDI（外商直接投资）
FR	法国
FSA	金融服务机构（日本，Financial Services Agency）
FSA	金融服务管理局（英国，Financial Services Authority）
FSC	金融监督管理委员会
GAAP	通用会计准则（美国）
GB	英国
GCGF	全球公司治理论坛
GDP	国内生产总值
GLCs	政联企业
GTE	美国通用电子电话公司
HGB	商法典（德国）
HK	中国香港
IAS	国际会计准则
IASB	国际会计准则理事会
IASC	国际会计准则委员会
IBM	美国国际商用机器公司
ICC	国际商会
ICPAS	新加坡注册会计师协会

IDC	国际数据公司（美国）
IDR	国际存托凭证
IE	爱尔兰
IFO	国际金融机构
IFRS	国际财务报告准则
IMF	国际货币基金组织
ING	荷兰金融服务公司，原荷兰国际集团，现正式更名 ING 集团
IO	国际组织
IPCOH	政治凝聚力指数
IPD	养老金隐性债务（Implicit pension debt）
IPD	综合项目开发（Integrated project development）
IPO	首次公开发行
IRS	国内收入署（美国）
IT	意大利
JCGA	日本企业治理协会
JICPA	日本公认会计士协会
JP	日本
KapAEG	《融资促进法》（德国）
KASB	韩国会计准则委员会
Keidanren	经济团体联合会（日本），对称"经团联"
KEPCO	韩国电力公司
KFAS	韩国财务会计准则
KLM	荷兰皇家航空公司
KLSE	吉隆坡证券交易所（马来西亚）
KonTraG	《公司控制和透明度法》（德国）
KOSDAQ	科斯达克，韩国证券交易商自动报价系统协会
KPN	荷兰电信公司
KSE	韩国证券交易所
LDP	自民党（日本）
LG	喜乐金星（韩国）
LLSV	拉波塔（La Porta），洛佩兹-德-西伦斯（Lōpez-de-Silano），施莱弗（Shleifer）和维什尼（Vishny）四位学者
LME	自由市场经济

LSE	伦敦证券交易所
M&A	兼并与收购（并购）
MACPA	马来西亚注册会计师协会
MASB	马来西亚会计准则理事会
MCA	马来西亚华人协会
MGAAP	马来西亚一般通用会计原则
MIA	马来西亚会计师协会
MITI	通产省（日本）
MOF	财务省（日本）
MOFE	财政和经济部
MSCI	摩根士丹利资本国际
MSP	小股东保护
NASDAQ	纳斯达克，全国证券交易商自动报价系统协会
NBFI	非银行金融中介机构
NCR	全国现金出纳机公司（美国）
NED	非执行董事
NL	荷兰
NLRB	国家劳资关系委员会（美国）
NO	挪威
NRE Bill	2001年法国《新经济条例》
NV	大型注册公司（荷兰）
NYSCRF	纽约州公共退休基金
NYSE	纽约证券交易所
NZ	新西兰
O	所有者
OECD	经济合作与发展组织（经合组织）
OLS	普通最小二乘法
OME	有计划的市场经济
PAP	人民行动党（新加坡）
PAYGO	现收现付养老保险制度
PBGC	养老金福利担保公司
PGGM	医疗保健养老基金（荷兰）
PRA	个人退休账户

PSA	新加坡国际港务集团
QCL	公司法的质量
R&D	研究与开发
RIETI	经济产业研究所（日本）
SAF	瑞典雇主联合会
SCGOP	养老金公司治理研究（荷兰）
SE	瑞典
SEC	证券交易委员会（美国），又称"证监会"
SER	三方协商社会经济委员会
SIB	证券投资委员会（英国）
SIPO	股票首次公开发行，用以代替IPO
SK	鲜京公司（韩国）
SNCF	公共列车管理局（法国）
SOE	国有企业
SPD	德国社会民主党（社民党）
SSE	新加坡证券交易所
SVS	证券和保险监督管理局（智利）
TEFRA	《税收公平与财政责任法案》
TIAA-CREF	美国教师退休基金会
TLCs	淡马锡上市公司
TransPuG	《企业部门透明度和信息公示法案》
TVA	田纳西流域管理局
UAP-BNP	巴黎保险联合会-法国巴黎国民银行
UMNO	马来民族统一机构
US	美国
US-GAPP	美国公认会计原则
VoC	资本主义的多样性
W	员工（劳动者）
WWI	第一次世界大战
WWII	第二次世界大战
WWTR	全球薪酬总额

目 录
CONTENTS

推荐序 / 001
序　言 / 003
缩写列表 / 010

第一章　导言与论点概要 / 001
　　缘何要为公司治理而战？ / 004
　　显著的差异与"大逆转" / 005
　　将碎片拼起：寻求一种政治学的解释 / 013
　　政策结果 / 015
　　写作计划 / 016

第二章　治理模式：什么原因导致什么结果 / 018
　　结果：因变量及控制权模式 / 019
　　资本主义经济政策、少数股东保护以及协调度 / 025
　　　　少数股东保护（MSPs） / 025
　　　　协调度（DoC） / 026
　　政治学：偏好与制度 / 027
　　　　偏好 / 027
　　　　制度 / 031
　　本章小结 / 031

第三章 激励的形成：经济学与法学传统 / 032

论辩的起源 / 033
  "结构决定主义"被揭穿 / 035
不完全契约与私人秩序 / 036
  剩余风险和剩余控制权 / 038
  私人约束与治理博弈 / 039
  声誉第一，规制其次 / 040
  治理规制：必要、有用还是寻租？/ 041
  私人约束与国家差异 / 042
  私人秩序的障碍 / 043
  利益冲突的声誉中介 / 044
法律和监管：少数股东保护——信息、监督、控制和激励 / 045
  从侵权法到公司法 / 046
  信息：披露和审计 / 050
  监督：董事会独立性 / 052
  控制权规则 / 052
  管理者激励 / 053
  少数股东保护预测 / 057
资本主义的多样性：市场经济中的协调度 / 059
  协调度逻辑的预测 / 062
本章小结 / 064

第四章 政治学：偏好与制度 / 066

将经济利益映射到政治过程：一个因果模型 / 066
所有者、管理者与劳动者的偏好与结盟 / 068
  政治联盟 / 069
  第一组联合：阶级冲突 / 072
  第二组联合：部门冲突 / 074
  第三组联合：发言权 / 075
  四分五裂的参与者 / 077

目 录

政治制度：多数决与共识机制 / 078
  利益加总机制 / 080
  否决点和共识政治 / 082
  预测共识或多数决政治的影响 / 084
  已建立的民主国家 / 085
  信任的因果机制 / 088
  消费者还是生产者？/ 090
  偏好的反馈循环 / 091
  威权国家和转型国家 / 092

替代参数：法系和经济社会学 / 096
  法系：大陆法与普通法 / 096
  没有解释的结果 / 098
  法律源于政治 / 099

本章小结 / 108

第五章 偏好分歧一：阶级冲突 / 109

第一节 所有者和管理者主导劳动者 / 110
  投资者模型 / 110
  分析性叙述 / 140

第二节 劳动者主导所有者和管理者 / 150
  劳动力模型 / 150
  分析性叙述 / 160

本章小结 / 167

第六章 偏好分歧二：部门冲突 / 170

第一节 跨阶级联盟 / 170
  合作主义模式：劳动者与管理者主导所有者 / 171
  大谈盘（Grand Bargains）政治 / 179
  分析性叙述 / 182

第二节 威权体制下建立的联盟 / 211
  寡头模型：所有者主导劳动者和管理者 / 211

分析性叙述 / 213

本章小结 / 227

第七章 偏好分歧三：透明度、发言权与养老金 / 229

第一节 劳动者和所有者主导管理者 / 229

从阶级冲突到社团主义妥协 / 230

分析性叙述 / 256

第二节 管理者主导所有者和劳动者 / 266

"管理者主义" / 266

分析性叙述 / 271

本章小结 / 306

重塑参与者 / 308

第八章 结论：继续推进研究 / 311

问题与答案：是什么解释了治理结构的多样性？/ 311

问题一：什么解释了各地公司治理的多样性？/ 311

问题二：导致公司治理实践发生变化的原因是什么？/ 312

问题三：公司治理制度的总体模式差异性更小（趋同）还是更大（分化）？/ 319

不足之处及未来研究方向 / 320

模型的复杂性 / 320

数据难题 / 321

简化的假设困扰我们 / 322

声誉中介的黑匣子 / 323

偏好的可塑性 / 323

小结：继续为公司治理之争而战 / 323

逐底竞争还是逐顶竞争？/ 323

制度互补性与"改革" / 326

再次重提国家 / 327

分享全球化的收益 / 329

修辞与公司治理"高地"（High Ground）/ 330

市场效率和政治修辞 / 331

数据附录 / 333
参考书目 / 353
索　引 / 382
译后记 / 405

第一章
导言与论点概要

安然（Enron）、世通公司（WorldCom）、泰科（Tyco）[1]、阿德菲亚（Adelphia）、阿霍德（Ahold）[2]、霍林格（Hollinger）[3]、威望迪（Vivendi）[4]、帕玛拉特（Parmalat）[5]——这些企业是《金融时报》（*Financial Times*）和《华尔街日报》（*Wall Street Journal*）长期报道的主要对象，但近期，他们却在每日新闻和电视网络上变得丑闻不断、令人震惊。继2001年秋季安然公司的丑闻发生后，这些企业，他们的破产以及他们卑劣的经营者们，都已成为报纸和晚间新闻的头条。[6]

除了提供八卦新闻之外，这些金融失败的例子生动地表明，实际上存在一些被微妙地称为"公司治理的问题"。学者和媒体专家都常将伴随着20世

---

[1] 泰科创建于1960年，是全球知名的多元化集团公司，雄踞世界百强前25位，其产品行销全美50个州以及全球100多个国家。泰科国际是一家多元化的生产与服务型企业。泰科是世界最大的电气、电子元件制造商和服务商；海底通信系统的设计、生产、安装和服务商；也是世界最大的防火系统和电子安全服务的生产商、安装商和供应商；同时还是最大的流量控制阀门制造商。——译者注

[2] 荷兰公司，是一个国际集团，旗下拥有多家公司，以各自的品牌经营食品零售业务及提供饮食服务。——译者注

[3] 加拿大公司，在加拿大、美国等地拥有数百家报社，是世界上最大的媒体集团之一。——译者注

[4] 法国公司，2000年威望迪集团以环境公共事业的全球第一大公司身份兼并美加西格拉姆公司（Seagram）并进行重组后，威望迪环球集团——全球环境、传媒通信巨子得以诞生。——译者注

[5] 意大利公司，主要生产及分销食品和饮料，例如牛奶、酸奶、奶油汁、甜品、奶酪和水果饮料，曾在全球30个国家开展业务，共拥有3.6万余名雇员，年收入超过75亿欧元，并一度被视为意大利北部成功企业的代表。帕玛拉特公司也是意大利第一家使用硬纸盒包装生产牛奶的公司。——译者注

[6] 西方媒体报道集中于上述公司，然而，亚洲和拉丁美洲却见证了一系列与之并行的引人注目的公司治理丑闻，包括韩国SK公司和LG信用卡公司的崩溃；泰国的泰国石化工业公司；印度尼西亚的亚洲浆纸业有限公司；日本银行无止境的滥发贷款；墨西哥的阿兹台克电视广播公司（TV Azteca）；智利的恩德萨（Endesa）公司或称为恩诺斯（Enersis）公司发生的纷争（智利恩诺斯公司系西班牙恩德萨集团在拉美投资设立的子公司——译者注）；以及巴西的国家公用事业公司（COPEL）案。

纪90年代中期的系列金融危机——多发生于拉美和亚洲的发展中国家——而发生的公司失败误以为是发展中国家"裙带资本主义"所特有的区域性问题。随着千禧年的到来，人们清晰地认识到该问题被传播得更为广泛。世界各地都在发生这样或那样的丑闻。起初，人们认为安然事件是"一次性"案例，一个由于不审慎或者不胜任的管理者所引发的单一事件，并不需要特别的回应。[7]然而，随着越来越多的丑闻浮出水面，人们更清晰地认知到，其中有更深层次的原因在发挥作用。

本书并非探讨这些丑闻，而是研究公司问责制（accountability）的基本结构。我们不会试图说明缘何会存在滥用信任的特定个人，而是对世界各地公司治理体系之间的差异予以关注。在安然和帕玛拉特丑闻发生前很久，"公司治理问题"就已经存在了。菲斯克（Fisk）和古尔德（Gould）是19世纪美国操纵证券的著名案例，全世界都有类似案例。他们的行为促使私人和公共部门为保护投资者所做的努力。这些努力是本书的核心关注点。

公司治理关乎权力和责任。每个公司内部的权力结构决定谁分配资金：谁得到现金流，谁来分派工作，谁来决定研发工作，决定兼并与收购，决定聘用与解聘首席执行官，决定对供货商的转包，决定分配红利或回购股份或投资新设备。公司治理也与问责制有关：谁来为腐败、挪用资金或业绩不佳承担责任。

公司治理系统反映了公共政策选择。各国通过的法律塑造了激励机制，而激励机制反过来又塑造了治理体系。一些国家拥有严厉的内幕交易禁令，拥有活跃的控制权市场，拥有强大的小股东保护制度（基于会计准则、公司董事会、证券市场），以及保护产品市场竞争和有效的反垄断规则。在这些国家，通常由股东选举产生的董事会来监督管理者，拥有分散的股权结构。其他国家通过允许金字塔结构杠杆（pyramid leveraging）和交叉持股、限制控制权市场、限制竞争以及向少数股东提供弱保护来鼓励集中持股（blockholding）。

涉及公司治理的迥异的规制政策，导致了各国之间的政治差异——一方

---

[7] 除了新闻报道外，这一观察是基于2001年秋冬两季在美国外交关系协会（Council on Foreign Relations）组织的公司治理圆桌会议上与会者的评论，直接促成了以下作品的出版：Peter A. Gourevitch and James P. Shinn, *How Shareholder Reforms Can Pay Foreign Policy Dividends*（New York: Council on Foreign Relations, 2002）。

是迫切要求制定一套或另一套规则的利益集团；另一方是聚集偏好（preferences）以制定政策的政治制度。本书是关于全球公司治理的选择。我们广泛地参考了美国，在这里，各利益集团在推动它们所偏好的公司问责制安排时的相互让步特别明显。美国的政治进程产出了2002年的《萨班斯-奥克斯利提案》（Sarbanes-Oxley Bill of 2002），这是数十年来美国对公司治理领域规则的最广泛的改革。

事实上，政治解释了美国公司治理中的"大逆转"。在19世纪晚期，美国制度与欧洲相似：大型"托拉斯"（trusts）或寡头企业为个人或银行股东所控制；中小股东保护相当薄弱，内幕交易丑闻普遍存在。随后一系列法律得到了批准，包括：1890年的《谢尔曼反垄断法案》（Sherman Antitrust Act）、1905年针对保险业的阿姆斯特朗委员会（Armstrong Commission）成立之后颁布的一系列法案、1933年银行业的《格拉斯-斯蒂格尔法案》（Glass-Steagall Act）、1934年的《证券交易法案》（Securities and Exchange Act），以及2002年的《萨班斯-奥克斯利法案》（Sarbanes-Oxley Act）。

在美国，利益集团之间就这些法律和法规展开斗争：所有者；作为外部人的投资者和作为内部人的投资者；作为雇员的劳动者和持有养老金的劳动者；各种各样的管理者；所谓的声誉中介机构，包括会计师、律师、债券评级机构和机构投资者。这些集团通过政治制度内部构造来影响结果，这些制度包括：美国国会与总统之间的分权、联邦制、政党和选举法。

政治学的基本因素——利益、制度和政治斗争——正在全世界范围内发挥作用。20世纪90年代，韩国巨大的民主进程打破了大公司（财阀）与专制（威权）政府之间的关系，促成了公司治理中更大的透明度和问责制，并得到了劳动者、早先被驱逐的公司以及地方改革家的支持。在德国，各政党为立法而斗争，这些立法将为控制权、股东权利和透明度创造市场；与多数人的预期相反，劳动者与社会民主党（Social Democrats）往往站在外部投资者的立场上，而保守的基督教民主党（Christian Democrats）则倾向于捍卫既有的由管理者和内部大股东所偏爱的内部人模式。意大利的帕玛拉特丑闻、法国的威望迪争议、荷兰阿霍德案都将治理问题推到了风口浪尖。1997年的金融危机暴露了亚洲一些国家公司治理机制的缺陷，特别是韩国、泰国、印度尼西亚和马来西亚。在欧洲，对收购立法和各种其他措施的分歧减缓了欧洲共同体公司治理政策的发展。

缘何要为公司治理而战？

由公司治理问题所掀起的政治论争，不应让我们感到意外。公司治理——公司的权力结构——居于社会最重要问题的核心。该权力结构决定了谁对公司的现金流有所有权，谁在公司发展战略和资源分配中有发言权。同样，公司治理影响到了财富的创造以及其在不同口袋之间的分配。它塑造了企业的效率，就业的稳定性，供应商和分销商的财富，养老金领取者和退休人员的投资组合，孤儿院和医院的捐赠额，富人和穷人的要求。它在公司内部以及更广阔意义上的政治统一体之下，形成了欺诈行为的诱因以及诚信行为的回报。公司治理影响到了社会能动性、稳定性和流动性（fluidity）：经济系统对来自既定的社会结构[8]的新进入者和局外人的开放性，包括对创业活动的回报。它塑造了公司必须投资于其劳动力的激励机制；因此，它与教育和培训系统以及社会福利、健康和退休计划相交叉。公司治理与敌意收购、反垄断、经济竞争、国际贸易争端和工会相互作用。它构建了养老金体系、社会保险制度和退休计划。

因此，公司治理引发冲突就不足为奇了。任何同等重要的事情，都会相互争斗。任何塑造财富、机遇、稳定性和腐化的因素都会引起强者的关注，也会引起弱者的焦虑。每个人在公司治理体系中都存在利害关系，同样每个人对公司治理是如何形成这一方面亦存在密切联系。

我们认为，与其他有关权力的决策一样，公司治理结构根本上是政治决定（political decision，指基于政治私利所做出的决定）的结果。公司治理系统反映了政策选择。它们为法律、规则、规章以及它们的执行力度共同塑造。这些法律定义了管理者的责任，所有者的权利和义务，股东的权利主张（claims）和董事会的权力。研究者通常将这些规则归类为主要涉及董事会组成和责任的公司治理法律，而将其区别于规范持股过程的证券法。我们使用了一个更为宽泛的标签，即少数股东保护（minority shareholder protections，

[4]

---

〔8〕 广义地讲，它可以指经济、政治、社会等各个领域多方面的结构状况，狭义地讲，在社会学中主要是指社会阶层结构。但是，在欧美社会理论语境中，社会结构常常还在更加抽象的层次上使用，用来指独立于有主动性的人并对人有制约的外部整体环境，经常与"能动性"对立使用。——译者注

MSPs），这种分类越来越被认为是更全面的，其涵盖会计、收购、（公司财务）报告和控制权事宜——所有涉及控制公司现金流的法律因素。

我们并未将自身关注的问题仅仅局限于公司本身。一家公司的权力体系同样也被我们通常认为的公司内部治理规则以外的进程所影响。劳动力市场法规塑造了雇员工作保护制度（即解雇员工的难易程度）；强有力的工作保护在劳动者理解公司是如何经营方面产生重大影响。其他规则塑造了公司与供应商和分销商之间的关系，阐明了各方应得权利和应负义务。[9]仍有其他的规则阐释反垄断、银行业务和金融、源于其他国家的竞争和本国内的竞争以及养老金计划，所有这些都可能对公司治理产生影响。[10]

仅仅了解"书本上的法律"是不够的，更多还要依靠于这些法律是否以及如何被执行的。许多国家存在大量的法规与股东保护措施——但却缺少执行机制。抑或是，即使被执行，对它们含义的解释也会被大幅度改变。实质上法律的应用还是取决于政治（politics）和政策选择（choice）。

公司治理系政治选择反映这一观点并非标准视角。各方之间更为普遍的处理法律、经济学和契约问题的态度是，将其与政治学相分离。这并非我们的观点。法律和经济政策对于发生的事件产生影响，但是法律、政策、规章的内容需要被解释。例如，一些国家禁止内幕交易，允许敌意收购，强制向股东持续性披露信息（美国已经如此做了很多年），而其他国家却并非如此。一些国家允许公司间持续性交叉持股（日本），或允许垂直的金字塔式控制（智利），另一些国家则禁止类似的做法。德国要求公司董事会必须有工会代表，而英国和美国则没有类似规定。

显著的差异与"大逆转"

各国在组织公司权力的方式上存在很大差异。为简化起见，我们不妨将两种模式进行对比：一种是外部人的分散持股模式，一种是内部人的集中持

---

[9] 在这个涉及类似其他形式的"嵌套权力"（nested authority）的公司治理中，一个单元内的关系受到它们所运行的更大结构的影响。参见 Miles Kahler and David Lake, eds., *Governance in a Global Economy: Political Authority in Transition* (Princeton: Princeton University Press, 2003)。

[10] 马克·罗伊（Mark Roe）是主张政治对公司治理起决定作用的先驱，他的新书 *Political Determinants of Corporate Governance: Political Context, Corporate Impact* (New York: Oxford University Press, 2003)，强调了公司法在充分解释模式方面的局限性。

股模式。在外部或分散的股东模式下，经理人由股东选出的董事会监督；董事会成员在公司的总股本中仅仅持有相对较少的股份，但在做出重大决定时他们的投票权是必须的，他们应约束或奖赏经理人。从理论上讲，股票期权的奖励是一种让经理人与众多分散的股东保持一致的方法。管理绩效通过会计师和市场分析师等"声誉中介机构"提供的信息进行评估；股票的市场价格提供了对公司前景及其管理者能力的持续评估。一个活跃的公司控制市场，允许敌意收购并抑制"毒丸计划"等防御障碍，为惩罚管理层的无能和董事会的疏忽提供了一个重要工具。美国在朝着这种体制发展的道路上走得最远，伯利（Berle）和米恩斯（Means）将其描述为著名的所有权和控制权的分离。[11]

相较之下，集中（持股）模式将所有权和控制权紧密联系在一起。经理人被"内部人"（集中的大股东）监督，对外部人和小股东少有正式的保护。这一模式下，控制大量股份的内部人会通过指导和（直接的）干预来控制（惩戒）经理人。集中持股的形式有诸多变体。一种版本是，公司大量的股份为金融机构、银行或其他公司持有。由家庭式族群持股是另一种版本，在其中，个人的或者群体的关系被用来控制经理人。然而，另一种形式的集中持股是国家所有权模式，在这里，公共权力机关利用各种各样的工具来监督公司。就笼统的持有大量股份的股东分类而言，一些有影响力的理论家，例如罗纳德·多尔（Ronald Dore），利用"利益相关者模型"标签来表达，包括对公司有请求权的除股东以外的群体的范围；我们将这一术语视为政治学意义下进行选择的样态，而非公司治理系统本身。[12]

多数国家实行的都是集中持股模式。这种模式存在于德国和日本，在多数欧洲大陆国家，同时，甚至以各种形式遍及拉丁美洲和亚洲。[13]在美国建立的分散持股模式也是相对不常见的。因为，即便在美国，关于分散持股组织形式的演进也是在近几十年形成的。在商业领域的报道中，抑或是在对全球变化的研究者的讨论中，仍有诸多关于趋同于美国模式的讨论。此外，我

---

[11] Adolf A. Berle and Gardiner C. Means, *The Modern Corporation and Private Property* (New York: Commerce Clearing House, 1932).

[12] Ronald Dore, *Stock Market Capitalism, Welfare Capitalism: Japan and Germany versus the Anglo-Saxons* (New York: Oxford University Press, 2000).

[13] 尽管从技术层面看，日本有着分散的所有权构架，但交叉持股使得其从功能上比较像大股东持股体系。参见多尔在2000年对日本的讨论。

们需要考虑，是什么引致了治理系统，又是什么导致了他们的变化。

是什么解释了不同国家间伴随时间流逝而产生的差异？直到近期，观察者才较为充分地意识到这种差异的巨大性。至少在美国，伯利-米恩斯（Berle-Means）的（两权）分离理论——这种美国模式，被认为是每个国家都不可避免的发展路径。曾争论的问题是，上述情况被认为是市场该如何运作的模式，同时，所有的国家都受市场的积极介入，因此他们也会朝着美国模式发展。只要美国经济看上去是世界上最有活力的，这一观点在类似权威和多数学者中就占主导地位。【6】

随后，在1980年代，美国经济步履蹒跚。日本和德国发展迅速，出口渗透美国，曾有关于"生锈地带"（指衰退或萧条的工业区）和经济衰退的讨论。迈克尔·波特（Michael Porter）在《哈佛商业评论》发表题为《美国失败的资本投资系统》（"America's Failing Capital System"）一文，表明（在其他被指控的罪名中）美国公司治理系统是"衰退"的原因之一。[14]

很多关于德国、日本模式的文章表明，许多源自这些模式的标签，伴随着更优的制度禀赋，如"莱茵河模式"（Rhenish capitalism）、"协调市场经济"（coordinated market economy）、"受管制的市场"（regulatory market）、"社会市场"（social market）、"利益相关者资本主义"（stakeholder capitalism）。米歇尔·艾伯特（Michel Albert）的《资本主义对抗资本主义》（*Capitalism versus Capitalism*）向公众指出，在比较政治经济领域，最关键的论争并非国家与市场的对抗，而是在不同形式的市场经济中，这样的选择必须被做出。他指出，法国就不得不在德国的"莱茵河模式"和英美的"新自由主义模式"中做出选择。[15]

随后，钟摆又向回摇摆。到20世纪90年代末，美国经济蓬勃发展，同时德日经济停滞不前。美国模式在政界和学界重获地位。许多观察家写道，这次美国模式确实胜利了，全世界都将遵从他们的实践，包括公司治理。

---

[14] Michael Porter, "Capital Disadvantage: America's Failing Capital System," *Harvard Business Review* 72 (1992): 65–83. 波特是鼓励对国家和公司战略进行比较研究而不是以美国为中心研究的领导者。

[15] See Michel Albert, *Capitalism versus Capitalism: How America's Obsession with Individual Achievement and Short-Term Profit Has Led to the Brink of Collapse* (New York: Four Walls Eight Windows, 1993); Masahiko Aoki, *Information, Corporate Governance, and Institutional Diversity: Competitiveness in Japan, the United States, and the Transitional Economies* (New York: Oxford University Press, 2001); Peter A. Hall and David Soskice, eds., *Varieties of Capitalism: The Institutional Foundations of Comparative Advantage* (New York: Oxford University Press, 2001); and Dore 2000.

两位杰出的专家甚至宣告了"公司法历史的终结"。[16]随后，又有了另一个转变：安然引发了一系列的公司治理丑闻的连锁反应，伴随着我们在本书伊始所提及的事实，揭示了诸多国家公司治理的结构性缺陷，那些关于任何公司模式——美国、欧洲或日本模式——存在优势的必胜信念，显得越发愚蠢。

当我们对公司进行比较之时，我们并未发现各国有同样的公司治理系统。即便在一个国家，对于历史的认知也是有用的，而归根结底，我们很少发现同一国家的体制会在不同历史时期均保持不变。如此强烈地支持伯利-米恩斯模式的美国，也并非一直如此。19世纪晚期，大公司的所有权形态与现在的表现方式有所不同，看上去更像德国模式。如同全世界大多数公司一样，美国公司也起始于所有权集中的内部所有者模式，属于集中持股模式。随后，美国在股票交易市场上，通过对上市的要求（安排），创设了股东保护机制。【7】受早期丑闻的刺激，立法在保险公司和银行中规定了金融性的分业模式。反垄断规则、证券监管、会计准则等将上述实践制度化，继而发展出所谓的英美（Anglo-American）模式。

我们所认为的美国模式并非在北美的地理版图中自发形成的天然轮廓的一部分，而是由人为创设。是源自长久以来的实践，源于我们之前提到的立法中蕴含大量明确的（specific）、可辨识的规则，从1890年的《谢尔曼反垄断法》到2002年《萨班斯-奥克斯利法案》均属此类。

这些"大逆转"——借用拉詹（Rajan）和津加莱斯（Zingales）的说法——证明了文献中提出的治理模式系源自"天生的"这一理念是错误的，而这一观点也为法经济学文献中最重要的理论——"法系流派"——所极力推崇。[17]长久以来，国家依据法系的不同，被划分为"普通法系"和"大陆法系"；判例法与英国及其殖民属地相联系，大陆法系则与法国及其殖民或文化属地相联系。拉波塔（La Porta）、洛佩兹-德-西伦斯（Lopez-de-Silance）、施莱弗（Shleifer）和维什尼（Vishny）在公司法和证券法领域发现了两种法系下的巨大

---

〔16〕 See Henry Hansmann and Reinier Kraakman, "The End of History for Corporate Law," *Georgetown Law Journal* 89 (2000): 439-67.

〔17〕 See Raghuram Rajan and Luigi Zingales, "The Great Reversals: The Politics of Financial Development in the Twentieth Century," *Journal of Financial Economics* 69 (2003): 5-50.

差异,做出了重大贡献,他们将股权的集中和分散程度与公司治理相联系。[18]反过来推演,他们发现这些实践与普通法系和大陆法系的区别有关,普通法系产生了股权分散模式,而大陆法系产生了大股东持股模式。上述分析被广泛应用于解释差异性理论:一国法系塑造了该国的公司治理实践。

然而,这一理论并未解释以下变化:国家随着时间发生的改变。拉詹和津加莱斯表明,在第一次世界大战前,法国和日本拥有活跃且分散的证券市场。而一战后,政策和法律发生了改变:政治因素——强大的商业联合体(trade union),保护性的游说,"寻租"商业团体,银行——都促使一个规制市场的形成,并更偏好内部人控制。这两国的公司治理模式转变为大股东为导向的模式。同时,美国却走向了另外一条道路,朝着股权更加分散的模式,拥有更强工具用以控制公司的小股东。

因此,世界各国的公司治理系统存在着显著差异,并且伴随时间推移,各国内部的公司治理系统也在悄然发生着变化。我们需要对这些变化做出有力、严谨的解释,而不是抱有肤浅的必胜主义,直到情势逆转时再次摇摆。这些解释必须着眼于那些本身发生变化的变量:如果公司治理结果是因变量,那么自变量中的某些东西一定产生了变化。决定性的自变量不能成为一个国家的"常数"——例如该国的法系,这源于几个世纪之前创造,并且极少变化,而且变化也非常缓慢。该变量也不可能是一国持久的"文化"的组成要素,如该国价值系统或风俗习惯,受制于其本质特征的局限,上述因素的变化亦非常缓慢,甚至并不能为文化实践本身的变化做出解释。因此,一个时期到另一个时期的改变,例如法国1940年代至今的改变,并不能被法国持久的和连续性的文明特征所解释。相反地,在本书中,我们就各国(地区)公司治理中静态的和动态的差异做出解释,其根源于经济偏好和政治制度——简言之,源于政治学。

公司治理实践反映了法律和规制。法律反映了政治过程的结果——在广泛的政治交易中,表现为主要参加者对一系列政策的争夺最终影响了诱因,

---

[18] See Rafael La Porta, Florencio López-de-Silanes, Andrei Shleifer, and Robert Vishny, "Legal Determinants of External Finance," *Journal of Finance* 52 (1997): 1131–50; "Law and Finance," *Journal of Political Economy* 106 (1998): 1113–55; "Investor Protection and Corporate Governance," *Journal of Financial Economics* 58 (2000): 3–27; and "Investor Protection and Corporate Valuation," *Journal of Finance* 57 (2002): 1147–70.

并最终形成了公司治理的结果。我们的因果关系模型着眼于：偏好——利益群体通过倡导政策以推进其目标；政治制度——折射偏好并将其加总为政策结果的机制。

究竟是哪些参与方推进了上述交易？我们将从法律和经济学传统出发，聚焦于所有者和管理者。这是公司内部关于权威问题的核心参与者。他们将要面临"不完全合约"的问题，运用一个合约详细列举并处理将来所有可能发生的问题，显然不可能实现。这一不确定性带来了道德风险，代理人（这里指管理者）有能力反对委托人（这里指所有者）的目标。所有者需要管理者，但是他们又如何知道管理者不会滥用被授予的决策权呢？同时，外部投资者亦寻求免于内部人滥用权力的保护。这些互相冲突的目标形成了对规则的政策偏好。管理者和内部大股东想要自治权，外部投资者想要保护。这两大群体将会在私人和公共层面不断地斗争，并形成公司治理规则。

在这一组合中我们加入了劳动者——公司的雇员。他们常被公司治理模式所忽略，主要由于劳动者的合约被认为是完全的，能够详细地列明劳动者应得的薪水抑或解雇补偿等具体情况。雇佣合约的完整性富于争议，其至少并不能覆盖雇员的权力，或是管理者和所有者需求的运营良好的劳动力市场。劳动者对治理有其自身的需求：公司要花多少现金流在工作安全防护上，薪酬的等级，工作条件，健康福利，并且在一切国家，越来越多地关注与其所在公司相关的养老金保护。

"所有者""管理者"和"劳动者"在公司治理领域发展出了可供选择的偏好。每个集团偏好函数方面，都有不止一个维度的偏好，在不同的联合中可以被整合起来。所有者和管理者易于在遏制劳动者工资和工作安全方面，达成一致；劳动者和管理者在安全的雇佣关系以及稳定的薪资上，易于联合；劳动者和所有者易于联合在一起就遏制管理者代理成本，保障其投资、养老金甚至工作的稳定方面达成一致。这些所有者、管理者和劳动者的联盟，在表2.4中被归纳和总结，这些偏好、联合及其结果背后的理由将在第三章中展开论述。

为获得其想要的法律和规则，这些参与方需要将公司内部的分歧转移到公共领域。为获得其偏好的公司治理结果，其必须要在政治领域胜出。为了完成这一目标，必须将公司外部一切可能的联合调动起来。任一类型的参与者——所有者、管理者、劳动者——保留在社会中都有其对应事物：所有者、管理者和劳动者的同类。某些情况下，参与方基于一些共同点提出自身诉求——例如所有的劳动者被假定拥有共同的利益，而所有者则一致对抗劳动者（参见第五章）。但是，每一个集团内部都有分歧，跨越阶级界限的吸引力同样有自身的标准或原则。充满活力的出口产业中的劳动者，与衰落中的或非竞争行业或非盈利机构中的劳动者，会存在较大差异性。他们会与管理者和所有者在部门层面联合，而非阶级层面（参见第六章）。拥有大量养老金资产的劳动者，与那些完全依赖于现收现付（PAYGO）公共部门社会保障的劳动者的偏好也不尽相同。事实上，我们将养老基金的增长视为新的联合可能性的重要驱动，使以劳动者为基础的养老基金，与少数股东集团结盟，反对内部管理规则和大股东。这一观点与多数学者的态度相悖，他们将劳动者视为与外部投资者直接对立的角色。为了传递这一关系，我们提供了对养老基金系统的结构性分析（参见第七章）。在特定公司拥有重大资产的大股东，可能与分散的所有者和松散的股权结构下的股东不同。因此，我们不吝笔墨，将构建更为复杂的结构。

随着劳动者、所有者和管理者转向社会，他们发现了一个复杂的结构。许多投票者和利益群体与公司之间交互作用，但却并不是公司的组成部分——事实上，垂直"非一体化"相当广泛，以至于越来越多的关系跨越公司建立，不仅存在于公司内部。公司拥有许多上游和下游的关系，供应商在上游，分销商在下游。他们遍布于城市和街道，关心着特定公司的事业兴衰。律师、会计师、债券评级机构、银行和金融中介通过与公司打交道而挣钱。

这些群体具有双重利益：一方面，他们的利益与有业务关系的公司利益一致；另一方面，他们自己是一个群体，一个种姓或系统内的一个团体，拥有自己的部门利益、利益集团和关注点。因此，会计行业拥有自身的游说团体来捍卫系统中的目标，以维护行业整体的盈利能力或特定公司的盈利能力。其他群体也是如此——所谓的声誉中介机构向投资者提供信息，塑造公司的财务形象。[19]

---

[19] See Timothy J. Sinclair, *The New Masters of Capital: American Bond Rating Agencies and the Politics of Creditworthiness* (Ithaca, N.Y.: Cornell University Press, 2004); and "Global Monitor: Bond Rating Agencies," *New Political Economy* 8 (2003): 147-61.

一些研究者将这些在公司中拥有利益的群体称为"利益相关者",即在公司中拥有利益的行为者。这一标签与"股东"的概念形成对比,在股东的概念中,受托等级赋予了股东及其代理人管理者清晰的首要地位。这一区别既是描述性的,又是规范性的。就我们的目标看,所有的社会都有对公司的发言权,在制定现有规则的政治制度下,整个社会的"公民"远比公司内部的"公民"数量要多。公司内部的参与者,当他们诉诸政治以获得自身偏好的规则时,必须吸引更加广泛的外部利益相关者。弄清楚规制的政治学,需要我们审视政治过程中联动和聚合的工具,以及如何将公民、投票者和利益纳入其中的方法。

为进一步研究,我们审视了政治制度,该制度聚合偏好进入一个程序,并最终产出结果。这些包括了一个政治系统中的正式的宪法制度,例如立法-执法关系,选举法,联邦制度,以及某些私主体,如政党和利益群体。研究者在对一系列政策问题的研究中发现,政治系统影响了政策的内容。例如,与比例代表或多席选区的选举制度相比,赢者全赢的单一主体选举系统拥有更强的竞争力和更低的价格,更易于产生以消费者为导向的政策。

我们将对这一制度的认知应用于公司治理研究。沿袭阿伦·李帕特(Arend Lijphart)和其他研究者的观点,我们将政治系统分成"多数决模式"和"共识模式"两种类型。[20] 第一种类型以英国威斯敏斯特系统为典型,政府构建于下议院多数议员的基础上,议员由单一选区多数决制选出。第二种类型以瑞典和欧洲大陆一系列民主国家为代表,政府构建于由比例代表机制选出的政党联盟产生的多数议员基础上。

多数决模式更易于产生鼓励分散治理的政策,而共识模式则更容易产生集中持股的情况。原因似乎在于共识模式下政策更具稳定性。即这一稳定性,将确保参与者更愿意投资到关系专用性资产[21],反过来又会支撑更稳定的集中持股治理模式。多数决模式在政策方面则产生了更多的摇摆,促使投资者拥有更灵活的策略,这一政策又会支撑(股权)分散治理模式。上述观点将会在第四章和对国别(地区)描述中进一步完善。

---

[20] See Arend Lijphart, *Patterns of Democracy: Government Forms and Performance in Thirty-six Countries* (New Haven: Yale University Press, 1999).

[21] 指资产是相互依赖的,如果双方的关系不存在,其价值也就不复存在。——译者注

将碎片拼起：寻求一种政治学的解释

总而言之，概括来说：通过对由利益集团偏好和政治制度的交互作用所产生的公共政策加以考量，我们将其用以解释公司治理结果。我们的论证着眼于公共政策和激励机制。公司治理模式反映了参与者之间的为实现某种获利，如金钱、安全等，而做出的策略选择。参与者依据对偏好的适应性，进行制度化类型的选择。如果我们知道构建了这些激励的法律和规则是什么，我们就知道了公司治理中发生了什么。

什么是相关法律？不仅从文义上，我们将此问题置于更广泛的领域探讨。公司治理法律无疑关系重大，但通常被排除在此类标签之外的一些措施也同样重要，我们会将其归类为少数股东保护（MSPs）。我们还将上述探讨扩展至协调度（degrees of coordination，DoC），即更广泛地构建着市场的那些规则，包括劳动法、反垄断法、价格决定机制、供应商—分销商关系，所有与公司治理模式有高度相关的经济因素。比较市场经济研究的数量呈增加趋势，这些研究表明公司治理与这些其他领域的政策间存在明显协变性。[22]了解一国对劳动者、社会福利或竞争机制的政策，有助于我们拥有实质性的力量来预测分散持股或集中持股和少数股东保护的特定法律。在拥有广泛影响力的作品《资本主义的多样性》（*The Varieties of Capitalism*）一书中，彼得·霍尔（Peter Hall）和大卫·索斯基斯（David Soskice）将发达工业国家划分为两类：自由市场经济（liberal market economy，LMEs）和协调市场经济（coordinated market economies，CMEs）。[23]经济类型影响了一国政治，进而影响一国治理。这就是被我们称为"协调度"的变量，其衡量了上述两种类型经济系统的差异性。

源于资本主义制度的多样性文献的协调度变量和少数股东保护之间的关联度是含义深远的。少数股东保护对公司治理提供了重要的解释，但其异常值（outliers）相当多，相关性也很弱，特别是对协调市场经济国家来说，尤

【11】

---

[22] 协方差（covariance）在概率论和统计学中用于衡量两个变量的总体误差协同变化关系。——译者注
[23] Hall and Soskice, 2001.
LMEs 的典型代表是美国、英国等，其特点是市场在经济中起着核心的协调作用，具体表现为短期导向的公司金融体系、流动性劳动市场、一般性的教育体系、公司间的强竞争关系。相对照的 CMEs 模式以德国、瑞典等为代表，特点是以非市场机制的战略协调为基础，制度表现为长期产业金融体系、合作的劳动关系、高水平的职业培训和公司间技术和标准的合作关系等。——译者注

其如是。我们发现少数股东保护相当强的国家,仍有集中持股模式。瑞典和德国就是显著的例证。这更可能被解释为与股东协调度变量有关,即产生高协调度的国家,导致形成股东分散的激励就会减弱。

通过实证研究,我们发现少数股东保护和协调度变量直接影响了公司治理模式。这也帮助我们形成了核心问题:什么解释了提供或缺乏较高等级的少数股东保护,提供或缺乏用以促成不同协调度的政策?由于少数股东保护和协调度起源于政策,我们需要审视解释这些政策的政治。

在这里,我们转向利益群体偏好,有倾向性的冲突,以及政治制度。我们遵循不同的分裂原则,检验了利益群体和政治团体变量:阶级冲突〔左和右抗衡,劳动者(工人)对抗资本家(投资者)〕;部门分裂(沿着产业路径而非阶级队伍);以及劳动者和少数股东跨阶级的联合,用以对抗内部大股东。我们同样审视了这些对抗中,制度影响竞争中可能的获胜者所采取的方式。

这一审视赋予我们一个有说服力的关于治理发展沿革"相对静态学"的图景。帮助我们定位,在不同时期的特定时刻,公司治理模式是否与特定的政治变量相关。这非常重要,许多对公司治理解释的不同意见,都进行这一"时间点"(point in time)比较。

【12】 事实上,之前的进程,并没有让我们探索的变化的动态性:什么导致了从一个系统到另一个系统的趋势和动向?对于这个问题,我们需要一个动态的比较,来观察是否由于变量的变化导致了结果在不同时期的变化。一个完美的信息世界能够许可我们做出上述分析,但现实世界中的数据是有缺陷的。对于关键变量,例如股权分散模式的样式,我们手头并没有很好的历史上的比较数据。在一些维度上,我们可以展示伴随时间的变迁,通过分析性的叙述,着重于对各主体之间的交互作用,并将其作为补充的证据。因此,我们将对国别(地区)案例的叙述整合到讨论中。

这些叙述展示了一个复杂的因果关系模式。我们怀疑一个完美的比较静态(力)学(statics),能否做出令人满意的解释。历史的大环境导致了重大转折或趋势逆转,需要对因果关系的理解更加灵活。国家在关键时刻做出的选择,拥有长期的效果。格申克龙(Gerschenkron)提出的"先发展"和"后发展"理论[24],

---

[24] Alexander Gerschenkron, *Economic Backwardness in Historical Perspective* (Cambridge: Harvard University Press, 1962).

世界大战和经济萧条,独裁和民主——这些都会被记入历史,并被整合到我们的考量中。

我们对激励的考量,使我们对朝向单一模式融合的预测性观点展开了合理怀疑。多数对世界经济的观点,假设了单一的、最优模式,单一的均衡,以及一个独特的和完美的方式,能够将所有的经济因素进行结合。因而,市场竞争会迫使所有国家趋同。对此,我们深表怀疑。经济异常复杂,有许多种方式将这些碎片拼接起来。"趋同说"假设了一个毫不间断的、强有力的选择机制,明确地奖赏了一些行为,也明确地惩罚了另一些。

然而,我们并未看到这一机制在公司治理中发挥作用。有时候,德国和日本模式表现优异,而其他时候,并非如此。有时候,美国模式较为卓越,而其他时候则未必。一些治理机制在特定条件下表现突出,而在其他情况中表现糟糕。条件的变化,有时候比相关政策还要快,因此,国家可以做出选择。不断变化的环境情况改变了影响政策的激励,即改变或保留规则的诱因。国家可能在政治上是有效率的,但是在经济上并不一定如此:它们回应的是那些推动或阻碍变革的政治力量。

既然各国在内部政治动态上——制度、偏好、政党和利益群体——拥有差异,其政策结果亦应有差异。因此,其公司治理系统将会大不相同。变化可能发生,但并不必然朝向单一治理模式趋同。

政策结果

本书主要研究公司治理系统的成因,而非对治理结果的细致研究。二者在我们的论证中是互相关联的:人们为了公司治理而斗争,因为这会影响其自身的生活。他们关心公司治理的动机,在于治理如何影响其收入、工作和他们的安全。然而,我们并没有提供一个系统性的对结果的研究。我们展开了研究,但将对结果细节的探究留给其他研究者。

然而,公司治理系统较深入的结果,在我们看来,并未被充分领会。研究者并未就一些我们认为有实质影响的领域,展开深入调查。例如,比较资本主义的文献研究中,许多年来一直都在讨论各国的角色,把强国和弱国进行对比。这是一个有趣的问题,但仍然是不充分的。国家很少通过选取获胜者和工业政策来运作,而更可能通过在市场经济中构建参与者之间的关系来

【13】

运作，各种关系中企业内部和企业之间的关系是居于核心地位的。国家干预的类型为治理类型所决定，后者是一个优先重要的选择。

大量的比较资本主义文献同样关注到社会服务，福利国家，收入平衡，教育，劳动者和培训。这些都是重要的话题，但是同样，公司治理在其中发挥的塑造作用却未被重视。公司投资于劳动者培训、健康和工作稳定性的激励，都与治理系统相关联：分散持股的公司投资到劳动者的激励有限，而大股东持股模式的激励则更多。

我们很少从公司治理角度研究贸易纠纷，广义上理解，这些潜在的分歧，就是由治理规则所构建的各种关系系统。日本企业依赖于其供应商网络，并不是因为他们是日本人，而是因为他们由于交叉持股结构而产生内在联系。

腐败、民主和可问责的政府，都反映并塑造了公司治理模式。在一些国家，大股东持股与独裁主义混合，掩盖结构、组织和重大事件。政治当中的透明度应当支持经济中的透明度，且两者中的每一方都能刺激另一方。韩国经验表明，民主化导致了治理改革，这会作为一个例证在后面章节进行检验。国际性的腐败同样受到透明度或缺乏透明度的影响。例如，洗钱在公司治理报告标准较高的地方较为困难。

我们并不能够确信一种制度的优点会胜过另一个。我们反对华盛顿耀武扬威地认为美国模式是唯一的道路，同样我们也反对日本和德国模式的必胜主义。对每一种治理类型的最好描述是：其拥有强大优点的同时，也拥有典型的缺陷。一个利益相关者系统可以是高效的和坦诚的，一个股权分散系统也可以是腐败的、有害的——反之亦然。我们认为多样性是美好的。每一个系统都能为国际劳工分工提供支持。组织形式补充了比较优势；拥有多于一种模式能够提高生产力（生产率）。无论如何，组织多样性都是不可避免的。这能够帮助我们理解其中的因果关系。

【14】

写作计划

本书组织体系如下：

第二章提供了本书纲要性的设计安排，以及我们研究所依赖的数据。其描述了全球治理模式的多样性、论证的逻辑以及用以检验解释多样性差异的数据来源。

第三章检验了企业治理的经济学理论：由钱德勒（Chandler）所描绘的技术性竞争理论和源自科斯（Coase）的法律经济学下"契约连锁"理论。源于这样的检验，我们得出需要解释的主要政策变量：少数股东保护（MSP）以及被归类为协调度（DoC）的经济政策的存在或缺失。

第四章展示了政治变量，利益群体的偏好，政治制度的聚合机制。评估了拉波塔等人提出的法系解释以及经济社会学传统。

第五章到第七章分析了三个偏好群体的分歧：在阶级冲突分裂中，劳动者对抗所有者和管理者；在部门冲突分裂中，劳动者和管理者对抗所有者；在透明度联合中，劳动者和所有者对抗管理者。每一章节中都提供了我们搜集到数据的39个国别（地区）中的某些详尽的案例研究：智利、法国、韩国、德国、日本、马来西亚、荷兰、新加坡、瑞典、英国和美国，等等。

第八章结论部分，分析了我们在案例研究中观察到的各种模式，分析了这些发现对解释治理模式和制度趋同的争论的影响，以及需要进一步研究的问题。

我们期待不同的读者选择不同的路径阅读本书。一部分读者更偏好在阅读应用和国别（地区）案例之前阅读理论体制，因此会按照我们呈现出的顺序阅读。另一部分读者更想通过从案例和政治背景进行推断来更有效地探究，可以因此转移到第五至七章，选择国别（地区）案例，最后再反向阅读。有许多种方式路径，从局部到整体，也可以从整体到局部。

第二章
治理模式：什么原因导致什么结果

【15】　在各种类型的国家，政治如何塑造了我们所能查明的公司治理类型？前一章总结了我们的观点。本章则展示了这些观点的具体操作，并对我们论证中因果关系的顺序，进行了概略性的总结。

我们向读者展现了集合在本书中的大量数字和数据，并且相信在一开始就介绍我们正在使用的数据类型是明智的。在随后的章节中，我们使用了不同的数据集来建立相关性和因果关系，因此，我们认为提前列出这些数据的来源将是有益的。对结果而不是实证过程更感兴趣的读者，可能更愿意跳过这一章节，或许，稍后再返回阅读。

我们试图解释的——因变量——即全球公司治理的模式，这里既有全样本的简况，又有特定国家和地区伴随时间变迁的分析。首要的公司治理指标由股东所有权组成——分散持股对抗集中持股。这些术语在第一章和第三章中有更全面的解释。

我们论证认为，全球范围内的治理模式，由两组变量导致（我们将要用它们来进行解释）：塑造了公司治理的政策（干预变量[1]）和塑造这些政策的政治（自变量）。

政治自变量由偏好和制度组成。利益群体拥有偏好，并被政治制度汇集起来。这一过程产生了"优胜者"，即获得了其所偏好的公司治理政策的联盟。这就是政策变量（被学者们称为中间或者干预变量），由一系列被称为资本主义经济模式或资本主义经济政策的制度组成。我们集中于两个主要的资本主

---

[1] 存在于自变量到因变量因果链上的变量，它引起因变量的变化，而其本身随自变量而变化。——译者注

义经济政策组成部分（capitalist economics policies，CEPs），少数股东保护（MSPs）和协调度（DoCs），即自由主义对抗高度协调，来源于关于资本主义的多样性研究的文献。

我们因果关系模型如图 2.1 所示，自变量居左，因变量结果居右。还有一个从结果到自变量的反馈循环，这一部分后文会详述。

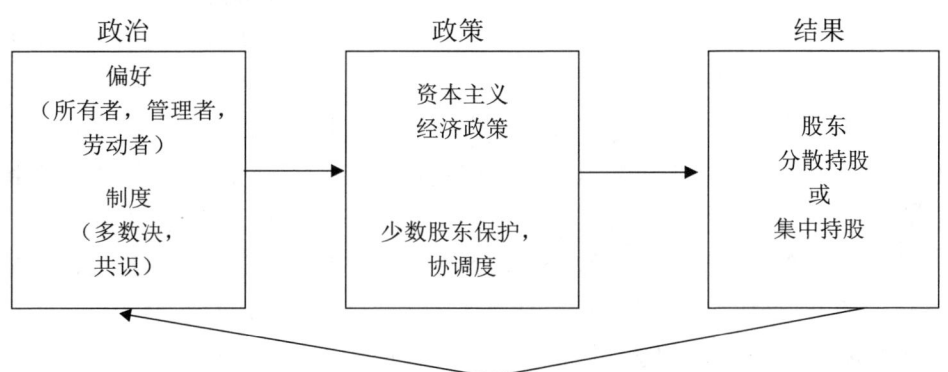

图 2.1　因果关系概要（在图 4.1 中重现）

本章解释了模型中的每个部分，变量是如何被定义的（"被运用的"），我们如何测量变量，对于变量来说样本是怎样分布的，以及我们对这些变量与下一个部分因果关系结果中的统计学关系。

我们使用的一些数据源于企业层面和微观经济分析。另一些则源于宏观数据，例如资本流动和储蓄总量，以及其他一些混合了国家和地区层面的政治综合指数。我们借鉴了几个描述政治制度的政治学指数。这些数据组都是各领域专家耳熟能详的，但是很少（据我们所知）一起使用；因此，对读者来说，理解所有这些数据的来源以及它们分析的优点和缺点是很重要的。在第八章结论部分，我们将更详细地讨论这些数据的不足，同样包括那些支持我们验证的有力证据。

结果：因变量及控制权模式

本书中，我们主要通过公司控制权数据组来衡量治理模式：上市公司的股权有多集中或多分散。

由所有者密切地在管理上展开监督，就要求所有者对公司有实质性的直接控制，就这点而言，其需要集中地拥有"有投票权股份"（voting shares），有些时候称为"集中持股"。如果股份是分散的，分散的所有者会运用其他的监督机制来保护自身利益（如选出代表自己的董事会、公开相关信息、控制权市场和其他一些工具）。

在上一个十年，特别是过去的五年中，学者们在破解公司所有权难题方面，有了巨大的进步。沿着梅耶（Mayer）和弗兰克斯（Franks）研究的重大突破，其论证了美国股权分散模式，只不过是规则的例外，另一些雄心勃勃的研究计划分析了欧洲、亚洲以及多数新兴市场中的上市公司，试图探究终极所有权的基本情况。[2] 这些努力包括：由巴尔卡（Barca）和贝希特（Becht）展开的欧洲公司治理网络团队对10个国家的调研；以及由拉波塔、洛佩兹-德-西伦斯、施莱弗和维什尼指导下研究团队的研究成果，其数据库最终包含了49个国家；由斯蒂恩·克拉森斯（Stijn Claessens）领导的世界银行研究团队，将类似的对公司研究的方法应用到9个亚洲国家；以及法乔（Faccio）和郎（Lang）对欧洲国家数据的优化。[3]

通过从所有权凭证、公司报表、监管备案文件（regulatory filings）等资料中进行筛选，这些学者，沿着所有权链条反向而行，追溯到公司控制权部分，并将这些结果分派到不同的所有权"水桶"——个人所有（包括家族），政府所有，或者混合所有。在这些研究中，认定控制权门槛的标准各异，通常将持有10%或20%股份作为标准。在本书中，与分散持股相对，我们将持股超过20%作为视一个公司为大股东持股的门槛。

所有权"水桶"被用来计算一个国家或地区单一的集中度数值。例如，

---

[2] Julian R. Franks and Colin Mayer, "Capital Markets and Corporate Control: A Study of France, Germany, and the UK," *Economic Policy* 5 (1990): 191-231; "Hostile Takeovers and the Correction of Managerial Failure," *Journal of Financial Economics* 40 (1996): 163-81; "Corporate Ownership and Control in the UK, Germany, and France," *Bank of America Journal of Applied Corporate Finance* 9 (1997): 30-45.

[3] Stijn Claessens, Simeon Djankov, Joseph P. H. Fan, and Larry H. P. Lang, "Diversification and Efficiency of Investment in East Asian Corporations," World Bank Working Paper, 1998; "Expropriation of Minority Shareholders: Evidence from East Asian Corporations," World Bank Working Paper, 1998; Rafael La Porta, Florencio López-de-Silanes, and Andrei Shleifer, "Corporate Ownership around the World," *Journal of Finance* 54 (1999): 471-517; Fabrizio Barca and Marco Becht, *The Control of Corporate Europe* (New York: Oxford University Press, 2001); Mara Faccio and Larry H. P. Lang, "The Ultimate Ownership of Western European Corporations," *Journal of Financial Economics* 65 (2002): 365-95.

在日本，由单一大股东持股的上市公司，占日本证券市场所有证券市场资本总额的4.1%。另一方面，在智利，由单一大股东持股控制的上市企业市值，占据了全国证券市场资本总额的90%。

日本和智利是这个由分散到集中的股权模式的数据集的相反两端，其他国家和地区则散落其间。美国、英国、加拿大和澳大利亚倾向于分散持股结果。意大利、德国、瑞士以及多数欧洲大陆国家，亚洲和拉丁美洲更接近大股东持股结果。表2.1列明各样本的股权集中度。

我们研究的39个样本，解释了占全球资本市场99.5%份额的情况——几乎就是一个全世界公众公司的全样本，因此我们相信，针对该样本的测算反映了潜在的领域现状。这些样本有额外地理学上代表性，包含了欧洲国家、南北美洲、东南亚和一些中东以及非洲的数据点。

在样本中，集中持股控制仍有相当大的差异，其数值在47%中值左右徘徊，高达90%，低至4%。这些样本表现为负偏态（negatively skewed），多数分布在40%和70%之间，如图2.2所示。

尽管大股东持股水平聚集在40%和60%之间，但是各样本之间的差异性却是显著的。例如，阿根廷和中国香港的股权集中度水平就高于美国、英国、日本的五倍。经济合作与发展组织（Organization for Economic Cooperation and Development，OECD）内部成员之间的差异性表现为从希腊的75%到日本的4%，相应比例为1∶18。【18】

表2.1 所有权集中度

集中度	国家和地区	集中度	国家和地区
4.1	日本	49	委内瑞拉
5	中国	51.5	比利时
15	美国	51.9	泰国
20	荷兰	52	南非
23.6	英国	52.8	奥地利
24.6	爱尔兰	55	以色列
27	新西兰	55.8	西班牙
27.5	澳大利亚	58	土耳其

续表

集中度	国家和地区	集中度	国家和地区
27.5	加拿大	59.6	意大利
31.8	韩国	60.3	葡萄牙
37.5	丹麦	63	巴西
38.6	挪威	64.6	德国
42.6	马来西亚	64.8	法国
43	印度	66	墨西哥
44.8	新加坡	67.3	印度尼西亚
45.5	中国台湾地区	71.5	中国香港地区
46.4	菲律宾	72.5	阿根廷
46.9	瑞典	75	希腊
48.1	瑞士	90	智利
48.8	芬兰		

来源：Claessens et al. 1998a, 1998b, 9 个国家的 2980 家上市公司；Barca and Becht 2001；Faccio and Lang 2003，5232 家上市公司；La Porta, López-de-Silames and Shleifer 1999，20 家最大的"大"公司，10 家最大的"小"公司；关于韩国，Jang 2003，表 10；关于智利，Lefort and Walker 1999；关于中国，Lin, "Public Vices in Public Places: Challenges in Corporate Governance Development in China," in *The History of Corporate Governance around the World: Famliy Business Groups to Professional Managers*, Randall Morck, ed., Chicago: University of Chicago Press, forthcoming.

说明：表 2.1 集中度的全表在附录中有再现。

仅有三个国家——美国、日本和中国——低于 20% 的股权集中比例。仅有六个国家低于 25%，这意味着分散所有权情况相对而言较少。

考虑到东京证券交易所有关经联会（keiretsu）交叉持股的众所周知的事实，以及一些不那么受关注的事实，如中国国有企业在境内和境外交易所中，拥有其上市公司价值的 95%，一些读者会反对我们将日本或中国描述为低集中度国家。这是一个重要的区别：日本和中国公司的很大一部分股份可能由其他公司或国家（地区）控制的实体拥有，但当其所有权体系被追溯的时候，

第二章 治理模式：什么原因导致什么结果

没有个人或家族拥有20%或更多的股份，因此该企业便跌入要么股权分散要么国家所有的"水桶"中。因此，日本和中国根据股权集中度进行了正确的分类，但他们的情况显示出这一指标在充分揭示治理机制的控制特征方面的准确性有局限。

【19】

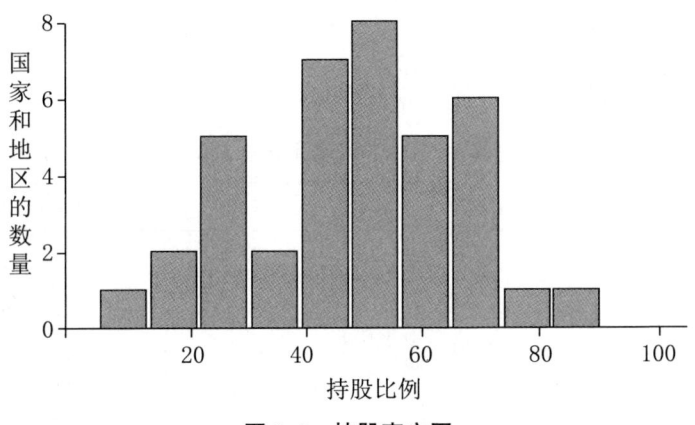

图 2.2　持股直方图

这些数字代表了20世纪90年代末期的模式。这一静态快照并没有展示出所有权模式伴随时间的变化。如前一章所表明的，借用拉詹和津加莱斯创设的短语，"大逆转"已然发生，即国家并非简单地维持着一种模式，而是随时间的推移而发生着变化。

证据很大程度上来自对特定国家所有权集中度的纵向研究。以莫克（Morck）教授为首的团队重构了日本、法国、荷兰、意大利、加拿大、美国和英国集中持股的历史性趋势。[4] 这些资料显示，随着时间的推移，各国内

---

〔4〕　这一材料即将被芝加哥大学出版社出版，书名为 *The History of Corporate Governance around the World*: *Family Business to Professional Managers*（中文版名为《公司治理的历史：从家族企业集团到职业经理人》，格致出版社、上海人民出版社2011年版——译者注），由兰德尔·莫克（Randall Morck）主编，可以在NBER上找到初稿：http://www.nber.org/bools/corp-owner03/index.html，英国部分参见Julian Franks, Colin Mayer, and Stefano Rossi, "Spending Less Time with the Family: The Decline of Family Ownership in the UK"；荷兰部分参见 Abe de Jong and Ailse Roell, "Financing and Control in the Netherlands: A Historical Perspective"；加拿大部分参见 Randall Morck, Michael Percy, Gloria Tian, and Bernard Yeung, "The Rise and Fall of the Widely Held Firm: A History of Corporate Ownership in Canada"；中国部分参见William Goetzmann and Elisabeth Koll, "The History of Corporate Ownership in China"；法国部分参见Antoine E. Murphy, "Corporate Ownership in France-the Importance of History"；德国部分参见Carline Fohlin, "The History of Corporate Ownership and Control in Germany"；瑞典部

部发生了显著的变化。

拉詹和津加莱斯展示了随时间变迁，资本市场规模与 GDP 关系的数据。这一衡量和所有权的集中度不同，其将核心问题搁置，未考虑出于监督要求下股权是如何被安排的。[5] 然而，这是少数几个指标之一，可以随着时间变迁进行数据的搜集。其同样是早期研究浪潮的支柱，通过银行的作用来衡量治理系统，与证券市场的负债股权比（debt/equity ratio）显著不同。表 2.2 仅是一个摘要性总结，我们在附录中提供了全表（参见附录表 A.3）。

[20]

表 2.2 "大逆转"：证券市场资本化与 GDP 的演变（%）

	1913	1960	1999
法国	0.78	0.28	1.17
德国	0.44	0.35	0.67
日本	0.49	0.36	0.95
荷兰	0.56	0.67	2.03
瑞典	0.47	0.24	1.77
英国	1.09	1.15	2.25
美国	0.39	0.61	1.52
日本	0.08	0.15	0.08

来源：Rajan and Zingales 2003，表 3。

我们强调衡量股东集中度在不同时期的变化的数据，并不十分有力。样本规模很小，数据点也很少，或者衡量是非直接的。因此，我们用来检验联系和因果关系最主要的方法，是表 2.1 中集中度的简况，主要源自 1990 年代末期的数据。然而，尽管很粗糙，上述表 2.2 数据表明了随时间推移各国的主

分参见 Peter Hogfeldt, "The History and Politics of Corporate Ownership in Sweden"；美国部分参见 Marco Becht and J. Bradford DeLong, "Corporate Control in the United States: An Historical Perspective"。

〔5〕 "一个更稳定的检验股权市场重要性的方法是，证券市场资本化总额。其缺点在于这一检验采用的是上市股本的金额，但并不是所有募集的股本的金额。因此，存在一些拥有巨大价值增值的公司可能给资本市场带来影响，即便其在市场中筹措的资金极小。尽管如此，积极的一面是，这一方法更具有周期性，因此可以更好在跨国和跨周期方面，做出比较。" 参见 Rajan and Zingales 2003，第 11 页。

要变化。

资本主义经济政策、少数股东保护以及协调度

在因果模式的政策块中，我们运用两个领域的政策，每个领域都有其自己的数据库：一个用于保护少数股东，另一个被称为"协调度指数"，源自研究资本主义的多样性的文献。

我们认为，集中持股和分散持股的激励受到公共政策制定的各种规则、法规、正式制度和非正式实践的影响。少数股东保护的要素，系治理研究中最知名和最常用的变量，在研究治理中，即便存在缺陷，也是目前发展最好的数据。在本书中，我们将分析拓展到比少数股东保护更广泛的一套政策，其同样塑造了治理方面的激励机制，包括劳工关系、产品市场竞争、雇主之间的协调、教育和培训体系，以及一些供应商—生产商之间的关系。[6]

少数股东保护（MSPs）

公司治理主要争议的核心在于少数股东保护（MSPs）。这些制度设计保护了外部投资者免受内部大股东和管理者的权利滥用。他们提供了信息：披露和审计、监督（董事会的组成）、控制权（企业控制权市场）以及管理者激励（最显著的是薪酬）。上述做法都是最主要的股东保护措施。少数股东保护制度对大股东放弃公司中控制地位的意愿，以及（由此类推，交易的另一面）外部投资者购买少数股份的意愿，都是至关重要的。

我们在第三章表3.1中汇编了对少数股东权保护的四个维度，该表是根据公司治理学者提供的评估标准来绘制的，并填补了我们国家和地区例证中的一些价值缺失。上述表格展示了每一个维度的保护水平，展示了一个国家或地区的综合表现及其国际排名。如同集中度一样，我们的样本中，在少数股东保护方面有较大的差异。在少数股东保护级别的高端是美国、新加坡、加拿大、英国、澳大利亚等；而在少数股东保护级别的低端是中国、印度尼

【21】

---

[6] Luigi Zingales, "In Search of New Foundations," *Journal of Finance* 55 (2000): 1623-53; Paul Milgrom and John Roberts, "The Economics of Modern Manufacturing: Technology, Strategy, and Organization," *American Economic Review* 80 (1990): 511-28; Bengt Holmstrom and Paul Milgrom, "The Firm as an Incentive System," *American Economic Review* 84 (1994): 972-91.

西亚、土耳其、意大利和葡萄牙。对我们能够搜集到数据的39个国家和地区来说,最小值是中国(11),最大值是美国(97)。

在第三章,我们检验了少数股东保护和股权集中度之间的关联。如同预期的那样,这些价值是负相关的,整个样本的数值为-0.33。在图3.3中,绘图上的分布主要分散在45度线左右,美国和英国在右下方,意大利等在左上方。但也有一些离群值:智利和法国拥有较高股权保护程度,同样股权高度集中,而日本、荷兰和中国股权保护程度较低,同时股权集中度也较低。我们随后勘察了可能解释异常值的因素,以及负相性相应较弱的事实。

协调度(DoC)

为了衡量这些关系,在样本的子集中,我们应用了资本主义的多样性研究中应用的数据,这些数据通过各国(地区)经济的协调度这一指标来对各国(地区)展开比较。协调的程度(水平)转而由规则所塑造,规则反过来又是政治的产物。因此,协调水平在市场经济中,对于塑造市场关系结构的政策和法律,是一个替代机制。其拓展了那些影响公司治理规则的势力范围,超越了少数股东保护的领域。协调市场经济(CMEs)拥有较高的趋向于集中持股的激励,然而自由市场经济(LMEs)则鼓励股权的分散。

这些评估向我们展示了一些对"制度互补性"的认知:所有这些经济体制是如何被拼接起来的。自由市场经济拥有分散的公司治理机制,而协调市场经济拥有大股东治理系统。我们所提供的对制度互补性的衡量,将作为对比自由市场经济和协调市场经济模式的指标,并展示其与公司治理指标的联系。在本书中,主要在第三章,我们运用了由金格里奇(Gingerich)和霍尔(Hall)发展出的协调度指标,如在表3.2中显示的那样。[7]对指标所衡量的20个国家而言,其比例从0到1,最低值为美国(0),最高值为1,中间值为0.51,标准差(standard deviation)是巨大的,为0.35。如同预期的那样,我们发现协调度指标(coordination index)和少数股东保护之间呈强烈的负相关性(-0.89),同时与股权集中有强烈的正相关关系(+0.62)。

---

〔7〕 Peter A. Hall and Daniel W. Gingerich, "Varieties of Capitalism and Institutional Complementarities in the Macroeconomy: An Empirical Analysis," paper presented to the Annual Meeting of the American Political Science Association, August 2001, San Francisco.

政治学：偏好与制度

在表示因果关系概要的图2.1中，政治方格产生了政策方格中的少数股东保护和资本主义经济政策的值。政治联合控制了政策机制，并设置了公司治理的游戏规则。哪一种联合方式，哪一方会在政治角逐中胜出，相应地取决于偏好和制度的交互作用。偏好反映了不同治理模式下，针对个人和集体的分配结果；制度则塑造了这些偏好如何聚合为政治影响力，以及如何调动参与者群体。

偏 好

我们没有直接证据，或任何便捷实用的指数，来衡量所有者、管理者或劳动者就公司治理而言的事前偏好。在第三章中，根据这三组不同的治理机制的分配结果，演绎地得出了这些结论。我们假设这些分布偏好在国家和地区之间并无差异——一个简化的、却并不全然武断的假设。

表 2.3 政治联合与治理结果

联合序列	优胜者	政治联合标签	预测结果
A 对：阶级冲突			
所有者+管理者 vs. 劳动者	所有者+管理者	投资者	分散持股
所有者+管理者 vs. 劳动者	劳动者	劳工	集中持股
B 对：部门冲突			
所有者 vs. 管理者+劳动者	管理者+劳动者	社团主义妥协	集中持股
所有者 vs. 管理者+劳动者	所有者	寡头政治	集中持股
C 对：产权与发言权			
所有者+劳动者 vs. 管理者	所有者+劳动者	透明度	分散持股
所有者+劳动者 vs. 管理者	管理者	管理主义	分散持股

说明：再现于表4.1。

随着时间推移，这些偏好相互作用。一个政策通过消除反对者，并强化受益人以及其对政策执行的承诺，来为自身的持续性提供支持。这就是在图2.1中，从结果回到政治那条反馈曲线的理论依据。

我们检验的多元化论据，表明了所有者、管理者和劳动者结合在一起或相互斗争，进而塑造政策的不同机制。这些联合在表2.3中有概要性的描绘。

由于我们并没有直接以实证的方式衡量偏好，同时因在联合（联盟）形式中有两个变量发挥作用，我们应用了非直接的测量，来检验我们的样本，用以决定哪一个联合成功地塑造了其偏爱（支持）的公司治理结果。这是一份棘手的工作，这些测量嵌在一些复杂的金融或政治学理论中，并拥有不同的假设和证据规则。

在本书中，我们检验了六种可选的联合，归入三种总的类型，在分配的偏好中，这些类型对基础性分裂拥有共同的假设。第一种类型是"阶级冲突"，包括"投资者"模式和"劳工"模式。第二种类型是"部门冲突"，包括"社团主义妥协"模式和（较为少见的）"寡头政治"模式。第三种类型是"产权与发言权"，包括"透明度"联合和其未履行的状态，一个更粗糙的词语是"管理主义"模式。

A 对：阶级冲突模式

阶级冲突模式下，我们通过资本流动的指标信号来衡量投资模式，通过党派的政治斗争这一指标信号对劳动力模式做出衡量。

至于投资者模式，我们在表5.1和表5.2中，分析了有关机构投资者资产增长的数据，以及他们在全世界证券市场的"穿透比例"。

表5.3显示了机构投资者资产的实质性增长。[8]根据这个表格，美国和英国的机构投资者控制了全部资产的3/4，并可支配他们投入到股市2~3倍的资产。在10个数据样本中，英美投资者在总资产占有80%的比例。在39个样本中，我们只有10个样本中机构投资者资产的准确数据。高收入国家（地区）无疑在这一清单中占据重要地位，但在这一列表中，英美的投资者的权重，却大大超过了其所在地GDP的权重。因此，一些收入水平以外的机制在发挥着作用：在本书中，我们从几个方面对金融行业在形成这些资产池的

---

[8] Carolyn Brancato, "International Paterns of Institutional Investment," *Conference Board Institutional Investment Report*, April 2000, 26-31.

第二章 治理模式：什么原因导致什么结果

重要作用方面进行了仔细剖析。

1990年代，就那些可以获得数据的国家和地区而言，外国对证券市场的渗透平均值翻倍了，从1900年的12%增加到2000年的25.1%。在发达国家，中间值从1900年的15%增加到十年后的28.6%；在新兴国家，外国渗透增加了五倍，从1900年的2.3%增加到2000年的13%。

国家和地区之间的渗透程度仍有相当大的差异，这是由许多变量所决定的，包括证券市场资本化的绝对规模、这些市场与英美证券市场的关系（相关性越少，投资组合的吸引力越大）、投资法规、国家风险等。但令人吃惊的是，这些趋势都特别一致地往同一方向发展——即外商投资者的渗透程度越来越高，而且往往达到非常高的水平。

阶级冲突模式的劳动者一方着眼于选举结果，以提供联盟形成的衡量标准。马克·罗伊（Mark Roe）教授是此研究领域的先驱，运用左翼政府来衡量劳动者力量（他称之为"社会民主力量"）；政府倾向于"左派"的时间越长，劳动者的力量就越大，股权分散的可能性就更小。[9]如同罗伊教授一样，我们基于库萨克（Cusack）[10]对左和右的衡量办法，尽管我们使用的是1960—1996年的更广泛的时间框架，以及少数股东保护指数而非他所采用的由拉波塔等人绘制的公司法的质量（quality corporate law，QCL，参见第三章）指数展开研究，以及与我们其他表格相一致的复合扩散指数。我们的研究结果，如在表5.4中所表明的，虽不如罗伊教授研究那么强有力，我们依然发现了派系（partisanship）和治理结果的统计学关系。

罗伊教授还通过对工作安全的立法和对收入不平等的关注来检验社会民主力量。我们则通过对少数股东保护指数（图5.6和图5.7）的研究发现了一个类似的关系，但是在第六章却提供了一个完全不同的，对产生这种情况所做的政治学解释：源于跨阶级联盟而非左派和右派之争。

我们用劳动力模式测量方式的缺点在于，在该项上可获得数据的样本相对较小——这是一个贯穿本书并困扰着我们的小问题。劳动力模式主要源于几个西欧国家，而我们写作本书的意图是梳理出一个具有全球适用性的模式。

---

[9] Roe 2003b.
[10] 托马斯·R.库萨克（Thomas R. Cusack）教授的观点中，左派政府为了讨好中低收入的选民和赢得选票，倾向于更高比例的政府支出、财政赤字和公债。——译者注

B 对：部门冲突模式

作为以阶级为基础联合的替代方案，我们审视了两个跨阶级的可能性，社团主义谈判（corporatist bargain）和透明度联合。在这一对概念中，我们有一个社团主义的跨阶级联合，及其对立面寡头政治的结果。

为了度量社团主义，我们主要采取了希克斯-肯沃斯（Hicks-Kenworthy）度量法（参见附录和表6.1，其表明瑞典、澳大利亚、挪威、芬兰、德国和日本是高度社团主义国家，而美国、加拿大、爱尔兰、英国和新西兰是低社团主义国家）。

我们没有实证地度量寡头政治结果，而只是使用了几个描述性的例证，来展示其究竟是什么样子。

C 对：产权与发言权

透明度联合的潜力源于全球范围内养老金系统的股份持有重要性的不断增加。在谈及养老金运作方式上，国家（地区）之间的差异非常明显，有完全依赖税收的现收现付养老保险制度（pay as you go，PAYGO）系统，股票容量为零的模式，还有以证券市场为基础的固定缴款计划模式（defined contribution systems）。

我们通过测算养老金资产的积累，来探测透明度联盟（联合），包括一个宏观的养老金隐性债务（implicit pension debt，IPD）指标，其已经被用作样本中25个国家（地区）子集，以及另一个机构投资者资产与GDP比值的指数（index）。这些都包含于第七章中。

在这一对中，我们并没有一个独立的指标针对管理主义（managerism）缺省（默认）的例证。我们证明巨大的股票池是两种模式的先决条件，但其他变量，特别是涉及机构投资者和有声誉的中介机构（reputational intermediaries）（金融机构的结构）的规制时，在决定哪一种结果占据优势中扮演了关键的作用。

在我们分析偏好和联盟政治问题时，我们常常观察到，不仅仅在主要群体派别之间，他们内部同样存在分裂：由于所有者存在不同的偏好，可以划分为不止一种类型，劳动者和管理者也是一样。我们在本书第七章结尾部分探索了导致这些差异的原因，以及它们对于联盟形成（coalition formation）的政治学上的意义。为了明晰纵贯全书的陈述和实证检测，我们运用了简化的所有者（O）、劳动者（W）和管理者（M）图表，即表2.3。

制　度

政治制度会影响偏好聚集的方式。我们对比了"共识"和"多数决"（majoritarian）制度。这些制度由涉及立法事务——行政关系选举法、政党制度——的数据来衡量，这些数据同样也用来衡量有否决权的参与者：政策要想通过必须获得这类人的同意。共识制度比多数决制度更能扩大网络；保证更多的群体在其中有发言权，而在多数决制度中，某一群体更容易被排除在外。我们在第四章中提供了这些衡量判断，见表4.2。

斯堪的纳维亚国家可预见地被分在一组，朝着达成共识的方向发展。但也有一些违反直觉的结果。以日本为例，它通常被认为是一种典型的共识政治体系，但以这种方法来客观衡量，日本实际上与美国相当接近。

我们将指标与分散持股相关联。对于整个样本而言，这种关联较弱，而与经合组织国家的关联较强，与新兴国家的关联在统计学上无意义。

本章小结

本章展示了因果关系架构，并且突出强调了我们论证的数据来源。这些分析和数据将会在相关章节进一步拓展。酷爱统计函数、不怕吃苦头的读者可以继续探索本书结尾部分的数据附录，以及我们网站上的资源（http://www-irps.uscd.edu/politicalpower.php）。

第三章
激励的形成：经济学与法学传统

【27】　　我们再次重复本书的核心问题：为何在公司治理系统中会存在差异？在前一章中已经看到，不同国家（地区）及不同时期的治理模式的实质性差异很大。在关于公司治理的学术文献中，对这种差异的认识是相对较晚的——只有十年左右的时间，尽管可以在一些历史性研究和比较研究中找到各国（地区）之间以及各时期的差异。随着这种意识的觉醒，对这一现象的解释引发了一场激烈的争论。本书中，我们也参与了这场争论。

　　我们对研究路径的假设与所谓的法律经济学传统是一致的，该传统将公司治理体系视为一个对经济激励的理性回应。企业内部所有的参与者——管理者、所有者和劳动者都在追求一种优化其效用函数的策略。那么，根据这种方法的逻辑，公司治理结果的多样性则反映了激励的多样性。

　　我们采纳了这个以激励为中心的观点，并且着手从内部提出批判：为了解释激励的结构，需要审视源于政治经济而生的政策，而并非由法律或经济学构建的单独系统。塑造这些激励机制的规则源自政治过程。

　　我们凭借一些法律和经济学标准来检验哪些政策、法律和制度在塑造公司治理中是重要的，且因此需要做出解释。在我们的模型中，这些政策是介入自变量（intervening independent variables）——这些政策由政治系统产生，反过来塑造了公司治理结果。我们将这些政策称为"资本主义经济实践"（capitalist economic practices，CEP），其包含了两个组成部分：少数股东保护和协调度，这是各地的经济政策模式，即自由市场经济或协调市场经济。协调度塑造了各地在劳动力市场、价格设定机制、反垄断和产品市场竞争力等领域处理"制度互补性"的方式。

正如津加莱斯所指出的，治理问题的概念化取决于企业的概念化。[1] 我们将研究着眼于源自法律和经济学传统的那些争论，这些争论涉及"契约连锁"、不完全契约、交易成本和委托—代理理论。正是源于这些路径，我们得出了涉及股东保护和制度互补性的政策的重要性。我们首先介绍了这一争论的起源，接着研究了契约连锁框架的关系，探讨了少数股东保护，最后讨论了协调度和制度互补性。

论辩的起源

[28]

打开企业"黑匣子"的研究兴趣不久前才开始，在各地之间进行比较就更是新话题了。伯利和米恩斯于19世纪30年代出版的著作中提到了在美国所有权和控制权分离的情况，但最初在其他地方几乎没有引起对这种可能性的探索。[2]

思考公司结构的另一个重要框架源于阿尔弗雷德·P. 钱德勒（Alfred P. Chandler）的开创性书籍《战略与结构》（*Strategy and Structure*），其审视了企业的权威结构及其与市场和技术的关系。[3] 随着企业复杂性的增长，其催生了治理系统。所有者需要委托代表。他们需要经理人有能力把控复杂的工作，将各项活动化整为零，分派任务，监管马克斯·韦伯（Max Weber）提出的现代官僚主义理论中的各种行为。这种结构随着规模和技术复杂性的差异而不同。复杂的工作需要大量的资本，高度的垂直整合需要大企业拥有实质性的官僚代表机制。而更简单的技术、更低的资本密集度、更少的垂直整合需要组织形式更简单的小公司：例如，将所有资本密集型和技术复杂的钢铁厂、汽车厂或集成电路制造商与汉堡摊、干洗店或园艺服务进行比较。

钱德勒并没有集中于公司治理、股东问题或者外部金融问题的研究，他主要关心的是组织能力。企业规模和范围增长的复杂性带来了大量的挑战，如何组织授权使其有效率地工作特别重要。由于企业复杂性的增加，所有者需要职业经理人：因此管理者的代理成本问题随之而生。所有者如何能够确

---

[1] Zingales 2002.
[2] Berle and Means 1932.
[3] Alfred Chandler, *Strategy and Structure: Chapters in the History of the Industrial Enterprise* (Cambridge: MIT Press, 1990). 《战略与结构》是哈佛大学教授阿尔弗雷德·钱德勒最重要的作品之一，中本版参见《战略与结构》，孟昕译，云南人民出版社2002年版。——译者注

信,管理者会像所有者一样推进企业目标——利润、增长——而不是窃取(通过利益输送、公然的盗窃和其他手段),或者偷懒(表现不佳)。企业越大、越复杂,就面临更大的挑战来遏制代理成本。[4]

钱德勒或伯利和米恩斯开始都没有集中于各地的比较,因此也没有关注为什么控制模式会出现差异。但钱德勒对企业组织的认知为后续的研究奠定了基础原理,预测组织形式会如何传播开来:企业的结构源于技术、规模和其活动的范围。这一假设——理论上——在全球范围内都是可行的。拥有类似经济条件的企业看上去就是类似的——其对效率逻辑的需求是相同的。因此,不管美国这一世界最大和最先进的经济体发生了什么,都会如产品技术的传播一样,推广并传遍全球。

在这一理论传统中,治理模式的差异可以通过纯粹的经济条件来解释:技术变化、市场规模、等级和范围等。如企业在上述这些变量中拥有类似的特征,那么,看上去都是相似的,不管哪一个国家是其住所。如罗斯托(Rostow)在《经济成长的阶段》(*Stages of Economic Growth*)中扼要概述的那样,正在经历经济发展的国家沿着相同的道路前进,一系列的原始积累、起飞、增长和成熟。处于类似经济增长水平、技术和市场水平的国家将拥有类似治理的公司。大体上,经济学家没有考虑当地条件的变化:历史、制度、政治、文化和法律。这些变量很难被准确度量,而将其作为预测和实证研究的基础就更加困难了。

一些研究者,包括经济历史学家、国别研究专家以及政策分析专家,确有考虑到各个地区的情况。格申克龙的著名论文中观察到了各地银行发挥作用的巨大差异,这些差异导致了治理结构的不同;尽管考虑到历史背景的论证角度,他仍运用经济学的论证解释了这一种模式,强调了之后被称为"路径依赖"(path dependece)的概念。[5] 德国发展出了一个强势的以银行为中心的经济体,因为德国在面临与英国的竞争中,是一个后发者;类似的逻辑可以被应用在日本。肖恩菲尔德(Schonfield)的《现代资本主义》(*Modern*

---

[4] 如我们后面所讨论的,大股东持股是对这一问题的一种解决办法。公司的创始人拥有对公司股份的绝对控制权,并直接监督董事。他们可以直接参与董事会或者安排可信任的监督者(如家庭成员)进入董事会。大股东持股的所有者从19世纪的美国[例如美孚石油的约翰·D. 洛克菲勒(John D. Rockefeller)]到20世纪韩国[例如现代公司的郑周永(Chung Ju Yung)]均应用了这些解决办法。

[5] Gerschenkron 1962.

Capitalism)一书考察了遍及工业化国家的经济管理和结构的模式。[6] 欧洲的"国民经济"传统注重结构差异,而一些政治经济学文献也非常重视结构差异。

但总的来说,这些观点在 1980 年代以前的经济学研究中都没有什么影响力,至少在美国是这样的,并且为学术主流所排斥。在 19 世纪 80 年代,知识界的态度开始转变。经济现实是一个原因:日本经济的高速增长、亚洲四小龙的出现、德国的复兴以及美国经济的困境都对美国模式提出了质疑,导致了大批作品的问世,如迈克尔·波特发表于 1992 年的作品《美国失败的资本投资系统》以及麻省理工学院对美国制造业的研究——"美国制造"。[7]

钱德勒学派(Chandlerian)的预期,即企业中的公司结构,包括公司治理实践,由于受工业化发展的影响,在所有国家都应遵循类似的轨迹,却在 19 世纪 80 年代和 90 年代受到了比较研究和精确评估一浪又一浪的冲击。

"结构决定主义"被揭穿

事实上,同一行业中具有规模和科技水平的公司在各地看起来并不相同。梅耶和弗兰克斯证明美国所有权结构并不是世界其他地方的模式,因为许多地方并没有发展出伯利-米恩斯的所有权与控制权分离模式。[8] 拉波塔等人采用了一组更全面的数据,为经济学家们确立了这一事实。[9] 瑟利耶(Sellier)和其他欧洲研究者表明,制造同样产品的法国和德国工厂,在组织形式上有相当大的不同。[10]

【30】

---

[6] Andrew Schonfield, *Modern Capitalism: The Changing Balance of Public and Private Power* (New York: Oxford University Press, 1965).

[7] Porter 1992; Michael L. Dertouzos, Richard K. Lester, Robert M. Solow, and the MIT Commission, *Made in America: Regaining the Productive Edge* (Cambridge: MIT Press, 1989); and Suzanne Berger, Michael L. Dertouzos, Richard K. Lester, and Robert M. Solow, "Toward a New Industrial America," *Scientific American* 260 (1989): 39-47.

[8] Franks and Mayer 1990, 1996, 1997.

[9] La Porta et al. 1997, 1998, 2000; Rafael La Porta, Florencio López-de-Silanes, and Andrei Shleifer, "What Works in Securities Law?" *Journal of Finance*, forthcoming.

[10] Marc Maurice, François Sellier, and Jean-Jacques Silvestre, *The Social Foundations of Industrial Power: A Comparison of France and Germany*, trans. Arthur Goldhammer (Cambridge: MIT Press, 1986). 意大利模式,参见 Richard Locke, *Remaking the Italian Economy* (Ithaca, N. Y.: Cornell, 1995)。在对组织形式的选择方面,参见 Michael Piore and Charles Sabel, *The Second Industrial Divide: Possibilities for Prosperity* (New York: Basic Books, 1984). Albert 1993; Dore 2000; and Aoki 2001, 将日本和德国的经济组织与英国和美国进行对比。一些商学院对企业组织形式的差异和跨国的差异相当重视;迈克尔·波特出版了著作比较了国家生产体系的不同,参见 *The Competitive Advantage of Nations* (New York: Free Press, 1990).

斯隆基金[11]资助的书籍《改变世界的机器》（*The Machine That Changed the World*）表明，日本丰田公司的治理结构和美国通用汽车的公司治理结构截然不同。[12]

伴随着经济表现现实状况的改变，出现了新的理论视角。微观经济学变得相当重要，引发了企业内部对公司制度的重视。这就带来了对公司治理差异的第二种经济学解释：不完全契约的问题及其在私人约束、股东保护和契约连锁关系方面的各种解决方案。

不完全契约与私人秩序

如果公司像新古典主义理论所描述的那样，那就是一个追求利润最大化的黑匣子生产函数，那么，我们如何理解公司内部各方（包括劳动者、管理者和股东）之间的收入分配呢？依据新古典主义主义经济学理论，竞争性市场会迫使企业采纳一个最有效率的规则，来构建权威和分配产出。当低效的形式遭到破坏，趋同的治理模式则产生。在新古典主义经济学的这个抽象层面上，公司治理没有待解释的持续的差异，并且因此，许多正统的古典经济学家鄙夷地将公司治理视为一种"附带现象"。

【31】在近些年来，经济学家审视了（企业）黑匣子的内部，并指出了一些重要的问题。科斯撰写过关于交易成本的文章，他发出质疑，为什么我们拥有企业而不是拥有数以万计的独立企业家彼此之间相互缔约。对科斯问题的答案是，企业克服了签订这些契约所涉及的交易成本。[13] 威廉姆森（Williamson）强调了交易成本的重要性：成本越高，对于科层制的需求就越高，并远远大于市场。阿尔钦（Alchian）和德姆塞茨（Demsetz）主张契约能够解决市场中的许多问题。[14] 詹森（Jensen）和麦克林（Meckling）进一步发展了这一思想，并将公司假设为"一系列契约的连结"——"一种法律拟制，作为个人间一

---

[11] Sloan Foundation，斯隆基金是一个非营利组织，于1934年由通用汽车公司总裁斯隆于美国创立。——译者注

[12] James P. Womack, Daniel T. Jones, and Daniel Roos, *The Machine That Changed the World: The Story of Lean Production* (New York: Harper Perennial, 1991).

[13] Ronald H. Coase, "The Nature of the Firm," *Economica* 4 (1937): 386–405.

[14] Armen A. Alchian and Harold Demsetz, "Production, Information Costs, and Economic Organization," *American Economic Review* 62 (1972): 777–95.

系列契约关系的连结"。[15] 企业被视为是一系列特定契约的均衡结果。面对代理问题，可以设计并实施最优契约。尽管这些契约并不一定带来最理想的分配结果，但它们是相对全面的、综合的，因为它们规定了各方对所有未来意外事件的义务。

相比之下，格罗斯曼（Grossman）和哈特（Hart）指出了不完全契约的问题，他们认为，不可能完全规定未来所有的重要问题。[16] 他们强调订立契约的成本，例如协商的成本和执行的成本，以及即使没有代理问题也会出现的成本。一些解决对策专注于交易成本，一些专注于代理问题。例如凯斯特（Kester）将日本系统的问题描绘为，以更高的代理成本为代价来降低交易成本，而美国系统则是以更高的交易成本为代价来降低代理成本。[17]

在这一传统下，寻求解决契约模糊性的方案会导致组织、各权力科层（hierarchies）、结构化的群体能够明确谁在未指明的情况下拥有剩余控制权。[18] 依据契约主义者的观点，治理中的关键挑战源于股东——依据资本所有权产生的委托人，以及代理人——股东雇佣的管理者或其他公司雇员等对于信息拥有的不对称。虽然这一系列关系的所有其他各方原则上可以与公司签订一个或多或少完整的合同，而股东则必须面对一个不完备的契约。股东不可能预先详细地列明他们希望管理者从事或者避免的所有行为。因此，在管理企业时就存在不可简化的不确定性因素，这是一种股东无法回避或对冲的隐性风险。当股东购买股份的时候，他的投资就沉淀了下来，他们承受了剩余风险，直到其股份被其他股东收购或投资终结。

【32】

---

[15] Michael C. Jensen and William H. Meckling, "Theory of the Firm: Managerial Behavior, Agency Costs, and Ownership Structure," *Journal of Financial Economics* 3 (1976): 305–60.

[16] Sanford J. Grossman and Oliver D. Hart, "Disclosure Laws and Takeover Bids," *Journal of Finance* 35 (1980): 323–34; "Implicit Contracts, Moral Hazard, and Unemployment," *American Economic Review* 71 (1981): 301–7; "The Costs and Benefits of Ownership: A Theory of Vertical and Lateral Integration," *Journal of Political Economy* 94 (1986): 691–719.

[17] W. Carl Kester, "American and Japanese Corporate Governance: Converging to Best Practice?" in *National Diversity and Global Capitalism*, Suzanne Berger and Ronald Dore, eds. (Ithaca, N.Y.: Cornell University Press, 1996), 107–37.

[18] Oliver E. Williamson, *Markets and Hierarchies: Analysis and Antitrust Implications* (New York: Free Press, 1975); *Organization Theory: From Chester Barnard to the Present and Beyond* (New York: Oxford University Press, 1995); and Oliver Hart, *Firms, Contracts, and Financial Structure* (Oxford: Oxford University Press, 1995); "An Economist's Perspective on the Theory of the Firm," *Columbia Law Review* 89 (1989): 1757–74.

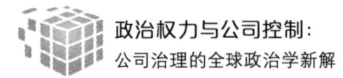

剩余风险和剩余控制权

依据契约主义理论，作为剩余风险的补偿，股东"委托人"主张对公司的剩余控制权，以确保管理"代理人"最大化股东价值，而不是偷懒或者偷窃。管理者有许多种方式来推进自身的目标，可能会与股东价值最大化的目标产生冲突，更不要说平常的"罪行"，如偷懒和盗窃了。与股东在购买股票时可能预料到的风险相比，管理者可能从事的行为要么太过冒险要么太过平庸。

例如，管理者可能会投身于"帝国建设"，收购公司以分散行业或垂直生产链中的风险，而根据投资组合理论的要求——在没有额外的困难来观察集团企业所引发的管理效率问题时，股东更偏好自己投身于这种多样化之中。这就是由迈克尔·詹森在其公司治理的文献中发展出来的"自由现金流代理成本"（agency costs of free cash flow）概念。[19]

面对不完全契约，委托人（所有人）和代理人（经理人）需要解决不确定性和管理代理成本问题。他们可以尝试纯粹的私人"秩序"，不涉及政府的保证或者信号机制。或者他们可以利用公共权力的强制性工具：法院、法律和法规。在哪种工具更优方面，科斯主义者并没有一致意见。一些人声称科斯的观点是反对政府干预，一些人声称的观点却恰恰相反——"科斯 vs. 科斯主义者"[20]，这篇由格莱泽（Gllaeser）、约翰逊（Johnson）和施莱弗（Shleifer）合作的论文，恰当地概括了这种差异性。[21]

这就是契约式传统中提出的治理问题的核心：如何来管理源于所有者（投资者，无论是内部人还是外部人）和管理者之间不完备契约所带来的挑战。这一问题与股东之间的集体行动问题、交易成本问题和代理成本问题在广义上相互联系，其限定了用以解决问题的政策范围。什么样的政策能够解决这样的代理问题？以及什么样的政治产生了这样的政策？

[33]

---

[19] Michael C. Jensen, "The Agency Costs of Free Cash Flow: Corporate Finance and Takeovers," *American Economic Review* 76 (1986): 323-29; Eugene Fama and Michael Jensen, "Separation of Ownership and Control," *Journal of Law and Economics* 26 (1983): 301-25.

[20] "Coase vs. Coasians"一文的中文版参见：《科斯对科斯定理——波兰与捷克证券市场规制的比较》，班颖杰译，载《经济社会体制比较》2001年第2期。——译者注

[21] Edward Glaeser, Simon Johnson, and Andrei Shleifer, "Coase vs. Coasians," *Quarterly Journal of Economics* 3 (2001): 853-99.

如一些理论研究者相信的那样，如果私人"约束机制"（bonding mechanisms）相当强有力，那么法律和规制的作用就会减小，政治的重要性也会减弱；如果像其他人所认为的那样，私人约束不够充分，代理问题需要法律和规制来解决的话，我们就需要提供有关这些法律规定的理论，以及关于哪种组合是最有效的辩论。我们将在本章的其余部分对这种关系进行讨论，然后转向法律和规制。

私人约束与治理博弈

为了以一个纯粹"私人"的方式安抚股东，管理者可以发出信号，表明他们没有偷懒或盗窃。他们通过投资建立声誉的工具来做到这一点。他们可以做出承诺将自身与良好表现相"绑定"：承诺人的这种约束成本越高，对承诺目标的达成就越是有保证。当管理者和股东反复参与这种私人缔约行为，管理者会发现作为可靠的代理人参与声誉建设是理性的。

管理者可以通过引入"声誉中介"来监督和加强其作为可靠代理人声誉的方式来进一步加强自身的声誉。例如，考虑到发行股票的经理和购买股票的投资者之间的信息不对称，管理者很容易误导投资者；该公司可能只发行一次股份，也可能多次发行。投资人如何知晓管理者提供了可以信赖的信息呢？

声誉中介机构，包括会计和证券公司，随着时间推移对发行公司管理者进行长期监督，将这种一次性的股票发行博弈转变为迭代博弈，就如同博弈论理论所称的那样。中介机构网络就权益证券（股票）给出一个专业性的意见，事实上是将自身的信誉"租借"给管理者，并收取一定费用。中介机构在对公众公司的持续审查中，扮演着同样的角色，会计师通过"意见函"的方式审计会计报表，同时证券公司则给出买入或卖出的建议。

投资者是这些专业意见的顾客（包括审计意见和买/卖建议），同时从买入开始到卖出那天，他们都将日复一日地与会计师和证券中介机构打交道。这些投资者被假定拥有长期的记忆，一旦会计或证券公司违背了职业声誉，站在管理者一边或误导了投资者，哪怕只有一次，也会受到相应的惩罚。这一复杂的过程要求声誉中介机构、管理者和投资人参与到一个声誉被认为是有价值的重复博弈——而不是一个"一次性"博弈，一次性博弈信任度较低并

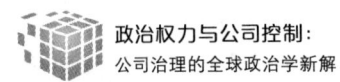

拥有背叛的动机（特别是管理者），并且这种博弈拥有清晰的监督和惩罚背叛的机制。除了来自投资者的市场惩罚机制以外，声誉中介同样还通过公司间的竞争、自我监督、规制和（极端情况下）法律责任等保持自身的诚信。[22]

声誉第一，规制其次

在这个有效市场和私人秩序的"纯粹"世界中，公司治理实践被认为是股东和管理者不间断展开"委托人—代理人"议价的结果。任何关于公司财务披露、审计、董事会监督、控制权和管理者薪酬的规则，都反映了股东委托人和管理者代理人的均衡交易。管理者提供会计、审计和相关披露的数据，股东运用这些信息来监督管理者的表现。对股东而言，董事会是一个忠实的中间代理人，监督管理者、雇佣或解雇经理人、设定管理者薪酬，并在其他方面批准重大决策，同时考虑到股东价值的最大化。控制权规则保障了股东在重大决定时，拥有最终的决定权——包括谁在董事会任职，以及从管理者薪酬延伸出的对管理人员"做出正确选择"的激励。

从历史的角度来看，如柴芬斯（Cheffins）、布莱克（Black）、罗伊和科菲（Coffee）等法律学者指出在美国证监会做出监管改革之前，私人约束机制（private bonding mechanisms）有助于在美国和英国创设了一个可信的证券市场，而不是改革之后才发挥作用。[23] 在一个常常被引用的例子中，摩根大通（J. P. Morgan）的管理者在声誉中介和证监会出现之前，就通过自身的行为向投资者证明了一个可信的承诺。在摩根大通的例子中，这些投资者主要是欧洲银行（主要是英国银行），它们试图在高速增长的美国经济中找到一个安全的投资地点。美国和英国的证券交易开始实施关于公开披露和会计的上市要求。

---

[22] 这一复杂的过程使声誉中介和投资者进入声誉被认为是有价值的程式博弈，而不是一个一次性博弈，一次性博弈中信任度较低并拥有背叛的动机（特别针对管理者）——过程拥有清晰的监督和惩罚背叛的机制。参见 Bernard Black, "Creating Strong Stock Markets by Protecting Outside Shareholders," paper presented to the OECD Conference on Corporate Governance in Asia, March 3-5, 1999, Seoul, 6-7.

[23] Bernard Black, "The Legal and Institutional Preconditions for Strong Securities Markets," *UCLA Law Review* 48 (2001): 781-855; Brian Cheffins, "Does Law Matter? The Separation of Ownership and Control in the United Kingdom," *Journal of Legal Studies* 30 (2001): 459-84; Cheffins, "Corporate Law and Ownership Structure: A Darwinian Link?" *University of New South Wales Law Journal* 25 (2002): 346-78; John Coffee, "The Rise of Dispersed Ownership: The Role of Law and the State in the Separation of Ownership and Control," *Yale Law Journal* 111 (2001): 1-81.

这种为摩根大通所拓展，并由证券交易所发展起来的私人承诺最终被纳入立法，因此对于某些法律学者来说，私人约束先于法律。声誉中介出现在这一监督过程中，提供加强约束机制所需的信息，这些声誉中介包括：会计师事务所、债券评级机构、股票分析师、经纪公司和证券律师。证券交易所规则进一步将声誉中介嵌入解决管理者与投资者之间"不完全契约"的解决方案中。

在这一理论传统下，私人约束机制越自给自足，政治就越是无足轻重。政策的作用很小，因此制定政策的政治过程所发挥的作用也同样很小。尽管约束机制确实非常强大——法律和政治的"中心主义"的缺陷在于淡化个人和团体在解决问题时的作用，但他们不可能完全独立于"国家的阴影"或者政治主张行事。[24]

当国家过弱，而有时又太强时，私人约束便随之产生。当弱势或强势型国家做出的正式的司法和监管机制无效或有风险时，私人约束就出现了：当契约靠不住的时候，家庭、民族或区域便替代其作为"可信赖的"约束机制；关于转轨经济展开的研究文献确认了这一影响。[25] 同时，私人约束同样可能依靠国家行动来支持某些类型的契约，并保证市场在可预见的方式下有序地运转。在那些有着不稳定或独裁政府的国家中，其市场的缺陷确认了这一点；私人约束在强有力的法治下运行更良好——如同许多研究表明的那样，法治的建立依赖于政治基础。[26]

治理规制：必要、有用还是寻租？

最严苛的私人秩序理论家认为，国家是不必要的，甚至不需要法院。不太严苛的分析家认为，有序的市场要求契约必须通过州法院执行。在这里出现了另一系列分析上的分歧，即这些法院应该有多小或多发达？是否应该有一套关于公司治理的专门规则，还是侵权法就足够了？监管机构是否能做一些法院不能做的事情？

---

[24] Robert C. Ellickson, *Order without Law: How Neighbors Settle Disputes* (Cambridge: Harvard University Press, 1991).

[25] Theodore Groves, Yongmiao Hong, John McMillan, and Barry Naughton, "Autonomy and Incentives in Chinese State Enterprises," *Quarterly Journal of Economics* 109 (1994): 183-209; Avinash K. Dixit, *Lawlessness and Economics: Alternative Modes of Governance* (Princeton: Princeton University Press, 2004).

[26] Daron Acemoglu, Simon Johnson, and James Robinson, "Institutions as the Fundamental Cause of Long-Run Growth," NBER Working Paper No. 10481, 2004.

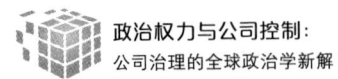

法院的极简主义观点认为,在没有任何专门的公司治理或证券规则的情况下,日常的侵权法已经足够。明确的法律和严厉的惩罚会威慑不良行为。但是比最低限度高更多的法律和规制,并不能够增加市场的效率,而且有可能因此被利益群体俘获,并进行寻租,[27] 或政治家会通过为利益集团提供相应的规制规则展开寻租,而利益集团会为此买单。在最激进的情况下,私人约束或私人契约模式认为国家任何事项上都不会比契约和法院本身做得更好,甚至多数情况下表现更差——因为国家被认为是出了名的低效,同时其规制成本相当高。

私人约束与国家差异

这一契约式理论是如何看待不同国家之间公司治理形式的差异呢?因为这并非上述理论需要解决的当务之急。因此,某种程度上这种讨论只能从文献中进行推断。一种可被追溯到科斯学派的推理认为,塑造契约的条件不同,预示着治理中的差异会相当大。关键驱动因素,股东—管理者之间契约的不完备性,是公司参与业务的一个函数。由于这些条件很可能在各地存在较大差异,因此约束的问题也可能不同,故而在公司形式层面的解决办法也会不同。如果契约的不完整性受到法律和政策的任何影响,那么其他变量正在逐渐渗入理论尚未明确指出的情况。

如果科技和市场条件是驱动因素,我们可能会预期得出下面的结论:私人秩序安排在任何给定的国家都是混杂的,但各国相同的行业种类具有相对同质的模式。由私人秩序采纳的"一般的"公司治理实践种类中的差异,应当源于私人参与者缔约所涉及的商业类型的不同。依据私人约束理论,无论存在什么样的差异,都不应当将其与监管差异或政治差异联系在一起。

例如,那些产业结构偏重于那些拥有高度内在管理举措且难以监督的公司的国家——如设计半导体集成电路,将会有复杂的声誉构建过程、声誉中

---

[27] 例如,根据这条思考的线路,美国近期的腐败丑闻都是由于监管太多而不是监管太少造成的:证监会强制性规则要求上市企业的会计报告需要有经过第三方会计师事务所审计,这削弱了外部审计。这消除了企业(和管理者)在财务数据可靠性的基础上相互竞争的激励,从而用强制性财务准确性的虚假承诺来哄骗投资者。随着一个巨大的市场拱手交给审计公司,这也削弱了这些公司在严格审计基础上相互竞争的激励,鼓励了一种"一刀切"的方法,在财务报表的最后附上"会计师函",实际上得出的是一模一样的结论。随着监管要求的减少,公司将竞相提供更严格的会计和审计服务——或者说,这个论点是这样的。

介和少数股东保护。产业结构倾向于初级加工——如伐木或采矿——的国家，管理者固有主动权的空间就较小，更容易进行监督，拥有并不复杂的声誉中介和稀疏的股东保护制度。运用相同的逻辑，基于潜在的工业部门，持股较多的大股东和持股分散的小股东在各种模式中应当同时存在，从一家企业到另一家企业。完全依赖于私人约束纯粹的契约式理论预测，除了随着时间的推移产业结构变化的一些上升和下降之外，少数股东保护没有任何明显增强的趋势。

【37】

然而，与这种推理相反，我们发现一国内部的公司治理实践存在同质性，并且在跨国之间存在异质性。产业复杂性提出了缔约的问题，但是解决这些问题的方式受到国家环境的制约。在我们的样本中，人均 GDP 和股东保护之间存在正相关关系。股东保护确实具有规制和法律的属性。但是如果私人约束是行为的驱动因素，那么这些规制就没有私人约束那么重要。

"纯粹的"契约式模式在现实操作中也是有困难的，在每一个样本中，政府通过法院和规制手段，在公司治理规则的制定中，确实也发挥了核心作用。这也并没有篡改私人秩序模型的逻辑。他们可能的确告诉我们许多与公司行为相关的情况，但是他们却不能很好地解释各地之间的差异性。企业在公司治理中受到政府限制的观点，并未否定私人秩序模型的逻辑，但在解释各地之间差异性方面却显得有些无用。

私人秩序的障碍

私人秩序模型有赖于对条件的假设，即缺少何种条件会导致哪些问题。私人秩序在以下情况中可能会有"大妥协"产生：如果股东和管理者事实上参与了一个重复性博弈；如果私人市场基础建设，诸如会计师、审计师和证券市场分析师等信誉中介拥有客观公正履行职责的动机；如果一些少数股东能够克服集体行动难题，并且与管理者进行协商或实施制裁；如果监管机构可以被私人秩序博弈中的一个或多个参与者"俘获"。在第五章中，当我们检验和测试投资者模型时，我们会更详细地回顾这些假设，投资者模式很大程度上有赖于私人秩序作为公司治理变化和结果的驱动因素。

重复合作与"拿钱走人"

管理者背叛和"拿钱走人"的诱惑可能非常大。如果声誉构建机制的基

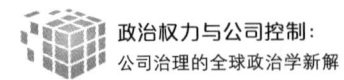

础是股东和管理者之间"一次性"的博弈而非重复博弈,那么私人秩序可能因此遭到破坏。这需要时间来证明,最少几个财政季度,来辨别特定的管理者对企业价值是否存在积极或消极影响。就声誉的构建来看,管理职业者的生涯过于短暂,不利于声誉的构建。[28]

利益冲突的声誉中介

如果声誉中介是不发达的,或者他们获得与股东利益相冲突的动机,那么私人秩序同样会遭到破坏。如同布莱克和其他人观察到的那样,[29] 任何一个国家会计师、分析师和证券律师的网络都是一个复杂而又脆弱的生态系统,历经若干年才能构建起来。声誉中介的客观目标可能被其他激励(incentive)所扭曲;当证券公司和会计师能够通过为管理者提供交易服务,而不是通过关注他们对投资者的信誉来赚取更多金钱时,会发生什么呢?[30]

经典的集体行动难题

持股分散的股东面临一个巨大的集体行动的难题。大量的小股东对审查公司财务披露的动机有限,更不能确定声誉中介(审计师和分析师)与管理者没有合谋影响数据的准确性。

契约式模型援用了一些辅助性的机制,基于此,私人秩序可以补救这一集体行动难题。最为直接的方式就是集中持股机制,在这种模式下,一个股东或一小撮股东把控了投票控制权,这足以提供适当的激励和手段来处罚管理者,并使管理者的行为符合一个诚信代理人的要求。另一个机制是"控制权"市场——敌意收购的可能性,一个或一小撮参与者通过这种方式聚合在一起,类似于暂时的控股股东一样获得企业的控制权,无论何种管理上的背

---

[28] 一些批评者,布莱尔(Blair)和罗伊是其中的代表人物,声称雇员(包括管理者)与股东一样与公司之间订立了不完全契约,因此,如股东一样,他们在公司中投入了"公司专属的"投资。尽管这一系统中的参与者并不都是股东,也可能是"利益相关者";他们对公司有重要的承诺,不容易转让给其他公司。公司在这一专属资产中受益,因此,需要找到一些保护的方式。这个想法可以被扩展到管理者、供应商、分销商、社区和其他对公司有贡献但却并不拥有公司股份的参与者。金融理论排除了这些利益相关者。参见 Margaret M. Blair, Mark J. Roe, eds., *Employees and Corporate Governance* (Washington, D. C.: Brookings Institution Press, 1999). 这一点同样被津加莱斯在 2000 年作品中进一步展开。

[29] Bernard Black and John C. Coffee, "Hail Britannia? Institutional Investor Behavior under Limited Regulation," *Michigan Law Review* 92 (1994): 1997-2087.

[30] Sinclair 2004.

叛激怒了他们，他们都能够通过否决（击败）现任的董事会和管理人员来进行补救，并将他们的股权（利益）出售给分散的小股东。第三种机制依赖于大型的机构投资者，他们将许多分散的投资者聚拢为一个巨大的投票阵营，足以引起管理者的注意或支持一个并购。

这种模型可以预测敌意并购，契约理论将其作为有效率的核心机制。但令人惊讶的是，即使在美国，这种情况也很少发生。我们样本中很少有允许敌意收购的，英国、马来西亚、中国香港和美国属于例外。再者，自1980年代美国敌意收购的全盛时期看，一波反收购立法浪潮兴起，美国50个州中的多数都通过了相关立法。自此以后并购（M&A）大量产生，而敌意收购变得相当罕见。

监管俘获？

最终，即使只用于执行契约，私人秩序至少也需要一定程度的公共规制。规制不可避免。事实上，并没有一个完全没有法律的纯粹的市场。这里的问题并不在于是否需要规制，而是规制什么和如何规制。在寻求俘获的竞争性群体中，因为"俘获"的原因而抛弃规制，并不能够解释究竟是谁在这一过程中成为赢家。

面对私人约束的限制和规制的现实，我们需要探索哪种规制更要紧，以及什么解释了规制条款的存在——即何种规制最终制定为法律并被强制实施。

法律和监管：少数股东保护——信息、监督、控制和激励

在本章的第一部分，我们总结了管理者代理问题，许多理论家认为这是公司治理问题的核心：当不完备契约难以具体化的时候，所有者是如何监督管理者的。然后，我们分析了上述问题"私人约束"的解决方案，即建立信誉以履行合同的信号机制。虽然这一机制确实存在，并且在一些情况下可能是非常有效的，但它们在其他条件下却十分孱弱，并且它们无助于我们理解监管、法律和政治干预在各地现实中的意义。

这里我们继续研究法律和规制。很少有理论家认为，完全不需要任何公共

权威,有私人约束就足够了。多数学者认为私人机制依赖于国家的影响。[31] 私人法院,例如管理者和投资者可以引用仲裁协议作为昂贵的公共法院的替代方案,但仲裁仍然依赖于国家作为终极的复归点:昂贵的审判总是作为接受私人仲裁结果的诱因。[32]

法律关系重大(如同对私人约束讨论所展示的那样)。这里的问题是什么样的法律关系重大。理论研究者在这里产生了分歧:一些学者认为,传统侵权法是足够的;另一些学者认为,尤其需要一部处理公司治理的特别实体法[此处将之命名为"公司法的质量"(QCL)]。然而其他人证明公司法的质量过于狭隘,他们认为公司法和证券法的区别并不足以具体说明治理问题。我们应当更广泛地拓展视野到少数股东保护(MSPs),涉及信息、监督、控制和激励等条款。最后,另一组学者主张即便是少数股东保护制度也过于狭隘:治理关系受到更为宽泛规则的影响,决定着工作中的市场经济类型,有些被称为"生产系统":包括劳动者关系、价格设定机制、竞争、教育和培训,以及社会福利系统。我们将这一系列标记为政策协调度,系在一个经济体制中自由主义者和社团主义者的协调程度。

我们调查了相关文献,来确定那些对公司治理拥有最大影响力的公共政策,在我们的讨论中被视为核心变量。而这些政策的规定,需要进行政治解释。

从侵权法到公司法

在"哪一法律系统更重要"的讨论中,第一分支讨论介于普适的侵权法和专业的公司法之间。一些主张认为,一部强有力的侵权法——拥有清晰的标准、有力的惩罚,以及有效率的威慑——提供了足够的力量来禁止该法律的滥用。侵权行为法是关于惩治不法行为的,包含了受托责任的概念。判例法可以阐明其适用于公司治理的标准。强有力的惩罚被视为有效的威慑。[33]

反对的观点认为,侵权法不够确定,无法对公司治理中的渎职行为提供

---

[31] Ellickson 1991.

[32] Andrei Shleifer and Robert W. Vishny, "A Survey of Corporate Governance," *Journal of Finance* 52 (1997): 737–83.

[33] Gary Becker, "Crime and Pubishment: An Economic Approach," *Journal of Political Economy* 76 (1968): 169–217; Richard A. Posner, *Economic Analysis of Law* (Boston: Little, Brown, 1972), chap. 7; John Coffee, "No Soul to Damn, No Body to Kick: An Unscandalized Inquiry into the Problems of Corporate Punishment," *Michigan Law Review* 79 (1981): 386–459.

有效的监督。需要用一系列特别的法律来处理私人秩序中的缺点。标准的不确定性，保护力度较弱，惩罚零零散散，因此威慑是无效的。一个更清楚的实体法——最宽泛来看，少数股东保护——可以生成源于公众部门和私人秩序的强制执行。[34]拥有清晰的法律，公共部门可以运用判例对抗管理者或者其他滥用权力人士。同时，私人主体可以利用少数股东保护提供的信息来起诉其他私人主体。公共部门和私人主体联合在一起行动，往往比单独的个体更为有效。激励私人主体并向他们提供信息，会激发更多的监督力量，比由公共部门自己来监督的效果更好。公共部门应该致力于解决私人行动的集体行动局限问题。公共和私人路线都是法律控制代理问题的能力的关键因素。

另一个分支的争论介于法律和规制之间。是否有法律独自不能处理，但是监管实体可以处理的事件？格莱泽等人认为，私人约束的论据取决于——"复杂契约的有效司法执行的可能性。法官必须能够，更重要的是愿意阅览复杂的契约，核实触发特定条款的事件是否确实发生过，并解释宽泛而模糊的语言。"[35]但是法官究竟有什么样的激励来从事涉及上述这些的工作呢？"事实上，即便契约受法规限制，法院也可能没有资源和激励来核实特定法规是否适用或如何适用……对法官的这些要求同样适用于法律的司法执行，因为对特定法律的解释和适用需要大量的投资。"[36]

【41】

监管机构可以克服这些障碍，以有效的利用立法和法院。如果系统被恰当构建，监管机构就有动力进行调查、研究、检查和执行，那么"降低执法人员在信息方面的投资成本可以提高执法效率"[37]。在20世纪30年代，这一逻辑激发了兰迪斯（Landis）法官对美国证监会的设计：创立一个监管机构来做民事诉讼不会做的事情，同样也鼓励信誉中介机构提供信息，以供监管机构和民事诉讼使用。[38]

虽然监管机构和法院立法之间的差异非常有趣，但这并不是我们所关心的主要问题。就我们的目的而言，关键的区别在于，是否存在大量法律法规和监管规制，两者都为少数股东提供保护——即MSP。侵权、法院、专门法

---

[34] La porta, lopez-de-Silanes, and Shleifer forthcoming.
[35] Glaeser, Johson, and Shleifer 2001, 854.
[36] Glaeser, Johson, and Shleifer 2001, 854.
[37] Glaeser, Johson, and Shleifer 2001, 854.
[38] La Porta, Lopez-de-Silanes, and Shleifer forthcoming.

律和规制的问题,与纯粹的私人约束主张不同。所有这些要素都涉及法律和规制,然而(私人)约束的主张却没有涉及。规制是实施少数股东保护的一种方式,它是否能比一个专门的法律机构更好地发挥作用是重要的,但却不是我们需要关心的核心问题。我们关心少数股东保护是否有所作为——一套旨在保护投资者免受管理代理成本影响的强有力的法规体系,是否会对公司治理实践产生影响,进而对金融市场和公司的发展产生影响?

在下文中,我们展示了少数股东保护确实起到作用的证据。强大的少数股东保护催生了分散的股权,大股东集中度更低。在我们提出这一证据时,我们再次强调,我们正在将"公司法的质量"(QCL)纳入一个更加宽泛的对少数股东保护的衡量标准。有关这一问题的一些重要证据,是通过观察狭义的公司法的质量的衡量得出的。公司法的质量关注的是董事会的组成及其权力。它不包括会计、证券、控制权市场等其他重要争议。[39] 上述这些方面对于理解所有参与者所面临的激励尤为重要。

[42] 拉波塔、洛佩兹-德-西伦斯、施莱弗和维什尼开创性的作品开始于对公司法的质量的评估。他们开发出了一个巨大的国别数据组,集中在两个维度上:公司法的质量的强度(strength)和持股的集中与分散程度。二者呈正相关关系:公司法的质量程度越高,股东分散程度也就越高。拉波塔等人的工作为这两种方法的进一步研究奠定了基础。通过对各地进行比较,为进一步研究和讨论奠定了基础。

近期,他们的作品在逐步转向一个更加宽泛的少数股东保护概念,正如他们将证券法和其他规制纳入自己的研究,并且通过对劳动立法、社会保障和其他市场经济的子系统的观察,注意到学术界正朝向一个更为宽泛的对资本主义侧写[40]的目标前行。我们的分歧点是他们对规则差异产生的原因提出了自己独特的主张:他们将差异的起源和持续性归因于"法系",认为这是普

---

[39] 对董事会结构的规则,委托书权利,董事的法律权利,召集会议的权利和充分的信息披露都在拉波塔等考核的变量之中。在最近的作品中,他们审视了与证券法密切相关的条款。公司法的质量不仅包括书本中的法律,而且包括"监管者和法官的质量,效率,监管机构和司法机关的准确度和诚信,交易所管理极坏偏差时的能力,等等"(Roe 2003b, 167)。如果这些保护是高质量的,买卖双方都会认为管理者的代理成本问题得到了控制,继而股份交易将会发生。在全世界各地,公司法的质量都是公司治理系统类型的主要驱动,并以此作为解释各地差异性的主要理由。

[40] Profile——侧写,本意是换位思考。一些学者通过缩小思考范围,达到时效性,而拟出"侧写"这一新术语。——译者注

通法系与大陆法系之间的对抗。我们不同意这种对各地差异的解释，但就目前而言，我们将重点放在与拉波塔等人分析趋同的领域，即少数股东保护的作用。我们将在下一章回到"法系"辩论，该章同样会考察相应的政治解释。

我们就此转向对少数股东保护规则的陈述，以及其与公司治理模式之间是如何产生关联的证据。

少数股东保护

少数股东保护支持论的逻辑在于：如果国家的法律疏于保护少数利益相关者，一个潜在的购买者会担心大股东将一些股份价值从买者手中拿走，继而转移到大股东自己手中。预期的买家因此"就不会按股票价值支付比例付款。如果股份折价幅度过大，大股东就不愿意卖出股份，集中持股就会持续存在下去，证券市场也就不会发展"[41]。卖方可能希望分散所有权，用以阻止控制权人转移价值。但是买家仍然有理由担心，其他的外部入侵者会获得控制权并转移价值，因此股价再次下跌。[42]

少数股东保护学派主张，所有权的集中或者分散由既存（或缺乏）的一系列实践所驱动，这些实践既包括非正式规范，也包括保护少数股东权利的正式规则和法规。该学派以委托—代理理论为基础，并且包括了许多私人秩序和公司法质量的概念；它将以市场为基础和以监管为基础的实践结合在一套特定于公司的规则中，这些规则构建了外部投资者与内部人士——包括管理者和大股东——之间的关系。

一系列既存的制度构建起分散持股的所有者监督管理者的方式：财务披露、董事会结构和组成方式、委托书规则等。这些通常被称为"股东保护"，[43]这些做法有助于确保公司运营是为了最大化股东的股份价值，而不是花费在或浪费在其他事情上。有几种此类实践，包括财务披露、监督、控制和管理者薪酬。

在经济学理论中，并无精确的标准界定少数股东保护由哪些实践组成，在这些实践如何塑造公司的表现和保护少数股东免于被征收（通过大股东之手）和免于代理成本（通过管理者和雇员之手）方面并未达成一致意见。尽

---

[41] Roe 2003b, 165.
[42] Roe 2003b, 166.

管在提供少数股东保护的时候，我们采纳了一个更宽泛的对制度的定义，但在主流媒体中，对公司治理的多数讨论致力于董事会角色的扮演和功能的发挥。为了编制一个少数股东保护的综合指数，我们对公司治理实践进行了更宽泛的定义，包括信息、监督、控制和管理实务。

在这些实践中，有一些是正式的，嵌在立法或监管流程中，而另一些则是非正式的，涉及惯例或规范。正式和非正式实践混杂在一起，在国家之间存在巨大差异，监管机构授予企业的创新范围也是如此。

进一步深入更复杂的情况，有些做法是互补的，例如，在我们的部分样本中，少数股东投票权的正式保护可以被收购规则否决，而另外一些实践则互为替代；现实中有相当多的（以及不确定的）学术文献涉及了补充和替代概念。关于公司治理实践在保护中小股东利益方面有效性的实证证据出奇地少；如梅耶观察到的那样，"公司治理变成了一个主观意见掩盖了客观事实的学科。"[43]

如同并没有一致意见精确地说明哪一项公司治理是最为重要的一样，这里每个治理实践中，同样没有广泛被接受的衡量股东保护的标准。相反，相互竞争的指数激增，它们各自的特点不同，且被运用于不同的维度，一些基于成文法和规制，另一些则结合了执法的层面，等等。在下一节中，我们描述了全方位的公司治理实践，以及用于评估这些实践的指数。

信息：披露和审计

信息实践包括了会计准则和审计流程。[44] 在过去十年中，在国际会计准则理事会（International Accounting Standards Board, IASB）的支持下，国际财务报告准则（International Financial Reporting Standards, IFRS）这一愈加严格的国际会计准则应运而生。国际会计准则（通常由编纂组织的前三个字母或IAS来指代）类似于美国财务会计准则委员会（Financial Accounting Standards Board, FASB）制定的通用会计准则（generally accepted accounting principles,

【44】

---

〔43〕Colin Mayer, "Corporate Governance, Competition, and Performance," OECD Working Paper No. 164, 1996, 3.

〔44〕本节的大部分内容和测量结果源于James P. Shinn, "Globalization, Corporate Governance, and the State," Ph. D diss., Princeton University, 2000.

第三章 激励的形成：经济学与法学传统

GAAP）。国际会计准则（International Accounting Standard，IAS）是建立在通用会计准则之上的，但在美国特定的商业和税务实践中却要精简得多，而且较少被使用。

一国规则越是接近国际会计准则或通用会计准则，少数股东就越能准确地评估代理或征收的成本。尤其是在大股东可能通过关联交易而形成征收性威胁（剥夺少数股东利益）的时候，对合并、资产评估和收入确认（income recognition）的良好规则非常重要。[45]

由此类推，由有能力的第三方（通常是专业会计师事务所）在不受管理层或股东干预的情况下，进行客观审计，对核实所报会计数据的准确性至关重要。审计实务的核心利益包括审计的范围、频率、报告的接受者、审计人员独立性的标准以及选择和终止审计人员的条件。[46]

在样本中，会计和审计的惯例在大多数国家（地区）都是正式的，也就是说，由立法规定，通常是在公司法中。有时由财政部制定规则，有时则将规则委托给证券交易所监管机构或证券交易所本身行使。这两种方法都没有为公司提供多少在会计制度方面进行创新的空间，或者"货比三家"后选择自己心仪的会计准则制定机构。[47] 出于同样的原因，多数证券监管者或证券交易所就财务审计制定了最低标准，尽管如此，企业依然有自由选择一个有声望的或者"无名的"会计师事务所来进行审计。[48] 我们的会计和审计指数运用了源自拉波塔等人的两组数据系列，一个用于会计质量，另一个用于财务披露，该指数对我们样本中所有国家（地区）进行排序打分，分值从 1 到 100。[49] 我们将上述两种测量值均值化，以得出我们样本的单个指数。

---

[45] "由于控股所有人监督会计报告政策，并被认为有强烈的机会主义动机阻碍少数股东，市场预计所有人不会报告高质量的会计信息。"Joseph Fan and T. Wong, "Corporate Ownership Structure and the Informativeness of Accounting Earnings in East Asia," Center for Econmic Institutions Working Paper No. 2001-21, 2001, 3.

[46] 会计解释可能会对银行机构产生深远的影响，更宽泛来看，对税收也可能产生影响，中央银行和财政部，传统上在这一实践中拥有强烈的利益诉求。先于国际会计准则委员会，目标标准的金本位标准由美国财务会计准则委员会设定。而美国财务会计准则委员会的决定往往（并不一定总是）由会计学会员和专业人士制定，并受到美国证监会和华尔街的仔细检查。

[47] 公司拥有在国际市场上交叉上市的自由，如美国纽约、中国香港或者欧洲市场，这就要求他们必须遵守境外证券委员会或证券交易所的会计规则。对于这种类型的创新，美国存托凭证（ADRs）提供了一个最受欢迎的竞技场，根据官方部门自身意愿的不同，选择是否在境内法定报告中接受通用会计准则。

[48] 例如日本丰田市的一个小型"被动的"会计师事务所就审计了丰田汽车公司的日本财务报告。

[49] http://iicg.som.yale.edu/data/datasets.shtml.

监督：董事会独立性

监督实践包括了董事会和管理其受托责任的规则。[50] 外部董事独立于管理者——非执行董事（non-executive directors）或治理中的术语 NEDs——可以保护少数股东免受代理成本的影响；外部董事独立于大股东，可以保护小股东免遭征用成本（expropriation costs）的影响。"独立"的准确定义至关重要，因为对管理者或大股东而言，经常会在董事会中安插名义上独立的非执行董事，但这些董事不得不服从于首席执行官（CEO）或大股东的指示。

对上市公司而言，政府常常要求最低数量的非执行董事，且此要求常常被作为在证券交易所上市的条件之一。公司通常可以自由地任命尽可能多的董事，尽管他们可能会受到一项规定的限制，即关于由员工或工会代表担任董事会席位的最低比例的规定。一个例子是德国的《共同决策法》（德文"共同决策"：Mitbestimmung）规定雇员代表在监事会（德文"监事会"：Aufsichsrat）中的比例不得低于49%。更为常见的是国家规定独立董事的最低比例，允许公司按照自己的意愿加入更多的非执行董事。

在我们的董事会监督指数中，我们使用了样本中上市公司董事会中非执行董事的估值百分比。对于最大的那些（按市值计算），我们使用戴维斯全球咨询公司（Davis Global Advisors）编制的截至2002年的数据。[51] 对于其他的，我们使用来自各种学术和专业来源的 NED 百分比的点估计值，然后将样本标准化为 1 到 100 的范围。

控制权规则

控制权实践包括了在重要事项决定时的少数股东投票权，适用的场景包括诸如控制权的变化，同样包括收购条款。大股东和管理者能够利用许多投票规则或程序，弱化或消除少数股东影响控制权决定的能力。这些规则包括

---

〔50〕 董事会对于股东负有的信义义务，可以很狭隘也可以很宽泛；针对董事的表现，股东可以代表公司通过贯彻法律资源的方式进行，被称为派生诉讼或股东"集团诉讼"。派生诉讼可以限制代理成本；集团诉讼在限制征用成本时非常有效。

〔51〕 Davis Global Advisors, *Leading Corporate Governance Indicators*, 2002, November 2002, 41.

投票上限，即对少数股东和外部人的投票加上天花板，股份拥有不成比例的（或没有）投票权；以及限制性的投票程序，如"关联"（tie-up）要求或关于年度股东大会有限的信息和通知。多数国家同样为大股东和管理者提供了一套详尽的潜在反收购措施，只会在控制权竞争中被触发的制度，包括"毒丸计划"（有几种不同的特色）、"死手条款"、交错董事会、股份转移限制，以及"黄金股"制度。这些实践允许管理者或大股东阻止真正的（bona fide）并购要约，否则，这些收购要约将使少数股东受益，同时可能让管理者丢掉工作、大股东丧失控制权。

【46】

我们样本中的大多数国家和地区，政府规定了最低限度的正当程序来保护少数群体的投票权，但企业可以自由地创新并超越这些最低要求，并为少数投资者提供更大程度上的保护。出于同样的原因，企业可以自由地选择不使用反收购条款；多数国家和地区的商业有关规定都要求由董事会或多数股东做出明确的投票时，才能够采用反收购条款。至于我们的指数，我们使用了由拉波塔等人编制的被称为"反董事权利指数"的指数，这一指数基于少数股东的七项合法权利的存在与否而编制。[52]

管理者激励

股东更偏好让管理者得到补偿，使他们像股东一样思考。股票期权的使用是一种常见的做法，可以使得管理者的利益与股东（包括少数股东）的利益趋于一致，尽管这一方式容易为监管不力或根深蒂固的管理者滥用。公司可以自由地设计薪酬激励计划将管理者与股东利益捆绑在一起，尽管从实际情况看，股票期权的使用是通过对期权持有者的资本利得的税收待遇（以及对发行期权企业的费用确认要求）来塑造的。

对我们的管理者激励指数而言，我们衡量了每一个市场中 CEO 的长期薪酬激励（实际上主要是股票期权）占全部薪酬的比值。这些数据是基于韬睿咨询（Towers & Perrin）和美世咨询（Mercer）涵盖了 30 个最重要国家和地区的调研数据得出的；9 个国家和地区的缺失值则是基于和董事会研究专家的

---

[52] La Porta et al. 1997, table 2, "Shareholder Rights around the World," data set available at http://iicg.som.yale.edu/data/datasets.shtml. 这些包括了一股一票、委托书的邮寄、投票前的股票存托、累积投票、受压迫的少数股东权利、新股优先认购权、召开临时股东大会所需股份比例等。

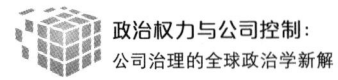

讨论得出的点的估值。[53]

为了将上述不同的指标合并在一个共同的指数中，我们对每个国家和地区的会计和披露值进行平均，从而得到一个信息制度的单一计量，将其他三个指数中的每一个归一化为100，然后进行简单的算术平均。少数股东保护的单一指数结果如表3.1所示。[54]

与大股东集中度指数一样，少数股东保护方面存在相当大的差异，该样本的平均值约为45。如图3.1中的直方图所示，样本呈正偏态，我们指数中的多数样本位于20到50之间。

表3.1 少数股东保护指数

	信息	监督	控制	激励	MSP 总分
美国	86	100	100	100	97
新加坡	89	71	80	97	84
加拿大	83	71	100	78	83
英国	81	60	100	53	74
澳大利亚	75	71	80	59	71
中国香港	85	14	100	81	70
爱尔兰	69	71	80	59	70
马来西亚	84	36	80	69	67
南非	73	43	100	41	64
智利	35	14	100	66	54

---

[53] 韬睿咨询的1999年全球调查：现金补偿总额，1999年4月，阿根廷、澳大利亚、巴西、加拿大、法国、德国、日本、马来西亚、墨西哥、荷兰、新加坡、南非、西班牙、瑞典、英国和美国；美世咨询的2002年总薪酬调查，针对阿根廷、比利时、智利、中国和中国香港地区、丹麦、德国、印度、印度尼西亚、爱尔兰、意大利、日本、新西兰、韩国、瑞士、泰国等；上述两个统计中就同一国家或地区都有一个数值，在我们指数中被平均使用。遗漏值由点估值补充，针对澳大利亚、芬兰、希腊、以色列、挪威、菲律宾、葡萄牙、土耳其和中国台湾地区。

[54] 拉波塔等人使用的指数与我们使用的复合指数有个正相关系数0.89。拉波塔等人2000年编制的会计指数，基于国际金融分析和研究中心1990年的数据，中国、爱尔兰、印度尼西亚的遗漏值系从其他来源的作者数据中推算出。拉波塔等人即将出版的信息披露指数；中国的遗漏值从其他来源的作者数据中推算出。拉波塔等人1997年编制的控制权指数，表2,"Shareholder Rights around the World," http://iicg.som.yale.edu/data/datasets.shtml. 中国的遗漏值由其他作者推算出。

续表

	信息	监督	控制	激励	MSP 总分
法国	64	37	60	47	52
新西兰	56	71	80	0	52
阿根廷	48	0	80	72	50
西班牙	57	14	80	50	50
以色列	74	29	60	31	48
挪威	66	29	80	16	48
瑞典	67	36	60	22	46
芬兰	60	36	60	16	43
委内瑞拉	49	14	20	81	41
印度	50	7	100	0	39
瑞士	59	36	40	16	38
日本	66	0	80	0	37
韩国	65	21	40	22	37
丹麦	44	43	40	16	36
荷兰	57	0	40	47	36
菲律宾	74	7	60	0	35
中国台湾	74	7	60	0	35
比利时	43	32	0	59	34
德国	44	29	20	41	33
泰国	78	7	40	6	33
巴西	27	0	60	41	32
奥地利	40	36	40	6	30
希腊	53	14	40	0	27
墨西哥	59	14	20	9	26
葡萄牙	43	0	60	0	26
意大利	69	7	20	0	24

续表

	信息	监督	控制	激励	MSP 总分
土耳其	51	0	40	0	23
印度尼西亚	45	0	40	0	21
中国	25	0	20	0	11

来源：财务信息源自拉波塔等人 2000 年的统计，基于国际金融分析和研究中心 1990 年的研究；披露源于拉波塔、洛佩兹和施莱弗 2004 年的研究；对比利时、法国、荷兰、葡萄牙、英国和美国的监督非执行董事研究源自戴维斯全球资咨询公司（美国主要的公司治理咨询公司）2002 年的研究；日本数据源于东京证券交易所 2001 年对董事的调查；中国的数据源于 2001 年 Stoyan Tenev 和 Chang 的研究；韩国的数据源于 Ha-sung Jang 的未刊稿；土耳其的资料源于土耳其萨邦吉大学 Hakan Orbay 的未刊稿；拉丁美洲国家源于莱福特（Lefort）和沃克（Walker）1999 年的研究。

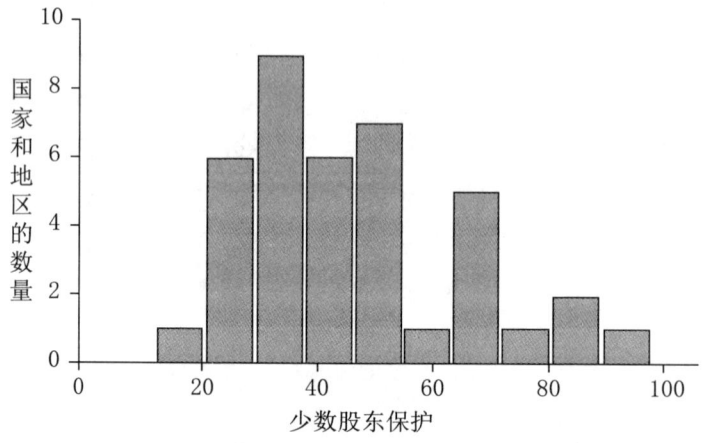

图 3.1　股东保护柱状图

平均而言，发达经济体的得分要高于新兴市场。与集中度指数一样，必须谨慎解释这些数据。会计指数已经过时，几乎是 10 年前的数据；从那时起，情况发生了变化。披露指数较新，但却是基于强制披露，通常由证券交易所发布；并未说明实际合规或对披露的执行情况。关于非执行董事的数据同样值得怀疑，因为真正的独立很难被识别和证明，而且对少数股东承担信义义务的执行情况也并未在指数中体现。最终，激励薪酬数据是基于每个国家或地区有限的公司样本，偏向于大型和跨国公司，这是有偏差的。

与大股东持股数据一样，少数股东保护数据是一个静态的状况。最近，几个样本的少数股东保护方面发生了重大变化，而这些变化没有被纳入该指数。此外，在创建这一综合指数时，我们对所有四组实践——信息、监督、控制和薪酬——都进行了加权。

在之前的一项研究中，作者对机构投资者进行了一项小规模调查，结果表明，并非所有的保护措施对外商证券组合投资者都同等重要，他们的优先顺序是（降序排列）：信息、薪酬、控制权以及排在最后的——监督。[55] 考虑到监督估值中的标准差，重新调整数字以反映组合投资者的名义优先级，将会产生不同的评级方式。

少数股东保护预测

少数股东保护学派主张所有权集中度可以通过少数股东保护来预测。在少数股东保护学派看来，所有权集中是对股东保护较差的结果，分散的所有权结构只有在这些保护变得更强时才会出现。如果这是对现实的准确描述，那么样本应该分散在 45 度线附近，所有权集中在 Y 轴，少数股东保护在 X 轴。[56]

少数股东保护模型的预测有多准确？在我们的 39 个样本中，集中持股和股东保护之间呈负相关性，整个样本为−0.33，发达国家为−0.44（发达国家的定义为人均 GDP 超过一万美元的国家）。[57] 但如图 3.3 所示，大量国家和地区偏离了大股东持股与股东保护的这一线性关系。[58]

【49】

---

[55] Gourevitch and Shinn 2002.
[56] "所有权的集中以及复杂的控制权工具是对投资者保护不足的回应。面对自利管理人冒险的征用行为，投资者需要一个强有力的机制来实施控制权，并且他们是通过持有公司中的巨大股份，并且施加与其投资不成比例的投票权方能实现。" Barca and Becht 2001, 4. 巴尔卡和贝希特描绘了一个股东保护和所有权集中度直线的消长关系（权衡），并加以额外的修正，即指出通过公司治理规则的变化，45 度线可以向下或向上弯曲，用以反映"私人控制权偏离"和"市场控制权偏离"。
[57] 我们的样本占到了摩根士丹利国际指数中的 99.6%（在股票自由流动量权重下的 99.8%）——事实上的全球证券市场。其中包括了阿根廷、澳大利亚、奥地利、比利时、巴西、加拿大、智利、中国、丹麦、芬兰、法国、德国、希腊、中国香港、印度、印度尼西亚、爱尔兰、以色列、意大利、日本、马来西亚、墨西哥、荷兰、新西兰、挪威、菲律宾、葡萄牙、新加坡、南非、韩国、西班牙、瑞典、瑞士、中国台湾、泰国、土耳其、英国、美国和委内瑞拉。
[58] 附录表 A.4 包含了制表的数据。

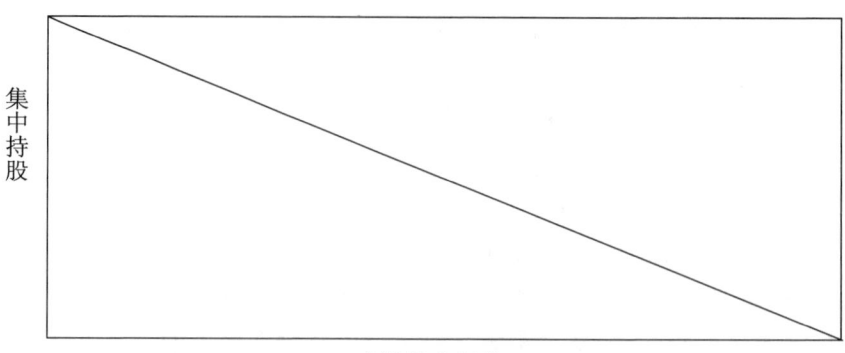

图 3.2 少数股东保护和所有权消长关系

依照传统观念的预测，美国和英国定位在分配图的右下方，拥有较高股东保护和较低股权集中度，一些国家如意大利定位于分配图的左上方，拥有较低股东保护和较高股权集中度。仍然有许多显著的异常值，如智利和法国拥有较高股权集中度和较高股东保护程度。

相反，日本和荷兰则是相反方向的异常值，拥有较低股权集中度和较低股东保护。在国家控制着95%的上市公司和股东保护水平非常低的情况下，中国的大股东持股集中度更低。最终，该样本的拟合最小二乘法（OLS）的回归斜率（slope）为-0.25，而不是-1，如同在一个简单的45度线的例子一样，无论如何，这一关系在统计学上并不显著（参见附录表A.5和A.6）。显然，这里的情况比保护和所有权之间简单的协方差关系更为复杂。而且很多地方并不适用。

少数股东保护理论具有强大的洞察力。没有股东保护，投资者将寻求其他保护以免于承担管理机构的成本。因此，将会形成一种或另一种形式的集中持股模式。拥有强有力的股东保护，投资者就可以放心，他们有办法来监督和制裁管理者。一个强有力的股东保护制度框架实现投资者多样化，并朝着监督的外部指标手段以及更高程度的股东分散方向发展。

因此，对少数股东保护条款的解释，也是对任何公司治理解释中强有力的部分。本书的下一部分将着眼于少数股东保护条款的政治解释。然而，在确定哪些策略需要解释时，还有一个更重要的步骤。在这里，少数股东保护作为最为关键的自变量，而多数公司治理的讨论在这里却停止了。我们没有停止脚步。首先，我们将少数股东保护作为一个中介变量——虽然少数股东保护在公司治理中有深远的影响，但我们仍然需要对少数股东保护进行解释。为何一些国家（地区）拥有强大的少数股东保护而另外一些国家（地区）没有？在下一章中，我们将继续讨论这个问题。

【51】

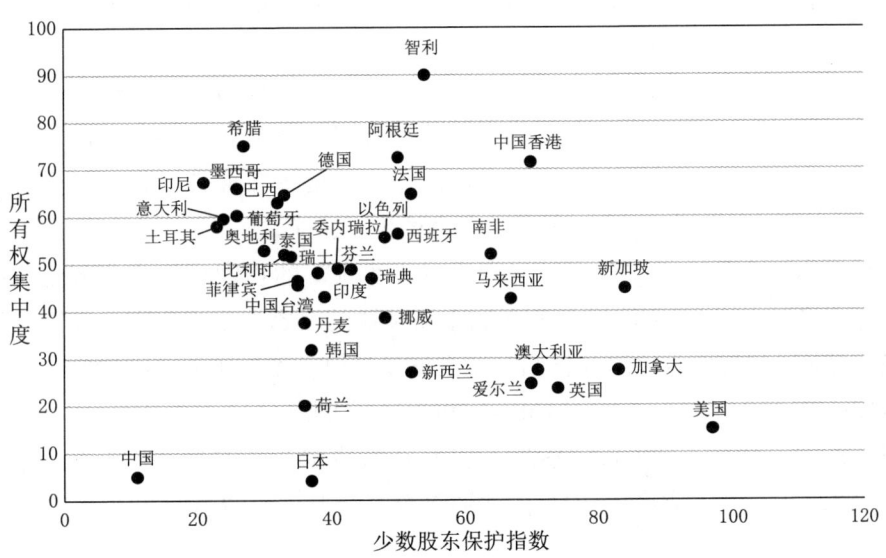

图3.3　集中持股和股东保护

再者，少数股东保护作为"中介变量"是必要但不充分的。少数股东保护往往在一个上下文语境中讨论。他们是在一个有市场经济自身动态的规则框架下运行的。这种效果随着"协调度"的变化而不同。

资本主义的多样性：市场经济中的协调度

显然，在一些国家和地区中，少数股东保护促进了股权的分散，但不能适用于另一些国家和地区。例如，瑞典和马来西亚的少数股东保护程度很高，但股权分散程度却不高。我们认为，公司治理模式实质上与经济的其他特征存在显著差异，包括工作保护、产品市场竞争、教育和培训系统、价格和薪酬设定机制、金融结构和收入不平等。这些国家和地区范围内的经济特征展示了米尔

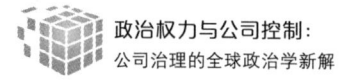

格罗姆（Milgrom）和罗伯茨（Roberts）所谓的"制度互补性"[59]——一个逻辑在于制度间彼此满足一定的因果关系，并为另一个制度做出贡献。

[52] 例如，在比较日本和美国企业时，如青木（Aoki）指出的：日本具有高就业保障特征，之所以这种情况在日本是可行的，仅仅因为交叉持股的结构，企业一般在面临（经济）波动需求时，为了满足外部董事对盈利能力的需求，常常会解雇员工，而这种交叉持股使得日本公司免于遭受上述压力。[60] 相反，当公司治理模式推动管理者朝向股份价值最大化和利润最大化方向发展，所有关系中的灵活性压力都会增加，从劳动合同到薪酬和价格，到供货商和分销商，到金融和调查。津加莱斯指出由于人力资本重要性的提升，公司中的重要资产发生了变化，这对公司治理也产生了影响。

许多研究人员一直在探索经济实践中"适应"的程度。[61] 衡量各地的制度互补性将导致两面性的结果。霍尔和索斯基斯的《资本主义的多样性》系列书籍，是这一研究的重要综述作品，其根据发生协调度的不同，将国家分成两个群体——"自由市场经济"（LMEs）和"协调市场经济"（CMEs）。[62] 自由市场经济中，企业通过正式的签约（quote）来协调在高度竞争市场中运作的独立关系。在协调市场经济中，企业通过信息分享、反复互动和长期关系进

---

[59] "通常看，若当前的一组制度增加了另外一组可能得到的收益，那么两组制度可以被认为是彼此之间互补的。" Gingerich and Hall 2002, 4, 他们的想法源于 Milgrom and Roberts 1990; Paul Milgrom and John Roberts, *Economics, Organization, and Management* (Englewood Cliffs, N. J.: Prentice Hall, 1992); and "Complementarities, Industrial Strategy, Structure, and Change in Manufacturing," *Journal of Accounting and Economics* 19 (1995): 179-208; and Ramchandran Jaikumar, "Postindustrial Manufacturing," *Harvard Business Review* 64 (1986): 69-76. 制度互补性的逻辑构成了霍尔和索斯基斯 2001 年发展的"资本主义的多样性"整体论证的一个重要组成部分。

[60] Masahiko Aoki, "Toward an Economic Model of the Japanese Firm," *Journal of Economic Literature* 28 (1990): 1-27; "The Japanese Firm as a System of Attributes: A Survey and Research Agenda, " in *The Japanese Firm: Sources of Competitive Strength*, Masahiko Aoki and Ronald Dore, eds. (Oxford: Clarendon Press, 1994).

[61] Porter 1990; Robert Boyer, *The Regulation School: A Critical Introduction* (New York: Columbia University Press, 1989); Bruno Amable, "Institutional Complementarity and Diversity of Social Systems of Innovation and Production," *Review of International Political Economy* 7 (2002): 645-87; Bruno Amable, Ekkehard Ernst, and Stefano Palombarini, "How Do Financial Markets Affect Industrial Relations: An Institutional Complementarity Approach," unpublished manuscript, 2001; Robert Boyer and J. P. Durand, *L'Après-fordisme* (Paris: Syros, 1997); Ekkehard C. Ernst, "Financial Systems, Industrial Relations, and Industry Specialization: An Econometric Analysis of Institutional Complementarities," OECD, February 2002.

[62] Hall and Soskice 2001; see Martin Höpner, "European Corporate Governance Reform and the German Party Paradox," Max-Planck-Institute for the Study of Societies, Program for the Study of Germany and Europe Working Paper Series 03.1, 2003; Gingerich and Hall 2002.

行协调,所有这些都是通过制度的安排使得承诺的可信度保持较高的水平。在协调市场经济中,管理者为了保证适应制造业的高水平技术,继而投资在工人培训方面,而劳动者也拥有激励来参与这一培训;在自由市场经济中,管理者更喜欢灵活性,并且因此缺乏投资于技能进步的投资动机,工人同样缺乏提升的激励。[63] 自由市场经济中的企业拥有分散的股东治理模式;而协调市场经济企业则拥有集中持股模式。[64]

表 3.2 协调指数

奥地利	1	瑞典	0.69
德国	0.95	荷兰	0.66
意大利	0.87	西班牙	0.57
挪威	0.76	瑞士	0.51
比利时	0.74	澳大利亚	0.36
日本	0.74	爱尔兰	0.29
芬兰	0.72	新西兰	0.21
葡萄牙	0.72	加拿大	0.13
丹麦	0.70	英国	0.07
法国	0.69	美国	0

制度互补性表明,我们必须要了解相关领域的政策结果,才能明确任何给定变量的影响。公司治理结果受到系统其他要素发生的影响。了解公司法、少数股东保护和私人约束机制是重要的,但还不够充分。我们还需要知道,在与公司治理实践有功能关系的其他经济领域发生了什么。

【53】

我们运用了由霍尔和金格里奇提出的对制度互补性的衡量标准,被他们称为"协调指数"(Coordination index,CI)。[65] 由六个国家得分值构建:股东权力(源于拉波塔等人),控制权的离散度(拉波塔等人对集中度的测

---

[63] Amable 2000.
[64] 罗伊提出了相同的模式,即世界的财富民主有两个宽泛的系列:①竞争产品市场,分散的所有权,对劳动者保守的效果;②集中产品市场,集中的所有权,支持劳动者的效果,每一系列的三个元素互相加强了彼此。Roe 2003b, 140.
[65] Hall and Gingerich 2001.

量),股票市值,薪酬的协调水平(地方的、中间的、全国的),薪酬的协调程度,以及劳动者流动率(labor turnover,劳动安全性的表征)。这一指数计算了从 1990 年到 1995 年间我们样本中的 20 个国家,如同在表 3.2 所示的那样。

针对协调指数和少数股东以及所有权数据组,我们需要对内生变量问题保持警惕,因为它包含反映类似计算的值(我们的数据组吸收了拉波塔等人的数值),大体上与上述测量相联系。出于这个原因(除了其他以外),我们更多地依赖于我们自己编制的少数股东保护指数和所有权数据,而不是协调指数数据。

协调度逻辑的预测

预测:协调指数与所有权集中度呈正相关,与少数股东保护呈负相关。

如同在第二章中指出的那样,所有权和协调指数具有正相关性(+0.61)。所有权和少数股东保护之间同样的关联呈强烈的负相关性(−0.89)。这些在图 3.4 和图 3.5 的绘制中都有所体现。

在图 3.4 中,丹麦和澳大利亚在右上角,协调度较高,所有权集中程度也相应较高。美国位于左手下方四分之一象限处,符合预期。两个公司治理中的异常值,日本和荷兰,在右上角四分之一象限处,具有较高程度的协调度和较低的所有权集中。我们在第六章中会再次研究这一难题。

图 3.5 揭示了协调指数和少数股东保护之间的反比关系,正如我们在资本主义经济实践解释中所做出的预测一样。在这个样本的散点图中,样本密切接近着 45 度线(正如高负相关系数所示),日本和荷兰与其他样本的差异要小得多。这表明了资本主义经济实践变量,诸如协调指数对少数股东保护有着直接影响,对所有权有稍许削弱的影响(尽管仍然符合预测的趋势),与我们整体的因果关系模型是一致的。

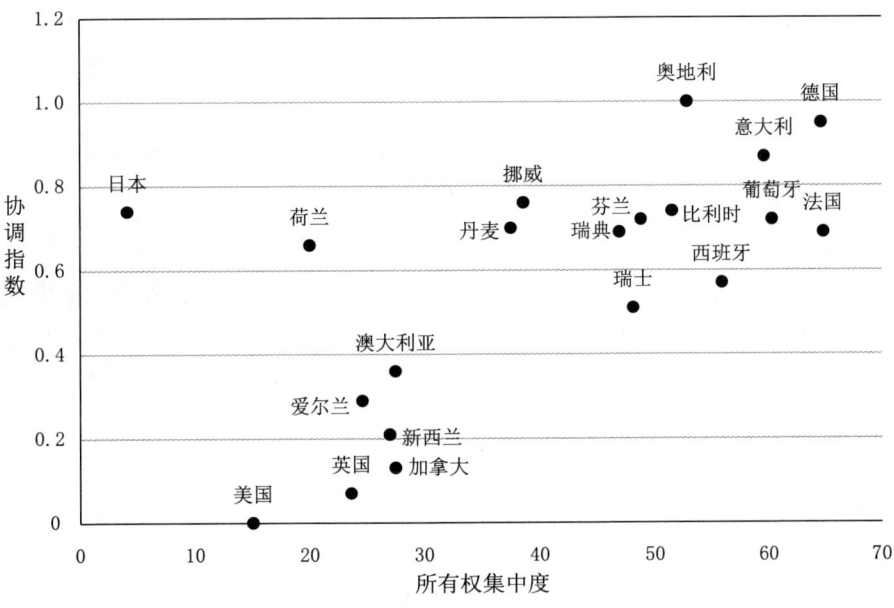

图 3.4　协调指数和所有权集中度

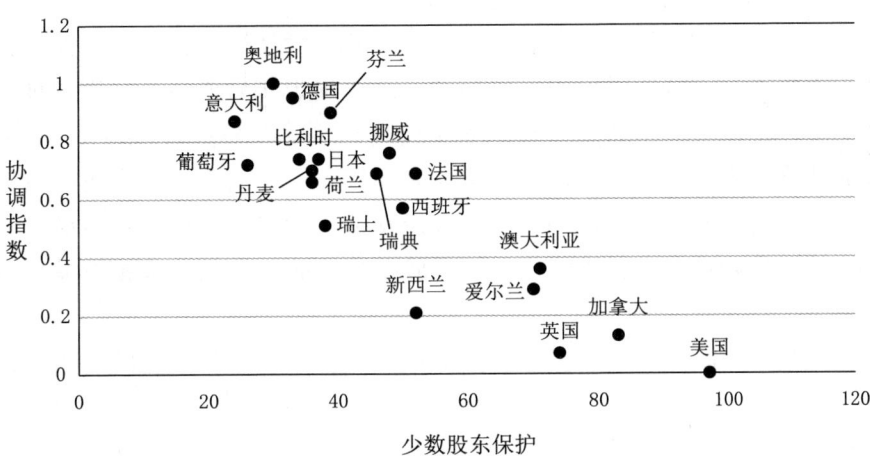

图 3.5　协调指数与少数股东保护

其他研究者的数据支持了协调指数和集中度的正相关关系和与少数股东保护的负相关关系。霍普纳（Höpner）测量了公司治理中反"劳资关系"的系统措施（如工会条例、劳动时间、劳动合同、最低工资和共决机制），这些

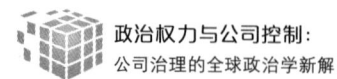

都是自由市场经济和协调市场经济差异性的表征。[66] 金格里奇和霍尔测量了一个类似的关系。[67] 上述研究都发现股东集中度与经济协调模式相关。由于公司治理是经济协调的指标之一，存在一个变量内生性问题，但这是关于制度互补性的论点。在经济社会中，公司治理和少数股东保护并不会独立于其他政策领域而孤立地运作。

罗伊的研究证明：劳动者保护和收入公平性与公司治理系统密切相关。同样，古勒维奇（Gourevith）和霍斯（Hawes）证明了公司治理和政策模式之间的相关性。[68] 这些数据表明公司治理确实建构于一系列与政治经济其他因素之间的关系上。[69] 由此，我们推断，初步的证据表明在给定国家对少数股东保护的解释方面，可以通过参照其运行的经济政策背景（协调度）的方式得以加强。

本章小结

在本章中，我们仔细研究了公司治理的几种理论，以便解释治理中差异性的杠杆作用。我们从每一个理论中都汲取了一些重要的东西，并将每一点嵌套在一个扩展的解释结构中。钱德勒分析的技术规模和结构为企业结构设定了一些模式。由科斯提出的契约问题有助于确定交易成本和管理代理成本问题。我们继而考虑了各种各样的解决代理问题的方案：私人约束，然后是属于董事会一系列少数股东保护的法律和规制，其中包括"公司法的质量"。这些继而引起了制度互补性的问题，以及塑造了参与者动机的所有必要经济实践，这些实践让参与者决定选择接受股东分散的"协议"或抵抗并保持集中持股。

通过这些文献，我们设置了一些变量，然后寻求"政治上的"解释。公

---

[66] Martin Höpner, "What Connects Industrial Relations and Corporate Governance? Explaining Institutional Complementarity," Max-Planck-Institute for the Study of Societies Working Paper, draft 2003, see table 1, "Correlation between Degree of Organization in Corporate Governance and Industrial Relations, 21 OECD Countries," 35. 金格里奇和霍尔通过图表展示了一个类似的关系（在霍普纳的表格中也被作为一个度量）。Gingerich and Hall 2002, 34, figure 1, "Coordination in Labor Relations and Corporate Governance."

[67] Gingerich and Hall 2002.

[68] Peter Gourevitch and Michael Hawes, "The Politics of Choice among National Production Systems," in L'Année de la Régulation No. 6, Robert Boyer, ed. (Paris：Presses des sciences Po, 2002).

[69] Roe 2003b.

司治理结果为面向市场的政策所塑造：少数股东保护和协调度变量之间的互相影响。少数股东保护和协调度变量的形成由公共政策所决定。那么什么可以解释为什么选择一组政策而不选择另一组政策？

这里我们看到了政治的重要性。法律保护和市场结构都由政策决定。他们源于政治过程中做出的决定：法律通过、法律执行、规制应用、避免法院腐败——这些都是深刻的政治变量。

公司治理具有优势。它可能提供社会效率，但却是通过支持某些群体优于其他团体来实现的。因此，它涉及利益和约束的分配，从而涉及政治。[70] 所有者、管理者和劳动者之间确实存在契约的问题，而法律和规制能够提供帮助但他们想从公司内部得到这些东西，并不能解释他们是如何在公司外部实现自己的愿望的。公司内部的斗争与公司外部的斗争是紧密联系的。董事会内部权力与一般意义上政治组织中的权力相联系：对公司利润的索取要求源于国家在政治过程所规定的义务。

在下一章中，我们开始对政治过程理论进行阐释，这些理论可能有助于解释与公司治理相关的公共政策选择。

---

[70] Enrico Perotti and Ernst-Ludwig von Thadden, "The Political Economy of Bank and Market Dominance," European Corporate Governance Institute Finance Working Paper No. 21/2003, 2003.

第四章
政治学：偏好与制度

[57]　公司治理带来利益：其分配收入、权力和权威。不同的公司治理模式在社会群体中分配不同的利益。很自然地，任何社会中的团体都会推动对自身最有利的公司治理系统，并反对那些最能伤害他们的体系。他们通过政治手段建立公共政策体系，并反映出他们对公司治理的偏好而非经济效率。

仅考虑效率因素并不能解释公司治理的结果。管理一家有效率的公司可能有几种方法。分配问题将影响结果。在确定规则的政治体制中，企业内部的权力斗争往往由企业外部的权力斗争来决定。效率可能是博弈的驱动因素，但主要是政治效率，而非经济效率。

在本章中，我们提出了一个塑造公司治理规则的政治变量的基本模型。我们将关注利益集团的偏好与偏好聚合（preference aggregation）机制。随后，我们将参照两种与公司治理相关的文献来展开讨论，这些文献以不同的方式对待政治过程（political process），分别是法系流派（the legal school）角度与经济社会学（economic sociology）角度。

将经济利益映射到政治过程：一个因果模型

金融学理论提供了一个复杂的模型，用来描述公司内部的参与者如何与公司外部的投资者互动，从而达成符合他们共同利益的治理协议。金融学理论没有说明这些在商事企业层面进行谈判的行为者如何在整个社会中成功地运作，以获得在公司层面上有利于他们的公司治理规则。为了获得最有利的规则，每个参与方都需要一种让政治体系反映其偏好的方法。受此限制，也正是基于此，在一定程度上，制定规则的是政治过程。

为了理解政治制度中这些联合的可能性，我们需要一种方法，将金融理论产生的偏好映射到社会、映射到社会力量的偏好以及产生政策产出的偏好聚合机制。我们的故事起始于内部人士向公司表达他们的利益诉求。随后，我们将这些企业内部利益与政治制度中广泛的社会利益、联盟建设以及政治制度中的偏好聚合机制联系起来。

在本章中，我们整合了政治学的各种方法来解释公司治理模式。我们开始会依托公司外部制定的与公司治理相关的政策，进一步详述公司内部人——包括所有者、管理者以及劳动者——的偏好。经过考察，我们认为，公司三个阶层联合会形成并推动他们于公司治理中的目标。继而，我们探究了政治制度本身，该制度被用于调和形成公共领域政策的偏好集结。

在一个假设的简化因果关系模型中，政策是政治制度为调和偏好与权力资源（power resources）[1]的产物。这些政策又是形成公司治理模式的激励。这些模式相应地会反作用于偏好：成为一个系统或者导致参与者预期的其他影响。偏好对于（表现为结果的）政策的影响系为政治制度所折射。近些年来，政治学分化为两个阵营，一方强调"偏好"的作用，一方则强调"制度"的影响。[2] 两派都坚定地将对方因素看作变量，以此来探究其研究的影响，即一派认为保持偏好不变揭示了制度的力量，而另一派认为保持制度不变揭示了偏好的力量。

每种方法都有其长处，但是探索这两个变量随时间的相互作用，更是至关重要的。我们检验了两者，首先，运用比较"静力学"[3]的方法，描述了偏好模型，之后描述了制度模型。其次，我们加入了制度与偏好是如何在一段时间内互相作用的动态元素。我们以历史的分析性描述作为研究方法，定位国家政策模式的样态。我们在图 4.1 中简要概述了该模型。

---

[1] Power resource theory 是政治学概念。——译者注

[2] Jeffrey Frieden, "Actors and Preferences in International Relations," Ronald Rogowski, "Institutions as Constraints on Strategic Choice," and Peter A. Gourevitch, "The Governance Problem in International Relations," in *Strategic Choice and International Relations*, David Lake and Robert Powell, eds. (Princeton: Princeton University Press, 1999)

[3] 静力学是力学的一个分支，它主要研究物体在力的作用下处于平衡的规律，以及如何建立各种力系的平衡条件。——译者注

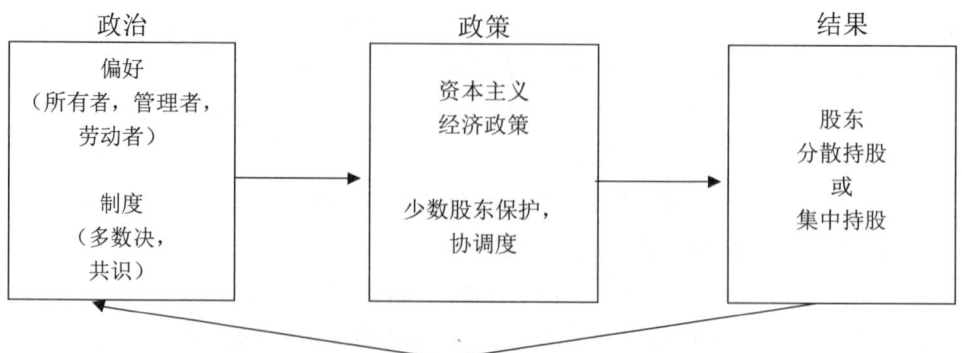

图 4.1 因果关系模型概要（在图 2.1 中亦有体现）

[59] 回忆我们试图解释的一系列政策，包括：少数股东保护和协调度的联合，两者共同组成了资本主义经济政策（CEPs）。他们限定了形成公司治理体制选择的激励。因此，最终的结果是，要么形成监督的集中持股模式，要么形成股权分散的模式。在下文中，我们试图解释导致政策集群的政治学现象。

第二部分考察了偏好：我们提供了主要参与方概要的轮廓，他们想要什么，以及在联合中可能形成的组合。然而，重要的是，偏好是可以被削弱的。政治制度可以通过偏好聚集（preference aggregation）来影响偏好的输出，我们进而在后文分析了其可行性。而后，我们分析了政治联合对于不同公司治理框架下不同的结果的支持。最后，我们考察了两个重要的对政治绩效有解释力的可选择因素：法系流派和经济社会学文献。

所有者、管理者与劳动者的偏好与结盟

政治家会回应选民的需求。他们如何行为属于偏好的功能——以回应不断变化的选民的诉求；同时，制度则被作为聚集偏好并联系政治家与选民的机制。

我们从金融理论所确定的公司内部参与者——所有者、管理者和劳动者——以及每个群体对公司治理实践的偏好开始。[4] 这些偏好可以通过几种不同的方式组合。

上述三类人士会争夺公司资源，每一类都有各异的一套对公司收益与利

---

[4] 传统的代理理论的基本构想仅涉及所有者和管理者，劳动者并没有不完全合约的问题。但由于人力资本逐步削弱了这种差别，因此我们将劳动者纳入。参见 Zingales 2000。

第四章 政治学：偏好与制度

润的所有权，每一类人士对于设立一系列交易都有自身的偏好，因此，也有可能与其他的参与者联合。

劳动者寻求好的薪水，寻求失业期的稳定工作，甚至会以付出公司利润为代价，同时寻求向公司申领退休金权利的保护。他们与管理者和所有者在工资问题上有冲突，和管理者在代理成本问题上有冲突，因为他们认为代理成本仅仅有利于管理者。他们可能对以牺牲一部分股东为代价而使其他股东获利的征用成本漠不关心，除非大股东的自我交易威胁到企业的金融生存能力、工作保障或企业支付养老金的能力。

管理者争取收入、工作保障以及管理上的自主权。他们想要获得各样的高额报酬，从薪水到期权，他们也期待获得在对公司资源分配上的最大自主权——同样也给予了他们偷懒的巨大空间。他们反感会损害公司利益的征用成本，原因与劳动者相同。因此，他们与劳动者有共同的利益，反对所有者的一些行为；同样，他们也与所有者有共同利益来反对劳动者的主张。

所有者偏好于降低所有形式的由管理者和劳动者引起的代理成本，害怕这些群体中的成员可能使公司资源偏离获得利润的方向，使得公司为管理者和劳动者付出高于市场价格的更多薪酬。所有者可能是集中或者分散的。与分散股东相比，集中所有者会承担单一公司的风险，而分散所有者可以将其股权投资的风险分散到多家公司和资产上。另一方面，大股东可能利用各种征用成本为其利益服务，同时牺牲了小股东的利益。股权分散的所有者不会分享征用成本；他们集中于考虑获得其投资的最佳风险投资回报率，并且，集合多样化的证券投资组合。一部分所有者与劳动者有共同的利益，反对大股东的征用主张；而另一些情况则是，大股东与管理者和劳动者拥有相同的动机。【60】

我们看到三组可能的联合。每一个群体都可能和另一群体达成协议。或者，每个群体都可能被分化，一部分选择了一个方向，另一部分选择了其他方向。这有助于我们理解"联合潜能"的概念，即公司内部参与者转移向政治之时，其可能的联合。在特定国家的联合，究竟哪方获胜，不能仅靠了解他们的偏好来解释。为使这些偏好转化为真正的联合，我们必须深入理解，何种有效的约束力决定了哪种联盟会成为真正的联合。

政治联盟

我们勾勒出了公司内部群体一个简单的模型，也描绘了该群体涉及公司治理实践的偏好。为获得适应其偏好的管理制度，这些群体需要调动政治舞台的支持。这样做的时候，他们之间在不同的联盟下互相联合或斗争。所有者、管理者、劳动者这三个群体中，我们可以找到三组两两（成双）的联合，每组会有两个结论，而结论的得出则有赖于哪方胜出。我们在表 4.1 中列举了出来，每一组获胜者预期的政策结果。

表 4.1　政治联合与治理结果

联合序列	优胜者	政治联合标签	预测结果
A 对：阶级冲突			
所有者+管理者 vs. 劳动者	所有者+管理者	投资者	分散持股
所有者+管理者 vs. 劳动者	劳动者	劳工	集中持股
B 对：部门冲突			
所有者 vs. 管理者+劳动者	管理者+劳动者	社团主义妥协	集中持股
所有者 vs. 管理者+劳动者	所有者	寡头政治	集中持股
C 对：产权与发言权			
所有者+劳动者 vs. 管理者	所有者+劳动者	透明度	分散持股
所有者+劳动者 vs. 管理者	管理者	管理主义	分散持股

说明：再现于表 2.3。

表 4.1 的架构源于政治经济学中常见的"偏好"的基本理论。源于政治经济学和马克思（Marx）理论的阶级冲突模型，假定了资本所有者与仅仅拥有劳动力的工人的潜在冲突。管理者系与资本结合。这种分裂结构以经典的贸易经济学原理为基础，即有关生产要素回报的斯托尔帕-萨缪尔森（Stolper-Samuelson）定理分析，可以据此来预测经济政策争论中的偏好。[5] 这同样反

---

[5] 参见应用：Ronald Rogowski, *Commerce and Coalitions: How Trade Affects Domestic Political Alignments* (Princeton: Princeton University Press, 1989); Stephen P. Magee, William A. Brock, and Leslie Young, *Black Hole Tariffs and Endogenous Policy Theory in General Equilibrium* (Cambridge: Cambridge University Press, 1989); Peter A. Gourevith, *Politics in Hard Times: Comparative Response to International Economic Crises* (Ithaca, N. Y.: Cornell University Press, 1986); Gourevith, "International Trade, Domestic Coalitions, and Liberty: Comparative Responses to the Crisis of 1873–1896," *Journal of Interdisciplinary History* 8 (1977): 281–313; Jeffrey Frieden, "Sectoral Conflict and U.S. Foreign Economic Policy, 1914–1940," *International Organization* 42 (1988): 59–90; Michael Hiscox,

映了公司金融理论中关于劳工向公司主张权利的角色论争；是否不完全契约仅仅适用于所有者-管理者之间，抑或还适用于为公司贡献人力价值的劳动力？[6]

部门分裂显示了不同"阶级"成员间的联盟，此种联盟的达成是因为他们对其行业投资了特定且适宜的资产。在交易经济学中，李嘉图-维纳（Ricardo-Viner）理论，基于资产专用性和流动性，被用来解释为何劳动者和管理者联合起来保护"他们的"产业免遭境外资本冲击及对自由贸易的支持带来的不利影响。类似的想法在下面讨论中出现：考虑到供应商、分销商和雇员分别掌握的信息价值，以股东为中心的理论在计算这些不同层次信息对公司治理产生影响的时候存在不小的困难。

第三个分裂来自适用于各种情况的因子和资产专用性论证的混合。为了保护他们的养老基金或保护他们的工作，劳动者可能会发现在外部投资者的帮助下挑战管理者具有战略意义。所有者在外部投资者分散投资的优势和内部集中持股的优势的选择中存在固有的分歧。正如部门冲突模型所发生的那样，群体内部的这些冲突使得跨越阶级划分的不同结盟或联合成为可能。

这些关于联盟的理论，被研究者用以挖掘公司治理。我们将其整合为一个连续的分析观点，即强调历史和情境的变量，来解释哪一种联盟将占据优势地位。曾经一度，在不同的地方，每一种联合都曾经取得过胜利。我们就为什么会出现这样的结果而产生疑问。

投资者模式源于对传统思想中投资者目标和集中持股目标的理解。[7]其假设投资者需要股东保护，并且企业将会提供这些保护。这里并没有政治的明确作用——没有对为什么政治系统供给了少数股东保护而做出解释。为标准的观点加入一些政治学的假设，则形成了投资者模式。投资者模式的下方是劳动者模式，阶级分化的另一端，由罗伊教授重要的作品进一步拓展。[8]

"Class versus Industry Cleavages: Inter-industry Factor Mobility and the Politics of Trade," *International Organization* 50 (2001): 1-46.

[6] Zingales 2000; Andrei Shleiferand Larry Summers, "Breach of Trust in Hostile Takeovers," in *Corporate Takeovers: Causes and Consequecses*, Alan J. Auerbach, ed. (Chicago: University of Chicago Press, 1988).

[7] Hansmann and Kraakman 2000; Henry Hansmann and Reinier Kraakman, "The Essential Role of Organizational Law," *Yale Law Journal* 110 (2000): 387-440; La Porta et al. 1997.

[8] Roe 2003b.

部门模式在政治经济学中有着悠久的研究传统，特别是那些关于交易的文献。在有关二战以后发达工业国家政治经济学的作品中，相当详尽地讨论了"社团主义妥协"，并以之来描绘出现于1945年之后的混合经济、财富国家、市场力量和规制中的历史性妥协。我们上述标签运用于这个模式，也被帕加诺（Pagano）和沃尔平（Volpin）应用于说明公司治理模式的特定问题。[9] 寡头模式是投资者模式的对立面：它是当股东缺少保护时，以及暗含的，劳动者政治上相对弱势时，会发生的情况。

财产和发言权模式由霍普纳和其同事在写作各国和欧洲新趋势的论著中提出。我们将其与养老金相关的文献联系［德鲁克（Drucker）］。[10] 管理主义模式（暂时将其指代为管理代理失败模式）由钱德勒所积极倡导，为伯利和米恩斯所消极否定，又在对当代政府丑闻的批判中再次复活。[11]

第一组联合：阶级冲突

第一组联合划分中所有者和管理者作为一方，劳动者作为另一方。由政治进行转化，这一联合斗争出现了两个可能的结果。在投资者模式中，所有者和管理者占据上风，而在劳动者模式中，劳动者成功地将自身的偏好嵌入公司治理实践，所有者必须据此做出调整。我们依次检验了这些可能性。

投资者模式

这一解释假设投资者期望高质量的少数股东保护，并且当他们投资公司的时候会为治理支付额外的费用（或者分配一个折扣）。大股东认为将征用成本交换为外部投资人对他们更高的评估，并游说政治系统提高少数股东保护，

---

［9］ Marco Pagano and Paolo Volpin, "The Political Economy of Corporate Governance," Centre for Economic Policy Research Working Paper Series No. 2682, 2001; "The Political Economy of Finance," *Oxford Review of Economic Policy* 17 (2001): 502-19; Perotti and von Thadden 2003.

［10］ Höpner 2003a; Peter Drucker, *The Unseen Revolution: How Pension Fund Socialism Came to America* (New York: Harper and Row, 1976).

［11］ John Coffee, "Understanding Enron: It's about the Gatekeepers, Stupid," Columbia Law and Economics Working Paper Series No. 207, 2002; "What Caused Enron? A Capsule Social and Economic History of the 1990s," Columbia Law and Economics Working Paper Series No. 214, 2003. 对管理上的批判近年来"激增"，包括 Robert A. G. Monks and Nell Minow, *Power and Accountability: Restoring the Balance of Power between Corporations, Owners, and Society* (New York: Harper Business, 1991); Monks and Minow, eds., Corporate Governance, 2nd ed. (Oxford: Blackwell, 2001); Robert A. G. Monks, *The Emperor's Nightingale: Restoring the Integrity of the Corporation in the Age of Shareholder Activism* (Reading, Mass.: Addison-Wesley, 1998).

第四章 政治学：偏好与制度

是符合大股东自身利益的。在这个模式下，所有者和管理者联合在一起；劳动者对于这些治理规则变动的可能的反对，是唯一需要克服的障碍。

显著的投资者联合模式下公司治理实践的结果是低代理成本和低征收成本，全面地看，如同在强大的少数股东保护中所体现的那样，针对上市公司而言，股权集中度在不断下降，直到分散股权在公司内部占据主导的形式。[12]

投资者和政治家之间的联系是投资者需求模式的核心部分。没有保护，资本就不会进入公司。投资者寻求进入提供上述保护的企业（如果私人秩序能够完成上述工作），但更偏好投资企业所在国能够提供上述保护。他们会避免或者抛弃不能够提供上述保护的所在国企业。这提高了资本成本并伤害了经济。竞争压力为少数股东保护相应条款带来奖励，而对不提供这些的国家带来了打压。达尔文进化论逻辑在这里发挥了作用。政治家寻求经济健康发展来巩固政权。因此，他们会试图保持投资者的信心。结果就是投资者保护系统的生成。因此投资者需求模式通过假设政治家——规则的制定者，通过对投资者需求的回应产生治理结果。

这些观点无论是对支持经济中的投资者模式的保守派支持者，还是不支持该模式的新自由主义模式左翼批评者而言，都是相同的。两类观点支持者都认为资金的流动是政治和政策的驱动者。两类观点的支持者都注意到在当代世界经济中大量资本的流动，特别针对英美机构投资者，他们在近年来进入了全球多数经济体，并引起了私人和公共部门行为的变化。[13]

---

[12] 例如，这一模型在以下作品中得到反映：E. Philip Davis and Benn Steil's comprehensive *Institutional Investors* (Cambridge: MIT Press, 2001). In a similar tone, in *Capital Markets and Corporate Governance in Japan, Germany, and the United States* (New York: Routledge, 1998), 41, Helmut Dietl 将各国公司治理实践中的差异性归结为各国资本市场无效率的差异，这些差异反过来嵌入不同的监管妥协。一个冒险的、与拉波塔（La Porta）等人公司法质量相违背的观点是，安德烈·施莱弗（Andrei Shleifer）和罗伯特·维什尼（Robert Vishny）解释公司治理（或缺乏公司治理）依据于寻租的政治家和寻求保护的投资者之间的均衡交易："制度所支持的财产权，并不是由一个公益性政府的命令创设的，而是产生于私人财产所有者对政府施加政治压力的回应。" Andrei Shleifer and Robert Vishny, *The Grabbing Hand: Government Pathologies and Their Cures* (Cambridge: Harvard University Press, 1998), 10.

[13] 许多国家的例子都可以证明。针对法国研究的文献在这一点上特别的鲜活：Suzanne Berger, *The First Globalization: Lessons from the French* (Paris: Seuil, 2003); Pepper Culpepper, Peter Hall, and Bruno Palier, eds., *The Politics That Markets Make: Economic and Social Change in France* (Palgrave MacMillan, forthcoming); Frédéric Lordon, *Fonds de pension: pièges à cons? Mirage de la démocratieactionnariale* (Paris: Raisons d'agir, 2000); Robert Boyer, "The diversity and Future of Capitalisms: A *Régulationnist* Analysis," in *Capitalism in Evolution: Global Contentions-East and West*, Geoffrey M. Hodgson, Makato Itoh, and Nobuharu Yokokawa, eds. (Cheltenham: Edward Elgar, 2001); Amable 2000.

劳动者模式

劳动者偏爱的治理系统能使他们最大化地分享公司利益（或经济学术语"准地租"）。他们需要劳动者市场中的职业保护，优厚的报酬和稳定的薪资水平、工作制度、健康保险和在董事会中的发言权。这些偏好使他们处在与所有者和管理者相对立的位置上。在阶级划分中，劳动者模式是与投资者模式相对立的。如罗伊（Roe）研究表明，当劳动者过于弱势，投资者模式会占据优势，同时，股权分散的治理模式将发展起来。[14] 当劳动者过于强势，股权集中则占据优势。因此，董事会内部对权力和经济分配上的斗争，却在政治市场得以解决。

劳动者模式下的公司治理结果对少数股东的保护较少，且拥有较高的股权集中度。监管（规制）模式和劳动者模式的需求都基于相同的联合的划分，这一划分中，所有者和管理者在一方，劳动者在另一方。但据此产生的公司治理结果则完全不同，这些差异可以用政治来解释。但这一个特别的联合分类并未穷尽联合形式的所有可能。在社团主义者妥协，管理者变换了阵营，某种程度上，将自身的命运与劳动者而不是所有者，铸造在一起。

第二组联合：部门冲突

第二组联合划分跨越了阶级的局限。将管理者和劳动者组合起来，共同寻求保持工作岗位、企业规模和雇员的整体收入。而并非流向股东的那部分收入。我们认为这是跨部门的，因为，这种形式的联合在贸易政治领域相当常见，即雇员联合管理层通过游说为其企业获取关税保护或其他补贴。

社团主义者妥协

管理者和劳动者在推进企业稳定性和企业规模，以及作为内部人对利润流的主张方面，拥有共同的动机。所有者适应了这一模式，基于这一模式提供稳定性和保护，会带来控制权的私人利益。在这里，少数股东被忽略了。

在政治范围，这一联盟协议寻求规制来确保关系的稳定性；他们承认了大股东偏爱的公司治理中的法律，劳动者保护和其他社会民主建议的要素。

---

[14] Mark J. Roe, Strong Managers, Weak Ownerships: The Political Roots of American Corporate Finance (Princeton: Princeton University Press, 1994); Roe 2003b.

欧洲大陆几个国家和（某种程度上的）日本，就采取了这种社团主义者模式。公司治理方面的结果类似于那些社会民主模式，但是潜在的政治被做出了不同的解释：这是一个跨阶级的联盟，并不是一个阶级（劳动者）对另一个阶级（所有者）的胜利。

公司治理中这一联合的应用由帕加诺和沃尔平最为清晰地展示出来。[15] 支持的论点同样可以在研究跨阶级联盟的利益群体论争中发现，例如克龙策（Krozner）、拉詹和津加莱斯，以及霍尔和索斯基斯在《资本主义的多样性》一书中对利益群体的剖析一样。制度互补性的观点，帮助解释了跨越阶级的共同偏好的形成。这种休戚相关、团结一致的关系常常基于部门形成，在一个特定商业部门中"老板和员工"分享了共同的利益，连同内部大股东也加入他们。

社团主义者模式预计的结果是少数股东保护较弱而所有权集中度较高。

寡头政治家

社团主义者模式的反面是所有者击败了管理者-劳动者联盟。这将导致直接的所有权控制。这是大股东而不是小额投资者偏好的结果。其反映了标准投资者模式所忽略的点——即所有者的偏好并不都一致；他们基于对少数股东保护的意愿以及所有权的分散模式进行划分。没有考虑到少数股东，所有者的政治胜利可能导致股权集中，相反的结果则由投资者模式进行预测。

第三组联合：发言权

第三组联合是根据经典的管理代理问题——管理者自身产生的租金——来划分利益群体的。管理上的代理成本问题确实是一个特别的问题，驱动了金融理论并且这一问题的概念化可以被追溯到伯利和米恩斯时代。投资者模式通过假设投资者将会占据优势地位，消除了这个问题。但是他们可能需要帮助来战胜管理行为。这一帮助来自"劳动者"，导致了很少被研究，但潜力巨大的重要模式，即所有者和劳动者对抗管理者，拥有两种可能的胜利方。

透明度联合

在这一个模式中，所有者和劳动者联合在一起限制管理上的代理成本。

---

[15] Pagano and Volpin 2001a.

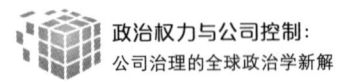

所有者的利益表达了控制管理者、提高股份价值以及获得放弃股权集中所带来的多样化利益的愿望。

劳动者为何要加入这一联合？我们发现了两个原因，每个都基于经济情况的不同方面。作为雇员，劳动者试图通过更深层次地介入公司决策来保护他们的工作。社团主义者模式下缺乏透明度，对劳动者而言，是双重边缘化。这帮助了管理者-劳动者联盟，但劳动者为此付出了代价。该模式的晦涩使得劳动者想要参与管理决策非常困难，因为管理者可以构建一套隐藏决策的系统。霍普纳观察到保持工作和工资的透明度是多变的德国社会民主党内部最主要的因素：德国和工会的地位。[16]

另一个原因集中于养老基金，劳动者获得了作为股东的财产利益。德鲁克在1970年代的作品《看不见的革命：养老金社会主义是如何进入美国的》（*The Unseen Revolution：How Pension Fund Socialism Came to America*）中提醒大家注意到这一点。[17] 其他的一些研究，包括克劳斯（Clowes）、威廉姆斯（Williams）、尤西姆（Useem）和赛克斯（Sykes）探索了"信托"资本主义根源，蒙克斯（Monks）和米诺（Minow）展示了对"投资者-积极主义分子"的研究。[18]

劳动者拥有的养老基金投资于证券的实质性增长，改变了劳动者关于公司治理的激励，而在第七章涉及养老金所有权的进一步探索中，劳动者对公司治理产生了更广泛的兴趣。代表劳动者基金的组织，可能变成支持股东权利和透明度方面的积极主义分子。是否会发生这些变化，很大程度上依赖于现实中管理这些养老金的机构，以及他们应用在管理代理上的激励。一个劳动者就公司治理对其养老金的影响的担忧程度，取决于谁是养老金的付款人以及养老金的控制人。

---

〔16〕 Höpner 2003a.

〔17〕 Drucker 1976.《看不见的革命》在1996年以《退休基金革命》（*The Pension Fund Revolution*）重新出版，中文版参见《养老金革命》，刘伟译，东方出版社2009年版。——译者注

〔18〕 Michael Clowes, *The Money Flood：How Pension Funds Revolutionized Investing*（New York：Wiley, 2000）；James Hawley and Andrew Williams, *The Rise of Fiduciary Capitalism：How Institutional Investors Can Make Corporate America More Democratic*（Philadelphia：University of Pennsylvania Press, 2000）；Michael Useem, *Investor Capitalism：How Money Managers Are Changing the Face of America*（New York：Harper Collins, 1996）；Allen Sykes, *Capitalism for Tomorrow：Reuniting Ownership and Control*（Oxford：Capstone, 2000）；Monks 1998, and Robert Monks, *The New Global Investors：How Shareholders Can Unlock Sustainable Prosperity Worldwide*（Oxford：Capston, 2001）.

第四章 政治学：偏好与制度

管理主义

如果所有者和劳动者衰落，那么管理者将占据优势地位。有时这种情况被称为"管理代理的失败"（managerial agency failure），正是这个问题激发了这方面的大量研究。管理者的胜利可能基于一系列原因发生，例如所有者和劳动者的集体行动是公司内部的一个问题（在董事会层面的组织影响力），同样也是一个社会和政治问题。劳动者群体往往围绕薪酬和工作问题进行组织，这种组织并不必然围绕发言权展开，更少与养老金权利相关。所有者类似于站在股东一方的个人主义者，而非站在公司一方。

企业可以成为积极的说客，而这一游说工作的目标为管理者所控制。这就是政治中管理权力的来源，而不是投票，尽管他们数量上少于雇员的行列，但是其有能力运用公司的资源做出政治上的行动。商业协会在全球范围内都是重要的游说群体，但常常被顶层的管理者控制，而不是为股东所控制。

我们预期管理上的胜利，将导致较弱的少数股东保护，以及较低水平的股权集中度。管理者理想的世界是以下二者的平衡：充分的少数股东保护来弱化强有力的大股东，否则大股东可能会控制小股东，但这并不足以促进股份持有民主的有效性——这就是说，足以稀释大股东，但不足以准许敌意收购的进行。

我们在这里勾勒出了联合的模式：各种参与者联合以及他们支持政策模式可能的方式或途径。在理解公司治理政策中的政治因素时，这是非常重要的一步，但这还不够。勾勒出可能的联合并不能告诉我们谁胜利了，哪一种联合占据了优势。需要了解更多来做出判断：作为影响结果的聚合机制，政治制度如何发挥影响。

【67】

四分五裂的参与者

已经展示出这一联合的模式，我们向读者警示一个重要的混乱：三个主要参与者，所有者、管理者、劳动者，原来都是混合物。这些参与者利益的解析源于对企业的认知，即企业并不是一个统一的整体，而是基础性个体的组合。不是每一个类型的所有成员都与其他成员表现一致，特别是各个企业之间。例如，所有者分成了大股东和外部少数股东。两者都是所有者，事实

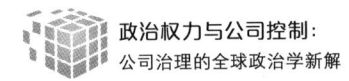

上都是股东。[19]"原有资金"大股东和"新贵"企业家拥有不同的偏好（包括在证券市场中不同的利益诉求），且在公司治理领域实施不同行为。

类似地，劳动者在对工作的关切或对养老金投资的关切之间，也可能面临冲突。没有大量的存款，劳动者主要的资产就是自身的工作；因此，他们会担心自己工作的维持。这会激发他们关心与工作维持相关的公司内部发言权。历史地来看，这些关切激励了劳动者代表朝向社团主义利益相关者方向发展，并与管理者和大股东就公司经营稳定性和劳动保护进行讨价还价。相反地，当劳动者拥有一定数量的存款投资到公司或股份中，他们就会获得少数股东的关切。储蓄数量越大，他们会越担心管理上的行为可能威胁到他们的财产。作为企业中的投资者，他们更关心企业的盈利能力——如同其他的投资者一样。但是，作为小股东，他们更关心管理者的代理成本。

管理者在对治理策略的选择上有所区分。一些管理者在与"有耐心的"大股东打交道时，更注重安全和可预测性；一些在与金融市场中分散持股股东打交道时，更偏爱自治。一些管理者会承诺较高的少数股东保护，来换取较高的报酬（通过股票期权，除了别的方法以外）；另一些管理者相对薪酬而言更偏好工作的稳定性，因此，会全力以赴避免其他人对控制权的竞争。

我们向读者展示了劳动者、所有者和管理者之间的差异，并且进一步发展了这些论证，尤其是在国别（地区）案例研究中。我们将再一次于本书第七章结尾的部分仔细审视这些差异。

政治制度：多数决与共识机制

下一步对政治过程的分析涉及政治制度。偏好，即便为考虑到政治资源如金钱（资金）和投票的因素所校准，其本身仍然是不确定的。制度影响了结果。保持偏好的持续性，同时改变制度，将会得到一个不同的结果。相反的结果可能也是正确的：改变了运用相同制度的偏好，结果可能会不同。政治科学已经在偏好与制度的角力中斗争了一段时间。已经严肃地注意到对偏好

---

[19] 这使得"利益相关者"和"股东"标签潜在地令人困惑。二者都包括了股东；其间的差异在于他们组织的方式和与其他参与者的关系上。

的争论,继而我们转向制度,将其作为一个观察偏好如何联合在一起的方式。[20] 制度的变化可能鼓励偏好变化,作为一个支付矩阵[21]的变化;偏好推动制度的变化,以符合预期的结果。

制度因此影响到联合形式和政策胜利。一个特殊的制度安排可能偏爱一方胜过另一方。通过制度,我们表明正是一系列规则的存在,决定了规则制定和执行的程序。[22] 制度可以影响结果。如果偏好被假定为恒定的,改变规则将会产生不同的政策输出。选举法中(例如日本)的比例代表机制,与单一选区相对多数票获胜(或称为单一选区多数决)相比,会产生不同的选举结果。[23] 另一个著名的例子是美国参议院的绝对多数制,俗称"阻挠议事规则",凭借一个小的团体或甚至单一的议员都可以叫停立法机构,只要他能够持续地发声。上述这些制度都源于法律,但不是宪法条款,这些都可能被立法机关改变。更永久的是宪法条款,如美国的联邦制和分权制衡制度。

因此,政治制度可以影响涉及公司治理规制的政策争议结果。由于国家之间的政治制度不同,应该是公司治理结构中的不同反映了不同的政治制度差异。通过将公司治理结果与政治形式相联系,我们进一步研究了这个关系。沿用一个政治科学中的重要文献,我们将政治制度分类为"多数主义"和"共识"类型。我们预测认为,对少数股东保护水平较高,并伴随一个自由生产体制(liberal production regime),会与"多数主义"政治制度相联系;而较低的少数股东保护水平,伴随一个有组织的或管制的生产体制(regulated production regime),会与"共识"制度相联系。我们首先分析政治系统的分类,继而分析产生联系的因果关系机制。

---

[20] 参见大卫·斯塔瓦吉(David Stasavage)对诺斯(North)和威斯特(Weingast)的著名论文的批评。后者认为,17世纪英国议会对王室的胜利打消了投资者的疑虑,即王室的意志不会腐蚀公共财政,从而降低利率。斯塔瓦吉认为,我们不能评估议会制定有利于债权人的政策的能力,而不考虑谁控制议会。David Stasavage, "Credible Commitment in Early Modern Europe: North and Weingast Revisited," *Journal of Law, Economics, and Organization* 18 (2002): 155–86; Douglass C. North and Barry R. Weingast, "Constitutions and Commitment: The Evolution of Institutions Governing Public Choice in Seventeenth-Century England," *Journal of Economic History* 69 (1989): 803–32.

[21] 支付矩阵(payoff matrices),或称报酬矩阵、收益矩阵,是指在博弈论中,用来描述两个人或多个参与人的策略和支付的矩阵,不同参与人的利润或效用就是支付。——译者注

[22] 这里我们对制度的用法是基于政治科学家大致谈到的"羊皮卷制度",该文件或多或少是正式的;这与社会学常见的用法不同,社会学中制度的概念意思是指已确立的实践,区别于任何的形式主义。

[23] Gary Cox, *Making Votes Count: Strategic Coordination in the World's Electoral Systems* (New York: Cambridge University Press, 1997).

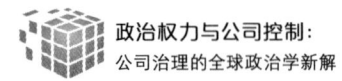

利益加总机制

比较政治制度的专家，如李帕特（Lijphart）的注意力集中于选举法中的民主体制、政党系统和立法-行政的关系三者之间差异。[24] 我们可以把这些研究结果归类为两个截然不同、形成鲜明对比的系统，即多数决和共识。[25]

多数决制放大了投票中细小的变动，因此允许政策较大程度地摇摆；共识系统通过赋予一系列广泛参与者联合上的优势降低了投票变动的影响，因而政策上的波动较小。共识系统中有许多"否决参与者"，多数决制中很少。在共识系统中，必须在决策中包含一系列广泛的意见。政府的联盟性质确保了这一点，因为内阁的所有参与者都必须同意重要的决定。在多数决制中，大量的意见可以被微弱多数压倒；因此，选票的微小变动可能产生重大影响。

在李帕特的分类中，英国是最接近纯粹的多数决模式的国家，在这种模式中，一个政党控制着控制立法机关的内阁。[26] 共识系统（在斯堪的纳维亚和奥地利）也存在内阁对立法机构的支配地位，但系在多党制的背景下。在审查选举规则的影响时，制度与结果之间的联系显而易见。选举规则对如何表达和代表选民的偏好有很大影响。[27] 由单一成员组成的选区，以多数票获胜，奖励选举前形成的联盟。不同意见的群体具有联合力量的动机，以便获得胜利所需的多数票。

相反，比例代表制度（proportional representation systems）回报以选举时不同偏好的表达。在选举之后，联合（combinations）或联盟才会形成。选举制度并不是起作用的唯一逻辑：在一个群体中，有时偏好会出现分歧（如宗教或种族），这些分歧并不遵循这种逻辑，但即使在那样的群体中，选举制度

---

[24] See Lijphart 1999; Thorsten Beck, George Clarke, Alberto Groff, Philip Keefer, and Patrick Walsh, "New Tools in Comparative Political Economy: The Database of Political Institutions," *World Bank Economic Review* 15 (2001): 165-76; Matthew S. Shugart and John M. Carey, *Presidents and Assemblies: Constitutional Design and Electoral Dynamics* (New York: Cambridge University Press, 1992); see chapter 9 for development of this classification scheme.

[25] 偏好不会影响政策，除非偏好持有者有政治资源迫使决策者注意：投票、金钱、想法和力量。我们认识到这一点的重要性，在有关制度与利益或偏好作为解释的争论中，这一点常常被忽视。但这里我们不在这里分析这些权力资源。我们通常会基于节约、篇幅、测量问题等借口。相反，我们将资源纳入另外两个变量：偏好的持有者必须拥有在特定制度环境中有效的资源。因此，政治资源被纳入对偏好和利益以及制度的分析中。

[26] Lijphart 1999, 10-21, 对典型的多数主义（威斯敏斯特）制度的说明。

[27] 选举法在塑造这一制度方面发挥着重要作用。Cox 1997.

也可能具有相当大的影响力。

正式的权力组织会影响权力的分散或统一程度。[28] 在立法机构是一院制的地方，或者在第二个议院（chamber）几乎没有权力的地方，如英国，权力可以集中。在英国，由于上议院几乎没有什么权力，立法机关实际上是一院制的。宪法可以通过下议院的简单多数修改，没有有效的司法审查，而中央银行则由行政部门主导。在日本，上议院拥有比英国上议院更大的权力。

这与总统制形成了相当大的反差。在美国，与拉丁美洲的大部分地区一样，权力分立使总统的行政权独立于立法机关。总统是独立选举产生的，拥有对立法的否决权，并且可以任命立法官员。美国立法机构完全是两院制的，每个议院可以由不同的政党控制。因此，美国可以有分治的政府（总统和立法机关为不同人掌控）。此外，美国是联邦政府，相当大的权力掌握在单独选出的州政府手中，这些州政府可能会再次在政治上与国家政府不同。司法审查赋予美国最高法院对总统和国会的实质性自治权（substantial autonomy）。

在多数人一致的情况下，少数群体几乎得不到保护。谁控制了下议院的多数席位，谁就拥有巨大的政策自由度。这些不是独裁的权力；执政者系由多数人选出，他们关注的是赢得下一次选举。多数人可能会转而反对该党领袖，就像玛格丽特·撒切尔（Margaret Thatcher）在推行不受欢迎的人头税并被迫辞职时所发生的那样。然而，在这些限制范围内，受绝大多数拥护的总理拥有充分的自由裁量权，他或她可以支配各种各样的行为。选民将一个主要政党替换为另一个主要政党，这样的投票变动相对较小，这就使得新政党能够相当大幅度地改变政策。

相比之下，共识系统具有实质性的权力分享。意大利、荷兰和瑞典就是明显的例子，由几个政党组成联合政府。因此，只有联盟团结起来，行政部门才是安全的。总理对联盟成员的控制要比一个政党的领导人少，而这个政党的领导人对联合政府的运作机制（例如，挑选竞选公职的候选人）有着相当大的影响力。因此，政策制定反映了各方之间不断讨价还价和妥协的过程。联盟成员拥有更大的影响力、更大的发言权、更大的能力来表达他们的要求，并有效地遏制政策变化。选举法和党内规则对这些制度的运作方式具有重大

---

[28] Lijphart 1999, 10—21.

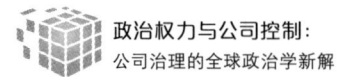

影响。比例代表制鼓励多党制，选举后达成讨价还价的协议。单个成员相对多数决制鼓励两党系统在选举前进行讨价还价。每个政治团体内强有力的党纪规则，鼓励联盟内部的集中谈判过程，以及一党控制下的内阁控制。

许多国家都是这些方面的混合体。例如，美国在其选举法中具有强烈的多数主义因素，这导致了两党制。与此同时，它将行政机关与立法机关分开，因此就有了分治政府（divided government）（每个分支机构由不同的政党控制）。日本和德国将比例代表制与单一选区（single member districts）相结合。

[71] 德国是联邦制国家，拥有一个更重要的上议院，其组成反映了德国各州内部的政党动态。法国既有一位对立法机构负责的总理，也有一位独立当选的总统。如果总统的政党在国民议会中占多数，权力就会转移到其办公室；如果多数人支持反对派，权力就会转移到总理身上。

否决点和共识政治

在分析这些系统时，研究人员关注的是制度界定阻止或通过立法的能力的方式，从而行使"否决权"。[29] 虽然使用不同的术语来表达这一概念，但我们关注的是否决"点"，而不是两种常见的选择——否决"门"和否决"参与者"（veto "gates" and veto "players"）。[30]

多数决制的否决点比共识系统少；因此，政府能够在较窄的支持基础上做出重要决策。由于共识系统包含更多否决点，各国政府依赖更广泛的支持

---

[29] 一些常用的制度措施值得关注。它们通常与系统的正式规则有关。两项此类措施，即否决门（就是把立法人员分成几组，对法律的修改必须这几组人分别通过才可以）以及总统制和议会制之间的区别，并没有产生任何有意义的关系。正如我们上面所讨论的那样，我们认为这些措施过于正式，并没有充分考察政党的政党构成问题——例如，单一的有凝聚力的政党整合否决权的能力，或多个政党在单一机构否决权门内行使否决权的可能性。由于我们认为协商一致或多数决定的决策是事实上的否决点的作用，而不是法律上的否决点，所以我们关注的是系统中否决点的数量，并发现了统计上显著的相关性。

[30] "否决门"一词指的是立法可能被否决的正式制度点，如总统否决、立法委员会或最高法院否决。否决者是任何有能力阻止立法的任何个人或团体（特定的委员会主席，或政党领袖或利益集团）。否决点结合了制度（法律上的概念）和个人或团体的概念；因此，政治体系中的任何一点都可以阻止立法，无论是否决门或否决者。因此，两院制立法机构的总统制度有三个否决门，但否决者的数量取决于政府的分工和政党的团结程度。如果这样一个系统拥有一个强大的政党制度，并且同一政党控制所有三个否决门，那么就只有一个否决者。但是如果存在分裂的政府，可能会有两到三个否决权（取决于控制立法机构两院的政党组织）。同样，一院制议会制度只有一个否决门，但可以有任意数量的否决权，这取决于执政联盟中有多少党派。因此，多数主义和共识体系都可以拥有任何数量的否决门。它们的区别在于，共识体系有许多否决者，而多数主义体系只有少数否决者。拥有多党联合政府的共识体系拥有许多可以否决立法的团体，而多数主义体系缺乏这些事实上的否决者。

基础。因此，我们预计：与多数决制相比，共识的政策波动会更小，就像选举中的投票波动一样。

我们注意到，这是一个关于连续性和创造性的争论。一旦一项政策在共识系统中被采纳，就很可能会保留下来。而共识系统可能会让事情在一开始就更难被采纳。[31] 或者，多数决制确实能够做出决定，但它们可能是一种实质上不同的类型，如罗格夫斯基（Rogowski）所提出的，以消费者为导向而非以生产者为导向。我们探讨了第二个观点：制度影响的不是决策是否做出，而是联盟赢得了什么，因此决策的内容可能是什么。

衡量机构的差异

为了根据共识或多数决政治学（politics）来量化样本中的国家和地区，我们使用了一个政治凝聚力指数，该指数来源于由贝克（Beck）等人推导和修改的世界银行政治指标数据库（Database of Political Indication，DPI）。[32] 在我们的指数中，0 等于一个统一的总统或一党制的议会政府；1 等于分裂的总统府，两党联盟议会政府或少数党议会政府；2 等于多党联盟议会政府。由于每次选举的否决点数量都会改变，所以这些分数是世界银行政治指标数据库中所有年份的平均值。表 4.2 显示了我们样本中的 32 个国家，我们有数据来计算这一指数，从多数决国家（最低值）到多数共识国家（最高值）进行了排序。

可以预见的是，斯堪的纳维亚国家被归为一类，朝着达成共识的方向发展。但也有一些违反直觉的结果。例如，日本经常被认为是一种典型的共识政治体系，但事实上，它在凝聚力指数方面与美国相当接近。法国和泰国都以强大的执政力量而闻名，以这一标准衡量，实际上比荷兰更类似于共识

【72】

---

[31] 朱利亚诺·波诺利（Guiliano Bonoli）认为，这种限制解释了为什么美国和瑞士的福利政策没有瑞典那么广泛。Guiliano Bonoli, *The Politics of Pension Reform: Institutions and Policy Change in Western Europe* (New York: Cambridge University Press, 2000).

[32] 这里使用的政治凝聚力指数是贝克等人（Beck et al. 2001）材料的重新编码，用来衡量我们对否决者的定义。我们将少数议会政府的例子从 3 重新编号为 1 个，从榜单上得分最高的国家，到与两党议会政府得分相同的国家。这样做的理由是，尽管少数政府被迫寻求其他党派的支持才能通过立法，他们有能力货比三家寻求支持，通常只需要另一方来完成任务因此，它们被我们编码为等同于两党政府（IPCOH = 1），而不是多党政府（IPCOH = 2），甚至更高，就像它们最初的样子（IPCOH = 3）。我们探讨了贝克的政治指标数据库（DPI）中的其他几个潜在变量，用于衡量共识或多数主义机构，包括选举类型、政治细分等。我们认为，我们的指数所反映的否决者的措施是最有效的措施。

系统。

预测共识或多数决政治的影响

我们根据与民主稳定和活力程度有关的制度差异,进一步对这些国家进行分类。我们认为,有些国家在几十年的时间里实行民主制度,经济高度运转。我们把它们同那些政治制度不稳定、过渡或专制、市场经济不发达和收入水平较低的国家区分开来。

我们的期望是在那些已建立民主的国家,

- 共识系统倾向于社团主义联盟,并与股权集中正相关,与少数股东保护负相关。
- 多数决制抑制了社团主义联盟,从而与股权集中负相关,并与股东保护正相关。

[73]　另一方面,我们预测在独裁政权或弱民主国家会出现这种情况:

- 强政府,几乎没有否决权,具有较高的政策变化和掠夺能力,因此与股权集中正相关,即使它们与股东保护正相关。
- 弱政府,拥有许多否决权,对危机反应不力、令投资者感到恐惧,因此,它们与股权集中正相关。

表 4.2　修正的政治凝聚力指数

加拿大	0.043 478	巴西	0.739 13
新西兰	0.130 435	爱尔兰	0.826 087
英国	0.130 435	马来西亚	0.956 522
印度	0.391 304	智利	1
菲律宾	0.478 261	丹麦	1.086 957
西班牙	0.565 217	挪威	1.086 957
澳大利亚	0.608 696	瑞典	1.173 913
奥地利	0.608 696	荷兰	1.304 348

续表

希腊	0.608 696	法国	1.347 826
葡萄牙	0.608 696	泰国	1.391 304
韩国	0.608 696	以色列	1.521 739
委内瑞拉	0.608 696	意大利	1.521 739
美国	0.652 174	比利时	1.652 174
阿根廷	0.695 652	德国	1.652 174
日本	0.695 652	芬兰	1.913 043
土耳其	0.695 652	瑞士	2
样本数量			38
标准差			0.577 219 1
均值			0.771 167

来源：Beck 2001.

表 4.3 政治凝聚力相关性

	所有国家	发达国家	新兴国家
集中持股	20	0.34	0.26
股东保护	-0.16	-0.46	0.33

已建立的民主国家

对于整体样本（民主政体和专制政体），共识政治系统（consensual political systems）倾向于更高的所有权集中度和更低的股东保护，而多数决国家或地区则相反，与更低的集中度和更高的股东保护相关，如表 4.3 和图 4.2 所示。

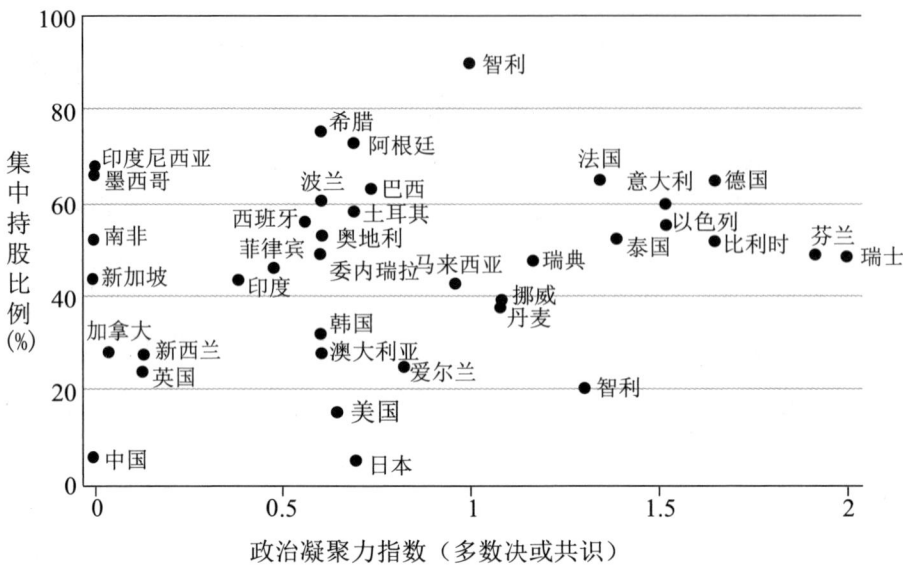

图 4.2 政治凝聚力（多数决对共识）与股权集中

【74】 这些相关性具有正确的走势（正如预测的那样），但对于整个样本来说，相关性较弱。发达民主国家作为一个整体，它们有所增强，而对新兴国家而言（定义为人均 GDP 低于 1 万美元）则在统计上不显著。（有关扩展表格，详见附录 A.7。）

为了强调制度，而不是收入水平，我们衡量的是样本的稳健性。我们将来自世界银行政治指标数据库的另一个变量考虑在内，该数据库记录了政治体系（political system）的持续时间。这个变量["张力"（tensys）]是该国政治体系以其现有制度形式存在的平均年数。

对于整个样本，股权集中对政治凝聚力（political cohesion）指数和权属变量[任期变量（tenure variable）]的二元回归在 $t = 2.42$ 时是显著的，调整后 $r^2 = 24$。同样，在 $t = 2.24$ 时，回归小股东保护指数对政治凝聚力指数和任期变量的影响在 $t = 2.24$ 时均显著，调整后 $r^2 = 25$（见附录表 A.8）。因此，在完善的、机构密集的工业民主样本中，共识/多数决的区别是强有力的——那些政治和经济中有效市场运作的地方，公司的参与者能够为社会中的政治行动动员资源。

这为预测有关共识或多数决政治制度对公司治理结果的影响提供了更强

有力的支持。在民主制度薄弱或短命且经济市场运作不良的国家，结果之一是政治市场也很粗略——偏好联盟难以形成，也难以通过公共政治行动推动它们的主张。

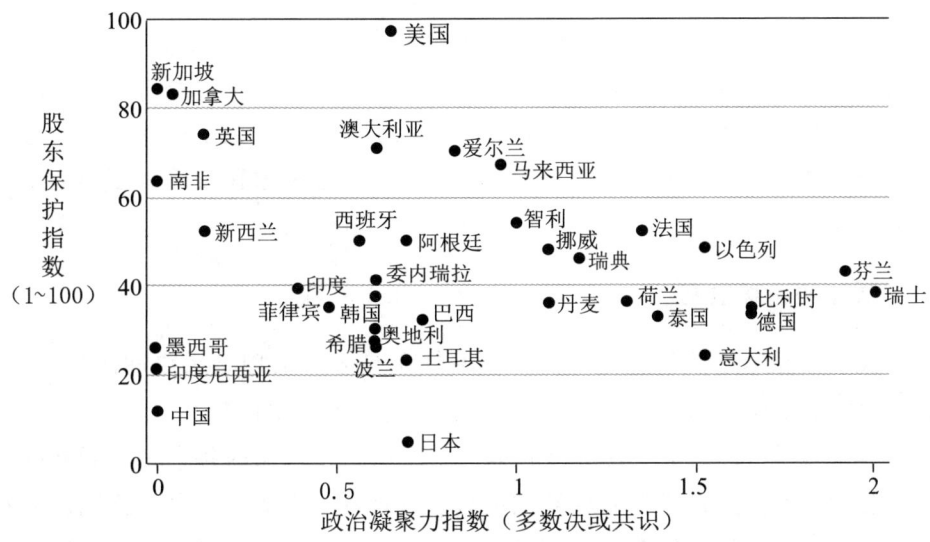

图4.3 政治凝聚力（多数决对共识）与股东保护

政治制度（political institutions）的其他处理方式则不同的强调变量之间的关系。帕加诺和沃尔平表明，比例代表制鼓励股权集中，而相对多数决制（plurality systems）与分散持股相关。[33]这在很大程度上与我们的分析方向一致，因为选举法有助于我们分析的政治凝聚力模式。然而，就其本身而言，选举法的影响因党派之争（partisanship）而削弱了。实行相对多数选举制度的国家包括英国、加拿大、澳大利亚和法国。如果我们看看其他所有地区，在比例代表制或混合成员地区，我们注意到它们在左右变量上分布得相当广泛。因此，相关性的"工作"是通过分散持股国家对强有力的"正确"指标的聚集来实现的。我们还注意到，左右标记对分散持股程度的影响很大——美国、英国和加拿大远远高于其他样本对分散持股指数底部的聚集。因此，在股权集中的样本中，党派之争（党派）分布更大。

---

[33] Pagano and Volpin 2001a.

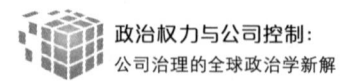

当我们观察政党的数量时,也会出现类似的效果。美国、英国、加拿大和澳大利亚都在政党指标和分散持股指标(the diffusion indicator)的一侧——少数几方,高分散持股——而在倾向于低分散持股的地方,政党变量有很大差异。

选举法与社会偏好和问题空间的分割相互作用以产生的政党数目,而这反过来又对形成正式制度安排的运作方式非常重要。因此,在我们看来,选举法和政党的数目通过政治凝聚力机制来产生多数决和共识制度模式。选举法影响了政党的数目,而政党的数目又进入了凝聚力指数。这些变量通过对分散持股情况的影响而产生它们的结果。股权集中国家在政治制度类型上的差异更大。

信任的因果机制

我们已经建立了多数决或共识政治体系与公司治理结果之间的相关性,至少对发达的民主国家是如此。什么是发挥作用的因果机制?

其逻辑是这样的——有组织的生产制度依赖于公司内各个参与者之间的高度相互依赖性;它建立在利益相关者、管理者、大股东和员工之间的安排之上,以保护公司的制度不受外界影响。他们这样做是为了在有利于这一结果的政策制度中寻求高度稳定性,以保护他们在他们已投资于该制度的大量具体资产中的利益。共识制度比多数决制度更有可能做到这一点,因为它们在变革的形式和速度上赋予所有参与者"否决权"。

相反,多数决制破坏了生产者对特定资产承诺的激励。与共识体系相比,这些政治制度的政策差异更大。因此,企业需要灵活性,即雇佣和解雇员工、削减生产、转移资产、出售、关闭以及根据市场情况随时行动的能力。他们更喜欢支持自由治理模式的政策,因此政策强调外部股东而不是各种利益相关者的首要地位。

推动力是共识体系在联盟伙伴之间达成协议,做出可信承诺的能力。"可信承诺"表明了合作伙伴认为对方会遵守协议的可能性。[34]

---

[34] 我们在这里的推理受霍尔和索斯基斯影响,Hall and Soskice 2000, chap. 1; Stewart Wood, 1997, "Capitalist Constitutions: Supply-Side Reform in Britain and West Germany, 1960–1990," Ph. D. dissertation, Department of Government, Harvard University. 关于探讨提供公共产品的可信承诺问题,参见 Keefer 2005, Keefer and Stasavage 2003.

共识制度增加了这种可能性，因为该制度向参与者提供了更大程度的"否决权"。他们的同意对于改变是必要的；因此，他们可以更有信心地通过协商（讨价还价）达成一项协议。然后，这个过程将变为自我强制执行。参与者根据政策的稳定程度做出决策，然后寻求维护该制度。

相反，多数决制会经历更大的政策波动，因为选票的微小变动会导致对政策的控制出现更大的波动。因此，经济和政治生活中的参与者无法确保协议能否持续。因此，他们追求的经济和政治战略假定政策具有更大的变化性。

可靠的承诺论点既影响了交易的形成，也影响了政策的潜在偏好。它影响了交易（bargain），因为政治行为者是根据达成和维持交易的能力来制定策略的。第七章中描述的社团主义（the corporatist）模式涉及跨阶级、不同经济部门和宗教分歧（religious divides）的异质参与者之间的合作。这些都是难以实现和维持（support）的。它们受到共识制度模式的诱导并得到它的支持。

【77】

总体而言，与承诺的可信度有关的制度体系的各个方面影响着作用于股权模式的联盟模式。我们强调机构"公信力"不是一种规范性判断；从经济的角度来看，各种安排的效果可能是好的或坏的（有效的或低效的）。例如，资本主义的多样性文献认为，社团主义者对就业连续性的理解可能会允许公司和员工投资于公司特定的培训，否则这些培训在劳动力流动性较高的经济体中是没有意义的；这也许是一件好事。另一方面，在对社团主义妥协的同等可信的理解下，大股东能够从控制权中获取的私人利益，可能不是一件好事。

联盟制度使社团主义妥协变得可信的能力导致了股权集中。劳动者、管理者和大股东达成了一项不包括少数股东的协议。政治交易承诺可信度低的制度会导致政策差异，从而破坏所有参与者所要求的安排。这就产生了私有化激励机制，导致大股东从劳动者-管理者社团主义联盟中叛逃，转而支持保护少数股东的做法。

因此，在劳动者—管理者—大股东对少数股东的一致性中，高可信度的制度导致了社团主义的协议（understanding），即管理者和劳动者在社团主义协议中平衡了他们的共同激励的差异，而低可信度的制度——因为存在改变或背叛的风险——使得社团主义精心设计的跨部门交易（elaborate cross-sector deals）难以为继。

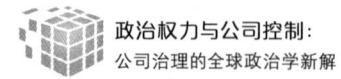

消费者还是生产者？

我们从对其他问题的研究中推断出对这种制度方法的额外支持。如果其他问题领域的产出差异可能与政治制度的差异有关，特别是我们在共识和多数决之间所探讨的区别，这种联系提供了额外的支持理由，使我们更有理由相信我们的研究结果。最近几个领域的研究确实将政策产出与政治制度联系起来，我们观察到公司治理与其他社会模式之间存在实质性的协方差（substantial covariance）。

罗伊认为，有利于分散持股的政策与有利于股权集中的政策之间的差异与支持消费者的政策和有利于生产者的政策之间的区别产生了强烈的共鸣。[35] 他指出，如果我们能够解释亲消费者（proconsumer）和亲生产者（proproducer）利益的政治（politics），我们就能更深入地了解公司治理。

制度主义者（institutionalists）提出的正是这一点。罗纳德·罗格夫斯基（Ronald Rogowski）和马克·凯瑟（Mark Keyser）发现，尽管多数决制奖励的是消费者，但比例代表制奖励的是生产者。采用多数决制的国家拥有较低的产品价格，而采用比例代表制的国家拥有"较高的选民投票率；更少的战略投票；更少的政治暴力，更大的内阁不稳定和寿命更短的政府；更高的政府支出和预算赤字；更多的福利支出；更加依赖贸易；以及更大程度的收入平等"[36]。这种模式符合我们对多数决和共识制度的区分。

这表明类似的过程在一系列问题上发挥作用；让我们对总体上制度的解释性效用，尤其是它们观察到的模式，充满信心。

我们之前引用罗伊的话说，贸易开放、高度竞争、收入不平等、低就业保护和分散的持股都是相互关联的。霍尔和索斯基斯将相互联系扩展到教育和培训系统、福利和社会服务、劳动力市场和经济的价格设定以及总体的经济协调。[37] 治理体系适合国家生产体系，而这些体系似乎与我们在此注意到

---

[35] Roe 2003b, 133.

[36] Ronald Rogowski and Mark A. Kayser, "Majoritarian Electoral Systems and Consumer Power: Price-Level Evidence from OECD Countries," *American Journal of Political Science* 46（2002）：562-39.

[37] 例如，德国的培训系统将工人与特定的工作联系起来。公司愿意投资于工人，因为知道他们不会离开工作；因此，他们几乎不可能在没有获得回报的情况下支付工人培训的费用。政府对劳动力市场的监管使得解雇工人变得困难。此外，福利制度与就业挂钩，因此工人几乎没有动力离开。公司治理法律（许多股票由单一所有者持有，如银行或其他公司）保护管理者和公司免受收购、股价压力以及可能迫使他们裁员的短期担忧。

的相同的政治制度模式——共识和多数决制——相关。[38]

偏好的反馈循环

制度上的相互依赖对我们评估偏好具有非常重要的意义。我们早些时候曾指出，治理政治中的主要参与者可以遵循以下几个差异化原则来展开：阶级、部门或"发言权"。一旦制度系统在一个特定的时刻被创建，表达了当时的偏好，他们就会产生使这些联盟永久化的激励。例如，在协调市场经济（CME）系统中，员工和雇主有动机维护福利和培训系统、价格和就业稳定性以及"管理"市场竞争。这一观察结果是由《资本主义的多样性》一书的作者提出的，它迫使我们对社会行动者在政治经济政策问题上的左右立场进行推定时要谨慎。在工资水平和税收的争论中，当然存在阶级因素，但也存在合作的理由，从而改变政治联盟（alignments）。

制度也会动态地影响偏好，这样一来，制度就会促进人们的承诺，然后产生激励，以维持使其处于适当位置的偏好——它们变得自我执行（self-enforcing）。集中持股模型（blockholding model）中的参与者看到了对系统的稳定承诺。因此，他们能够投资于假定稳定的生产策略。他们投资于工人培训、昂贵的机器、供应商关系——集中持股系统的复杂网络特性——因为政治系统保护其稳定性。然后他们获得了保留这个系统的利益。

相反，偏好的变化可能会引发对制度变迁的需求。如果政策产出与需求

---

[38] 在教育和培训方面，LMEs 强调一般技能（适用于所有雇主）vs. 特定技能（适用于特定行业或公司）。LMEs 强调前者，而有计划的市场经济（organized market economy，OME）强调后者。在劳资关系和劳动力市场方面，LME 体系的工会参与率较低，对解雇员工的规定也较弱。OME 体系有很高的工会参与度和高度管制的劳动力市场。在经济决策中，OME 国家拥有高度组织化和集中化的企业和工会结构；LMEs 非常分散且受市场驱动。在福利和社会服务政策方面，OME 国家在医疗、养老等方面拥有高度发达的福利国家服务；他们分为社会民主主义（斯堪的纳维亚）模式和基督教民主主义模式，前者将福利从工作中分解出来，分配给个人，后者将福利与工作挂钩。Torben Iversen and Anne Wren, "Equality, Employment, and Budgetary Restraint: The Trilemma of the Service Economy," *World Politics* 50 (1998): 507-46. 在经济政策领域，如果各地面临经济增长、平等和平衡预算之间的权衡 [Torben Iversen, "Wage Bargaining, Central Bank Independence, and the Real Effects of Money," *International Organization* 52 (1998): 469-504; Geoffrey Garrett, *Partisan Politics in the Global Economy* (Cambridge: Cambridge University Press, 1998); Geoffrey Garrett and Peter Lange, "Internationalization, Institutions, and Poltical Change," in *Internationalization and Domestic Politics*, Robert Keohane and Helen Milner, eds. (New York: Cambridge University Press, 1996)]，LME 系统偏好以平等为代价支持平衡的预算和经济增长（高就业率），而 OME 则偏好以牺牲赤字为代价的社会民主平等和增长模式，以及以增长为代价的平衡预算和平等的基督教民主模式。

不符，那么各团体就会推动制度变革。对普选权的需求就是一个例子。在我们的样本中，民主化是另一个例子，特别是在韩国。

因此，我们看到一个动态的反馈循环在发挥作用：制度塑造了影响偏好的政策。与此同时，偏好引发了制度安排，从而增加了保留偏好所需求的政策的机会。

威权国家和转型国家

上面已经针对一组特定的样本进行了制度论证：经济发达的经合组织成员，拥有稳定的民主制度。我们可以通过保持偏好不变的假设来比较这些样本制度的影响，因为这些样本之间的某些重要特征是相同的：能够维持高储蓄的财富水平，从而形成一个投资者阶层；福利制度和高薪劳动者；发达的资本市场和金融机构；有竞争力的、负责任的政治机构，响应通过政党和选举组织反映的人民的需求。通过所有这些因素，我们可以概念化这一组样本共同的政治过程，其中公司的利益图通过宪法和民主手段与社会利益图相互作用。

[80] 当我们离开这一组样本时，比较变得更加困难。较低的财富水平会缩小资本市场的规模、削弱金融机构、降低投资者阶层和劳动者的富裕程度。较弱的民主国家减少了选举和民主的偏好聚合方式的影响。威权体系（authoritarian systems）以不同的方式回应线索或政治激励。他们不能免受社会偏好的影响，但其领导人对这些偏好做出反应的动机在很大程度上有所不同。我们可以考察制度对威权国家治理的影响，但制度比较的范畴将不尽相同。审视立法机构中的否决门是没有意义的，这些否决权在威权政治体系中没有真正的权力。

总体而言，我们预计，政治体系越专制，对少数股东的保护就越弱，所有权的集中持股模式就越有可能。政治透明度以及公司层面的透明度是投资者信心的关键因素。如果没有政治透明度，产权就会受到质疑；规则可能会以一种有偏见的方式实施，投资者会持谨慎态度（会小心翼翼）。一些最低程度的外部政治透明度是有效的公司层面治理的必要条件（尽管不是充分条件）。正如我们在第三章中所了解的那样，在提供公司治理方面，私人秩序的有效性是有限的。

威权统治者也无法对社会压力免疫。他们确实需要支持来治理国家。即使是最专制的统治者也需要士兵、秘密警察、行政人员和党员。作为交换，这些支持者被赋予特权，如金钱、入学机会、住房和医疗保健。一人统治是不可能的；甚至它也依赖于一群核心的支持者。

这群支持者被一些分析人士称为"选举人团"（selectorate）——即统治者赖以获得支持的那群人。[39] 统治者可以在一定程度上选择他的支持基础，排除大多数人，同时奖励少数人。民主统治者很难将人民排除在权力之外，尽管他们可能会试图扩大或限制政治参与。

威权体系可以根据选举人团的性质、权力分散程度和权力分享程度来进行分类。朝鲜和缅甸是中央集权一端的极端国家。中国则不同，中国已不再符合这种模式，它向市场开放了部分经济领域。这使得国家在经济支持上依赖于投资者、消费者和劳动者。经济参与者（economic actors）可以拒绝投资、购买或工作，这意味着统治者必须遵循引起某种接受或支持的政策。

从这个意义上说，寻求市场支持的非民主统治者必须为投资者提供一些最低限度的保护，为资本汇回（capital repatriation）和投资者其他基本财产权的行使提供保证。威权统治者面临的挑战是，在缺乏政治机制的情况下，如何让这些保证可信，以惩罚那些不服从命令的被统治者。威权主义总是留下干涉的可能性，因此，投资者面临的不确定性比稳定的、拥有可预测规则加以遵循的民主国家所面临的更大。当然，投资者仍可能投资于威权国家，但风险溢价较高，而且投资期限较短。

必须指出的是，民主国家绝对总是稳定或有效的。弱势民主国家已经将选举和领导权继承方式正式化，但很容易受到精英和特殊群体的操纵。金钱、枪支、贫困、薄弱的公务员制度和无知都可能导致一个无法执行其规则和条例的制度。再者，书本上的法律和实践中的法律也是不一样的。分散的股权治理模式依赖于有效的公共监管，依赖于强有力的监管和执行体系，以确保复杂博弈的参与者发挥自己的作用。在一个腐败的民主国家，投资者感到不安全，分散持股（diffusion）不会发生。

因此，政府权力可能会在公司治理的适应性和有效性之间做出权衡。麦金太尔（McIntyre）提出使用 U 形曲线。[40] 拥有许多否决权的政府可以在政

---

[39] Susan Shirk, *The Political Logic of Economic Reform in China* (Berkeley and Los Angeles: University of California Press, 1993); Philip G. Roeder, *Red Sunset: The Failure of Soviet Politics* (Princeton: Princeton University Press, 1993).

[40] Andrew McIntyre, "Institutions and Investors: The Politics of the Financial Crisis in Southeast Asia," *International Organization* 55 (2001): 81–122.

策上保持稳定，因为群体能够抑制实质性变革，但由于它们无法应对危机，而无效或效果不佳。相反，几乎没有否决权的威权政府可以迅速做出反应，但并不稳定，因为它们的领导人可以毫无限制地改变方向。

与欧洲的经验形成了有趣的对比：我们发现，多数决制鼓励分散持股，因为它们破坏了集中持股国家高度互锁的生产系统所要求的政策稳定性；政策波动打破了参与者之间的联系，导致生产策略偏好灵活性，反过来又破坏了集中持股（blockholding）的逻辑。只有在监管体系得到切实保护和信任的情况下，这才是可能出现的结果。在许多国家——马来西亚可能就是一个例子，监管程序可能不够稳定，无法提供这些保护。在那里，政策波动也可能威胁到股东保护的充分性。如果股东保护是有问题的，那么集中持股会取得支持。因此，中央集权的制度可能过于强大，从而导致股权集中。

因此，共识/多数决和否决权模式的影响可能因民主制度的程度、长度和持续时间而异。在长期存在的民主国家中，政策上几乎没有变化的共识制度在过去曾产生了围绕集中持股的联盟。而政策差异较大的多数决制可能产生分散持股。相反，在较不成熟的民主国家或威权政体中，政策差异可能会降低对股东保护监管的信心，同时，大量的否决权可能会削弱对政府有效性的信心。在这两种情况下，我们都会发现集中持股。

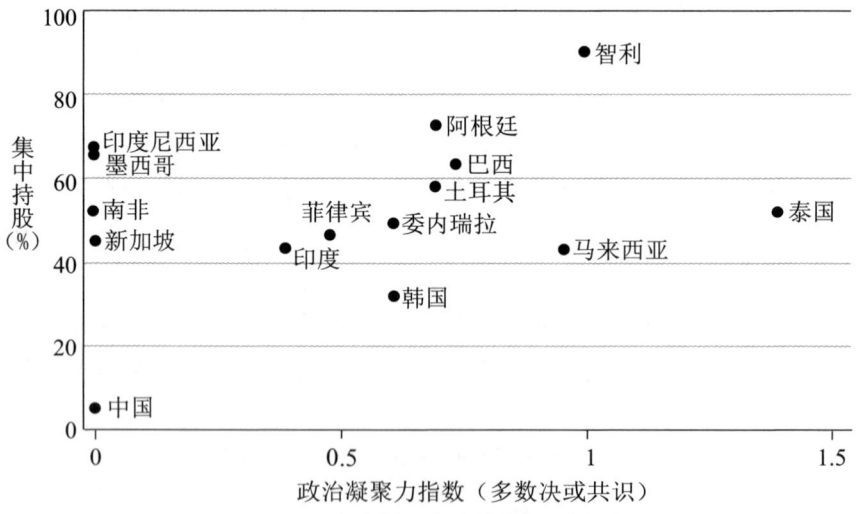

图 4.4 国家力量和集中持股 U 形曲线

因此，投资者的信心可能在 U 形底部最高——在行动能力和限制专制统治之间取得一些重要的平衡，这是民主理论家几个世纪以来的目标。

例如，麦金太尔将马来西亚和印度尼西亚列为拥有少数否决权的国家，而泰国则拥有较多的否决权，菲律宾处于两个极端之间，但更接近泰国。虽然泰国也有多党制，但各方在选举期间进行斗争，之后形成动荡的联盟，而在马来西亚，"政党在每次选举前都会将选举地图分开，以避免相互竞争。"[41] 在政治上，如果领导人认为这样做有用，马来西亚有能力采取果断行动来改变政策。在这方面，马来西亚与欧洲的多数决国家一致——政策变化可以是急剧的。这可能会对投资者构成威胁，因为他们无法确定现行政策的稳定性。它还意味着对问题和危机的强烈反应：麦金太尔将马来西亚列为对亚洲金融危机采取果断行动的国家，因为马来西亚的金融制度允许这样做。

图 4.4 来自我们新兴国家的样本并提供了一个图形提示（尽管没有统计证据），在专制或弱民主国家的公司治理结果方面可能存在 U 形曲线，集中持股在位于 X 轴的政治凝聚力指数的上端和下端仍然处于高位，而在分布的中间位置则处于低位。

我们不太确定如何衡量政治制度对其他类型制度的影响。有关制度的许多研究只关注相对成熟的民主国家的进程，通常是在富裕国家。

我们需要思考在威权政权或运转不良的民主国家中会发生什么。我们预期在这些情况下，法律质量很差。政府能够在没有充分的法治约束的情况下进行干预。因此，财产权是靠不住的，法院容易受到政治干预。在这种情况下，公司治理的外部监督模式将无法正常运作，投资者也不会感到放心。结果将是股权集中。这通常发生在强有力的"归属"机制下，即家庭、宗教或种族之间提供了某种类似于在生产网络成员之间建立声誉联系机制的纽带。

威权政权确实承受着来自选民的压力，因此他们的政策带有政治色彩。如果他们从事贸易并寻求外国投资，他们不得不担心潜在投资者的观点。他们还将产生可以影响的国内选区——不是选民，而是"选区"，控制或管理重要资源的关键角色。决策结构可以对这一过程产生一些影响。

其中一些国家处于从专制到民主的过渡时期，或者是在更高层次上运作

---

[41] McIntyre 2001, 92.

的民主国家。通过比较这些制度和比较过渡过程，可以学到一些东西。我们在这里的工作是初步的。我们提供了一些统计比较，但转向跟踪已经经历过专制政治制度的国家（如韩国和智利）的不同情况的过程。

替代参数：法系和经济社会学

在解释公司治理模式的过程中，我们关注公共政策。我们确定产生结果的政策，以及解释这些政策形态的因素。我们关注利益集团的偏好和政治制度（显示我们作为政治学家的背景）。两个有影响力的研究文献提出了对法律、法规和社会过程的替代理解：法系流派（Legal Families School），虽然由一群经济学家提出，但源于法律；经济社会学学派（Economic Sociology School），主要由社会学家提出。鉴于这些论点在当前公司治理讨论中的重要性，我们在这里停下来考虑这些文献。我们指出了我们与这些文献的共同点，事实上，哪些方面依赖于这些文献的发现，哪些方面不同意或提供了其他的发现。

法系：大陆法与普通法

关于公司治理政策分歧的最广为人知的解释是由拉波塔、洛佩兹-德-西伦斯、施莱弗和维什尼发展的法系学派。我们已经提到了他们在衡量少数股东保护方面的重要作品。这一文献为我们的事业做出了两项重要贡献：首先，它衡量全球公司治理结果的差异并建立了一个重要的因变量，削弱了趋同的思想。其次，它论证了法律、法规和政策塑造这些结果方面的重要性。它有助于确定我们的两个干预变量之一少数股东保护（以及最近关于劳动力的文献，我们的其他干预变量，生产制度）的重要性。

表 4.4 法系和公司治理

法系	平均值	中位数	市值
·普通法系			
英国法系平均数	0.43	0.42	6586
·大陆法系			
法国法系平均数	0.54	0.55	1844
德国法系平均数	0.34	0.33	8057

续表

法系	平均值	中位数	市值
斯堪的纳维亚法系平均数	0.46	0.45	4521

来源：La Porta et al. 1998，表 7，1147—48。

拉波塔等人接着又做了另一个举动：为了解释少数股东保护的规定或缺失，他们转向了"法系"的概念，"普通"和"大陆"法律制度之间的区别。这是法学研究中一个常见的区别，考虑到这种差异的影响，产生了大量的研究。拉波塔等人发现了公司治理的因果关系，即普通法系国家更有可能遵循分散股权模型（diffuse shareholding models），大陆法系国家则是集中持股模型。驱动机制是少数股东保护。在普通法系国家，股东保护的可能性更大，而在大陆法系国家则更不可能。我们再次提醒读者注意 QCL 和 MSP 之间的区别。拉波塔等人的第一轮工作考察是较窄的 QCL，而不是更全面的 MSP。对于这个关于法系的讨论，区别并不重要；我们将在下一章讨论差异的影响。

表 4.4 摘自拉波塔等人，将各国划分为法系，衡量三个最大股东的所有权集中程度，并记录其平均值和中位数。它还显示了抽样国家的人均市场资本。

这种关系的力量在于英国普通法与法国民法之间的对比。法国的例子包括其所有的前殖民地，大部分是在非洲，以及前西班牙帝国的殖民地，大部分是在南美洲。英属殖民地包括其分散在世界各地的前殖民地，包括英属欧洲殖民地以及在亚洲和非洲征服的殖民地。请注意，大陆法系的分组中存在差异：斯堪的纳维亚民法与德国一样有很高的股东保护，但两者存在集中持股。

什么机制解释了这些结果？拉波塔等人提出了几个观点。例如，他们提出（作为一个理想对象的）司法自由裁量权，这一概念认为，与适用更远离具体案件的一般原则的大陆法系法官相比，普通法系国家的法官具有更强的信托义务原则。[42] 普通法系法官依赖先例和经验；因此，他们有更多的余地，更倾向于宽容。由于大陆法系更为详细，它规定并禁止，而不是允许和鼓励。

---

[42] La Porta et al. 2000; John Coffee, "Privatization and Corporate Governance: The Lessons from Securities Market Failure," *Journal of Corporation Law* 25 (1999): 1-39; Simon Johnson, Rafael La Porta, Florencio López-de-Silanes, and Andrei Shleifer, "Tunneling," *American Economic Review, Papers and Proceedings of the One Hundred Twelfth Annual Meeting of the American Economic Association* 90 (2000): 22-27.

与普通法系国家相比，大陆法系国家可能更多地参与到规范商业活动中。民法典是一个倾向于规范和限制的工具箱——因此在情况出现时，国家也因此进行规制。[43]它们抑制了自由开放的资本市场的发展，以及股东分散持股的进程的联系机制（the bonding mechanisms）。民法允许国家干预商业活动，并以鼓励分散持股模式的方式限制（inhibits）市场的自由发挥。

迪扬可夫（Djankov）等人最近的研究提出了一个关于发生什么的"侵权"模型。法律保护，像我们所称的少数股东保护，促进了两种执行渠道。[44]一个渠道通过公共当局运作，他们利用自己的权力对违法者提起诉讼。另一个渠道允许私人使用少数股东保护提供的信息起诉。这种机制节约了公共资源。它通过允许个人通过司法系统的工作来利用执法（执行）市场。[45]

没有解释的结果

虽然两个法系之间的区别提供了一个有趣的程式化事实，即少数股东与法系之间的相关性，但在我们看来这并不令人信服。如果大陆法系的监管力度更大，为什么大陆法系的监管似乎更倾向于大股东集中持股，而不是为股东提供有效的保护？一个管制性的体制在少数股东保护上也可能会很强。更严格的监管这一事实本身并不能确定其内容。

如果该机制是司法自由裁量权，拉波塔等人指出，他们注意到，法官可以以不同的方式运用其自由裁量权来保护内部人员，就像保护外部人一样，或者禁止一切干预。因此，"仅仅专注于司法权是不够的；需要对司法目标进行政治和历史分析。"[46]普通法系国家可以通过扼杀市场的立法，而大陆法

---

〔43〕 Juan C. Botero, Simeon Djankov, Rafael La Porta, Florencio López‐de‐Silanes, and Andrei Shleifer, "The Regulation of Labor," *Quarterly Journal of Economics* 119（2004）：1339-82.

〔44〕 Botero et al. 2004.

〔45〕 Mathew D. McCubbins, and Thomas Schwartz, "Congressional Oversight Overlooked：Police Patrols versus Fire Alarms," *American Journal of Political Science* 28（1984）：165-79.

〔46〕 例如，从17世纪开始，英国王室对法院的影响力逐渐消失，取而代之的是议会和控制它的财产所有者，因此普通法逐渐演变为保护财产免受王室侵犯。John Brewer, *The Sinews of Power：War, Money, and the English State, 1688-1783*（New York：Knopf, 1989）；Barrington Moore, *Social Origins of Dictatorship and Democracy：Lord and Peasant in the Making of the Modern World*（Boston：Beacon Press, 1966）。虽然许多观察家认为英国国家与高度官僚化的法国和普鲁士的例子相比较弱，但布鲁尔（Brewer）认为英国国家实际上更强大，因为议会对行政部门的监督使社会团体放心，国家正在按照他们的意愿发挥作用，而不是君主的心血来潮。可参见North and Weingast 1989（表明英格兰支付的贷款利率较低，因为投资者对受监督的高管有信心）。

系国家如果愿意，也可以通过保护少数股东保护的法律。1945年，在工党政府的统治下，普通法系的英国变得更加干涉主义，而1985年以后，大陆法系的法国监管力度减弱。如果普通法系传统不妨碍对市场和法院的政治干预，例如巴基斯坦和非洲的一些国家，普通法系国家可以拥有有效的法治，也可以拥有更弱势的治理规则（weak rule）。

【86】

法律传统可以朝着不同的方向发展，这取决于影响立法和执法的政治因素。拉波塔等人指出，虽然"政治因素通过法律本身以外的渠道影响公司治理……法律仍然是政治影响公司治理的重要渠道"[47]。事实上，法律是一个渠道，但这证实了关于政治中心性的观点：政治选择法律并塑造其执行。

匹斯特（Pister）及其同事注意到移植的影响，法律如何从一个国家转移到另一个国家，因此普通法系和大陆法系如何从法国和英国转移到它们的前殖民地或相关的帝国，取决于当地的情况。我们将移植效应解释为一种引起人们对政治关注的论点，即接受移植的社会希望根据当地的政治、制度和文化，以何种方式利用其法律遗产的路径。[48]

法律源于政治

法律和法规（law and regulation）来自政治。如果说巴基斯坦的股东保护力度较弱，因此产生集中持股，而英国的情况正好相反，那么区别就在于他们对普通法系传统的政治运用。这就是格莱泽、约翰逊和施莱弗在"科斯 vs. 科斯主义者"中将监管与作为执法者的法院进行比较的含义。监管机构（如波兰）而非法院（如捷克共和国）的选择是政治性的，无法由法系解释。[49]同样，他们把政治置于美国制度（system）演变的中心：美国转向监管（regulation），是因为19世纪的法院被大型游说集团（尤其是铁路公司）彻底腐蚀了。这些例子与法系的论点相矛盾：美国保持着其普通法传统，经历了股东保护不力和保护良好的时期。当代的丑闻表明，这个体系（system）实际上是多么多变。

---

[47] La Porta et al. 2000.

[48] Daniel Berkowitz, Katharina Pistor, and Jean-François Richard, "Economic Development, Legality, and the Transplant Effect," *European Economic Review* 47 (2003): 165-95. 基弗（Keefer 2005）发现当指定政治背景时，法系的影响在数据中逐渐消失。

[49] Glaser, Johnson, and Shleifer 2001.

在拥有任何法律传统的国家中，随时间推移而变化的是政治和政治过程。法系实际上是一种政治解释吗？是的，但仅限于选择法系的最初举措。在某些情况下，决策者选择了一种法律传统，在某些情况下是自愿的，在另一些情况下则是通过高压政治（殖民主义）。在那一刻，我们可以说，有一个影响公司治理的政治过程。但法系学派的一个弱点是政治过程从此就消失了。某些法律是如何制定和执行的，以提供更高或更低的保护，从分析中消失了。基于法律传统的逻辑，法官似乎做出了决定，但这再次将这一过程与政治隔离开来。拉波塔等人确实对法律和法规进行了广泛的研究，并做出了重大贡献，但他们没有说明为什么以及何时通过或执行这些法律。整个法律结构来自法系，因此来自遥远的过去的单一政治行为。

基于法律传统的解释似乎让国家陷入了其创始时刻的困境。他们无法解释"大逆转"（the great reversals），即随着时间的推移在一个国家内发生的变化。这一论点对政策有着奇怪的影响：大陆法系国家是否无法建立有效的少数股东保护？如果可以的话，那么法系就无法起到决定性的作用。

一些研究人员从经验和哲学的角度对法系学派提出了质疑。罗伊将法系与政治力量的三个指标进行比较，包括：政府的党派立场（partisan location of governments）（左派与右派）、劳动就业保护和收入不平等。[50] 这三个政治变量在相关性方面比法系更好。罗伊继续挑战少数股东保护（实际上，即QCL，拉波塔等人在罗伊关注的作品中使用的度量方法）作为一种更普遍的解释。他帮助发展了我们在此称之为政策方案或生产系统的论点：塑造劳动力市场、产品竞争、反垄断等的政策影响了公司治理。仅靠少数股东保护（MSP）的解释并不充分。我们将在第五章和第六章回到罗伊的一些度量。

因此，我们认为，法系不是一种政治模式。无论其分类如何，它都无法有说服力地解释为什么我们拥有高质量或低质量的少数股东保护，也不能解释为什么我们有不同的生产系统模式。

经济社会学分析

近年来，经济社会学对市场经济进行了大量研究，为我们的企业提供了丰富的信息。这些研究人员和我们一样希望在社会过程中定位经济实践

---

[50] Roe 2003b.

第四章　政治学：偏好与制度

和行为。按照这一传统开展的工作包括研究企业形式的变化，[51]以及 20 世纪 80 年代企业集团解体时对投资者的影响，[52]毒丸计划和反收购法律的广泛采用，[53]律师事务所在硅谷高科技产业发展中的作用，[54]公司的决策过程（关于通用汽车公司）；立法的实施，美国公司首席财务官的出现，[55]作为一种社会运动的股东积极主义，[56]网络在制定和执行规范方面的作用，[57]劳动力市场和塑造生产系统的劳动力培训，[58]国际化的公司治理模式，[59]公司治理结

【88】

---

[51]　Neil Fligstein, *The Architecture of Markets: An Economic Sociology of Twenty-First-Century Capitalist Societies* (Princeton: Princeton University Press, 2001).

[52]　Neil Fligstein and Linda Markowitz, "Financial Reorganization of American Corporations in the 1980s," in *Sociology and the Public Agenda*, William J. Wilson, ed. (Newbury Park, Calif.: Sage, 1993); Gerald Davis, Kristina Diekmann, and Catherine Tinsley, "The Decline and Fall of the Conglomerate Firm in the 1980s: The De-institutionalization of an Organizational Form," *American Sociological Review* 59 (1994): 547-70; Michael Useem, *Executive Defense: Shareholder Power and Corporate Reorganization* (Cambridge: Harvard University Press, 1993); Useem 1996.

[53]　Gerald F. Davis and Michael Useem, "Top Management, Company Directors, and Corporate Control," in *Handbook of Strategy and Management*, Andrew Pettigrew, Howard Thomas, and Richard Whittington, eds. (London: Sage, 2002); Gerald F. Davis and Gregory E. Robbins, "The Fate of the Conglomerate Firm in the United States," in *How Institutions Change*, Walter W. Powell and Daniel L. Jones, eds. (Chicago: University of Chicago Press, forthcoming); Tracy A. Thomson and Gerald F. Davis, "The Politics of Corporate Control and the Future of Shareholder Activism in the United States," *Corporate Governance* 5 (1997): 152-59; Gerald F. Davis, "Agents without Principles? The Spread of the Poison Pill through the Intercorporate Network," *Administrative Science Quarterly* 36 (1991): 583-613; Davis, "Networks and Corporate Control: Comparing Agency Theory and Interorganizational Explanations for the Diffusion of the Poison Pill," in *Academy of Management Best Papers Proceedings*, 1991, 173-77; Davis, "The Significance of Board Interlocks for Corporate Governance," *Corporate Governance* 4 (1996): 154-59; John Meyer and Brian Rowan, "Institutionalized Organizations: Formal Structure as Myth and Ceremony," *American Journal of Sociology* 83 (1977): 340-63.

[54]　Mark C. Suchman, On Advice of Counsel: Law Firms and Venture Capital Funds as Information Intermediaries in the Structuration of Silicon Valley, Ph. D. diss., Department of Sociology, Stanford University; Mark C. Suchman and Mia L. Cahill, "The Hired Gun as Facilitator: Lawyers and the Suppression of Business Disputes in Silicon Valley," *Law and Society Inquiry* 21 (1996): 679-712.

[55]　Dirk Zorn, Frank Dobbin, Julian Dierkes, and Man-Shan Kwok, "Managing Investors: How Financial Markets Reshaped the American Firm," in *The Sociology of Financial Markets*, Karin Knorr Celina and Alex Poole, eds. (Oxford: Oxford University Press, 2004).

[56]　Gerald F. Davis and Douglas McAdam, "Corporations, Classes, and Social Movements," in *Research in Organizational Behavior* 22, Barry Straw and Robert I. Sutton, eds. (Oxford: Elsevier Science, 2000).

[57]　Davis 1991b.

[58]　Wolfgang Streeck, *Industrial Relations in West Germany: A Case Study of the Car Industry* (London: Heinemann, 1984).

[59]　Ruth Aguilera and Gregory Jackson, "Institutional Changes in European Corporate Governance," *Economic Sociology* 3 (2002): 17-26; Aguilera and Jackson, "The Cross-National Diversity of Corporate Governance: Dimensions and Determinants," *Academy of Management Review* 28 (2003): 447-65; Ruth Aguilera and Michal Federowicz, eds., *Corporate Governance in a Changing Economic and Political Environment: Trajectories of Institutional Change on the European Continent* (London: Palgrave Macmillan, 2003).

构的扩散，[60]以及合法性和效率在治理准则传播中的作用。[61]

这项工作大大有助于我们理解塑造公司及其中的参与者的过程。它挑战了对经济生活的纯粹"效率"说明，符合演绎得出的最优性原则，完全独立于其所处的社会。社会学认为，经济活动是"嵌入式的"。它们源于社会实践在诸如家庭、种族、宗教、教育和社会结构等领域产生的同一过程。行为和实践源于社会力量和过程，例如政治动态和社会模仿以及经济与其他社会子系统（例如国家、官僚机构、政治和其他组织）的相互作用。恩斯明格（Ensminger）展示了规范、社会结构和制度是如何融合在一起形成市场的。[62]

越来越多的跨学科人士已经认识到"嵌入式"经济的本质。一些法律和金融以及公司治理方面的专家一直在研究利益集团、选举制度和政治制度、社会结构、媒体和人力资本的作用。拉詹和津加莱斯、克罗兹纳（Kroszner）、佩罗蒂（Perotti）和范塔登（van Thadden），以及帕加诺和沃尔平都是从事这方面金融和治理写作的经济学家。其他经济学家一直在更广泛地探索政治制度和利益集团［格罗斯曼（Grossman）和艾尔普曼（Helpman），佩尔松（Persson）和塔博里尼（Tabellini）］，而另一些经济学家则研究社会结构和路径依赖对制度演变的相互作用［诺斯（North）、阿西莫格鲁（Acemoglou）、约翰逊（Johnson）和罗宾逊（Robinson）］。

相反，许多研究经济的社会学家探讨了激励和功利主义计算对经济行为的影响。戴维斯（Davis）、多宾（Dobbin）和尤西姆（Useem）都指出，里根政府的反托拉斯政策的变化以及立法后金融机构的发展，帮助制定了宽松的程序，削弱了二战中出现的大企业集团。施特雷克（Streeck）在劳动和培训系统方面的研究，多宾在美国、法国和英国的铁路建设方面的研究，阿奎莱拉

---

[60] Marie-Laure Djelic, *Exporting the American Model: The Postwar Transformation of European Business* (Oxford: Oxford University Press, 2001); Marie-Laure Djelic and Sigrid Quack, eds., *Globalization and Institutions: Redefining the Rules of the Economic Game* (Cheltenham, U.K.: Edward Elgar, 2003); Mauro Guillén, "Corporate Governance and Globalization: Is There a Convergence across Countries?" *Advances in International Comparative Management* 13 (2000): 175–204.

[61] Alvaro Cuervo-Cazurra and Ruth Aguilera, "The Worldwide Diffusion of Codes of Good Governance," in *Corporate Governance and Firm Organization*, Anna Grandori, ed. (Oxford: Oxford University Press, 2004); Peer Fiss and Edward Zajac, "Corporate Governance and Contested Terrain: The Rise of the Shareholder Value Orientation in Germany," *Administrative Science Quarterly* (forthcoming).

[62] Jan Ensminger, *Making a Market: The Institutional Transformation of an African Society* (New York: Cambridge University Press, 1992).

（Aguilera）和杰克逊（Jackson）在公司治理方面的研究，都非常关注行动者在社会背景中的激励。社会学家对所有权模式、董事与公司之间的联系以及公司之间的扩散实践等问题进行了重要的定量研究。"现在有大量文献记录了董事会联动（board interlocks）在治理实践中的作用，例如采用毒丸计划（Davis and Greve, 1997），创建投资者关系办公室（Rao and Sivakumar, 1999），进行特定类型的收购（Haunschild, 1993）和其他一些措施。"[63]戴维斯和麦克亚当（McAdam）研究了股东行动主义的政治，并将其置于社会运动的框架内。[64]

但是，虽然经常有大量的重叠，但社会学、经济学和政治学的学科之间的重点存在差异。在某些地方，这些差异是巨大的。我们看到在两个关键点问题上存在分歧。如果法规和政策塑造了经济行为，而不是源于独立的经济计算，是什么解释了政策和监管的内容呢？在本书中，我们强调政治和政治过程。许多经济社会学家也指出政治过程和资源调动，但他们往往把政治作为一个更大的社会和社会行动的子系统而将其置于次要地位。这是社会科学中一场古老的争论，至少可以追溯到帕森斯、涂尔干、韦伯、马克思、密尔，甚至在他们之前追溯到亚里士多德和柏拉图。对于许多社会学家来说，政治过程本身反映了一些更基本的社会过程，即价值体系、家庭、文化和制度的混合体。我们没有努力调查政治与其他社会过程之间的界限，但确实指出了它们侧重点的不同。我们的目标是澄清政治选择的运作方式。

【90】

政治经济学与经济社会学之间的第二个分歧与激励和利益有关。经济激励是否充分体现了经济参与者动机的丰富性？许多社会学家对此表示怀疑。根据约翰·迈耶（John Meyer）和其他人的研究，多宾在一项重要的文献调查中写道，"社会学的核心观点是，个体的行为是按照与社会角色相关联的剧本进行的。"[65]个人和公司用这些脚本构建了一个世界。当然，他们通过谈判达成一种建立在激励基础上的协议（understanding），但这种协议是通过过去的经验、文化和理解框架来解释的。因此，如果不知道赋予它们意义和动机的脚本，就不可能对"利益"和激励进行建模。多尔质疑"配置效率"在解释

---

[63] Davis and Useem 2002.
[64] Davis and McAdam 2000.
[65] Frank Dobbin, ed., *The New Economic Sociology: A Reader* (Princeton: Princeton University Press, 2004), 4.

行为方面的充分性:"总体产出最大化不是通过分配效率实现的,而是通过涉及组织学习和自愿合作的生产效率实现的。"[66] 如果不考虑激励设计(incentive devices)所吸引的潜在激励模式,激励及其效力(efficacy)就无法被讨论。激励机制(incentive mechanisms)所涉及的物质利益的前景和法律强制制裁的威胁确实是唯一相关的动机吗?玛格丽特·布莱尔(Margaret Blair)最近写道,"只需稍加反思,就能认识到,财务激励和可执行的法律约束不可能成为维系多数合作关系的纽带。它们根本不够紧密。大多数业务关系涉及并确实需要企业参与者之间进行大量的自愿合作和信任。"[67]

[91] 股东价值是"契约连锁"(nexus of contracts)方法中的核心概念,是由许多社会学家"建构的"。"鉴于人性,计算股票的内在价值本质上是不可能的。"[68] 对证券分析师来说,预测特定公司的盈利前景确实是一个巨大的挑战。"财务预测似乎是一门使占星术受人尊敬的科学。在实践中,定价只能意味着主体间协议,而主体间协议体现在股票市场的定价中。"[69]

公司从事"印象管理"。他们的行为符合各个选区所持的最佳实践的模式。[70] 公告的措辞可以塑造他们对股票价格的影响。[71] "治理改革本身就是

---

[66] Ronald Dore, "Pros and Cons of Insider Governance," REITI Working Paper, 2004:
在所有社会中,个人的合作、信任和值得信赖的倾向上存在差异,缺乏强有力的物质激励。[也就是说,尽管人类拥有自然倾向信任的程度不同,但人类有能力获得这种信任,而不仅仅是交易经济学家所认为的(a)由于理性而具有普遍性的,以及(b)唯一值得信赖的信任]……
但除了这些个体差异之外,这种倾向的情景模式也存在相当大的国家差异——关于信任和合作的社会规范的差异,这些规范由普通个人认可,因此提供了激励资源,可以使制度安排中隐含的激励起作用……
以改革公司治理之名进行的组织修修补补,有时会与社会结构和阶级利益的变化相互作用,有时还会加强这种变化,而且,国际环境的变化和社会对这种环境的暴露程度也越来越大。但从长远来看,真正改变公司治理的(回到本文对公司治理的开放式定义,即权力分配)是社会结构变革本身。

[67] Margaret M. Blair, "Post-Enron Reflections on Comparative Corporate Governance," *Journal of Interdisciplinary Economics* 14 (2003): 113-24.

[68] Burton G. Malkiel, *A Random Walk Down Wall Street: The Time-Tested Strategy for Successful Investing*, 6th ed. (New York: W. W. Norton, 1996), 103.

[69] Malkiel 1996, 169. Cited in Davis and Useem 2002, 246.

[70] Edward J. Zajac and James D. Westphal, "The Costs and Benefits of Managerial Incentives and Monitoring in Large U. S. Corporations: When Is More Not Better?" *Strategic Management Journal* 15 (1994): 121-42, cited by Davis and Robbins, 1999; see also Edward J. Zajac and James D. Westphal, "The Social Construction of Market Value: Institutionalization and Learning Perspectives on Stock Market Reactions," *American Sociological Review* 69 (2004): 433-57.

[71] "通过委托投票说明书(proxy statement)宣布一项新的高管长期激励计划,将其描述为激励协议所产生的股票价格上涨幅度明显高于将其描述为吸引和留住合格高管的手段,即使经营业绩没有变化。" James D. Westphal and Edward J. Zajac, "Symbolic Management of Stockholders: Corporate Governance Reforms and Shareholder Reactions," *Administrative Science Quarterly* 43 (1998): 127-53, cited by Davis and Useem 2002, 250.

一种修辞表演（rhetorical performances），旨在说服金融市场的积极分子和其他参与者相信，公司适合投资。创建'资本市场中的客户需要的那种公司、治理结构和证券'涉及通过说辞（rhetoric）进行营销，从年度报告中给股东的信，到如何使公司在损益表中描述其业务多样化，再到董事的选任。"[72] 信号和状态的概念有助于解释公司在这种背景下的行为。

重要的是要认识到，（适用于评估治理变革）的标准并不关心该理论是否正确（这种治理结构将在未来创造盈利增长），而是它是否具有说服力（这种治理结构在修辞上似乎是可信的）。在这种情况下，真相在原则上是不可知的：最近大量关于公司治理的研究，没有为过去运作良好的任何特定"最佳实践"提供一致的支持，更不用说什么对未来行之有效的做法的洞察了。然而，相关的问题不是被告是否真的有罪，而是陪审团如何投票。[73]

公司是法律拟制。在复杂的契约论版本中，股东就像公司本身一样，是一种法律拟制。事实上，根据假设，它们只是社会福利最大化的公司治理类型的一部分。正如艾伦（Allen，1992）所指出的，公司的这一概念"并不是基于股东在任何终极意义上'拥有'公司的结论，而只是基于这样一种观点：如果我们基于股东拥有公司的假设来行事，对我们所有人都会更好"。

作为一种公司流派（corporate genre），契约主义方法与美国的福克纳（Faulkner）和海明威（Hemingway）一样与众不同。对自愿主义和个人自由的强调，以及将公司视为对股东以外的支持者负有义务的社会实体的怀疑，是美国法律和经济学中反复出现的主题。[74]

【92】

"法律和经济学学者之间的习俗——如果不是法律本身——将股东视为公司的唯一所有者和合法的'利益相关者'，这一概念在20世纪90年代已经在美国公司经理中达到了颂歌（doxology）的地位。"[75]

---

[72] Davis and Useem 2002, 293.
[73] Davis and Robbins 1999, 33.
[74] Davis and Useem 2002, 250.
[75] Davis and Useem 2002, 252.

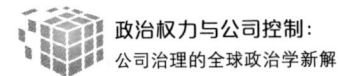

社会学家指出,在对集中所有权或多元化所有权是否有益的判断上存在分歧。戴维斯和尤西姆引用了拉詹和津加莱斯的观点,"维持以关系为基础的系统的不透明和共谋做法会以牺牲潜在的新进入者为代价来巩固现有者。"[76] 此外,以财富集中在"旧富"(oldmoney)家族手中为特征的经济,比没有这些家族的经济增长更慢,再次表明政治上的故步自封限制了经济适应性。[77]

因此,最近对金融经济学的研究表明,强大的独立国家提高了社会福利,而集中继承的财富和权力则削弱了社会福利。其含义具有讽刺意味。虽然伯利和米恩斯担心分散的所有权会创造一类控制大公司但对股东几乎没有责任的管理者,然而,20世纪后期的评估表明,集中所有权会导致任人唯亲、政治偏袒和经济增长乏力。这具有深刻的讽刺意味。美国的"管理主义者"(Managerialist)公司追求股东价值,而不关心其他利益相关者,而在世界其他地方拥有集中所有权的公司则不得不关注其他利益相关者。然而,明确忽视其他利益相关者可能最终会为他们带来更有利的利益。[78]

文字系统(scripts)和意识形态的重要性当然很重要。像津加莱斯这样的金融理论家指出,公司的另类理论导致了对价值、治理和财务的不同看法。[79] 由此可见,理论的选择是一种建构。一些政治学家将脚本和话语的概念应用到政治经济学中:施密特(Schmidt)研究欧洲经济决策,卡岑施泰因(Katzenstein)研究经济区域主义,辛克莱(Sinclair)研究债券评级机构,这些只是一些例子。马奇(March)和奥尔森(Olson)在一本关于国际关系的著名著作中论述了恰当性的逻辑和后果的逻辑。苏珊娜·伯杰(Suzanne Berger)强调,在企业和国家选择应对国际竞争共同压力的战略时,必须考虑选择因素。汉克(Hancké)强调管理者在为他们所面临的新情况设计解决方案时拥有灵活性;政策和经济的转变会改变这些参数,但企业及其领导人会在不

---

[76] Davis and Useem 2002, 250.
[77] Morck et al., forthcoming.
[78] Davis and Useem 2002, 251.
[79] Zingales 2000.

同的路径中做出选择。[80]

我们不采取这种方法。我们强调在制定政策及其回应方面的激励和利益。少数股东保护和生产系统的规则确实会影响行为。在这一点上，我们同意金融经济学家、法系学派以及研究政策对经济行为影响的经济社会学同事的观点。我们不同意的重点是解释这些规则的起源（政治对我们而言，不是法系，或纯粹而简单的"自治"经济），我们不同意哪些规则很重要（仅限侵权法，或 MSP 和/或生产系统规则）。我们同意罗伊、《资本主义的多样性》的作者，以及许多社会学家和一些金融经济学家的观点，他们认为更广泛的规则很重要。至少在重点上，我们不同意的是激励模型的不足以及脚本（scripts）分离的充分性。

我们强调，随着时间的推移，一个国家的监管制度和实践会发生变化。在某种程度上，"国家脚本"解释了行为，我们不确定如何解释一个国家随时间的变化。关于中国的儒家模式或法国模式或美国模式的观点，并没有捕捉到这些国家变化的方式。我们同意经济社会学家的观点，他们注意到各种行为者在实现变革方面的自身利益：那些通过鼓励企业集团，然后将其拆分来赚钱的金融分析师。竞争利益的漩涡既形成了脚本——在混乱（confusion）的情况下，一个人的"先见之明"是行动的指南——也反对它们——在混乱中，参与者推进了他们的特定目标。无论哪种方式，最优效率（optimum efficiency）的抽象概念作为解释都存在实质性的弱点。

如何整合这些替代论点仍然是未来的一个开放主题。我们看到专业化的优势，每一个学派都制定出其探究的逻辑，然后进行比较。这似乎比将所有部分组合成拼贴画或一系列因素更好。

---

[80] Vivien Schmidt, "The Politics of Adjustment in France and Britain: When Does Discourse Matter?" *Journal of European Public Policy* 8 (2001): 247-264; Schmidt, "Does Discourse Matter in the Politics of Welfare State Adjustment?" *Comparative Political Studies* 35 (2002): 168-193; Peter Katzenstein and Takashi Shiraishi, eds. , *Beyond Japan*: *East Asian Regionalism* (Ithaca, N. Y. : Cornell University Press, forthcoming); James G. March and Johan P. Olsen, "The Institutional Dynamics of International Political Orders," *International Organization* 52 (1998): 943-969; Suzanne Berger, *The First Globalization*: *Lessons from the French* (Paris: Seuil, 2003); Bob Hancké, *Large Firms and Institutional Change*: *Industrial Renewal and Economic Restructuring in France* (Oxford: Oxford University Press, 2002).

本章小结

有了这个分析工具,我们现在来详细地评价这些论点。在接下来的三章中,我们将研究联盟组对,包括支持它们的观点以及若干支持和反对它们的证据。

【94】　第五章研究了阶级冲突模型:投资者主导模型(预测股权分散的结果)和劳动者主导模型(预测股权集中的结果)。第六章着眼于跨阶段的部门模型:围绕股权集中的社团主义妥协和同样围绕股权集中的寡头政治模型。第七章研究了发言权模型,劳动者和所有者的透明度模型以及管理主义模型,这两者都预测了股权分散,尽管利益的分配有所不同。

在这些章节中,我们都考察了分析叙事中特定样本的情况,这些分析叙事旨在检验和突出论点。

第五章
偏好分歧一：阶级冲突

公司治理实践是政策的结果，而政策又为政治过程所创造。因此，政策反映了每个国家政治制度处理的社会行为者的偏好。关于哪些政治变量在决定结果中真正重要的学术争论，常常会引发关于社会行为者（social actors）偏好结构的更基本分歧，以及关于在政策问题上将人们划分为对立阵营的分裂模式的争论。

【95】

第四章以简明扼要的形式阐述了我们对公司治理结果偏好中的分裂模式的理解。在接下来的三章中，我们将更深入地探讨这些模型，探索它们的逻辑，建立它们的实证预测，并在可能的情况下，根据我们的国别（地区）数据集对其进行测试。在每一章中，我们还构建了一些详细的国别（地区）案例研究，以学术用语展开分析性叙述（analytic narratives），这提供了另一种发展论证和检验证据的方法。

在整个过程中，我们将考虑政治制度对结果的影响——即分裂的哪一方实际上占据上风。阶级模型将劳动力与资本（所有者和管理者一起）对立起来。在部门模型（the sectors model）中，劳动者和管理者联合起来对抗外部投资者，促使内部大股东与他们讨价还价，以保护公司及其所处的地位；他们的反对者由寡头或创始人组成，用带有价值对比的术语来说，他们想要完全的自由来经营公司。在发言权（voice）模式中，劳动者担心自己的养老金，为了保住工作，他们与外部投资者（少数股东）结盟，与管理者和内部大股东发生冲突。

每个分歧都有两个结果，这取决于哪一极获胜。在阶级模型中，如果投资者获胜，我们（理论上）获得高水平的少数股东保护（MSP）并降低所有权集中度，由分散的外部股东进行监控。如果劳动者获胜，为了应对劳动压力，我们会获得较低的少数股东保护，以及大股东持股时典型的高集中度。在部门模型中，劳动者-管理者的胜利应该给我们带来高利益相关者参与和理论上较低的少数股东保护的大股东持股。相反，如果寡头占上风（或者管理者-劳动者联盟没有出现，这相当于一回事），我们就会在所有者控制下拥有大股东持股，很少或根本没有少数股东保护。在发言权模型中，劳动者-外部投资者的讨价还价产生了高少数股东保护和分散的股东治理。相反，管理层的胜利会在保持低集中度的情况下"压低"少数股东保护（到标准水平）。

如前所述，这些模型来自学术理论和关于公司治理的流行话语。在本书中，我们通过检查这些模型对世界运作方式的嵌入式假设来使之明确，并将这些模型的逻辑梳理成可测试的命题，然后看看这些预测是否真的与"现实世界"的运行方式相吻合——至少在我们选出的国别（地区）样本的现实世界，是否确实如此。

【96】 在不同情况下，我们的目标都是理解支持或反对影响公司治理结果的一揽子政策的政治路线：高或低少数股东保护，以及影响经济的政策中自由或受管制的协调程度。我们简化的论点是，高少数股东保护和自由市场监管产生分散持股模式，而低少数股东保护和高度协调的市场模式产生集中持股模式。

本章着眼于讨论阶级分裂形成的联盟：一方是所有者和管理者，另一方是劳动者。在投资者模型中，公司治理结果反映了所有者和管理者的偏好，而不是劳动者的偏好。在劳动力模型中，这些结果反映了劳动者的偏好。在本章中，我们依次描述了这两个模型的理论和实践根源；得出他们对我们样本的预测；将其与我们样本中的数据进行比较；并在叙事细节中探讨了韩国和瑞典的案例，这两个国家都戏剧性地展示了这些模型中动态的联盟博弈。

第一节 所有者和管理者主导劳动者

投资者模型

我们首先谈谈资本所有者眼中的公司治理，经济学家们广泛而正式地模拟了资本所有者的偏好。在投资者模型中，公司所有者和外部资本提供者通过私人秩序和公共监管（public regulations）的组合来制定"善治协议"（good

第五章 偏好分歧一：阶级冲突

governance bargain），从而为少数股东提供保护。在最概要（schematic）的形式中，这笔交易是由内部大股东和外部投资者达成的；从形成联盟的角度来看，管理者被认为是大股东的"雇佣"代理人，与所有者结盟。在所有者加管理者对抗劳动者的政治联盟中，劳动者仅仅是这个"交易"的旁观者。

投资者模型的"政治理论"赤裸裸地包含了资本的力量。为了制定这项交易需要的公共监管（public regulations），资本能够获得政治进程（political process）来实现自己的目标。外界投资者和内部所有者被认为有权让市场经济的民主国家采纳他们各自的公司治理偏好。交易的理论家往往不清楚理想的规则是如何形成的，但他们的讨论至少暗示了他们是这样做的。据推测，少数股东保护和私人债券的出现是因为投资者希望它们成为有效的交易，是科斯指出的不完备契约的最佳解决方案。人们很少具体说明这种有效的交易（efficient bargain）是如何转化为政治的。这可能是私人约束论证（private-bonding）的吸引力：它声称不需要采取政治行动，尽管它避免具体说明产生了使约束（bonding）成为可能的条件的政治。

投资者模型明确或暗示了这种政治逻辑：大股东总是可以选择把公司留给自己，在这种情况下，他可以用它做自己想做的事情。但如果他想向外部投资者出售股票，或许是为了分散资产或筹集更多资本，他必须考虑外部投资者对少数股东保护的偏好。寻求更高回报的投资者选择最能明确保护其利益的制度。一些国家缺乏这些保障措施，因此投资者要求的溢价高于其他拥有更优少数股东保护的国家。这种价格贴现（discount）给保护程度较低的国家的大股东带来了压力，他们转而求助于自己的政治体制，并游说改变规则，以满足这些外部投资者，并说服他们减少"治理贴现"。【97】

尽管投资者模型具有一定分析力，但它仍未能很好地经受住我们的实证检验。投资者模型的许多追随者（无论是否明知）经常引用大量的外商证券组合投资（Foreign Portfolio Investment，FPI）和增强的"善治法规"（good governance codes）的扩散作为初步证据，并进一步假设，这些法规将或多或少地自动增加对少数股东的保护。但是，尽管我们有充足的证据表明，外商证券组合投资者需要少数股东保护，但我们的数据集和国别（地区）案例却几乎没有提供相应的证据，证明私人大股东加强了对少数股东的保护。随着外商证券组合投资（FPI）渗透率不断提高，增强的少数股东保护也随之出

· 111 ·

现，我们发现有效的偏好和政治制度发生了其他更微妙的变化，我们将在第六章和第七章中更详细地探讨这些变化。

善治协议的政治学

在投资者模型中，一方的股东和另一方的大股东都为了同样的目的转向政府寻求帮助。股东希望获得少数股东保护。大股东希望通过加强保护，从股价上涨中获得经济利益，但同时又不放弃自身控制权的私人利益。对于那些相信私人秩序已足够充分的理论家来说，国家行为是没有必要的：市场将迫使企业提供保证，使得管理和大股东持股代理成本得到控制。但几乎所有投资者都认为私人秩序保证不足；他们希望国家的力量（the arm of the state）以各种方式站在他们一边。一般来说，标准侵权法下可用的机制也不被认为是充分的；与证券、金融机构、会计、兼并和公司控制直接打交道的法律和执行机制显然需要使少数股东安心——他们已经受到了保护。

因此，为了在投资者和大股东之间达成一项善治协议，政府采取某种形式的行动似乎是必要的。挑战在于解释这种国家行为是如何被提供的。为什么一些国家提供这种服务，而另一些国家没有提供？他们什么时候提供这种服务？说投资者希望得到股东保护，并不能证明他们会得到保护，这是一种常见的功能主义谬论。金融理论忽视了投资者偏好与政策结果之间的联系，这种联系需要加以明确。

【98】 在私人秩序模型中，不需要采取国家行为，也不直接涉及政治。投资者为拥有良好治理实践的公司的股票支付溢价，而对于那些拥有"不合格"（substandard）的中小股东保护的公司（和国家）的股票，他们支付的价格会打折扣（贴现）。在此过程中，证券组合投资者（portfolio investors），尤其是大型外商证券组合投资者，尤为重要。通过将许多个人持股合并为少数大型机构投资者，一些私人秩序的集体行动问题得以解决。投资者的价格歧视为私人大股东提供了激励，促使他们提供强化的少数股东保护，以换取外商投资者的更高估值，在公司层面采取更好的治理措施，同时游说本国政府进行监管改革。

当需要修改法律或法规以改变正式做法时，就会涉及政治。这些步骤介于公司中参与者的偏好和政治过程之间，并没有在金融模型中得到很好的说明。他们是隐含的；通过阐明其含义，我们可以澄清论证的优点和缺点。外部投资者和内部大股东究竟能够如何影响制定法律、制定法规和负责执法的复杂公共行为者？

大股东等利益集团正在慎重考虑寻求政策。他们试图通过动员他们的选民、参与直接游说、寻求投票、提供竞选捐款以及采取民主政治中常见的许多其他做法来影响政客。在投资者模型中，私人大股东组成了一个政治联盟，以推动外部投资者所要求的公司治理变革。

当投资者模型（investor model）从偏好转向政治行动领域时，它假定所有者和投资者的利益在决定资本所有者和公司将在监管变革方面寻求什么的问题上处于优先地位。这种模式还假设"资本家"在他们的目标上是团结一致的，他们都想要同样的善治协议。管理者是所有者的代理人；他们可以被监督、激励或约束，以便接受所有者所寻求的结果。至于劳动者，在投资者驱动的模式下，他们是被动的旁观者。

因此，这种政治谈判的结果是，非正式和正式的治理法规都发生了变化，以加强对少数股东的保护。私人大股东逐渐将其集中持有的股份出售给证券投资者，利用其控制权带来的私人利益，换取证券投资者（通常是外商投资者）的更高估值。假定的终点是分散的股权和更多的少数股东保护，因为所有国家都意识到他们也可以"从经合组织原则提供的全球资本市场中获得全部利益"。

在各国已经发展出强有力的少数股东保护并且外部监测模式已经到位的情况下，投资者通过观察治理标准是否得到维护来强化这种模式，并通过他们的买卖订单来奖励或惩罚公司和国家的行为。我们稍后将探讨这些机制中的故障和其他市场故障是如何发生的。 【99】

在我们的样本中大多数都存在大量的大股东持股情况，但过程是不同的。在进入公司和控制决策方面，大股东比外部投资者有许多优势。作为投资者模型所预测的名义上的善治协议的一部分，他们通过自愿遵守善治程序（例如使管理者与股东保持一致的独立监督和高管薪酬）来安抚外部投资者。这些非正式做法的变化是私人秩序的一种变体，即大股东通过直接控制管理者和公司来克服声誉建立和联系的潜在问题。然后，大股东还必须游说政府改变那些由法律或官方法规规定的正式治理实践，例如会计规则、财务披露和控制权争夺。

这些变化并不等于放弃控股权。大股东可以在不放弃控股地位的情况下为股东提供保护,例如在韩国(保护措施薄弱但在不断增强)和瑞典(保护力度相对较强)。那么,为什么大股东会有动力为了分散持股(diffusion)而放弃控制呢?

大股东需要再保证。为了与外部投资者达成交易,采用新的公司治理实践,他们需要激励。他们必须确信,无论是短期还是长期来看,他们的回报都会更丰厚。他们需要新的实践,一些是通过法律和法规来提升少数股东保护,另一些则是通过强大的私人约束(private bonding)机制。在没有国家行为介入的情况下,私人秩序独自朝向少数股东保护所必需的方向挺进,这里受到了一定的限制。在不改变国家正式规则的情况下,投资者和大股东能否被说服构建这笔交易,似乎值得怀疑;因此,私人秩序模式并不必然带来由投资者推动的,不可避免地朝向股权分散结构(分散持股)发展的系统。

必要的声誉中介

投资者模型的详细说明包括声誉中介机构(reputational intermediaries)和国际金融机构(international financial organizations,IFOs)等其他参加者。在这一观点下,声誉中介机构(会计师事务所、债券评级机构)和证券市场,特别是证券交易所,被认为是主要的少数股东保护的传送带,并作为交易的中间人,调和期望获得最优股价的大股东和期望得到最优的股价同时获得少数股东保护外部投资人。上市的要求影响到公司治理:公司有义务向投资者保证,以便有资格进行证券交易所上市。会计师事务所,评级机构和其他机构一起为投资者提供了有关管理绩效的关键信息。

为了吸引公司与交易所开展业务并在其上市,信誉中介机构倾向于降低对少数股东保护的要求。但为了吸引资金,吸引流动性投资者,交易所必须满足这些投资者的保护需求。声誉中介机构和交易所如果过于倾向于大股东或管理者,就会因为投资者的不满而失去业务。

因此,声誉中介机构和交易所之间的竞争进一步推动了各国之间的竞争,以提供更有力的少数股东保护。[1]声誉中介机构因此加入了保护股东的游说

---

[1] John Coffee, "Competition among Securities Markets: A Path Dependent Perspective," Columbia Law and Economics Working Paper Series No. 192, 2002.

团体，并敦促政府提供强有力的监管。

国际金融机构的加入

一个更加详尽的投资者模式版本，将国际货币基金组织（International Monetary Fund，IMF）、世界银行（World Bank）、国际清算银行（Bank for International Settlements，BIS）和经合组织（OECD）等超国家行为体的影响力，加入倾向于增强全球少数股东保护的参与者的混合偏好中。

在这种观点中，终极的协商仍介于大股东和少数股东保护之间，但国际金融机构在公司治理中拥有特别的利益。他们表现为作为董事会的助力者和大股东与外部投资者——特别是国际投资者——之间良好公司治理交易的加固者，藉此进一步推进公司治理。世界银行或经合组织等发展组织有意加强对少数股东的保护，以促进资本市场的发展，从而促进更高的经济增长率。作为审慎监管全球挑战的一部分，国际货币基金组织和国际清算银行对减少金融部门公司的道德风险至关重要——这一挑战在韩国 1997—1998 年亚洲金融危机的经历中达到了顶峰，这对韩国之后的公司治理产生了深远的影响。

投资者模型的预测

投资者模型对各样本治理实践的差异做出了若干预测，由此我们应该能够找到以下证据：

- 有价证券组合投资者为拥有较好少数股东保护的国家或地区的公司股票支付溢价，并为保护较弱的国家或地区的公司股票分配贴现。
- 大股东在非正式规则允许的范围内，单方面在公司层面上采取保护少数股东的措施，例如将非执行董事纳入董事会，并采取管理层激励措施，使他们与总体上的股东保持一致。[2]
- 大股东游说政府通过立法或监管规则等在涉及国家（地区）的公

---

[2] 一些少数股东保护进程被认为是"私人的"，即没有国家监管规则，而是在企业的权威之下进行制度供给。例如一个企业董事会中非执行董事的比例，以及对使得管理者的利益与少数股东的利益一致的高管薪酬的使用，通常由"商业实践"或规范设定，这意味着，在有限情况下他们受制于大股东。反过来，其他的措施确实涉及国家行为：会计准则、审计和信息披露是更加正式的执行方式，由立法或者清晰的监管描述的规则，如同多数控制权规则一样，尽管大股东通常能够自由地采纳（或者终止）反收购措施，例如交错董事会（staggered boards）或各式各样声名狼藉的"毒丸计划"。

司治理领域采取正式的少数股东保护制度，例如会计标准、信息披露和投票权规则。[3]

- 随着股东保护措施的到位，大股东的集中持股量下降，投资者对这些公司的股票给予良好治理的溢价，且大股东会抛售其持股以从外商证券组合投资者（foreign portfolio investors）那里获得更高的估值。
- 在较低或滞后少数股东保护市场中的大股东，通过在少数股东保护水平较高市场中的交叉上市，以获取投资者模式中的估值溢价。
- 在国际金融机构的大力支持下，声誉中介机构和证券交易所带头游说各国政府提供更大程度的中小股东保护。
- 证券组合投资——特别是外商证券组合投资者，在特定国家（地区）证券市场中的权重与更高的少数股东保护的力度呈正相关关系。

我们国别（地区）样本的证据表明了什么？

良好治理的溢价（与折价）

越来越多的实证研究表明，少数股东保护公司股价之间的关系是正相关的，符合投资者模型的第一个预测。[4]冈帕斯（Gompers）等人基于一个1990—1999年之间1500家企业样本，其中包含了的监督、控制和管理制度等在内的24个项目指数，构建了一个美国少数股东保护和证券市场估值之间的显著相关性。指数中较低十分位数区域（较强的股东保护）比在较高十分位数区域（较弱的股东保护）收益回报高出8.5%。[5]

在比较的基础上，越来越多的统计上的调查和间接证据显示，投资者——特别是证券组合投资者（portfolio investors）确实关心国际证券市场中

---

〔3〕 相较于大股东获得良好治理的溢价，只要其遭受私人控制利益的损失发生在先，那么大股东就会尝试不去过多地"引导"正式规则变化的发生。

〔4〕 上述资料在以下若干调查研究中被抽象出来：Marco Becht, Patrick Bolton, and Ailsa A. Roell, "Corporate Governance and Control," European Corporate Governance Institute Finance Working Paper No. 02/2002, 2002; Maria Maher and Thomas Andersson, "Corporate Governance: Effects on Firm Performance and Economic Growth," in *Corporate Governance Regimes: Convergence and Diversity*, Joseph A. McCahery, Piet Moerland, Theo Raaijmakers, and Luc Renneboog, eds. (Oxford: Oxford University Press, 2002); Shleifer and Vishny 1997.

〔5〕 Paul Gompers, Joy Ishii, and Andrew Merrick, "Corporate Governance and Equity Prices," NBER Working Paper No. 8449, 2001. 然而，作者并没有表明良好治理与企业业绩之间的因果关系指向。

的少数股东保护,并愿意为提供这些保护的国家的公司支付溢价。克拉森斯等人、拉波塔等人和几个区域研究小组最近的研究为包括韩国在内的欧洲和亚洲股市的良好治理溢价(和折价)建立了类似的证据。[6]

例如,陈(Chen)等人构建了一个重要的少数股东保护与资本成本之间的关系,其中包括来自9个亚洲国家(地区)的公司样本的股票市场估值(作为资本资产定价模型[7]的一部分);他们的数据表明,从公司治理排名的第25个百分点向第75个百分点的转变,总资本成本降低了1.26%,大致相当于20%的公司治理溢价。[8]

由陈等人预测的溢价幅度与麦肯锡(McKinsey)对200名投资者进行的一项被广泛引用的调查一致,该调查发现,22个样本的平均善治(good-governance)溢价为21.6%,从较低的17.9%到较高的27.6%;在麦肯锡使用的10个样本中,平均溢价为20.9%。[9]在这一调查中,善治溢价的计算方法是,这些市场中公司当前的每股市场价格与机构投资者表示如果这些公司采用少数股权投资者保护时,他们愿意支付的价格之间的差额。[10]

公司层面公司治理溢价和贴现与国家层面公司治理溢价或贴现之间的关

---

[6] Stijn Classens, Simeon Djankov, Joseph P. H. Fan, and Larry H. P. Lang, "Disentangling the Incentive and Entrenchment Effects of Large Shareholdings," *Journal of Finance* 57 (2002): 2741–71; Stijn Classens, Simeon Djankov, and Larry H. P. Lang, "The Separation of Ownership and Control in East Asian Corporations," *Journal of Financial Economics* 58 (2002): 81–112; La Porta et al. 2002; Bernard Black, Hasung Jang, and Woochan Kim, "Does Corporat Governance Affect Firms' Market Values? Evidence from Korea," Stanford Law and Economics Olin Working Paper No. 237, 2003.

[7] 资本资产定价模型(Capital Asset Pricing Model, CAPM)是由美国学者夏普(William Sharpe)、林特尔(John Lintner)、特里诺(Jack Treynor)和莫辛(Jan Mossin)等人于1964年在资产组合理论的基础上发展起来的,是现代金融市场价格理论的支柱,广泛应用于投资决策和公司理财领域。——译者注

[8] Kevin Chen, Zihong Chen, and John Wei, "Disclosure, Corporate Governance, and the Cost of Equity Capital: Evidence from Asia's Emerging Markets," Working Paper, 2003. 作者运用里昂证券(CLSA)在9个亚洲国家(地区)于2001—2002年间的少数股东保护指数。治理制度在资本成本方面的影响系数(运用资本资产定价模型)为2000年的-0.24和2001年的-0.16,都表现为统计显著性(各自t=4.13,2.91)。在国家(地区)基础上,数值具有统计显著性的有印度、印度尼西亚、菲律宾、新加坡、泰国和中国香港及台湾地区。CLSA, Emerging Markets, www.clsa.com.

[9] Robert Felton, Alex Hudnut, and Jennifer van Heeckeren, "Putting a Value on Board Governance," *McKinsey Quarterly* 4 (1996): 170–75; McKinsey Investor Opinion Survey, June 2000, www.gcgf.org. 在这一调查中,"良好治理"被定义为外部董事占据多数、广泛的信息披露和对董事的期权激励——一个更为狭窄范围内的治理制度。

[10] 这一证据资料存在若干问题:数据显示的资产组合投资者对少数股东保护偏好的证据太少,或者其可能被其他重要的价格因素所掩盖,例如相对回报或者分散经营的回报,跨市场证券组合投资的扩散所带来的多元化回报。同时,资产组合投资可能从事其他风险传递策略,例如衍生的或指数化投资,这模糊了他们在特定公司少数股东保护中的利益。

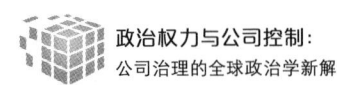

系是模糊的。从经验上很难分辨清楚两者之间的关系;大多数研究只是简单地将国家层面的溢价计算为来自该国资本市场中上市企业样本中的个体企业溢价的总和。上述研究表明,公司层面和国家层面的影响都发挥着作用,但是,单就资本成本而言,国家层面的溢价(与不披露保护相关)几乎是公司层面溢价(与披露相关)的三倍。

【103】 另一方面,间接证据表明,大型机构投资者和股票市场分析师已经从国家资产组合投资,转向支持全球产业部门的观点。[11]例如,他们分析制药公司或汽车公司与全球同行相比的绩效和结构,而不是与本土股票市场的其他公司相比。在本章随后的部分,当我们研究国别样(地区)本中公司采用的非正式与正式治理改革的顺序时,重新审视了这一复杂的问题,但在审视国家溢价方面存在两种间接的方法。

考察国家溢价的一种方法是考察公司在不同交易所交叉上市时股价的变化。最常见的交叉上市方法是在纽约证券交易所(New York Stock Exchange,NYSE)或是纳斯达克证券交易所(NASDAQ)发行美国存托凭证(American Depository Receipts,ADRs)。发行美国存托凭证的外国企业,相较于从本国市场上发行融资的企业而言,拥有相对更高的平均估值。尽管很难回避样本存在的选择性偏倚(selection bias),这些事实还是表明了国家贴现情况正在发生;可能是那些拥有更好的少数股东保护,或者更好的增长预期的企业,才决定发行美国存托凭证。[12]

另一个间接措施是市值与少数股东保护之间的关系;通常而言,市值(market capitalization)与 GDP 的比率应与我们的股东保护指数有着密切的共变关系。市值与 GDP 的比率是除了股东保护之外的许多其他变量共同作用的结果,这些变量包括宏观经济条件和每个国家资本市场的债权结构,但无可否认的是,它提供了有关公司治理溢价或贴现的一个总指标。

---

〔11〕 作者的观点系在 2001—2002 年间与纽约和伦敦的资金管理人访谈期间形成的;Nicolas Mottis and Jean Pieere Ponssard, "L'Influence des investisseurs institutionnels sur le pilotage des enterprises," Ecole Polytechnique Laboratoire d'Econometrie Working Paper No. 2002-020, 7-8; Dominique Plihon, Jean-Pierre Ponssard, and Philippe Zarlowski, "Quel scenario pour le gouvernement d'enterprise? Une hypothese de gouble convergence," Ecole Polytechnique Laboratoire d'Econometrie Working Paper 2001-2008, August 2001.

〔12〕 Karl Lins, Deon Strickland, and Marc Zenner, "Do Non-U. S. Firms Issue Equity on U. S. Stock Exchanges to Relax Capital Constraints?" research monograph, January 2000, www. cob. ohio-state. edu/fin/dice/papers/2000-5. pdf.

我们的国别（地区）样本验证了市值与 GDP 比值应当是与少数股东保护呈正相关关系的预测，在 OLS 回归曲线（OLS regression line）（t = 3.06，$r^2 = 0.20$）中其具有 0.46 的中度正相关（moderately positive correlation），以及一个 0.10 的正斜率（positive slope）。同样存在一些异常值（离群值 outliers），如瑞士，其具有较高的市值与 GDP 比率，反映在其作为国际金融转口贸易和避税港的角色上。（参照附录表格 A.10 和 A.11。）

外商证券组合投资者浪潮

表 5.1 显示了 1990 年至 2000 年间，依据外商投资者持有的上市公司总市值的百分比来衡量，外商证券组合投资者在样本中所有权的比重逐步增加。我们样本中许多国家和地区的准确数据不完整，或者在某些情况下无法获得。事实上，鉴于该问题的重要性，我们对数据如此不完整感到惊讶。

【104】

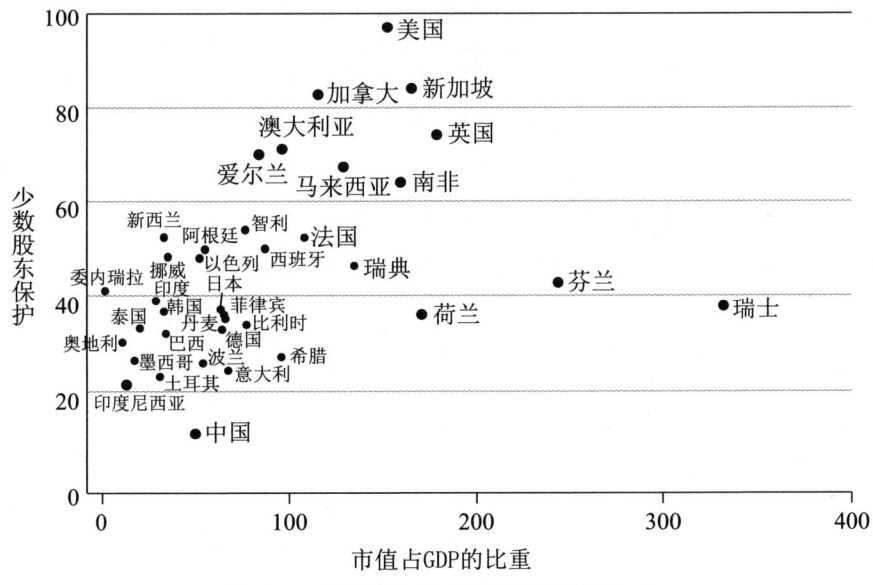

图 5.1　市场资本化和股东保护的协方差

对于那些可获得数据的国家和地区，外商资本的平均渗透率翻了一番，从 1990 年的 12% 增加到 2000 年的 25.1%，对发达国家而言，平均值从 1990 年的 15% 增加到十年后的 28.6%；对新兴市场而言，外国渗透率增长了五倍，从 1990 年的 2.3% 增加到 200% 的 13%。

例如，外国资本渗透到韩国证券市场的比例迅速增长，在1990—1995年间增长了10倍。到1999年又几乎增长了三倍，事实上，在十年内从几乎为零增长到超过20%。这种增长速度不仅对新兴市场来说是惊人的，而且对日本、法国、英国和西班牙等几个资本市场市值巨大的发达国家来说也是惊人的。尤其是瑞典，在上述时间段内，外商投资者对其资本市场的渗透率增加高达四倍。

与本书中使用的其他数据集一样，必须谨慎使用这些数据。国际货币基金组织、国际证券交易所联合会和各国的证券交易所经常使用不同的方法来估计渗透率数值。此外，许多外商投资者通过代理人账户（local nominees）或托管账户持有股票，这掩盖了潜在的外资所有权本质，尤其是在外汇管制的新兴市场，因此这些数据低估了外商投资者渗透率的真实规模。

表 5.1 外商证券组合投资者的渗透

	1990	1991	1992	1993	1994	1995	1996	1997	1998	1999	2000
阿根廷	6.5	10.3	23.3	27.4	30.7	30.7	32.2	31.5	10.0	2.2	
澳大利亚	18.0	14.8	13.1	17.5	21.3	20.9	19.6	20.4	22.2	22.6	21.6
奥地利	17.2	33.1	12.1	12.6	17.8	21.5	26.7	43.8	45.8	44.6	65.4
比利时	8.6	8.4	9.3	10.6	11.6	9.5	9.3	8.8	7.3	8.4	7.8
巴西								12.1	10.2	10.0	7.5
加拿大	7.4	5.7	5.8	5.4	7.0	7.4	7.1	6.3	7.7	6.0	6.8
智利							7.9	9.9	11.0	9.5	7.8
中国	3.0									4.0	
丹麦		6.4	7.3	7.8	12.4	14.8	17.4	21.7	20.8	19.7	24.2
芬兰	6.1	7.0	8.0	22.3	33.4	33.1	37.2	39.4	51.6	62.8	69.6
法国	17.4	20.4	20.7	22.8	22.7	22.7	26.3	29.9	30.3	33.9	36.1
德国	22.7	21.2	20.0	20.2	21.1	19.2	20.9	22.7	26.5	26.2	23.6
希腊									15.0	7.4	8.6
印度								10.6	13.4	7.1	10.6
印度尼西亚											

续表

	1990	1991	1992	1993	1994	1995	1996	1997	1998	1999	2000
爱尔兰											
以色列						8.8	12.9	18.9	23.8	25.0	40.2	48.6
意大利	6.6	6.3	6.0	8.2	6.2	7.8	10.6	10.3	11.6	7.3	6.9
日本	3.1	4.5	5.2	5.7	6.7	8.4	10.2	12.6	12.2	18.3	17.4
马来西亚	5.2	4.6	3.4	1.6	2.2						
墨西哥											
荷兰	46.7	48.8	48.9	50.8	37.2	36.5	47.4	47.9	51.2	52.3	54.7
新西兰	10.2	7.2	3.1	5.2	3.0	4.6	0.7	3.4	0.8	0.8	24.6
挪威											19.9
菲律宾											
葡萄牙				23.6	22.1	19.9	26.7	32.5	29.9	29.3	30.3
新加坡	5.0									10.0	
南非	2.7	2.9	5.2	3.5	4.1	4.5	5.5	5.7	10.3	10.1	11.0
韩国	0.6	0.7	2.8	6.7	6.2	12	13	13.7	18	21.1	30.2
西班牙			30.6	34.4	35.9	36.7	37.4	35.6	36.9	34.3	34.7
瑞典	6.8	10.4	16.7	20.3	27.4	27.0	28.4	29.1	33.7	34.7	32.5
瑞士	49.3	49.4	46.5	51.2	47.4	41.3	43.9	42.8	47.0	44.7	48.2
泰国											27.6
土耳其								10.3	9.9	11.0	13.6	10.6
英国	13.4	13.3	15.1	17.2	16.3	19.0	22.1	25.0	28.2	28.1	35.0
美国	8.0	7.3	7.3	7.3	7.8	8.0	7.9	8.4	9.3	9.7	10.8
委内瑞拉					11.4	28.8	29.0	24.7	26.6	21.8	28.8	21.3

来源：数值源自国家（地区）股票交易所或国际证券交易所联合会，fibv.com；阿根廷数据源自 www.mecon.gov.ar/cuentas/internacionales/inversion00 - 02.doc；印度数据源自 www.rbi.org.in/sec24/31825.xls；挪威数据源自 http://www.ssb.no/en/indicators/dsbb/.

表 5.2　外国投资人渗透概览（%）

	1990	1995	2000
样本	21	24	30
均值	12.6	18.2	25.1
标准差	13	12.6	17.6
最小值	0.6	2.2	6.8
最大值	49.3	47.4	69.6

表 5.3　机构投资人资产（10 亿美元）

	1993 年资产	1999 年资产	净资产（%）	净资产额（美元）	权益股
美国	8035	19 279	0.51	9832	0.65
日本	3012	5039	0.19	957	0.06
英国	1207	3264	0.68	2220	0.15
法国	800	1695	0.42	712	0.05
德国	665	1529	0.28	428	0.03
意大利	225	1078	0.22	237	0.02
荷兰	427	799	0.43	344	0.02
加拿大	376	748	0.27	202	0.01
澳大利亚	176	375	0.5	188	0.01
韩国	161	375	0.11	41	0.00
总计	15 084	34 181		15 161	
均值			0.36		

来源：Brancato 2000.

这些外商投资者大多是机构投资者，系专业的投资管理公司，如养老基金和共同基金。表 5.3 显示了这些投资者的资产积累规模之大，这反映了上述外国市场渗透率的增长。

依据上述表格，美国和英国的机构投资者控制着 10 个国别（地区）样本中总资产的2/3，并将其资产投资于股票的比例分配到2~3倍之间。在这个数据样本中的10个国家中，英美投资者占到总股本的80%。这些总部位于美国和英国的公司确实代表非居民管理资金，但从总体上看，在这两个国家中，大部分资产都由居民所持有。就我们的目的而言，重要的是基金经理对少数股东保护的要求，而不是资本原始来源的"国籍"。

全球对回报和多样化的追求

随着20世纪80年代和90年代养老金和共同基金的总资产如雨后春笋般涌现，基金经理开始多元化他们的投资组合，不再单纯从事以前的高比例政府或私人债券投资。最大的转变是从固定收益资产转向股票和其他高回报资产。股权转换（equity shift）基于学者的研究加快了步伐，这些研究人员一致发现，1926年至1960年间，美国股票的长期回报超过了债券市场。[13]

基于同样的原因，由于在证券组合投资评估（portfolio evaluation）中资本资产定价模型逐步被接受，投资者意识到，如果能够在不同周期波动的股票市场上进行股权投资，可以在不牺牲收益的情况下降低投资组合的风险。许多外国市场（尤其是新兴市场）不仅承诺基本盈利能力将有更高的增长率，而且还降低了投资组合的整体波动性，系基于大多数外国股票市场的波动周期与美国不同。[14]

由于投资策略的这两个深刻变化，美国投资经理将其投资组合中的股票权重从1988年总资产的26.5%调整至1999年初的47.4%，同时大幅增加了对国际股票的敞口。[15]这种大规模转向股市的溢出效应解释了为什么美国和英国的投资者在全球股市中成为如此重要的参与者，为诸如"经济合作与发展组织公司治理原则"（OECD Corporate Governance Principles）等"全球资本

---

[13] Lawrence Fisher and James H. Lorie, "Rates of Return on Investment in Common Stocks: The Year-by-Year Record, 1926-1965," *Journal of Business* 41 (1968): 291-316; 运用了1926—1974年间数据，托本·伊博森（Torben Ibbotson）和雷克斯·辛克菲尔德（Rex Sinquefield）在最新的研究中发现类似的结论，"Stocks Bonds, Bills, and Inflation: Year by Year Historical Returns (1926-1974)," *Journal of Business* 49 (1976): 11-47.

[14] 换句话说，外国股票市场并不与美国或者其他主要的股票市场呈现完美的共变关系，同时由此提供了一种降低证券投资组合整体可变性（和风险系数）的方式。

[15] Michael S. Clowes, *The Money Flood: How Pension Funds Revolutionized Investing* (New York: Wiley, 2000).

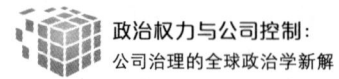

竞争"协定的基本原理提供背景。

温和的接受大股东

通过对我们样本中案例的梳理,没有可识别的非正式变迁模式导致公司治理实践的正式变化,正如投资者模型所预测的那样。相反,在法国、德国、意大利、日本、韩马来西亚、新加坡,正式的变革先于非正式的变革,政府不顾大股东的反对,提高了会计和信息披露的标准,或强制使用一股一票的控制措施。实际上,在韩国和其他几个地方,治理改革是当局在私人大股东反对的情况下实施的。在长期发生在英国和美国的大股东扩散案例中——这部分我们将在第七章中详细探讨,在引入基于监管的少数股东保护之前的历史时期,股权分散似乎是在大股东和其他股东之间,在私人约束方案(private bonding schemes)的语境下发生的。

总体而言,私人大股东没有竞相任命非执行董事进入董事会,或者就管理者推出激励性股票期权计划,使公司管理者效忠于所有股东,而非大股东。与对投资者模式的私人约束机制的预测相反,更常见的情况是,国家迫使大股东采取少数股东保护措施,例如,作为公司法或证券交易所上市监管规定变化的一部分,规定最低比例的非执行董事。我们在下文展开研究的韩国案例,就是这个进程的一个很好的例子。

在大量外商证券组合投资者在全球范围内应用治理溢价和贴现的背景下,企业和政府是否会像投资者模型预测的那样改变他们的行为和规则?虽然我们有足够的证据证明外商证券组合投资者对少数股东的保护需求,但另一方面,几乎没有相应的证据表明,私人大股东有意愿加强进一步供给这些增强的保护措施。根据"善治协议"的脚本,私人大股东应采取非正式做法,尽可能提供更多的少数股东保护,并游说政府进行正式变革,以创造更强有力的保护措施。

我们也没有发现许多私人大股东在个人或集体的基础上游说国家进行治理变革的例子。该样本中的大多数国家和地区都有一个商业联合会,并参与对政府的集体游说,例如韩国工业联合会(Federation of Korean Industry,FKI)、巴西上市公司协会(ABRASCA),德国工业协会(BDI),西班牙企业家俱乐部和日本的经济团体联合会[或者简称为"经团联"(Keidanren)]。奇怪的是,在我们的大多数样本中,尽管在广泛的其他监管问题上进行了积极的游说，但这些集体商业实体在公司治理改革方面却处于被动或敌对状态。在一些拥有较高集中度的大股东持股地区，商业联合体一直积极地反对治理改革，尤其是当"旧富"大股东对这些联合体的政治议程（political agenda）拥有最严格的控制权的时候。巴西、意大利、瑞典等都提供了私人大股东抵制少数股东保护制度的例子。但是，韩国的例子尤为详细地揭示了投资者模式的政治紧张状态。[16]

有限的清盘？

【109】

变动的投资者模式预测，私人大股东应当逐渐变现（liquidate）其持有的集中股权，以获取外商证券组合投资者（foreign portfolio investors）对善治的溢价。这方面的证据好坏参半指向不明。有一些分散的证据表明，在法国、阿根廷和斯堪的纳维亚市场等一些国家，大股东持股的持有量出现了小幅下降，但还有证据表明韩国、智利和巴西等国家的大股东集中度有所上升。在我们拥有另一组关于所有权集中的可靠数据点之前，类似于第三章中提供的指数，我们无法可靠地检验投资者模型的这种预测。与此同时，该国别（地区）样本中零散的证据和传闻证据表明，私人大股东并没有将控制权清盘[变现（liquidation）]的倾向。

在许多集中持股（大股东持股）下降的市场中，由大股东持股的公司比例下降可以被归因为两个因素：一是大多地方的国有企业浮动增长迅速，如电信运营商、运输和其他公用事业。这些公司的庞大规模往往使它们成为股票市值最大或最大的公司之一，从而导致大股东的权重下降——但并非因为大股东抛售（sold down）。第二个因素也可追溯到这些市场的新问题。股份减持最清晰的证据源自"新贵"（new money）企业家，他们将部分股权出售给当地并行交易所[如德国创业板市场（Neuer Market）]的资产组合投资者，或者通过

---

[16] 例如，在巴西"由巴西家族所有商业集团的集中所有权结构，以及涉及对控制权稀释的抵御策略，都是有重大意义的控制权私人收益的明确指标。因此，可能的预期是：控制股东将会反对任何可能降低其控制权租金（control rents）的措施。在2001年关于新公司法的讨论中，反对意见事实上非常有效。这些股东针对治理的公开意见至关重要，如作为传统商界精英代表的巴西上市公司协会，常常由其表达出来的意见，的确在事实上反映了他们倾向，即反对在该国采取那些可能改善公司治理结构的措施。" Luciano Coutinho and Flavio Rabelo, "Brazil: Keeping It in the Family," in *Corporate Governance in Development: The Experience of Brazil, Chile, India, and South Africa*, Charles P. Oman, ed. (Washington, D.C.: OECD Development Center, 2003), 49.

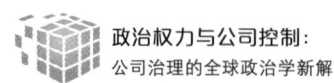

在美国或英国市场交叉上市，这部分我们在后文会继续深入展开讨论。[17]

相比之下，这些样本中的"旧富"大股东看起来似乎并不急于接受外商证券组合投资者和善治协议。例如，在韩国，面对政府要求其减持资产的巨大压力，前30大财阀控股公司近年来反而加大了在附属集团内的集中度。[18] 张夏成（Hasung Jang）的一项研究表明，韩国大型财阀公司的控股家族将其对集团公司的总体持股比例从1996年的17.9%增加到2001年的33.3%，在1997—1998金融危机持续的时期内，他们的控制几乎翻了一番，并且主要是通过股权分支机构进行的金字塔式控股。[19] 同期，非财阀家族的持股比例也有所上升，从1996年的24.7%上升到2001年的30.3%。

欧洲证券交易所联合会（Federation of European Stock Exchanges，FESE）编制的数据表明，在意大利和西班牙，过去五年的家庭持股比例也同样有所增加。意大利证交所（Borsa Italiana）个人和家庭所有权比例从21%增加到25%，马德里证券交易所（Bolsa de Madrid）个人和家庭所有权比例则从22%增加到31%。[20] 欧洲证券交易所联合会（FESE）同样的数据显示，个人和家庭持股比例在法国（18%到8%）、挪威（9%到6%）和瑞典（从1998年的15%到2000年的13%）出现了下降的情况。德国和葡萄牙的个人和家庭所有权数据基本持平。在这一范围内的数据是有疑问的，因为它并未刺破公司法人面纱来追击终极控制，从而将"零售"个人投资者与私人大股东混为一谈，但这确实表明了一种更广泛的趋势。

在亚洲，源自马来西亚和新加坡等的传闻证据显示，并没有迹象表明，存在大量的私人大股东为了从外商证券组合投资者的更高估值中获利而减持其股票的迹象；相反，与在韩国一样，许多所有者家族一直在集中所有权，

---

[17] 表2.1所展示的所有权模式数据是静态的，本质上是一个快照，依据1990年代中期的亚洲和欧洲所有权第一波浪潮披露的信息绘制了这一样本。直到这一分析被重复，提供至少第二个数据组，才能清晰地认识到股权集中度究竟发生了多少改变，以及由此产生的清盘是否发生。

[18] Myeong-Hyeon Cho, "Corporate Governance in Korea," paper presented for the Conference on Corporate Restructuring in Korea, University of California, San Diego, October 2000.

[19] Hasung Jang, "Corporate Restructuring in Korea after the Economic Crisis," *Joint U.S.-Korea Academic Studies*（2003）: 147-84, table 10.

[20] Federation of European Stock Exchanges, *Share Ownership Structure in Europe*, 2002, http://www.fese.org/statistics/share_ownership/share_ownership.pdf. 这一数据并没有对最终控制进行校准，因此，可能无法提供一个精确描述，特别是针对大家庭控股而言。

尽管其中一部分人将其家族"大企业"直接出售给跨国公司（表现为国际直接投资而不是外商证券组合投资）或出售给国际私募股权基金。[21] 在其他新兴市场，有证据显示南非和阿根廷的大股东持股比例有所下降，而智利和巴西可能有所上升。

投资者"协议"的障碍：集体行动困难

缘何大股东对少数股东保护"供给面"（supply side）的善治协议反应温和——与投资者模型的预测相反？通过对我们的国别（地区）案例进行勘察，可以看出，似乎在通往善治协议的道路上存在若干障碍。

例如，股票市场估值体系可以用金钱来激励大股东，但是并不能对控制权相关的精神性利益进行补偿。这些利益包括形形色色的声誉、民族主义，比如财阀创始人兼董事长的公司创造了韩国的"经济奇迹"，或者将子女安排在家族企业工作的满足感。其他的私人利益则可能包括拥有一个能同时"照顾雇员"和"回馈社区"的"古典家族式企业"的满足感。例如阿格布拉德（Agnblad）等人认为，瓦伦堡家族（Wallenbergs）等瑞典大股东对其"社会地位"的担忧，是对征收成本的阻碍，也是对于向外商证券组合投资者出售股份的利润最大化行为的障碍。[22]

善治协议同样涉及很多不确定性。股市可能是反复无常的，私人大股东观察到在1990年代后半段，新兴市场估值的快速上涨和突然崩盘。与这些市场不确定性相反，尽管私人大股东因其集中持股而面临高风险，但他也得益于内部人的信息，以及（通常）在其所在行业积累的专业知识。此外，由于许多"旧富"大股东控制了一个横向多元化的企业集团——其中包括亚洲的一些在面粉厂、半导体和银行等行业中拥有横向利益的家族企

---

[21] 私募股权基金为私人大股东将其股份出售给外商证券组合投资者，提供了一个潜力巨大的线路。私募股权基金从私人大股东手中购买控制权，通常是通过私人交易，可能又重新包装或重新在当地甚至全球证券交易所上市。这些基金大体上由同样的英美机构投资者所认购，其同时直接持有大量的外国证券。但是，就这些私募股权基金的活动而言并没有提供可信的公共领域数据。

[22] "在瑞典，社会声望是重要的，甚至是首要的，与大型公司控制权相联系的总收益之一部分。许多所有者家族试图在他们周围建立一个传统，正如好公民一样，并计划将自身投入到公共事业，致力于构建一些社会价值目标，如慈善、捐赠和研究……我们相信，由公司法提供和保护的巨大控制权利益，当然也受到一些非正式社会约束的限制，已成为瑞典公司治理模式最重要的元素之一。"Jonas Agnblad, Erik Berglöf, Peter Högfeldt, and Helena Svancar, "Ownership and Control in Sweden: Strong Owners, Weak Minorities, and Social Control," in Barca and Becht 2001, 252.

业，因此资产组合投资者从善治协议中获得的收益可能非常有限。

还有另一个关于信息的担忧，即接受投资者的善治协议也会使私人大股东暴露给税务人员。相比之下，控制权的私人利益可以被隐藏或者通过离岸避税港实现。传闻证据显示，在阿根廷、巴西、意大利、韩国、西班牙等，一些拥有较高私人大股东权重的国家表现出政府反复征税和（据称）大股东企业主普遍逃税的模式。

如果这些支付和信息问题能够被规避，私人大股东在将所有权少量出售给外商证券组合投资者时，仍可能面临一个棘手的问题。为了交易的顺利进行，大股东必须做出可信的承诺，不窃取公司资产，而外商证券组合投资者则需要承诺，就大股东放弃其控制权衍生的私人利益进行补偿。事实上，就购入公司的少数股份支付了一个高于目前估值的溢价。

如果以较小的增量进行公司的出售，那么将控制权从大股东转移到新的少数投资者的边际交易必须带有体现控制权的所有私人利益的价格——一个巨额的价格标签。理性的少数股权投资者都不会参与这笔交易，因为之前所有的股票都是以较低的交易价格购入的。然而，如果没有这样的溢价，理性的大股东都不会卖出足以对其控制权构成威胁的股份。除非这一交易问题得到解决，否则大股东对善治协议的支持可能会因为51%的控制权转移戛然而止，使得私人大股东继续进行管理而少数股东仍然不受保护。[23]

即使大股东有动机接受善治协议并找到解决控制权交易问题的方法，他们仍然要面临一个集体行动的难题。在一个由其他大股东主导并且少数股东保护不力的市场中，什么样的大股东会勇敢地率先采取行动，采取限制自己私人利益的善治机制，并让自己作为一个值得信赖的少数股东，落入其他胆大的大股东之手？

集中持股和与之相关复杂的关系网，可能带来一些所有者不愿意放弃的经济优势。它们允许生产策略涉及相互承诺、广泛的信息共享以及公平交易所抑制的交易成本的降低。企业可能会投资于相互依存关系，而这种相互依赖关系是大股东持股和交叉持股的缓冲。现金流量代理成本的概念假定对系统没有任何好处；这可能是错误的，并且可能不会被大股东察觉。此外，大

---

〔23〕 这可能是私募股权交易对大股东更有吸引力的原因之一。

股东持股确实允许所有者直接监督代理人，而其他的系统则不行；在这一点上，改变似乎相当危险。

针对可信大股东搭便车的行为

契约理论夸大了分散持股而非集中持股对投资者的吸引力。在我们的样本中，有几个国家拥有稳固的股东保护，但集中度很高，比如瑞典和智利。即使是在高少数股东保护环境下，大股东持股也可能具有优势，而从激励的角度来看，高质量的公司法与其他形式的公司治理是相容的。更好的公司法可能只是让冷漠的（distant）股东对大股东更有信心，而不是促进股权分散。[24]

例如，美国的证券监管制度主要侧重于对内幕人的个人滥用的监管。特别要注意的是，监管者试图阻止那些为内部个人利益而挪用股东资源的行为——如通过贷款和赠与、不当分配资源和虚报工资掠夺公司财富，仅举几例。但马克·罗伊认为，股东可能会因为糟糕的管理层而损失相同甚至更多的钱，而关于此问题美国的信托义务法也是沉默的。商业判断规则[25]保护了董事和经理，使其免受那些源自公司管理质量方面的法律质询。法官拒绝惩罚错误决策行为，而不是拒绝惩罚为了个人利益而滥用的行为。Smith v. Van Gorkom[26]是一个支持了惩罚管理者错误决策行为的案件，但"其判决为管理者和他们的律师所严厉责难，并迅速被州立法机构推翻"[27]。因此，美国公司法并不要求管理者对那些对股东影响最大的领域的决策负责。[28]

正是在这里，大股东系统可能提供了优势。大股东有激励和手段来处理"卸责[29]、错误和糟糕的商业决策等浪费股东价值的行为"。[30]由于事关重大，他们有权更换或约束管理者。[31]在伯利-米恩斯企业中，集体行动问题面临分散的股东；他们几乎没有动力支付交易成本，因为他们向董事施加压力，

【113】

---

[24] Roe, 2003b, and Mark Roe, "Delaware's Competition," *Harvard Law Review* 117 (2003): 588-646.

[25] Roe 2003b, 172.

[26] Smith v. Van Gorkom, 488 A. 2d 858 (Delaware 1985).

[27] Roe 2003b, 172.

[28] Roe 2003b, 171-172.

[29] 对"卸责"（shirking）的译法，参见张五常：《经济解释》，中信出版社 2015 年版，第 31 页。——译者注

[30] Roe 2003b, 172.

[31] 对大股东吸引力的讨论，参见 Shleifer and Vishny 1997. 逃税同样可能成为不愿上市的动机，以避免税收机关的审查。

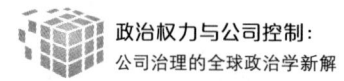

政治权力与公司控制：
公司治理的全球政治学新解

迫使他们对抗管理者。股东可以出售，尽管这会压低股价。美国体系下管理约束的主要机制系控制权市场：一个经营不善的公司会成为并购的目标。但这只有在股东价值遭受重大损失后才会发生。并购对收购方的股东来说似乎代价高昂，因此并购本身可能会受到管理者代理成本的影响，由交易撮合者而非股东赚走了收益。

因此，基于股东保护质量的论证无法确定哪种激励措施——究竟是源于对个人腐败的管理代理成本的担忧，还是源于对经营不善的管理代理成本的担忧——将决定公司治理的形式。前一种可能会鼓励股东分散持股模式，后一种可能会鼓励大股东（集中）持股模式。[32]

最后，大股东和投资者类似地都可能担心强大的少数股东保护的政治稳定性。为了在政治上可持续发展，公司治理实践不仅需要服务于所有者的偏好，还需要有坚实的政治基础。可信度——或至少可预测性——是金融领域赖以生存的基础。当不确定性较高时候，大股东持股可能是首选。

企业家"新贵"

然而，大股东对投资者模式的善治协议缺乏积极性，这并非完全统一的。它提供了第四章中讨论的参与者分裂的一个例子，并洞察了联盟形成的潜在流动性和公司治理政治的变化。

在公司治理偏好方面，"旧富"大股东和"新贵"资本家的差异非常明显。同一时期的大多数相同市场中，"旧富"大股东抵制加强的少数股东保护的模式和增加的股权集中度，该模式与"新贵"资本家的行为构成鲜明对比，"新贵"资本家愿意参与国内"新市场"，该市场提供了比一级市场更多的股东保护，或在美国交叉上市（常常在纳斯达克），以获得与美国市场整体保护程度相比更为严格的保护。[33]这证实了对金融理论中使用的类别进行分类的必要性，包括我们不只拥有"投资者"和"所有者"，还拥有不同类型的"投资者"和"所有者"，不同类型拥有不同的激励，因此在少数股东保护中

---

[32] See Hall and Soskice 2001. 该书的导论文章"An Introduction to Varieties of Capitalism"提供了对资本主义的多样性观点精彩的论述，其他各章节则提供了关于美国、德国和英国的研究。更多关于"制度互补性"的概念，参见 Hall and Gingerich 2001.

[33] Gerald F. Davis and Christopher Marquis, "The Globalization of Stock Markets and Convergence in Corporate Governance," in *The Economic Sociology of Capitalism*, Victor Nee and Richard Swedberg, eds. (Princeton: Princeton University Press, 2005).

具有不同的利益。

传闻证据表明，与这些市场中的"旧富"大股东不同，新公司的创始人兼企业家接受了善治协议，以便为其成长中的公司筹集资金，以及为自己部分兑现，通过在新的平行交易所发出要约（下面将对此进行讨论），出售部分持股以使其投资组合多样化。他们不需要建立一个基础广泛的政治联盟来游说这些改革，就像金融市场那样，这些变化是预先包装好的，因此不受该国其他地区普遍存在的治理做法的影响。【114】

尽管如此，这些企业家往往是中左翼政治联盟的盟友，这些政治联盟推动了更广泛的治理改革。对于那些试图说服选民相信治理改革是一种增长，而非反商业的政客来说，这些企业家提供了对抗"旧富"大股东的一个有用的平衡力量。例如，在韩国，即使是金大中总统也公开批评"旧富"大财阀，其特别支持"新贵"企业家阶级，尤其是高科技企业。与纳斯达克类似，韩国政府机构也在竭尽全力地为韩国创业板市场科斯达克（KOSDAQ）提供便利，使其公司治理模式优于韩国一级证券交易所（Korean Stock Exchange，KSE），后者由"旧富"财阀和昔日国有企业占据着主导地位。

因此，治理改革的政治不会以一种简单的方式减少立场一致的所有投资者的利益：结果证明，他们的偏好各不相同，游说的政策也不尽相同。

禁止美国存托凭证场所交易

如果投资者模式是正确的，由私人大股东控制的公司应该是美国存托凭证在纽约或伦敦交叉上市的最热情的发行人，如此便能"选出"国内监管体制并提供增强的少数股东保护制度，这与纽约证券交易所（NYSE）、纳斯达克证券交易所（NASDAQ）或伦敦证券交易所（London Stock Exchange，LSE）的公司治理规则相一致。

然而，与这一预测相反，按照外国企业适用美国存托凭证市场的模式看，大股东持股（股权集中）的企业并不是交叉上市最积极的使用者。相反，在多数外国市场中，国有企业才是美国存托凭证最积极的使用者，而不是那些由私人大股东控制的公司。纽约证交所和纳斯达克证交所的国际上市数据库表明：在一些国别（地区）样本中，私人大股东可能更关心在美国的交叉上市，以获取场所交易（venue-shopping）的估值溢价，在美国交叉上市的公司中，国有企业所占比例要远远高于国有企业在国内股市中的比重：50%的阿根廷发行者，60%的巴西发行者，35%的智利发行者，60%的法国发行者，以及60%的意大利发行者都是如此。[34]

【115】 与之前关于财阀抵制投资者模式的故事一致，发行美国存托凭证的韩国企业中足有80%系政府所有，仅仅有少量一部分是大股东控制的财阀。当然，鉴于证券组合投资者（portfolio investors）对大盘股投资的偏好，大型企业更容易交叉上市，基于此，我们更期待一个确定的、为企业规模和其他行业变量所控制的，交叉上市企业所有权结构的测试。

通过对这些公司在交叉上市前后的公司治理行为展开仔细研究，得出了一个更强有力的证据反对这样一个假设，即大股东通过交叉上市方式找到了一种接受善治协议的方法。数据显示，通过美国存托凭证方式交叉上市的企业，很少（如果有的话）全盘采纳美国少数股东保护制度，而不管是否存在潜在的大股东所有权模式。戴维斯（Davis）和马奎斯（Marquis）主持的一项对纽约证交所和纳斯达克证交所交叉上市（源自英国、法国、德国、以色列、智利和日本）的210家企业展开的研究表明，在公司治理领域未披露方面几乎没有什么变化：'此时，选择在美国证券市场上市可能是作为一种股东友好式治理的信号，但是显然，其他实质性的结构变化并不会随之发生。"[35]

长期以来，美国证监会在股权剥离（carve outs，或称为"分拆上市"）中一直豁免对外国发行者的公司治理要求，只要求外国发行者必须依照美国通用会计准则（GAAP）对公司财务数据进行重述并进行外部审计，但除此之外，几乎被美国所有的监督、控制和高管薪酬等制度豁免。外国发行者可以自由地对少数股东采取其他保护措施，但很少有企业这样做。相对罕见的例外是高科技公司（主要来自以色列，少量来自中国和东亚地区的其他国家），它们从一开始就有意按照美国模式构建公司治理结构，并将纳斯达克首次公开发行（initial public offering，IPO）作为退出策略。这些企业被"新贵"资本企业家大股东控制，他们对公司治理的偏好在几个重要方面与"旧富"大

---

[34] William L. Megginson, "Appendix Detailing Share Issue Privatization Offerings, 1961-2000," http://faculty-staff.ou.edu/M.William.L.Megginson-1/; NYSE ADR listings, 2003; NASDAQ international company listings, 2003.

[35] "平均而言，我们研究的外国公司与国内公司以相同的方式组织董事会。很少有公司会将财务报表电子化。它们通常吸引的股票分析师很少，并且机构投资者的利息也很少（中位数低于2%）。而且其所有权的缺乏透明度表明，美国证券交易委员会的执法并未超越美国的边界。" Davis and Marquis 2005.

股东存在显著差异,我们将在本章的其他地方进一步论述。

"新交易所"发挥引领作用

投资者模式预测:声誉中介和股票市场将会积极地游说政府,为中小股东提供更高级别的保护。在20世纪90年代早期,当我们许多样本的金融服务公司鼓励其政府批准以美国纳斯达克为模型的初创企业的平行交易所时,有一些证据表明这种做法,其公司治理标准高于那些主要的交易所。例如德国创业板市场(Neuer Market)、巴西的"新板"市场(Novo Mercado)、韩国的科斯达克(KOSDAQ)以及意大利的新市场(Nuovo Mercato)。在这些游说活动中,金融服务公司经常援引增强保护少数股东的广泛利益的言论来推进更深层次的资本市场——同样指出了不良后果是,如果当地的环境没有得到改善,本地企业将"投奔"纳斯达克或纽约证交所。

【116】

这些平行的"新"交易所,通过为少数股东提供(其声称)更高级别的保护,特别是在信息披露方面,藉此将自身与那些一线交易所加以区分。通过选入这些新交易所,决定与外国投资者一起从事良好治理交易,并在股东保护程度较高的地方上市的大股东,拥有一个"选出"他们本国治理环境的机会。

20世纪90年代后期高科技泡沫破灭的教训,使得这些平行交易所黯淡无光,并削弱了他们能够创造代表自己所声称的变革效应的论点。在政治上,这一制度很有趣,因为它们的倡导者是我们样本中许多改革派政府中的发声者。原则上,这些市场仍然是使投资者/私人约束机制(private bonding)发挥作用的强大机制。他们没有提供证据证明,约束本身无法克服监管和政治障碍。同样,国家和地区很重要。

模糊的声誉中介:交错的压力

在声誉中介机构——会计、法律、债券评级机构、金融公司(finance houses)中,也可以发现同样的目的多样性。就公司治理偏好而言,它们似乎没有像一块巨石那样坚不可摧。他们没有按照投资者理论所建议的那样——作为提供股东监督工作所需的关键信息的客观中介。一些中介倾向于投资者模式和少数股东保护,而另外一些中介则倾向于大股东模式或者等式另一侧的管理方,并且在不同地区的不同时间点如此进行。他们将自己相当大的政治影响力和技术专长,赋予了分裂双方的联盟。在20世纪90年代末的丑闻爆发时，声誉中介机构就是问题的一部分：会计师事务所和其他机构与基金经理和大股东合作伪造账目；他们努力游说，并且仍在努力反对将早期的各种业务职能分开的监管规定，现在依然如此。

投资银行家和会计师的收入，即他们在公司"特许权价值"（franchise value）所占的份额，源自他们在证券市场中作为声誉中介的角色。发行股票的公司和购买股票的投资者之间存在信息不对称，而且公司很容易误导投资者，因为他们只偶尔发行股票，有时只发行一次。

在博弈论术语中，会计和证券公司通过对发行公司进行"尽职调查"，将这种一次性的股票发行博弈转化为一种重复性博弈（iterative game）。他们协同工作，就股本证券（equity securities）发表专业意见，实际上是将自己的声誉"租借"给发行人，收取一定费用。他们在对上市公司的持续审查中扮演同样的角色，会计师持意见书审计财务报表，证券公司出具买卖意见书。投资者是这些专业意见的客户，他们日复一日地与会计师和证券公司打交道。这些投资者拥有长期记忆，他们会惩罚违反这种专业声誉的会计或证券公司。

尽管如此，我们许多样本（包括韩国）的许多公司中都发生了这种"客观"私人约束（private bonding）角色运作的崩溃。

有传闻证据表明，许多国家的证券交易所都倾向于支持发行企业。在美国，2002年至2003年之间，纽约州总检察长对华尔街公司提起了一系列诉讼，这些公司被控收取回扣和提供误导性建议，并支付了巨额罚金，几名个人受到刑事起诉。美国证券交易委员会对德意志银行的子公司德意志资产管理公司（Deutsche Asset Management）罚款75万美元，该公司因2002年惠普与康柏合并的代理投票事项上"披露失效"，因为这笔合并交易中母公司德意志银行的投资银行部门担任了财务顾问。"监管机构发现德意志银行在最后一刻改变了1700万张选票以支持这笔交易——未能告知客户其母公司与惠普之间有利可图的关系。"[36]

2003年9月，当纽约证交所主席披露由他亲自挑选的一个薪酬委员会——并且该委员会代表着名义上受纽约证交所监管的公司——授予他的递延薪酬为1.395亿美元时，类似的对两家交易所公司治理诚信（corporate governance

---

[36] Davis Global Advisors, "Conflict Patrol," *Global Proxy Watch*, September 5, 2003, 2.

integrity of the exchanges)的质疑也浮出水面。[37]

在会计、金融和交易所领域，审计和会计行业的全球整合给六大会计师事务所带来了结构性利益冲突。会计和审计行业在20世纪80年代后半期和整个20世纪90年代经历了快速整合。六大（很快成为五大，然后在2001年成为四大）会计师事务所竞相吸收所有主要发达经济体的事务所，组成了一个全球性的会计师网络。[38]对会计专业人士的访谈表明，在1980年至2000年期间，五大会计师事务所在该样本中的市场份额翻了一番。他们不仅积极地推销他们的会计和审计技能，而且特别推销他们在广泛的金融专业领域的咨询专业知识，包括税务管理、信息系统、人事政策和风险管理。[39]

美国的会计师事务所很好地理解了其业务的政治框架。他们在20世纪90年代广泛游说，反对美国证券交易委员会将咨询与会计分开的努力。2002年通过的《萨班斯-奥克斯利法案》标志着它们在政治上的失败，但执行情况仍有待确定。在任何情况下，声誉中介机构在增强少数股东保护方面的模糊作用——有时支持、有时反对——不符合投资者模型的预测，并指出这些公司

【118】

---

〔37〕"纽约证券交易所将自己描述为'具有公共目的的私人实体'。但它的运作方式就像华尔街的全资子公司。它是一个自我延续的实体，既不对政治过程也不对市场负责。对于其最重要的非股东支持者（constituency）——投资者群体而言，这是两个世界中最糟糕的。"Nell Minow, "When Does a Pay Package Become Too Outrageous?" *Chicago Tribune*, September 14, 2003.

〔38〕五大会计师事务所包括安达信（Arthur Andersen）、普华永道（Price Waterhouse Coopers）、德勤（Deloitte Touche Tohmatsu）、安永（Ernst & Young）和毕马威（KPMG）。安达信公司因安然公司的破产而破产。

〔39〕随着五大会计师事务所在全球范围内的整合，全球合作伙伴关系专业特许经营权的价值受到了这些新获得的国家做法的质量往往参差不齐的制约。20世纪90年代，所有都卷入了三大洲——北美、欧洲和亚洲——的广泛而昂贵的诉讼案件，被控会计疏忽和审计不力。这引发了"五巨头"长达十年的斗争，它们要在全球实践中建立统一的内部专业纪律，并建立共同的会计制度、审计程序和对公司内部标准的解释，以及由当局制定的共同的会计和审计框架。

在20世纪80年代末，会计行业开始了一项为期10年的努力，与国际金融机构密切合作，制定一套全球会计和审计标准。在国际会计准则理事会（IASB）和国际会计师联合会（International Federation of Accountants, IFAC）中都发挥着主导作用的合并后的五大会计师事务所是这一努力的先锋。1995年，国际会计准则委员会和国际证券委员会组织就一项工作计划达成协议，根据这项工作计划，国际会计准则委员会将制定一套可为跨境融资所接受的核心会计准则。国际会计准则委员会于2000年5月重组，制定了新的章程和监管结构，增强了其制定会计准则的自主权。通过国际会计师联合会，五大会计师事务所也开始了一套共同的审计实践，与这些事务所的内部努力并行，在其全球网络内建立一套一致的专业实践。IFAC于2000年初重组，以加强其在制定国际审计标准（ISA）方面的自主权。例如，通过与IFAC合作，五大会计师事务所就他们将在客户的审计意见书中使用的语言达成了集体协议。该协议规定了这些信函中使用的准确语言，包括对国际会计准则和国家级会计标准之间差异的明确说明。这种语言明确提醒投资者，来自"非标准"国家或地区的审计数据不符合全球标准。这个被称为"传奇计划"的计划首先在东亚四个国家推出，即日本、泰国、印度尼西亚以及有突出表现的韩国。

和管理者之间可能的利益一致，而不是与大股东、分散的投资所有者或全体劳动者利益一致。我们将在接下来的两章中更详细地探讨这些政治。

国际金融机构的参与

更详细的投资者模型版本预测，国际金融机构（IFO）也在游说增强股东保护方面发挥作用。

国际金融机构如何影响国家层面制定的关于公司治理的政策产出？这种影响可能来自几个方面：资金和广泛发布关于公司治理的经济研究，包括接受深度资本市场的概念作为经济增长伴生的概念，向国家监管当局施加压力并要求其进行治理改革，并将微观经济治理改革作为宏观经济救助交换条件的一部分。这种影响已经被分析模拟为"认知"[40]和"软实力"。[41]对改写成"脚本"（scripts）感兴趣的经济社会学家尤为关注——各国遵守适当行为规范的观念，而不是纯粹的工具性或"结果论者"（consequentialist）行为。[42]

通过促进对增强股东保护的经济利益的研究，有大量证据支持国际金融机构发挥引领作用的预测。例如，世界银行和经合组织共同创建了全球公司治理论坛（Global Corporate Governance Forum，GCGF），该论坛明确资助在区域新兴市场开展的研究和研讨会，宣传这些改革的好处，并提出具体的政策解决方案。[43]但几乎没有证据表明，在与政府的直接交易中，国际金融机构会施加压力或强制推行公司治理。

例如，在亚洲金融危机之后，国际货币基金组织因微观经济改革主义（包括公司治理）的尝试受到批评，并被鼓励"坚持调整基本要素"（stick to the adjustment basics）。金融危机后，韩国政府采取的许多公司治理改革都归咎于国际货币基金组织的压力，但这可能是金大中政府出于政治原因而希望

---

[40] Emanuel Adler and Peter Haas, "Conclusion: Epistemic Communities, World Order, and the Creation of a Reflective Research Program," *International Organization* 46 (1992): 367-90; Peter Haas, "Introduction: Epistemic Communities and International Policy Coordination," *International Organization* 46 (1992): 367-90.

[41] Joseph S. Nye, *Soft Power: The Means to Success in World Politics* (New York: Public Affairs Press, 2004).

[42] March and Olsen 1998.

[43] 全球公司治理论坛（GCGF）认为，"在日益全球化的经济中，企业需要利用国内和国际资本市场进行投资，这与监管模式的需求相呼应。但资本提供者有选择权——公司治理质量正日益成为投资和放贷的标准。扩大和深化发展中经济体和转型经济体的资本池，需要充分关注公司治理标准。这为改革提供了必要条件。" Global Corporate Governance Forum, "Mission Statement and Charter," May 2002, http://www.gcgf.org/about.htm.

对财阀加以限制的一个方便的理由。[44]

集中度与投资者保护的协方差

投资者模型的总体预测将投资组合投资者偏好的基本原因与公司加强治理的效果联系起来。这种联系的最终结果应该是每个市场投资组合投资者——特别是外商证券组合投资者（foreign portfolio investors）——的权重与该市场增强的股东保护供应之间存在高度协方差。

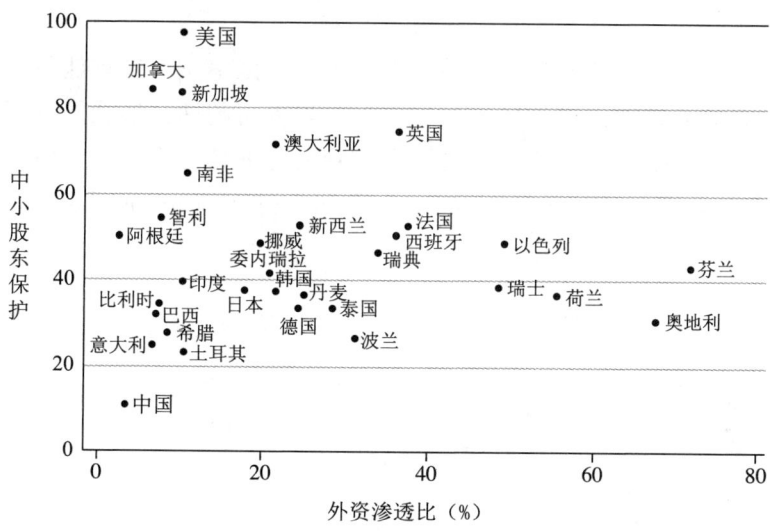

图5.2　外资渗透和中小股东保护

从图5.2的散点图（相关系数为-0.08）可以看出，我们的国别（地区）样本在国外证券投资组合渗透率与中小股东保护水平之间没有显著的正相关关系。这种相关性的缺乏适用于发达国家、新兴国家以及整个样本。

我们没有关于每个样本市场中所有机构投资者（包括国内投资者）的渗透率数据，但我们确实有关于每个市场中退休资产相对权重的数据。

我们将在关于透明度联盟的第七章中更彻底地探讨这个问题；各个样本

---

[44] Stephan Haggard, *The Political Economy of the Asian Financial Crisis* (Washington, D.C.: Institute for International Economics, 2000); Stephan Haggard, Wonhyuk Lim, and Euysung Kim, *Economic Crisis and Corporate Restructuring in Korea: Reforming the Chaebol* (Cambridge: Cambridge Univesity Press, 2003).

的退休资产与 GDP 的比率与该样本的股东保护指数之间存在 0.56 的正相关关系，并且拟合的 OLS 曲线表明样本之间具有统计学上的显著关系，如图 5.3 所示。（另见附录表 A.12。）

但投资者并不是唯一的参与者

正如本章前面所讨论的，有充分的证据表明，在需求方面，要求加强对少数股东保护的压力越来越大；资金流向提供此类保护的公司和国家。然而，在供应方面，几乎没有证据表明，股东曾致力于改变系统，以提供这些增强的保护。

对于下文及后续章节中提出的若干国家或地区案例，没有任何书面证据表明大股东曾游说加强对少数股东的保护；如果有的话，那就是有更多的证据表明，大股东抵制这些改革。在没有监管变化的情况下，由大股东控制的公司的私人行为（private behavior）并非私人约束（private bonding）论点（argument）所预测的那样。

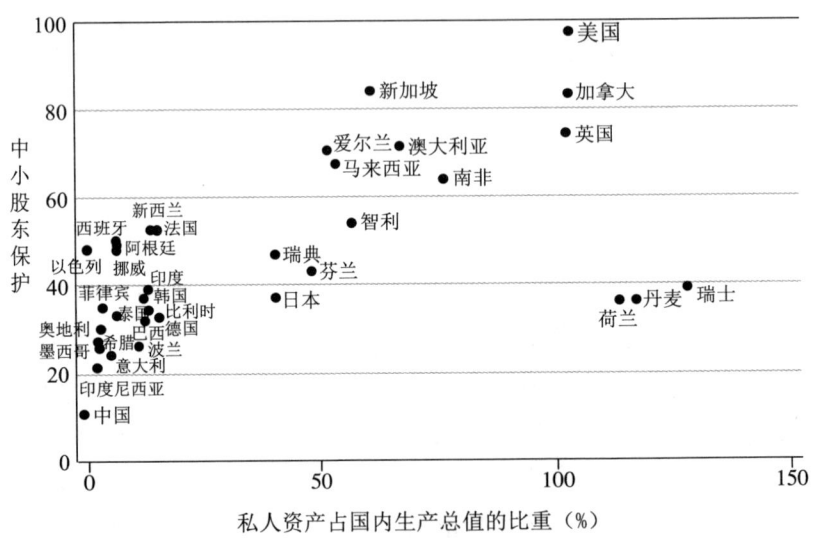

图 5.3 养老金资产和股东保护

投资者模型确实抓住了一些重要的东西：投资基金和资金流的大规模扩张，许多个人储蓄账户被调动到日益全球化的养老基金中。这些都对公司治理改革的政治产生影响，但投资者模型并未很好地反映出这一点。将政治压力作为公共治理公共政策驱动力的基本观点非常有道理。外部投资者确实希望加强对少数股权的保护，并将相应地支付溢价或分配折价。出于同样的原因，一些（但不是全部）大股东将对此价格信号做出积极回应。

资本在国家和国际层面塑造公司治理结果的力量是一种普遍的观点。关于自由市场、有限政府和放松管制的新自由主义惯例（the neoliberal prescription），"华盛顿共识"已经有诸多表述。各方之间为满足资本需求而展开的竞争，通常被视为全球治理趋同的动力，与自由民主的全球政治胜利和"历史的终结"论点相呼应。正如汉斯曼（Hansman）和克拉克曼（Kraakman）所说，

> 趋同的一个主要原因是一种普遍的规范性共识，即公司管理者应完全为股东（包括非控股股东）的经济利益行事。这种对以股东为导向的公司模式的共识，部分是由于其他公司模式的失败造成的，包括20世纪50年代和60年代在美国发展起来的以管理者为导向的模式，在德国的共同决定中达到顶峰的以劳动力为导向的模式，以及直到最近在法国和亚洲大部分地区仍占主导地位的以国家为导向的模式……由于股东至上的主导企业意识形态不太可能被推翻，它的成功代表了公司法"历史的终结"。[45]

【122】

在全球化的开放经济中，柴芬斯（Cheffins）所描述的"达尔文式的美国模式的胜利"将取代公司治理的其他方法；投资者想要什么，他们最终会获得，或者如果需要的话，他们会将资金转移到其他地方，以寻找一套保护其投资免受代理和征用成本影响的治理实践。[46]

这种对资本的竞争是经合组织所发表的"公司治理原则"序言中所援引的全球善治标准的主要理由之一。"国际资本流动允许公司从规模更大的投资者群体那里获得融资。如果各国要从全球资本市场中获取全部利益，并且如果它们要吸引长期的'耐心'资本（'patient' capital），那么公司治理安排必须是可信的，而且各国对这些现实都相当了解。"[47] 经合组织的原则明确地将

---

[45] Hansmann and Kraakman 2000, 1.
[46] Cheffins 2002a.
[47] *OECD Principles of Corporate Governance* (Washington, D. C.: OECD, 1999), 9; see also *OECD Principles of Corporate Governance*, 2004, found at http://www.oecd.org/dataoecd/32/18/31557724.pdf.

资本流动性、治理贴现（governance discounts）和与监管有关的政治结果相联系。

不同政治色彩的理论家都已注意到了资本在决定政治结果方面的特殊力量。[48]判断政治家的标准是经济的健康程度。如果国内投资者对政策不满意，他们就会停止投资或将资本出口到国外，导致经济衰退和选民不满。如果海外投资者（包括逃离的国内资本）对政策不满意，他们会对在国内的投资设定风险溢价，或者干脆不来。没有其他任何群体可以对经济产生如此直接的影响；因此，投资者的经济投票在很大程度上不利于选举中的大量投票。

从这个意义上说，投资者模型将少数股东的保护与政府债务或固定收益证券的评级放在同一类别。国际债券市场在财政平衡和报告方面监督政府的行为；他们随即分配溢价或贴现（discount）。国际投资者还要求高标准的报告和履行诸如私人发行债券的契约之类的文书；他们随即分配溢价或贴现。正如经合组织的报告所表明的那样，投资者对政府和公司债券偏好的这些严酷市场现实确实"是可信的，而且各国对这些现实都相当了解"，而公司治理实践正在成为各国必须应对的另一个严酷现实。

【123】然而，有许多方法可以"处理"全球市场预期，包括对公司治理的预期，因为有很多方法可以应对全球债券市场。世界各地的政治领导人都在努力说服国内政治力量接受国际债券市场所要求的牺牲；不出意料，这通常是一个很难销售的产品。

分析性叙述

韩国：制度变革、偏好转移

韩国的例子说明，如果偏好和政治制度都在快速变化，一个国家可以转变治理模式的速度。制度变革改变了政治平衡。它赋予一些群体权力并限制（constrains）其他群体。在过去的几十年里，韩国已经从军事独裁，到改良的独裁主义，再到宪政民主：从20世纪50年代的总统统治，到20世纪60年代和70年代的军政府（generals' junta），到20世纪90年代的金泳三、金大中

---

[48] Charles E. Lindblom, *Politics and Markets: The World's Political Economic Systems* (New York: Basic Books, 1977).

民主选举，再到过去十年中的卢武铉。它已经从硬式威权（hard authoritarian）——非极权主义（totalitarian）但强有力的军事统治——转向温和的专制、有限的自由，以及公民社会，特别是经济领域的一些自治，到过渡民主、自由选举、竞争性政党（competitive political parties），并将领导权从一方转变为另一方，这是真正民主化的经典指标。

在这几年里，韩国的公司治理体系也发生了巨大的变化，上市公司的所有权模式也发生了翻天覆地的变化。韩国从100%的大股东控制，有效的股东保护为零，到2000年集中度降低至32%，低于我们的国别（地区）样本整体均值，以及股东保护指数37，接近样本均值。[49]

这两种转变是融合在一起的：在早期工业化时期，韩国是一个所有者-大股东寡头统治的典型例子，它利用与威权政治权力的密切联系，在许多政策领域获得他们想要的东西，从公司治理监管到劳工、贷款、受保护的贸易法（sheltered trade laws）等。随着公司规模扩大了创始人资本和留存收益为增长提供资金的能力，在一个投资者模型的慢动作版本中，所有者和管理者随后开始有选择地将少数股东保护范围扩大到外部投资者，主要是全球证券投资者。但到了20世纪90年代，韩国政治发生了巨大变化，让其他利益集团有了发言权，并导致政治权力结盟的改变。工会、小企业、公务员——以前被排除在政治权力之外的团体联盟——也能够要求问责制，特别是在与职业经理人联盟中由所有者-大股东主导的财阀公司。由此产生的韩国国内参与者的胜利联盟（至少是暂时的）通过法令、政治选择——不是通过市场调整，不是通过所有者和外部投资者之间的相互"善治协议"，而是通过行政和立法令状，对财阀公司实施了一系列公司治理改革。

这一治理政策在英国用了近150年，在美国用了至少一个世纪才得以发展，而韩国则压缩为40年。自1960年以来，韩国经济的迅猛增长，将其他国家需要长得多的时间才能发展起来的许多不断变化的偏好和治理变化，压缩到仅仅40年的时间里。

韩国的发展轨迹生动地展示了政治权力和偏好是如何相互作用的。宪法

【124】

---

[49] 这个数字低估了韩国当前股东保护的真实水平，因为韩国的许多改革都是最近才进行的，尚未反映在我们和拉波塔等人使用的基础指数中，尤其是会计和披露指数。如上所述，在亚洲金融危机之后，韩国在很短的时间内迅速实施了股东改革。

改革改变了政治权力，以与政府政策和监管有关的方式对公司治理产生重大影响。治理问题绝不是变革的唯一或主要驱动因素，但它们与变革有一定的联系：民主化的需求在一定程度上是由于人们对财阀体系中享有特权的内部人士及其与威权政权的密切联系感到不满。

韩国案例表明了劳动力和资本之间的紧张关系，或至少部分劳动力和部分资本，在塑造公司治理结果方面的重要性。但随着时间的推移，这种联盟模式比投资者或劳动力模式（model）传达的信息更为复杂和多变（more fluid）。我们将其作为我们的第一个国别案例，因为它生动地展示了政治变革对治理结果的影响。

从寡头政治到投资者模式？ 韩国案例始于20世纪60年代，作为寡头政治的一个明显例证。现代集团的郑周永（Chung Ju Yung）、三星集团的李秉哲（Lee Byung Chul）、LG集团的具仁会（Koo In Hwoi）和大宇集团的金宇中（Kim Woo Choong）是韩国最大的财阀的创始人。从某种意义上说，他们是韩国快速工业化的安德鲁·卡内基（Andrew Carnegies）和约翰·D. 洛克菲勒（John D. Rockefellers），这是他们经常给自己做的类比。他们最初的财富是在重工业领域积累起来的，这些行业在20世纪五六十年代为韩国经济的快速增长提供了动力，包括造船业、运输业和化工业——他们通过韩国政府控制的银行体系（而不是通过股市）的"定向贷款"，获得了充足的资金。在企业食物链中，排在他们后面的是数十家其他规模较小的财阀，也是由一位创始人兼企业家创建的，他同样发号施令。

财阀所有者和韩国执政将领（最著名的是朴正熙）达成了一项政治协议，这使得财阀大股东在大多数公司治理问题上都拥有自主权，包括公司治理。政治压迫确保管理者和劳动者实际上被排除在这种管理上的发言权之外——小资本家、区域利益、宗教和其他团体也是如此。外国进入受到严格限制；对国内竞争的反垄断保护也是不存在的。财阀所有人对公司治理发号施令，就像以前那样；由于所有权集中，无论是国内还是国外的小股东都很少，这些财阀的创始人拥有巨大的自由。

因此，在20世纪80年代和90年代的大部分时间里，韩国上市公司的大股东集中度很高，接近80%。财阀家族的所有者通过典型的金字塔结构控制着不同行业的公司横向网络。这些网络的功能类似于最初的日本财阀（zaibatsu）系统，而不是现有的日本经联会（keiretsu）系统，没有明确的控制方。实际上，朝鲜语中使用"财阀"（chaebol）的汉字复合体是日语中"财阀"（zaibatsu）的汉字复合体，而不是"经联会"（keiretsu）。

在韩国还是亚洲四小龙之一时，财阀在韩国经济的快速增长中发挥了关键作用。韩国工业联合会（FKI）是自上而下经济规划的经典工具；它是政府和大股东之间的中介组织，而不是企业与工会合作的"最高谈判组织"（peak bargaining organization）。此外，这些指令（instructions）通常是单向的，从政府部门到公司；韩国工业联合会主要由前官僚和退役军官组成。

财阀所有者与韩国军政府合作，通过提供高水平的固定投资和积极的出口，以及韩国工业联合会传递的发展指令（script），以优惠的资本准入和产品市场竞争保护的形式换取租金的回报。

随着规模的扩大和技术复杂性的增加——"钱德勒变量"——大财阀所有者开始越来越依赖职业经理人的技能，就像其他工业历史上典型的寡头一样，并与韩国的职业阶层达成了便利的结盟。在韩国缓慢的政治民主化进程中，财阀大股东逐渐将一批职业经理人和前政府官员"带进帐篷"。招聘和解雇的标准仍然不透明；财阀的高层管理人员是由财阀董事长办公室亲手挑选出来的，而不是由董事会挑选出来的，这些管理人员对财阀董事长心存感激。[50]

因此，韩国经历了一个短暂的过渡，从最初的所有者大股东持股到雇佣职业经理人的早期管理模式的转变。在威权政治下，其他声音可能会被排除在外。因此，大股东和管理者处于阶级分歧的同一侧，经常与工会发生激烈冲突。

随着韩国在卢泰愚的领导下开始民主化进程，治理模式发生了转变。财阀大股东逐渐丧失了韩国工业联合会对国家的控制，直到20世纪90年代后期韩国工业联合会被称为前六大财阀家族的"私人俱乐部"——排除了私人大股东，即所谓的"6至66位的财阀"——的利益，以及新贵企业家的利益。

在此期间，集中度有所下降，但并非因为与外部投资者的善治协议；韩国证券交易所（KSE）家族控制的财阀公司的比重因浦项钢铁（Pohang Iron

---

[50] 传闻证据表明，无能的管理者很少留在原地，除非他们恰好是创始人兼主席的儿子或其他亲属。

and Steel）等大型国有企业的减持以及外商证券组合投资者的涌入而减少，尽管存在众多直接投资障碍——外国投资者仍将韩国作为亚洲"最热门的新兴市场"之一。这些外国投资者通常依赖"韩国公司"隐含的主权风险担保，而不是财务透明度或股东保护。外商证券组合投资者不会与财阀所有者达成善治协议，他们无论如何都可以从国内银行业获得大部分所需的外部资金，外国证券投资者接受了财阀寡头们提出的缩减版股东保护（slim shareholder protections）作为获得高增长的市场机会的代价，他们希望韩国国内生产总值的上涨使包括他们在内的所有"船只"加以抬升。在20世纪80年代和90年代的大部分时间里，少数股东的保护措施几乎没有发生变化。

因此，彻底的寡头垄断被修改为允许一些外部股东参与，国家作为一种控制力量的地位逐渐减弱。然而，这并不是向分散持股模型的完全转变，因为少数股东仍然服从于大股东持股的集中，而管理者在重要性日益上升的同时，仍受到大股东的监控。

有几个原因可以解释这种结盟（alignment）对治理结果的浅水效应（shallow effect）。首先，财阀大股东不需要屈从于外部投资者的治理需求，以便为其增长提供资金。在整个20世纪80年代和90年代，它们设法从国内银行业获得贷款资金［利用了"大到不能倒"综合征（too big to fail syndrome）和系统性腐败等因素］。财阀还收购了他们自己的金融中介机构，即所谓的商业银行，也被称为"非银行金融中介机构"。非银行金融机构将国内储蓄和外国资本市场的资金引入财阀，为推动经济增长的高水平固定投资提供资金。

到20世纪90年代下半叶，韩国的金融业已经出现分化，由财阀控制的非银行金融机构资产与国有商业银行业的资产不相上下。在1997年至1998年亚洲金融危机期间，几乎所有非银行金融机构都资不抵债，其中33家在危机后倒闭了。这些非银行金融机构的未对冲的外汇负债，是造成危机的主要原因之一。

其次，韩国产业高度集中的特点，避免了同一行业在整合阶段买断其他创始人所有人的途径，正如阿尔弗雷德·钱德勒所记载的那样，这一过程削弱了美国和欧洲创始人——大股东的集中持股（blockholdings）。进入壁垒，银行直接贷款以及其他形式的政府偏袒，使得财阀能够在没有很多竞争对手的情况下主导经济格局。

最后,财阀的庞大规模,以及它们的横向多元化,降低了创始人——大股东与外部投资者达成任何形式的善治协议的动机。到了第二代,这些家族已经非常富有,即使不出售他们的集中持股,也有充足的资金可供支配。他们也可能获得了集中持股的"精神收入"——一种有关非货币私人利益控制权——如瑞典的瓦伦堡家族。【127】

韩国人在工作保障和政府治理方面苦苦挣扎。20世纪90年代,韩国工会摆脱了政府数十年的压制,在国家政治中发出了越来越强硬的声音,而与此同时,财阀大股东和外国投资者也在少数股东保护的问题方面达成自己犹豫不决的妥协。在这两方面,财阀所有者都是强硬的客户。

正如在欧洲,特别是德国发生的那样,集中的工业所有权帮助产生了集中的劳工组织,而财阀所有者与军政府之间的合作引发的政治愤怒进一步加剧了这种情况。1960年至2000年间,韩国的商业-劳动关系史是一场其间穿插着短暂交易的残酷冲突。在典型的社团主义国家,工资增长模式本应是平稳的,但实际的特点是长期的抑制,不时出现短暂的快速增长。

由于工会主张其存在的权利并在20世纪80年代发动了一系列大规模罢工(尽管官方进行了镇压),财阀所有者与隶属工会的工人达成了一项临时协议。财阀被默许从大公司中榨取控制权私人利益以换取大公司的不裁员政策,而该政策也反映在劳动法中,使得裁员变得困难和昂贵。快速的经济增长(尽管劳动生产率滞后)、限制性的竞争政策以及对外国进入的壁垒使这种便利的安排免受市场力量寒流的影响。这是一项非常不稳定的安排:在严重的相互不信任的背景下,很少有涉及所有者和劳动者的制度安排来稳定这项协议。

随着韩国在金泳三和金大中的领导下实行民主化,政府的政策转向了反对财阀的封闭世界。政治制度的变化导致权力关系的变化,进而导致政策的变化,从而导致公司治理模式的变化。

在长达数年的镇压中,财阀被广泛描述为与将军们沆瀣一气。选举使政府掌权,反映了选民对腐败和效率的关注。金大中及其中左翼支持阵营与财阀家族,尤其是与大宇集团的所有者之间存在巨大的政治紧张关系,郑氏家族试图利用对现代汽车的控制权进入韩国的选举政治,也是如此。

在20世纪90年代,随着媒体的持续关注以及青瓦台总统寻求巩固新的政治权力基础，财阀与银行业之间的许多特殊交易得以公之于众。私人利益控制的实例、彻底的资产剥离以及财阀家族第二代成员之间引人注目的争斗，让公司治理一直占据着各大报纸的头版。

【128】 在20世纪90年代走向民主化的同时，韩国采取了将国有公用事业和国有重工业公司私有化（或公司化）的政策，如浦项钢铁公司、韩国电力公司（Korea Electric Power，KEPCO）、韩国电信公司和韩国烟草公司。这些公司占韩国证券交易所（KSE）总市值的比例越来越大，推动了大股东控制的财阀的权重下降。国有企业股票首次公开发行（SIPOs）尤其受外商证券组合投资者的青睐，他们希望买入"韩国奇迹"（或者只是让自己的全球投资组合多样化），但他们仍对财阀的大股东承诺保护少数股东的做法表示怀疑。尽管同样不透明，且受政府目标主导，但至少这些公司作为韩国公司（Korea Inc.）的一部分拥有隐性的主权担保；没有人相信韩国政府会公开掠夺浦项电力或韩国电力公司，更不用说让他们走下坡路了。

因此，私有化增加了股权，开放的政治破坏了与财阀家族的特殊交易。与此同时，大股东利用亚洲金融危机来攻击员工保护政策，认为政府必须将对就业保护的取消作为一项国家紧急事件。一旦这些规则被行政命令解除，他们就会进行迅速而大规模的裁员。

尽管在韩国金融危机中，财阀率先出手，但在金融危机期间当选的金大中领导的新政府很快通过了一系列公司治理改革。金大中得到了所有被前政权排除在外的团体的大力支持，包括工会、全罗道地区团体、被财阀系统排除在外的小企业主、公务员、各种各样的改革者，这些团体都属于金大中的改革派——千禧年民主党（Millennium Democratic Party）。这种支持联盟与其他国家的支持联盟产生了共鸣。

韩国的公司治理改革是通过政治制度的变化强加于财阀的，这些政治体制的变化使得这些新势力颠覆了几十年来一直存在的治理政策。千禧年民主党与工会组织关系密切，其治理改革的政治语言最初带有"劳动力对资本"的色彩。但是，有一个坚实的跨阶级联盟支持惩罚大财阀，道德风险的缺陷已经被这场危机揭示，其成本最终由员工和纳税人承担——前者失去了工作，后者在1998年之后为救助非银行金融机构和扶持摇摇欲坠的财阀支付了巨额费用。因此，韩国不断变化的政治体制为偏好股东保护（或者反对财阀大股

东偏好的人）的行为者提供了发声的机会

对 1998 年韩国公司治理机构改革爆发的密切追踪表明，这些改革是新当选的金大中政府在与大股东进行了虚饰的协商情况下采取的，但本质上是政府进程的政治选择强加给它们的。正如投资者模型的一个简单版本所预测的那样，这不是所有者与外部投资者之间的私人交易，而是政治上由法律和规制（rules and regulations）决定的。就正式规则的重要性而言，它类似于更短时间内的美国进程。

【129】

1998 年，韩国新成立的金融监督管理委员会（Financial Supervisory Commission，FSC）正在努力应对外国对韩国国家风险溢价的怀疑。该委员会对韩国财务会计准则（Korean Financial Accounting Standards，KFAS）进行了彻底改革，使其与国际会计准则保持一致。上市公司必须使用外部审计人员。从财政部和经济部分离出来的一个独立的会计准则机构——韩国会计准则委员会（Korean Accounting Standards Board，KASB）于 1999 年 6 月成立。[51]

与此同时，还制定了新的法规，要求详细披露财阀大股东与上市公司之间的内幕金融交易。由于更好的财务披露和更可靠的会计数据，韩国非官方的第三方财务分析机构——包括国际证券公司的首尔分支机构——进入了极度忙碌的状态，全球投资者担心他们错误估计了韩国潜在的商业风险，并高估了财阀所有者的诚信公司治理——且认识到韩国公司隐含的国家担保没有延伸到所有公司的所有外国投资者。

1998 年，金大中政府采取措施，迫使财阀更换他们以家族为主导的董事会——这些董事会通常会对创始大股东的议程不经审查就批准，其中非执行董事的数量不断增加。现代、三星、LG、SK 和大宇（现已破产）前五大财阀是这些改革的特别目标。[52]这些公司被要求从外部选任 50%的董事，并严格定义其独立性。

与此同时，向公司提起衍生诉讼的法律障碍也从股权的 1%降至 0.01%，这使小股东更容易提起此类诉讼。一系列衍生品诉讼被提起，原告赢得了其

---

[51] Il-Sup Kim, "Financial Crisis and Its Impact on the Accounting System in Korea," Korea Accounting Standards Board Manuscript, 2000.

[52] 所有这些公司都由其创始人或直系亲属控制。这些创始人包括现代的郑周永、三星的李秉哲、LG 的具仁会和大宇的金宇中（目前在逃）。

中几起。让集体诉讼更容易的举措被国民议会否决,据称是由于财阀的反游说。

类似地,韩国通过限制获得目标公司10%的股份上限来限制敌意收购的规定也被取消。取消了并购交易必须获得政府批准的要求,修改了投票程序和要约规则(tendering rules),加强了对少数股东的保护。尽管如此,即使在1997—1998年金融危机之后,也没有发生任何敌意收购。

韩国法规的一些变化使股票期权的使用变得更加容易,但在实际操作中,股票期权的使用仍然很低;因此,韩国基于绩效的薪酬与总薪酬的比率远低于平均水平。在20世纪80年代和90年代期间,高级财阀管理人员在集团内部得到了晋升和轮换,但是,由于一系列危机,以及新的外国投资以及国际管理人员安置公司(也称为"猎头公司")的出现,在危机之后出现了许多管理流动性增加的轶事。

在治理改革的同时,韩国政府幕后监督管理了一系列公司治理审议委员会:由财政和经济部(Ministry of Finance and Economy,MOFE)和金融服务机构管理的委员会,尽管财阀代表激烈反对,但仍批准了1998年的改革;以及另一个由司法部管理的委员会,该委员会聘请了来自国际会计、法律和证券公司的技术专家团队,根据全球治理标准为韩国提出一系列详细的监管改革。

但这些公司治理改革有其局限性,其局限性可追溯至潜在政治联盟的偏好,该联盟支持政府从上而下实施强化少数股东保护的努力。当许多过度扩张的财阀公司试图与韩国银行重新谈判贷款时,事态变得更加严重,因为外国投资者大多选择了退出,而韩国证券交易所在1998年陷入了困境。在金融危机期间,政府实际上国有化了大部分韩国银行。但是,绝大多数财阀仍然通过政府控制的银行从金融服务机构获得"生命支持"贷款,而不是通过破产清算——这可能导致更多大规模的裁员,这反过来意味着它们实际上处于财政部的控制之下。在一段长期的、困难重重的疲软时期,韩国政府试图对这些企业进行改革,同时尽量减少裁员;当严格忠诚的后果是被组织良好——和政治上激进的——的工会解雇时,很多人都会对公司治理原则达成妥协。韩国工人关心公司治理,但他们更关心自己的工作。

这是韩国例子的一个重要教训。无论资产类别是债券还是股权,外国投资者驱动的治理改革模式在国内都缺乏政治基础。大多数韩国公民将不会从这些改革中受益,而这些改革主要是由外国投资者推动的。韩国人没有可以投入重组公司的养老金储蓄。因此,该案例缺乏透明度联盟的一个关键组成部分——让工人与养老基金联合起来,以保护大量的外部小股东。原因与先前在养老基金领域做出的决定有关,在较低程度上与韩国金融中介机构的作用有关。我们将在第七章中更详细地讨论这个问题,但是为了使韩国案例成为一个整体,我们在这里指出了这个故事。

虽然表 5.3 中的数据显示,韩国机构投资者已积累了近 4000 亿美元的资产,但这些资产的股权比例仅为 10% 左右。韩国养老金总资产占 GDP 的百分比约为 13%,远低于我们样本中经合组织和发展中国家的平均值。此外,这一资产数字掩盖了首尔政府对其公民的养老金义务严重缺乏资金的本质。

在金融危机期间,当雇主破产时,许多韩国工人失去了公司的养老金福利;财阀公司的遣散费利益来自当前的业务运营,而不是由外部金融资产提供资金。当这些公司破产时,工人对公司未来现金流的要求连同股东和外部债权人的要求一起,都会被冲销。被外国直接投资者收购的破产或摇摇欲坠的公司,也减记或完全取消了对工人的大部分养老金义务。

雪上加霜的是,除了这种公司特定的损失,许多工人个人资助的养老金计划在后危机时期也遭受巨大损失。一些养老基金因财政部门敦促他们对股票市场进行不明智投资而破产。一个值得注意的例子是,作为政府组织对陷入困境的大宇集团的救助计划的一部分,数家私人养老基金大量购买了大宇集团的证券,最终失败的救助计划摧毁了几家养老基金。

这些经济损失增加了财政损失,韩国政府背负了巨额救助成本的负担,它通过国家福利安全网缓解工人个人损失的能力受到严重限制。韩国政府以及每一位牵连其中的韩国纳税人,已经成为破产财阀中被剥夺财产(expropriated)的少数股东。

因此,韩国工人以及更广泛意义上的韩国选民普遍将这些损失归因于财阀公司治理中的道德风险失误——金大中政府不顾财阀股东的反对,推进了这些改革。这给韩国的许多公司治理改革带来了惩罚性的基调。这些措施似乎更多地被用来伤害财阀大股东,而不是为了增强少数股东的利益——韩国工人往往几乎没有剩余的积极利益(positive stake),反而承担了负面责任。少数股东意味着"外国"股东,而不是韩国人自己。因此,在韩国,透明度

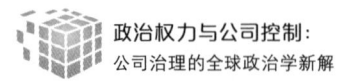

改革是在一种政治背景下进行的，这种政治背景混合了劳动力要素和跨阶级联盟特征，但少有投资者模式的特征。[53]

第二节 劳动者主导所有者和管理者

劳动力模型

金融理论对代理成本和投资者的关注忽视了企业中的其他参与者，也忽视了政治体系中的其他参与者——员工。我们接下来转向当所有者与管理者联盟的另一方——劳动者胜利时所发生的事情。投资者模型的逻辑表明，在治理问题上存在阶级冲突的可能性：劳动者通过抵制所有者的目标来捍卫自己的利益。但在劳动力模型中，劳动者有不同的利益、不同的观念，以及影响政策的不同机构（政党和工会）。这种模式下的劳动者远非大股东和投资者安排的被动观察者；他们是公司内部和整个政治制度中的积极参与者。

投资者模型的对照组是同样的分裂，但结果却相反：在投资者模型中，治理模式是由资本的政治胜利决定的。在劳动力模型（labor model）中，劳动者占了上风。投资者模型假定资本想要什么，资本就得到什么，这就是少数股东的保护。劳动力模型假设工人为争取收入、工作保护和其他目标而战，他们认为分散持股模型（diffusion model）竞争激烈的方面不利于这些目标。如果他们成功了，他们的政策目标将成为法律和法规，从而构建公司治理。

偏好和政治影响

在民主国家，劳动者投票；由于规则是由政治制度制定的，选民的偏好

---

[53] Sea-Jin Chang and Jung-Ho Kim, "The Chaebol Reforms," paper presented at the Joint International Conference of the Weatherhead Center for International Affairs and Korea University, March 2000, in Cambridge, Massachusetts; Lee-Jay Cho and Yoon-Hyung Kim, eds., *Korea's Choices in Emerging Global Competition and Cooperation* (Seoul: Korea Development Institute, 1998); Cho 2000; Yoon-Je Cho and Joon Kyung Kim, *Credit Policies and the Industrialization of Korea* (Seoul: Korea Development Institute, 1997); Seong-Min Yoo, "Corporate Restructuring in Korea: Policy Issues before and during the Crisis," Korea Development Institute Working Paper No. 9903, 1999; Seong-Min Yoo, "Evolution of Government-Business Interface in Korea: Progress to Date and Reform Agenda Ahead," Korea Development Institute Working Paper No. 9711, 1997; Seong-Min Yoo and Young-Jae Lin, "Big Business in Korea: New Learning and Policy Issues," Korea Development Institute Working Paper No. 9901, 1999; Youngmo Yoon, "Chaebol Reform: The Missing Agenda in 'Corporate Governance,'" paper presented to the Conference on Corporate Governance in Asia: A Comparative Perspective, March 3-5, 1999, Seoul.

需要纳入政策结果模型。劳动者有两种形式的权力可以对治理问题产生影响：市场力量（通过罢工或消极怠工来拒绝工作的能力）和政治权力。这些都是强大的力量。我们需要考虑员工的偏好以及他们如何运用自己的权力来获得这些偏好。从贸易到社会福利，人们已经研究了劳工影响力和左右政治分裂，以解释政治经济领域的各种结果。[54]

劳动者直接以工资或间接地在税收和社会福利方面与所有者争夺收入份额。劳动者模型假设劳动者在公司治理方面也与所有者有不同的偏好。他们支持公司治理实践，这将保留工作岗位，并最大化劳动力在公司收入中的份额，即使是以牺牲股东价值为代价。

这是劳工左派论点的出发点，该观点旨在解释少数股东保护和集中程度的差异。马克·罗伊将此称为"社会民主模式"（Social Democracy model），以20世纪最著名的阐明劳工目标的政党命名。[55]我们发现这个标签有点令人困惑，因为社会民主党派是联盟，而不是由纯粹的劳工组成——这是我们在下一章讨论跨阶级联盟时所返回的一个点。我们倾向于使用"劳动力模型"（labor power model）这个术语，而将"社会民主"（social democratic）这个术语保留给政治运动，而政治运动的组成部分之一就是劳动力。劳动力模型认为，公司治理的结果是由选举结果驱动的，并假设劳动力与政治左翼紧密结合。政治越左倾，我们观察到的股东分散持股就越少。

根据这个模型，有两种机制可以维持所有权集中。第一种机制是左翼力量对公司经济状况的影响。除了对股东的诉求外，左翼力量还能表达对公司的诉求；员工们寻求工作保障，推动制定法律，使解雇员工变得困难；他们寻求公司利润中更大的收入份额，因此他们推动均衡所得税和工资压缩政策；他们想要社会保险，因此推动医疗保健，失业和残疾保险；他们希望稳定，推动使关闭工厂变得困难的法律。面对受劳动力影响的利益相关者的压力，大股东将抵制所有权的扩散。大股东试图在董事会中保留他们的影响力，以

---

[54] 在飞利浦曲线（Philips curve）上进行权衡，参见 Douglas A. Hibbs Jr., "Political Parties and Macro-economic Policy," *American Political Science Review* 71（1977）：1467-87；Hibbs, "Industrial Conflict in Advanced Industrial Societies," *American Political Science Review* 70（1976）：1033-58；Garrett and Lange 1996.

[55] Roe 2003b. 罗伊完全意识到了标签问题，他使用社会民主主义来代表反市场的批评，不管其来源是什么。存在一个有效的区别。我们的目标是探索各种理论所提出的所有者与劳动者之间的紧张关系，因此区分对市场和劳动力的广泛的社会批评是非常重要的。

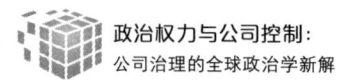

抵抗由劳动力驱动的对公司的政治压力。外部的少数股权投资者也回避这一制度。集中持股（blockholding）是最终的结果。

从劳动力到集中持股的第二种机制是少数股东保护机制。左翼政党被认为反对股东权利，是为了维持集中持股关系，以促进和稳定他们所寻求的其他价值。[56]

我们将在本章中探讨这两种机制。因此，与其他预测因子（例如法系或投资者的权力）相比，左右权力平衡应作为对少数股东保护条款的解释进行检验。与此同时，我们还应该探讨关于左翼力量（left power）的更系统的论述：这不是股东保护条款（或缺乏股东保护条款）导致的集中持股，而是其他政策产生的集中激励。

总体而言，证据支持阶级冲突在影响公司治理结果方面的相关性，因为左右之间的权力平衡确实对公司政策和实践存在影响。但正如我们在此以及接下来的两章中所讨论的，我们认为劳工（labor）影响的渠道是跨阶级联盟。

工党很少独自赢得选举。它动员其他团体的支持，实现其他目标。在最著名的以劳工为导向的案例中，瑞典社会民主党与农民党（Agrarians）联合执政。具有其他目标——社区和区域发展、宗教观点、环境、民族主义——的群体可以加入这些联盟，但这些其他目标和他们的支持者严格来说不是从劳工的角度出发的。劳工及其主张是这些联盟的一部分，是一个重要的、必不可少的参与者，但仍然只是联盟的一个盟友。

我们将在接下来的两章中探讨这个问题并提出替代解决方案。在本章中，我们展示了劳工论争（labor argument）并对其进行了详细评估。

劳动力模型的预测

劳动力模型预测，在劳工政治力量强大的地方，股东集中度很高。[57] 该论证有两个渠道：一个侧重于少数股东保护的供给。在劳工较弱的地方，少数股东保护水平很高，因此股东集中度很低。另一个渠道则侧重于资本主义

---

[56] 我们注意到这不是罗伊直接的论点。罗伊强调左翼力量对董事会中权力关系以及对公司主张的广泛影响。他指出，从严格意义上讲，公司法的质量并不一定是劳动者所必然反对的，在左翼势力强大的地方也能找到。

[57] Roe 2003b.

经济政策：在劳工强大的地方，竞争和自由的经济模式将会很弱，因此大股东持股（集中持股）将会很高。通过这种方式，劳工作为政治背后的驱动力，抑制了少数股东保护和竞争性经济政策。

股东保护与集中度之间呈负相关关系的预测与投资者模型相似。在这方面，它与所有强调少数股东保护重要性的论点属于同一系统，或者更传统的说——强调QCL，但它与拉波塔等学派在法律质量方面的理由（cause）不同。劳动力模型认为，少数股东保护高或低的根本原因不在于深厚的历史法系渊源，而在于国家层面的政治进程。

我们注意到，罗伊在其最近的《公司治理的政治维度》(*Political Determinants of Corperate Governance*) 一书中所作的论证并不是我们所称的劳动力模型。许多读者会把它与他联系在一起，因为他一直是研究劳动力的最有活力的研究者。他当然确实认为，在劳动力强大的地方，集中持股比例更高。但他的因果关系不是少数股东保护。除了少数股东保护或公司法质量——劳工规则，税收政策等之外，还会因为劳动力的其他影响而产生集中持股。在这一点上，我们同意他的观点，即少数股东保护的不足，以及除了法系之外的政治变量的更大力量。我们试图将劳动力模型作为对少数股东保护和资本主义结构变量的解释。我们与罗伊的分歧在于，在解释产生这些政策的政治因素时，劳动力的充分性（the adequacy of labor power），以及左右分裂的程度。我们认为，MSP确实重要（罗伊并不完全持异议），资本主义结构变量也很重要（罗伊也这么认为），而政治解释了两者。我们认为，与左右分裂相比，跨阶级的分歧（cross-class cleavages）能够更好地塑造那些政治。

在本章中，我们将探讨左与右（左翼与右翼）证据，继续本章第一部分讨论的镜像。

该模型的预测是：

- 强大的左翼将产生较低水平的股东分散持股。
- 强大的左翼产生较低水平的少数股东保护。
- 较高的就业保护水平和较高的收入平等都与较低的股东分散持股水平相关。

我们用三个劳动政治力量指标检验了左翼政治权力对我们样本中国家或

地区治理结果影响的预测：政党的党派构成、法律上的就业保护和收入不平等。这些测试的类型与罗伊在《公司治理的政治维度》中使用的测试相似，但我们使用了扩展的、在某些情况下更近期的数据重复了他的测试。

左右翼党派政治力量

罗伊检验了拉波塔等人在16个国家20%控制阈值下计算的所有权集中度，基于库萨克（Cusack）创建的数据，对1980年至1991年左右翼政党控制指数进行了回归。[58]相关性在0.305处较弱，但在t=3.62处显著，支持了劳动力模型的一个预测。

我们认为，在寻找公司治理决策的政治根源时，仅仅十年的政治窗口是短暂的。我们注意到，1991年之后，这个样本中的一些政府在政治上改变了方向，包括几个向左翼移动的国家。1997年，玛格丽特·撒切尔（Margaret Thatcher）和约翰·梅杰（John Major）为托尼·布莱尔（Tony Blair）所取代；1993年，罗纳德·里根（Ronald Reagan）和乔治·H.W.布什（George H. W. Bush）为比尔·克林顿（Bill Clinton）所取代；1998年，赫尔穆特·科尔（Helmut Kohl）为格哈德·施罗德（Gerhardt Schröder）所取代；日本的自由民主党为更复杂的联盟政治所取代。

但与此同时，意大利与西尔维奥·贝卢斯科尼（Silvio Berlusconi，1994年以及2001年以来再次）一起向右翼移动，西班牙与何塞·玛丽亚·阿斯纳尔（José Maria Aznar，1996年以及2002年以来再次）一起发生了同样的变化，法国保守派于2002年控制了总统和国民议会，美国乔治·布什于2000年赢得了总统职位，共和党于2003年控制国会两院。

表5.4显示罗伊的结果对模型设定（model specification）不稳健。例如，如果我们取一个更大的政治窗口，当我们回归罗伊在1960—1996年对政府主导使用的相同的集中/分散持股指数时，该系数的显著性下降。然后，我们使用我们的集中度数据重复了罗伊的测试。罗伊使用拉波塔等人的中型企业分散持股指数，这与我们的集中度测量相反。两项指标均呈负相关（r = −0.6208）。尽管模型在党派关系上的系数上返回相反的符号，但两者似乎都

---

[58] Thomas R. Cusack, "Partisan Politics and Public Spending: Changes in Public Spending in the Industrialized Democracies, 1955-1989," *Public Choice* 91 (1997): 375-95; and "Partisan Politics and Fiscal Policy," *Comparative Political Studies* 32 (1999): 464-86.

指向相同的方向：左翼政府下的集中度（扩散）更高（更低）。然而，当因变量是我们的集中度测量值时，系数较弱，显著性水平较低（见表5.5）[59]。

表5.4 左右翼政治力量和集中度/分散持股测试

因变量	罗伊分散持股指数[a]	罗伊分散持股指数[a]	所有权集中度（G-S数据）	少数股东保护
党派偏见[b]	0.28***			
（1980—1991）	(0.09)			
党派偏见		0.29**	-17.83*	17.88
（1960—1996）		(0.12)	(9.30)	(11.12)
常数	-0.60	-0.62	94.04***	-5.90
	(0.27)	(0.39)	(28.81)	(34.44)
样本	16	16	16	16
$F(1,14)$	10.46	5.53	3.67	2.58
Prob.>F	0.0060	0.0338	0.0630	0.1302
R^2	0.4276	0.2832	0.2077	0.1558
Adj.R^2	0.3867	0.2320	0.1511	0.0955
残差标准差	0.20119	0.22514	16.803	20.09

a 1995年，不具备20%以上大股东的中型企业的比例。
b 源自库萨克。
* $p<0.10$, ** $p<0.05$, *** $p<0.01$.

就业保障

除了票数本身之外，罗伊还寻找其他劳动力指标［用他的词汇来说，就是社会民主主义（social democratic）］。首先，他着眼于就业保障，即限制解雇员工的法规。他预测，在劳动力强劲的地方，就业保护应该很高。在因果

---

[59] 请注意，我们的测量范围为0到100，而扩散测量值为0比1。请注意，当我们使用拉波塔等人对最大型公司的扩散度量时，结果也会有所不同。

关系的劳动力渠道中,这会增加对公司的要求,这是少数股东不喜欢的;因此所有权将保持集中。罗伊的实证数据支持这一预期。美国的就业保护最弱,分散持股程度最高;意大利拥有最强有力的劳动保护,也是分散持股程度最低的国家之一。[60]

使用我们的所有权数据和罗伊采用的相同的就业保障指数,我们发现集中度与就业保障实践之间存在类似的正相关关系,相关系数为0.69和t=3.6,如图5.5所示。

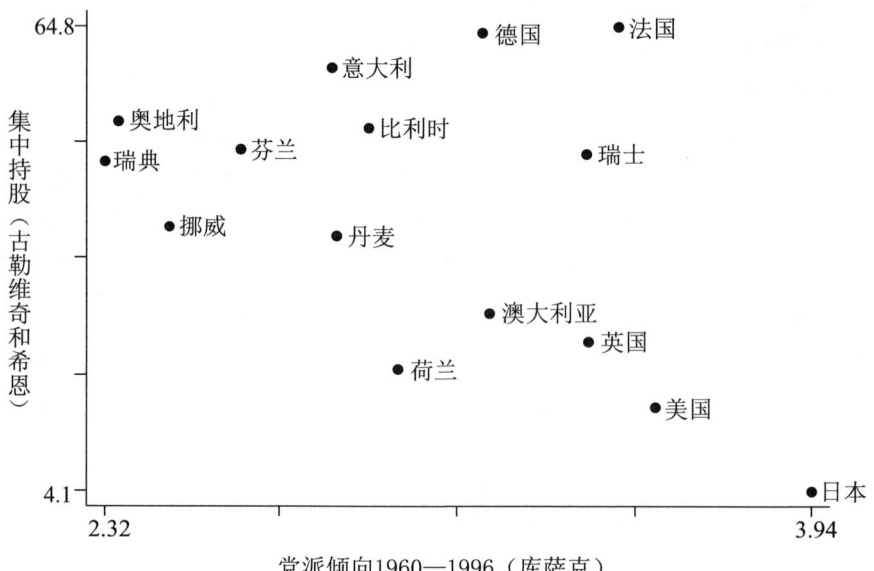

图 5.4　左右翼政治控制和集中持股

表 5.5　政治控制和集中度测试概要

数据集	集中持股		股东保护	
	t	R^2	t	R^2
库萨克 81-91,LLSV	3.62	0.446		
库萨克 60-96,LLSV	2.35	0.232		

---

[60] Roe 2003b, 52, graph 6.2.

续表

数据集	集中持股		股东保护	
	t	R^2	t	R^2
库萨克 60-96，我们的数据	−1.92	0.151	1.61	0.096

在股东保护渠道方面，我们发现，我们的股东保护指数和工作保障实践之间存在类似的强烈负相关关系，−0.65 与 t = 3.21。（另见附录表 A.13 和 A.14。）

这些发现支持了劳动力模型的就业保障预测。也就是说，在就业保障（job security）很强的情况下，分散持股很弱，少数股东的保护很弱。然而，这并不能证明就业保障是工党党派力量（labor partisan strength）的直接结果。

就业保障（job security）确实会影响治理，因为投资者会受其影响。虽然就业保障规则的存在可以反映左翼力量，但它也可能反映出跨阶级联盟。

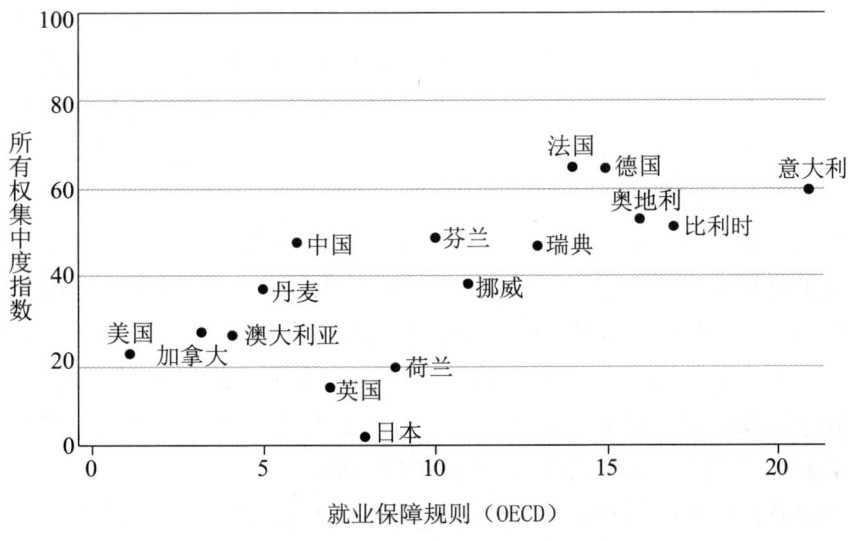

图 5.5 就业保障和所有权集中度

收入不平等

作为劳动力（或社会民主）的第三个可能指标，罗伊研究了收入不均等

（income inequality）。收入分配反映了在所得税、社会福利规定、职业晋升、培训计划以及其他影响收入分配的政策方面的政治选择。因此，收入不平等是劳动力强度的另一个指标。据推测，左翼政治控制越强，收入不平等程度越低（以传统的基尼系数衡量）。罗伊发现，收入平等程度越高（基尼系数越低），所有权就越集中。相反，收入越不平等（基尼系数越高），所有权就越分散。[61]

我们使用相同的国家/地区集和基尼系数重复此测试，但使用我们的所有权集中度（ownership concentration）数据。在我们的测试中，显示的迹象与罗伊的结果相同，但统计关系更为松散。大股东持股（集中持股）与收入不平等（基尼系数越高）呈 -0.45 的负相关，t = 1.83，低于 0.05 的显著性水平。另一方面，股东保护与收入不均等确实存在 0.60 的正相关关系，t = 2.73，与罗伊的观点一致。（另见附录 A.15。）

正确的强调、错误的模型

我们同意劳动力模型对政治的压力、政党竞争的重要性，以及政治体系中左右分裂（cleavages）的重要性。正如前一章所述，我们赞同罗伊对法系解释的批评，即忽略了这些政治变量在塑造治理结果和法律运作方式方面的作用。我们也同意罗伊的担忧，即少数股东（及其 QCL 的组成部分）只是部分治理驱动因素：其他类型的经济政策，如经济竞争、劳动力市场和福利，也会影响那些影响分散持股的激励因素。

我们不同意的是劳动力模型对运转中的政治的描述。左翼与右翼是政治中的几条分裂线之一。这可能是决定性的。法国政治的右倾在一定程度上解释了新自由主义的经济政策特征，而这反过来又导致了国家在治理中的作用下降。然而，其他联盟模式可能而且也确实会发生：跨阶级联盟也已建立，我们相信，在许多情况下，其作为解释可能更有力。政治制度也在塑造分歧（cleavages）结构和政治竞争的获胜者方面发挥作用。

如果我们只关注所有者和劳动者作为连贯的政治团体，彼此冲突，我们就无法理解通向伯利-米恩斯公司的政治因素。所有者、管理者和劳动者互相争斗。他们从劳工、农民或其他群体中寻求盟友。所有者、劳动者联盟或管理者及其相关的"中介机构"（intermediaries）联盟的普遍盛行，只能通过将

---

[61] Roe 2003b, 54, graph 6.3.

他们之间的斗争与其他冲突和进程联系起来进行解释，我们将在下一章进一步讨论这些冲突和进程。

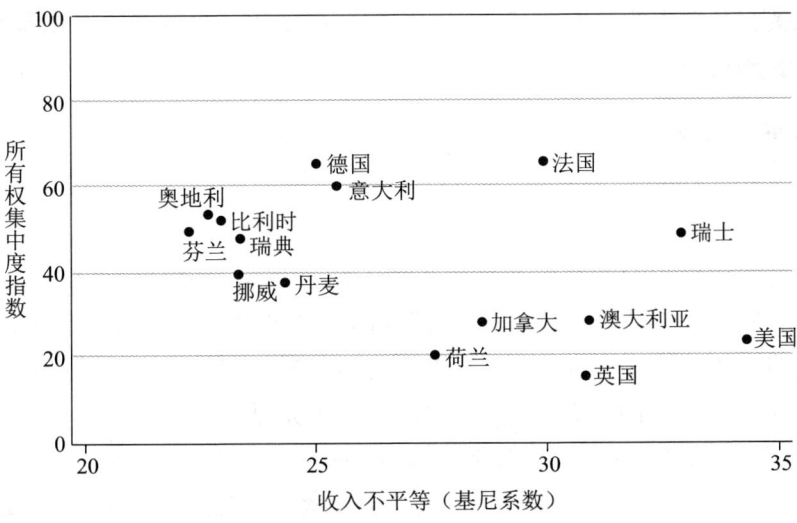

图 5.6　所有权集中度和收入不平等

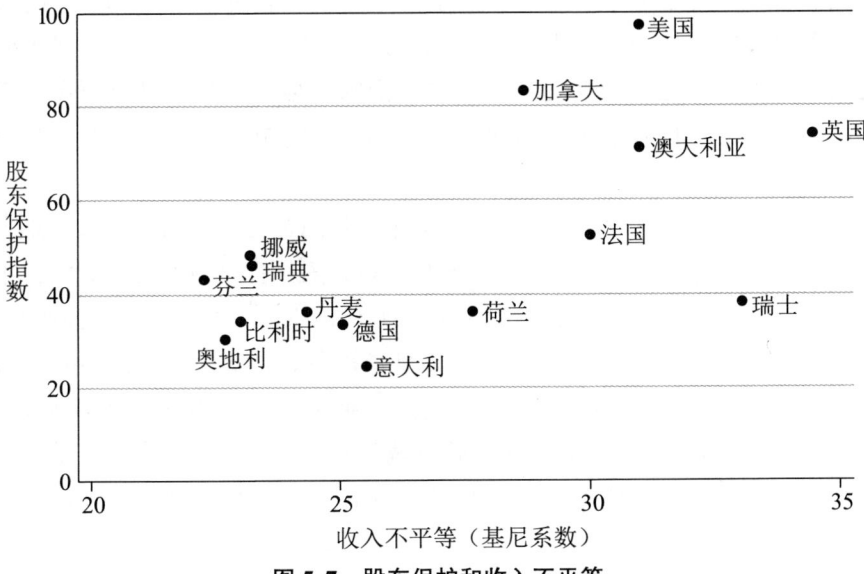

图 5.7　股东保护和收入不平等

劳动力和资本：两者都很重要，但如何实现呢？

劳动力模型提醒我们，员工在公司中很重要，而且他们在整个社会中也非常重要，社会中的规则则被设定为影响公司治理。投资者模型强调资本和投资者在塑造经济结果方面的重要性。

分析性叙述

瑞典：劳动力模式的典范

对许多比较政治经济学的学生来说，瑞典是民主国家劳工权力的典范。对于社会民主党的批评者来说，它是福利国家的反面教材，对于支持者来说，是福利国家的榜样。然而瑞典并不符合这两种刻板印象。这绝不是一个纯粹的社会主义案例，因为大多数经济体——80%是掌握在私人手中，这在欧洲是一个很高的数字。国家所有制（state ownership）非常有限，也不存在国家计划。例如，瑞典就没有日本相应的国际贸易和工业部（Ministry of International Trade and Industry，MITI，又称"通产省"）。瑞典在政治上与苏联模式相去甚远，因为它已经在一个多世纪以来牢固地植入了民主制度。与此同时，瑞典也经历了一场声势浩大的劳工运动，自1933年以来，社会民主党压倒性的一党统治，是一个高度发达的福利国家，拥有广泛的社会服务，高税收和相当大程度的收入平等。因此，瑞典符合民主市场经济中劳动力的许多形象。

劳工力量很重要。瑞典之所以发展至今，是因为劳工具有影响力。瑞典无法像韩国一样，或像法西斯主义者在意大利和德国一样，或像在苏联模式下一样，镇压一场自主的劳工运动。劳工被纳入政治体系的方式——被压抑或接受，自主的和有支配力的或者自主的和微不足道的（autonomous and influential or autonomous and marginal）——对公共政策至关重要。这对公司治理很重要。强大的劳工（strong labor）获得影响管理选择和约束所有者的目标。瑞典确实证明了罗伊如此清楚地分析了协商交易。我们质疑的是，对劳工的关注是否掩盖了交易的其他要素。

最近关于福利国家的研究总体上已经将其起源的框架从左翼（推动福利国家）和右翼（反对福利国家）之间的战斗转变为一个更复杂的跨阶级模式。

马里斯（Mares）、霍尔和索斯基斯、施特雷克、斯文森（Swenson）、特伦（Thelen）、马丁（Martin）和埃斯特维兹-安倍（Estevez-Abe）等人探讨了企业的某些要素如何支持受监管的资本主义的各项规定，以寻求稳定、训练有素、更健康的员工，并向他们投资。

如果瑞典不完全符合劳动力模型（labor power model），那么它也不符合投资者模型在集中度和少数股东保护之间的权衡，两者都很高，在100点的少数股东保护指数方面，分别拥有46.9%比例的集中持股和54%比例的少数股东保护指数。外商证券组合投资者涌入瑞典，目前占该国证券市场的份额为32.5%，远高于平均水平，而且该国的市场资本与GDP之比相当高，达到137%。但几乎没有迹象显示大股东接受了一项"善治协议"。我们看到，瓦伦堡家族这些最大的家族中几乎没有出现大量抛售，并且他们也不时抵制具体的改革措施。一小部分大股东持股（集中持股）家族通过复杂的金字塔结构和投票对现金流权利的严重倾斜比率，继续对大部分公共市场行使投票控制权；55%的上市公司拥有这种差异化的权利（如有投票权的A股和无投票权的B股）。

在瑞典，劳动者和管理者（一方）与集中持股所有者（另一方）签署了一项关于公司治理的长期协议，作为关于工资确定和就业条件的广泛社团协议的一部分，给予前者提供工作保障，以换取允许大股东在另一方面拥有相当大的自由度。由于瑞典相对开放的经济及其因此受到国外产品市场竞争的影响，代理成本得到了控制。

出于同样的原因，大股东以牺牲少数股东为代价获取控制权的私人收益似乎有限；衡量控制权溢价的间接尝试表明，这种溢价很小，只有几个百分点，并且很少有一些大股东无情地剥夺少数股东的轶事。

交易的历史根源：利益集团和制度。与其他国家一样，瑞典的工业化始于创始人寡头。在19世纪70年代之前，瑞典主要从事农业和采掘业，与较大的西欧国家相比，瑞典相对贫穷，但却参与了国际贸易，出口木材、粮食和矿石。工业化始于与这些来源相关的材料，即高质量的工程用具，如滚珠轴承、发电机（与大量水力相关）、电动机和电话。由于人口基数较小，且相对贫穷，瑞典继续以出口为导向。工业领导阶层来自不同的精英阶层，与王室和贵族关系密切。与世界各地的情况一样，那里的公司治理属于"寡头政治",由与银行关系密切的创始人内部人士控制。

【142】 在第一次世界大战中,拥有土地的工业精英奉行亲德政策,保护主义经济政策和保守的社会政策。但英国的封锁使生活变得艰难。在战争结束时,一场政治变革戏剧性地改变了一切:以出口为导向的工农业加上劳动力民主地推翻了政府,在战争中投靠英法一方,并引入了普选制。

这预示着对1929年大萧条的政治回应。起初,瑞典采取与其他国家相同的正统政策回应:削减支出以平衡预算。1933年初,另一场戏剧性的政治变革"打破了正统观念"。[62] 瑞典,和丹麦一样,几年后与挪威以及美国创造了"奶牛贸易"——农民(中产阶级与大地产所有者分道扬镳)之间的交易,农民得到价格支持,劳动者(劳工)得到失业补偿。政治上的惊喜来自农民——劳工联盟(farmer-labor alliance),因为这两者被认为是对立的。

该交易(deal)为后来被称为凯恩斯主义的经济政策奠定了基础,即为刺激需求而刻意增加赤字支出。当这个新的联盟赢得1936年的大选时,"资本家"同意做个交易(the "capitalists" agreed to make a bargain)。他们将接受工作场所的工会和公共政策中的福利国家,以换取所有者和管理者对公司战略和实践的控制,并通过劳动者达成不罢工的协议。建立规则(formulas)是为了将工资增长与生产率增长联系起来。这项协议是在特定的时间和地点——1938年于斯德哥尔摩附近的萨尔斯乔巴登(Saltsjobaden)明确制定的。包括美国在内的其他地方也出现了类似的政策和交易(bargains),但没有那么明确和直接。通常情况下,它是随着时间的推移而发生的。直接的"社会协定"(social pacts)在其他地方得到了同意,例如,在马提翁协议(Matignon Accords)时的法国(创造了每周40小时的工作时间,带薪假期以及工作场所关系的某些民主方面关系的开始),但它们过去是,现在也是相对不同寻常的,大多数社会协议(social bargains)都是一个过程,而不是某个特定时刻的"确凿证据"。

参与瑞典交易(bargain)的工业集团是高度发达的大型工业集团,它们从事出口业务、对世界贸易感兴趣,并关注社会和平。事实上,这种类型的产业一直是与劳动力讨价还价的领导者之一。长期以来,欧洲的小民主国家

---

[62] Gourevitch 1986, chaps. 3 and 4; Peter Hall, ed., *The Political Power of Economic Ideas: Keynesianism across Nations* (Princeton: Princeton University Press, 1989).

一直以自由贸易、高税收、广泛的福利国家安排和活跃的工会而著称。其逻辑是在国内实现社会和平，以保护依赖外贸的经济。但并非所有"资本家"都愿意达成这样的协议，只有那些特别关注贸易、高科技和训练有素熟练工人的资本家才愿意。

这种讨价还价就是我们所谓的社团主义妥协，我们将在下一章中对其进行更详细的分析。我们在此注意到它既是为了发展劳动力模型，也是为了指出其不足之处。如果没有强大的劳动力，谈判就不会发生，或者至少不会出现这些条款。实业家当然想要劳资和谐、训练有素的工人和需求刺激下的经济繁荣。但通过社团主义谈判（corporatist bargain）获得这些政策并不是他们的首选。他们是出于环境而接受的，但并不是每个实业家都这样做。那些在经济中处于特定地位的人更有可能接受它，因为他们正如我们所提到的，拥有比实业家更多的目标。因此，我们把这种社会协定（social pact）视作是强劲的劳动力（strong labor）、小农和特定工业家之间达成的。部分原因是劳动力强劲，但这种解释并不完整。

自大萧条、战争和重新调整时期以来的瑞典故事，多年来一直是凯恩斯主义福利国家方法的延续。不断扩大的福利国家，通过社会团结协定（social solidarity pact）进行承诺缩小薪资差异（wage compression），充分就业及对工人进行再培训以适应经济调整，使瑞典成为一个充分就业和平等的社会。艾斯平–安德森（Esping-Anderson）和其他人注意到斯堪的纳维亚模式的显著特征，不同于基督教民主党模式（参见下一章对德国的讨论），后者失业率较高，平等较少，妇女参与劳动的比例较低。瑞典是"第三条道路"的典范——它不是苏联模式下的计划、国家控制和威权主义，也不是纯粹的市场模式的自由资本主义和不平等，而是在大萧条、世界大战、法西斯主义等的严重社会打击之后，人们广泛寻求的某种妥协。

然而，到了20世纪90年代，瑞典模式面临问题。世界经济的快速增长和相当大的技术变革侵蚀了内部的协议（bargains）。管理层不仅在转移生产（shifting production）和劳动力配置方面寻求更多自由，而且工人之间关于工资平等的共识也开始动摇。先进的出口导向型部门的工人对那些非贸易或弱势行业的收入机会的损失表示不满。就业和平等的社会政策强调预算限制。人口老龄化威胁着社会服务和退休计划。

最近的一项治理研究简明扼要地总结了这些问题：

> 瑞典特有的公司所有权和控制权模式，是在高层的金融界（high finance）、政治当局和工会运动（有时被称为"铁三角"）之间的密切互动中形成的。共同目标是稳定的、长期的所有权，以换取在决策时照顾对经济和工会具有重要意义的某些利益。在第二次世界大战后的四分之一个世纪里，这种模式似乎运作良好，它实现了高增长率和高而稳定的就业水平。在20世纪的最后几十年里，这种模式的弊端变得显而易见。它们存在于新企业家和所有者在现行监管框架下维护其自身利益所面临的困难中，从而能够挑战现有所有者对公司和市场的控制。这削弱了商业部门的再生能力。因此，政治当局、资本所有者和工会运动之间的共识存在固有的危险。[63]

【144】 变革的压力产生了，变革的过程也开始了。其中一些人暗示了一个透明度联盟。人们听到了要求结束这一历史性交易（historic bargain）的声音，但是大股东、一些工人和一些雇员仍然强烈反对。这种平衡取决于政治让"政治当局"做什么。

变革：杯子半满、杯子半空。 我们看到瑞典的变化：外国资金正在投资，劳动力正在发生变化，界定股东权利的法典正在被讨论，但集中持股仍然存续。瑞典的权力相当集中：所有者和权力（瑞士语：Ägarna Och Makten）。

瑞典的集中持股比例相对较高，为47%，约为整个国别（地区）样本的平均值，在斯堪的纳维亚国家中最高，但低于欧洲大陆国家。有关瑞典所有权的数据相当准确；拉波塔等人以及法乔和郎对这个集中度数值达成了一致意见，而巴尔卡和贝希特则认为这个值应该更高一些。[64]

瑞典国家养老保险基金（第四和第五委员会）是瑞典股票的主要持有者

---

[63] Hans Söderström, Erik Berglöf, Bengt Holmström, Peter Högfeldt, and Eva Milgrom, "Corporate Governance and Structural Change," Studieförbundet Näringsliv och Samhälle Economic Policy Group Report, 2003, 29-30.

[64] Petra Adolfsson, Urban Ask, Ulrika Holmberg, and Sten Jönsson, "Corporate Governance in Sweden: A Literature Review," Report Submitted to the European Commission DGIV, May 1999. Classification from Anneli Sundin and Sven-Ivan Sundqvist, *Owners and Power in Sweden's Listed Companies*, 1997 (Stockholm: SIS Agarservice AB, 1998).

在财经媒体上，向沃尔沃（Volvo）出售斯堪尼亚（Scania）股份的行为被视为机构行使所有权控制的积极表现。据说，他们对主要所有者-投资者（瓦伦堡拥有的投资公司）与斯堪尼亚潜在合并候选人的谈判（据一些媒体评论人士称，谈判陷入停滞）的处理方式感到不满。

（占总市值约 4%），而瑞典投资基金则持有 4.8% 以上。1998 年的数据显示，外国股东拥有斯德哥尔摩交易所总市值的 31% 以上，而现在这一比例可能更高。[65]

前 50 大股东占总市值的 43.2%。所有其他股东包括约 300 万个人。在前 50 大股东中，我们发现了三个私人家庭［佩尔松（Persson）、道格拉斯（Douglas）和伦德伯格（Lundberg）］；其余的被归类为机构。[66]值得注意的是，瓦伦堡旗下的投资公司投资人已经失去了作为头号所有者的地位。由于机构投资者将斯堪尼亚公司（Scania）的股票出售给其主要竞争对手沃尔沃（Volvo），瓦伦堡家族的强势地位已经削弱，表达了对瓦伦堡处理斯堪尼亚公司潜在的融合候选人（merging candidates）的不满。然而，瓦伦堡家族仍然对瑞典工业存在重大影响。对于另一组大公司而言，缺乏所有者控制权，因为这些公司受到交叉持股和投票权限制的保护，使得获得投票权的成本高得令人望而却步。

作为更大规模的并购活动的副产品，而不是有意将控制权转售给外国投资者，大公司的大股东可能已经有了一些小幅减少。通过私募股权交易，可能存在一些未披露的控制权出售。纽约证券交易所或纳斯达克证券交易所的首次公开募股相对较少，而且几乎没有交叉上市——截至 2001 年，纽约证券交易所只有一家瑞典公司上市——反映了瑞典工业集中度相对较高和中小企业规模相对较小。实际上，支持透明度联盟的"新贵"相对较少。

少数股东保护。在这个国别案例中，高集中持股比例更是如此引人关注，因为瑞典拥有相当高的少数股东保护，在我们的百分制指数中得分是 54，高于整个样本和欧洲国家的平均值。财务会计和控制标准总体上对少数股东有利，尽管对现金流量权利的控制普遍存在偏差，以及收购实际上存在的障碍；这些权利得到了瑞典可靠的法治的支持，而这一点在该指数中没有体现出来。此外，许多公司对 A 股和 B 股（或同类股票）的投票权区别对待。在 35 家交易量最大的公司中，有 19 家公司都是如此。[67]财务披露的标准是中到低水平，非执行董事比率也是如此，而且相对保守地使用股票期权作为调整工具。

---

［65］ Sundin and Sundqvist 1998, 20.
［66］ Sundin and Sundqvist 1998.
［67］ Sundin and Sundqvist 1998.

有几则瑞典大股东的轶事,讲述了他们为反对保护少数股东而试图强加更高标准的信息披露标准和更公平的控制程序(more equitable control procedures)的尝试。

养老金。就透明度联盟模式而言,改革机制的某些要素正在形成。劳动者逐渐成为所有者。瑞典的 IPD 比率高达132%,这是传说中的战后瑞典福利国家的遗产,且其有着中等比例的私人养老金资产,占 GDP 的33%。这种情况开始发生变化:国民补充退休金(Allmänna Tilläggspension, ATP),国家社会保险体系中的一系列养老金改革削减了第一支柱的收益,转而采用准定义的福利制度,并将部分工资税转移到位于第二和第三支柱中的私人账户——智利路径的一个微型版本。

这一改革是瑞典经过高度共识(以及多重否决权)的政治进程而达成的曲折政治妥协的结果。这一变化是经过 15 年的讨论会和立法协商逐步展开的,其对民间私人养老金资产积累的影响将是渐进的。共识政治制度(consensual political institutions)阻碍了变革,为治理实践向透明联盟的转变提供了支持。但是这类制度并没有阻止变革,有时还可能通过向所有参与者提供发言权并允许集体分担责任和荣誉来增加这方面的额外动力。养老金改革既代价高昂又不受欢迎。如果所有各方都参与进来,那么在一个共识政治制度中的参与者可以做出可靠的承诺,不会因为成本(cost)而互相指责。多数决制中的参与者很难达成这样的交易,也很难坚持下去。

[146] 瑞典不断扩张的第二和第三支柱资产正集中在少数几家大型机构投资者身上,这些机构的治理结构更类似于加州公务员退休基金(California Public Employees' Retirement System, CalPERS),而不是富达投资(Fidelity Investments)。目前还不清楚瑞典新成立的大型养老基金在对其投资的公司进行约束方面的积极性。这一怀疑有力地提出了这样一种观点,即养老基金积累的庞大规模本身并不能告诉我们,我们是否会代表股东的利益观察股东行动主义。我们还需要了解养老基金管理的微观制度:资金是否拥有自主权,不受管理层利益或内部大股东利益的影响?

这项改革的目标是使瑞典的第一支柱计划更像一个受资助的养老金固定缴款计划(defined contribution plan),更准确地说,支出取决于缴款情况,并将养老金计划的收入转移效应("社会政策")与其退休效应分开。由于现有制度被认为是"不公平的、堕落的和枯竭的"(unfair, perverse, and depleted),再加上瑞典宏观经济结构性滞后和深度衰退(1992—1993 年和 1997—1998 年)引起的恐慌,因此逐渐形成了共识。[68]

这些改革得到了社会民主党和中间党派的支持,而绿党和共产党则表示反对。工会一般都支持改革——白领工会(Tjänstemannen Centralorganisation)尤其如此,蓝领工会(Landsorganisationen)不那么如此,而瑞典雇主联合会(Svenska Arbetgivarförening, SAF)则接受了相对较高水平的持续工资税,以换取向私人账户的转移。[69]

了解改革的政治需要更深入地了解各种群体的激励机制。意识形态问题正在发挥作用:例如,对平等与增长的承诺,但在国际和国内经济中的经济地位差异也在发挥作用。作为主要参与者的瑞典劳工,在承诺缩小薪资差异(wage compression)或在各类工作中同工同酬方面面临压力。出口行业的技术工人与无法从生产率上升中获益的非技术工人或服务业工人之间存在冲突。这削弱了对劳动岗位统一性的承诺,并使此类工人对生产率乃至公司治理产生了担忧。

因此,在稳定的共识政治制度的背景下,瑞典因此代表了追踪偏好缓慢,变化作用的良好案例。一方面由于大型养老基金数量相对较少,另一方面大股东数量较少,因此有关公司治理的谈判会非常迅速地进行——或者完全被阻止。与荷兰一样,瑞典的少数股东如果没有发言权,最终可能会选择退出。

本章小结

【147】

本章探讨了用于解释公司治理的阶级冲突政治模式的两极。投资者模型源于确定所有者目标的法律经济学传统。它明确了很多文献所暗示的观点,但并没有提出这些观点。争论的基础源于所有者在政治中获胜的能力。投资者模型采取了统一立场,即通过全体所有者来代表有着强大股东保护的外部分散持股模式。它假设投资者将需要提供这些保护的公司。随着市场力量的

---

[68] Edward Palmer, "Swedish Pension Reform: How Did It Evolve, and What Does It Mean for the Future?" in *Social Security Pension Reform in Europe*, Martin Feldstein and Horst Siebert, eds. (Chicago: University of Chicago Press, 2002), 184.

[69] Palmer 2002.

变化,未能提供此类保护的公司将失去投资者——纯粹的私人秩序版本。如果约束不够充分,投资者、管理者和所有者将希望政治体系提供产生少数股东保护的立法和监管。假设政治体系将提供少数股东保护。

我们以理论和事实来批判这个模型。理论上,全部的所有者都有统一的偏好是值得怀疑的。大股东想要维持他们的特权地位,可能会抵制变革。事实上,他们确实是抵制变革的。理论上,政治家们只提供少数股东保护是值得怀疑的。他们有许多非股东利益群体(constituencies)要整合,而少数股东保护并不是凭空产生的。

投资者模型的对立面是劳动力模型。从投资者模型的金融理论版本角度来看,这是合乎逻辑的下一步。资本需要什么,劳动者就不需要什么。因此,强大的劳动力(strong labor)意味着低少数股东保护。它还意味着经济中的政策抑制了分散持股——我们在前一章中称之为资本主义经济政策模式。弱经济竞争、弱反垄断、广泛的劳动力市场监管、价格管制,都抑制了市场的控制权和分散持股。

劳动力模型的政治观点表明,强大的劳动力产生了反分散持股政策。它确实这样做了,但并非没有任何协助。劳动力很少能在不与其他群体达成协议的情况下获得成功。

韩国展示了政治权力对政策的影响:在威权政权中享有特权的大股东不必认真对待其他群体的要求,但必须适应国家权力。随着民主化的开始,国家权力削弱,财阀变得更加自由,从而导致寡头所有者的权力几乎没有约束。进一步的民主化产生了其他声音,这些声音要求公共财政和公共事务具有透明度。这结束了财阀在该国的特权,并鼓励了有关公司治理的新规定。尽管大多数是外国股东,但持股比例有所上升,而管理者和所有者都更容易受到市场因素的影响。改变政治平衡意味着改变治理实践。在变化的联盟中,劳动者、被排除在外的企业家和其他群体拥有更多的发言权。

在瑞典,政策变迁(policy change)意味着在稳定的宪法框架内权力的转移。政党联盟的重大变化,特别是20世纪30年代社会民主党-农民党联盟,为与某些商业集团达成和解奠定了基础。这就产生了提供就业保护和高工资的政策环境,加上实质性的管理自主权和对治理体系中特殊金字塔控制权机制的保护——社团主义妥协。瑞典在劳动力指标上排名靠前,但与此同时,社会民主主义政府作为一个联盟展开运作。尽管瑞典人生活的许多方面发生了重大变化，但该制度仍然存在。

劳动力模型弥补了投资者模型忽略劳动力的不足。任何关于公司治理政治的论述，都离不开对投资者和劳动者的认真关注。但这一说法还不够。阶级冲突，左派与右派，资本与劳动，是分裂的一种模型，但不是唯一的，就结果而言，也并不一定能预测胜利者。我们转而研究其他动态——使管理者与劳动者一起反对内部所有者大股东（blockholders）利益度情况。瑞典和韩国都显示出投资者和劳动力模型的优势和局限。在这两种情况下，我们都看到了跨阶级联盟在起作用。我们现在转向对这些跨阶级联盟模式进行更直接的考察。

第六章
偏好分歧二：部门冲突

第一节 跨阶级联盟

[149] 前一章探讨了资本与劳动之间阶级分化（class divide）的政治分歧（political cleavages），以解释各地公司治理的差异。在这样做的过程中，我们发现了几个跨越阶级的分歧。我们发现了不同类型的所有者，包括：大股东和外部少数股东（"内部人"和"外部人"），以及与管理层有密切联系的机构投资者以及主要效忠于其受益股东的其他人。我们发现，员工有着与股东以及那些与之有较少共鸣的人相似的偏好。从这个意义上说，在我们看来，投资者和劳动者模型都存在缺陷，因为他们过度简化了所有者、管理者和劳动者的偏好，以及他们在整个社会中对这些偏好的映射。除了劳资关系分化之外的其他分歧也体现在政治上。

在本章中，我们将这些观察结果一起组合成另一种分歧模型。在这种跨阶级模式中，管理者和劳动者共同达成了一项提供工作保障、稳定性和规律性的广泛协议；劳动者将权力交给管理者，以换取稳定的工作和加薪；管理者管理着一个免受敌意并购的大型组织。大股东也被卷入了这场交易中，他们保留了一些控制权的收益，但必须与劳动者和管理者分享权力和奖励。在最常用于描述使其发挥作用的广泛制度模式的标签之后，我们称之为协商的社团主义（corporatism）。[1]

这种跨阶级协议是在一个历史时期达成的，有时被称为"历史性妥协"，

---

[1] 一些日本观察家使用术语"Kaisha shugi"或"公司主义"来表示治理结果，其中管理者和员工的偏好优先于资本提供者。我们使用的术语是"管理主义"。

就大多数国家而言，开始于两次世界大战期间，而在其他国家，比如日本，开始于第二次世界大战后不久。为应对第一次世界大战期间激烈的社会冲突、20世纪20年代的恶性通货膨胀、30年代的大萧条以及第二次世界大战的巨大灾难，人们做出了大量努力来建立一个社会和平的框架：在宪政民主的框架内，调和管理者和劳动者，压制阶级冲突，建立福利国家，发展社团主义代表机构，并在保留私营经济基本结构的同时限制若干竞争性的市场力量。公司治理成果根植于劳资合作；少数股东的偏好退居次要地位，大股东适应了这种新的结盟——一些是出于自我选择，另一些则是出于必要，但都是以外部股东为代价的。

另一方面，如果所有者对抗管理者和劳动者结盟的另一方获胜，我们就会出现寡头政治：所有者制定公司治理规则时几乎没有任何约束。这一结果在世界各地都有历史证明：在美国内战期间的强盗贵族时期（the robber baron period，即1865年之后）；在苏联解体后今天的俄罗斯，其所有者被称为寡头；在第二次世界大战后的一些亚洲国家，作为所谓的裙带资本主义的一个方面，以及在少数拉丁美洲国家，也是如此。【150】

因此，在社团主义和寡头政治中，所有权集中度和少数股东保护结果与劳动力模型中的相同，但政治路线是不同的。通往寡头模式的政治道路相当短暂：在19世纪后期工业化早期阶段的美国，在明治和大正时代的日本，在1960年到1990年的韩国，甚至可以说，在今天的俄罗斯，所有者-企业家发挥了巨大的政治影响力。这些所有者寡头主导政策、政治和董事会，能够按照自己的意愿讨价还价［独立行动，不受一切束缚地独断独行（wheel and deal）］，很少受到管理者、劳动者或少数股东的约束。

社团主义的政治道路更长、更间接；我们认为社团治理不是反映劳动力政治力量的公司治理结果，而是各阶层之间一种复杂的讨价还价，管理者和劳动者联合起来反对所有者——集中的所有者，因为少数股东很少或根本没有办法保护自己的利益。就整个国别（地区）样本而言，社团主义与相对较高的所有者集中度相关（见附录表A.16）。

合作主义模式：劳动者与管理者主导所有者

源于传统金融理论，适用于阶级模型（class-based）的社会类别，无法区分他们所分析的群体中的分歧。[2]在某些问题上，资本和劳动力确实捕捉到冲突的分歧，但在其他问题上却没有。有许多形式的资本和许多形式的劳动，每一种都在整体中形成子群。有时这些子群与他们的阶级邻居合作，但有时可能会与他们发生冲突，跨越阶级界限，在其他分歧原则上寻找共同点。这为对贸易、福利、劳工和竞争等领域的政策结果进行更复杂的政治解释提供了要素；在本章中，我们也将这种解释的逻辑扩展到公司治理。

我们已经注意到前几章中不可避免的碎片化点（point of fragmentation）。在第五章中，我们观察到资本不仅会破坏所有者和管理者——金融理论的主要区别——还会影响到不同类型的所有者。有大股东和分散的少数股东；在大股东中，有创始人兼企业家，他们的家庭和他们的信任；在少数股东中，有以投资收入为生的"食利者"，计划退休的小储户，以及介于两者之间的许多人。

这些不同类型的资本持有可以用完全不同的方式进行混合和汇总：个人通过在不同公司中单独购买股票来持有；或者由养老基金和投资公司聚合成块，每个基金或公司都有自己的激励和与投资者和被收购资产的公司的关系。这些投资者具有融资理论所熟悉的不同的风险和时间范围，以及不同的集体行动和政治游说的能力。

资本所有者在贸易、竞争、监管和劳动方面的立场差异巨大。[3]具有强大出口能力的公司支持开放的经济政策；容易受到激烈竞争压力影响的公司则不然。高科技市场的公司支持公共研究和教育；技术含量低的公司则不然。借款人与贷款人之间进行斗争，大资本与小资本之间进行斗争，小城镇银行与大金融机构之间进行斗争。依赖熟练劳动力的公司可能会在工人培训和对员工的长期承诺上大量投资，而其他公司则会寻求最短期的义务和最低的培训成本。[4]

---

[2] 正如津加莱斯（2000）指出的那样，不同的公司理论将导致对利益和政策偏好的不同理解：资金提供者和员工对公司价值做出贡献，因此有理由为这种跨阶级方法发声。

[3] Rogowski 1989; Gourevitch 1986; Michael Hiscox, *International Trade and Political Conflict: Commerce, Coalitions, and Mobility* (Princeton: Princeton University Press, 2002).

[4] Zingales 2000，强调了劳动力在企业权力体系中的重要性。

在劳动力（labor）方面，我们也发现了重要的分歧。[5]处于高度竞争行业的员工与受保护和效率低下行业的员工关系紧张；前者倾向于支持开放贸易，后者则反对开放贸易。要求工资平等的呼声可能会遭到"精英"或高技能员工的抵制。劳动者可能会支持他们所属的行业或公司，因此资本所有者之间的所有差异也会重新出现在劳动者中间。农民的政策目标通常与城市或工业资本家同行的政策目标截然不同，可用于处理贸易、金融、运输、税收和其他可能对公司治理产生影响的问题的政治联盟。

斯托尔帕-萨缪尔森定理或李嘉图-维纳理论？

我们依靠国际贸易政策政治专家提出的关于部门冲突和特定资产的想法，将这些线索结合在一起。投资者和劳动力模型的阶级冲突假设源于斯托尔帕-萨缪尔森理论（或卡尔·马克思）。经济由每个国家的土地、劳动力和资本组成，与其他国家相比，它们要么丰富，要么稀缺。在一个给定的经济体中，拥有丰富要素的所有者往往会从要素的跨国流动中获得更高的回报，因此（在其他条件相同的情况下）他们更喜欢自由贸易。相反，稀缺要素的所有者更偏好保护自己不受要素流动性的影响，这降低了他们的相对回报。研究人员利用这种方法来解释世界各地的贸易优惠政策，[6]并继续作为对经济全球化引发的公共政策问题进行激烈辩论的一种解释。[7]

【152】

另一种经济理论着眼于行业之间的部门冲突，而不是行业内部的阶级冲

---

[5] Zingales 2000; and Gøsta Esping‐Anderson, "The Three Political Economies of the Welfare State," *Canadian Review of Sociology and Anthropology* 26 (1989): 10–36; Espring-Anderson, *The Three Worlds of Welfare Capitalism* (Cambridge: Polity Press, 1990); Torben Iversen and David Soskice, "An Asset Theory of Social Policy Preferences," *American Political Science Review* 95 (2001): 875–93; David Soskice and Torben Iversen, "Multiple Wage-Bargaining Systems in the Single European Currency Area," *Oxford Review of Economic Policy* 14 (1998): 110–24; Soskice and Iversen, "The Non‐neutrality of Monetary Policy with Large Price or Wage Setters," *Quarterly Journal of Economics* 115 (2000): 265–84; Margarita Estevez-Abe, Torben Iversen, and David Soskice, "Social Protection and the Formation of Skills: A Reinterpretation of the Welfare State," in Hall and Soskice 2001; Torben Iversen and Thomas R. Cusack, "The Causes of Welfare State Expansion: Deindustrialization or Globalization?" *World Politics* 52 (2000): 313–49.

[6] 它还被用来解释飞利浦曲线的政治含义：在就业和通胀之间的权衡中，员工更喜欢以一定通胀为代价的低失业率，而资本所有者则相反。因此，在左翼势力强大的地方，失业率会很低，反之亦然。See, e.g., John H. Goldthorpe, ed., *Order and Conflict in Contemporary Capitalism* (New York: Oxford University Press, 1984); Dani Rodrik, *Has Globalization Gone Too Far?* (Washington, D.C.: Institute for International Economics, 1997); Hibbs 1977.

[7] See, e.g., Garrett 1998; Garrett and Lange 1996.

突。在贸易政治中，这种方法以李嘉图-维纳理论为代表。虽然斯托尔帕-萨缪尔森假设要素在部门和国家之间的流动，但李嘉图-维纳则提出，如果要素具有"粘性"，且是特定于部门的（"特定资产"），会发生什么情况。[8]在这种情况下，劳动者和所有者都关注保护其投资的特定资产——所有者拥有的实物资本（physical capital），劳动者拥有的人力资本。劳动者可以加入他们的老板和所有者的政治努力，以庇护"他们的"部门和"他们的"公司。例如，进口国的钢铁工人经常与股东一起抵制钢铁自由贸易，转而游说征收关税，这是一个跨越阶级的政治联盟。

类似的推理已经应用到许多其他领域。福利国家和社会政策方面的专家认为，在建立稳定劳动力市场的制度体系方面，一些商业团体（business groups）和劳工（labor）之间存在着实质性的合作。马里斯认为，法国和德国对就业保险的引入就得到了大公司的支持。斯文森指出，丹麦和瑞典集中工资谈判机制的发展并非来自阶级斗争，而是来自贸易和竞争最激烈行业的跨阶级联盟。马诺（Manow）探讨了雇主在德国和日本福利国家发展中的参与情况。[9]特伦将今天的劳资关系追溯到第一次世界大战前的决策，当时的决策定义了手工协会、工会和企业如何相互作用，从而形成技能开发和生产战略体系。[10]

---

〔8〕 无论是阶级冲突（斯托尔帕-萨缪尔森）还是跨阶级（李嘉图-维纳）分歧线在分析上都是可能的。正如希斯科克斯（Hiscox 2001）通过研究国际贸易争端的政治主张所指出的那样，哪一方获胜取决于历史环境。

〔9〕 Isabella Mares, *The Politics of Social Risk：Business and Welfare State Development*（Cambridge：Cambridge University Press, 2003）；Peter A. Swenson, *Capitalists and Markets：The Making of Labor Markets and Welfare States in the United States and Sweden*（New York：Oxford University Press, 2002）；Swenson, *Fair Shares：Unions, Pay, and Politics in Sweden and West Germany*（Ithaca, N. Y.：Cornell University Press, 1989）；Philip Manow, "Welfare State Building and Coordinated Capitalism in Japan and Germany," in *The Origins of Nonliberal Capitalism：Germany and Japan in Comparison*, Wolfgang Streeck and Kozo Yamamura, eds.（Ithaca, N. Y.：Cornell University Press, 2001）；Manow, "Business Coordination, Collective Dares, Bargaining, and the Welfare State：Germany and Japan in Historical Comparative Perspective," in *Comparing Welfare Capitalism：Social Policy and Political Economy in Europe, Japan, and the USA*, Bernhard Ebbinghaus and Philip Manow, eds.（London：Routledge, 2001）；Philip Manow and Bernhard Ebbinghaus, "Introduction：Studying Varieties of Welfare Capitalism," in Ebbinghaus and Manow 2001；Höpner 2003b 提供其中一些问题的简要摘要，正如 Hall and Gingerich 2001.

〔10〕 Kathleen Thelen, *How Institutions Evolve：The Political Economy of Skills in Comparative-Historical Perspective*（New York：Cambridge University Press, 2004）.

第六章 偏好分歧二：部门冲突

从李嘉图-维纳到资本主义的多样性

在广泛资本主义制度背景下，关于跨阶级交易的文献可以归纳为对市场经济的比较分析——第三章和第四章讨论的资本主义多样性资料。我们在那里提出的公司治理，不能仅仅通过研究少数股东保护来解释。形成企业组织的激励机制在很大程度上受产业关系监管制度、价格制定、竞争以及企业间关系和金融等方面的监管制度的影响，我们称之为协调市场经济体（CMEs）和自由市场经济体（LMEs）。

这些体系反过来又影响着一般经济政策，特别是公司治理的辩论结构。拥有关系网络系统的国家奖励跨阶层（cross-class）合作。拥有公平合同的国家鼓励阶级冲突。正反馈循环正在起作用。跨阶级合作产生了制定生产战略的政策，这反过来又促成了维系它们的合作。如果各国发展"协调"模式，它们就更有可能维持这种模式，因为所涉及的政策和机构会自我加强。

预测和测试

我们国别（地区）样本的社团主义妥协模型的总体预测是，社团主义与集中度呈正相关，与少数股东保护呈负相关。其逻辑是，工人与管理者之间的社团主义妥协在于保护公司免受外部股东所偏爱的力量的鞭策，因为这些力量会破坏保留公司资产的"现金流的代理成本"。高度的社团主义（corporatism）"保护"公司免受这一过程的影响，因此它是劳资双方讨价还价的一个指标。

如第二章所述，我们使用经济合作与发展组织 18 个国家的希克斯-肯沃斯（Hicks-kenworthy）综合指数来衡量社团主义。该指数是通过对各国七个经济合作指标（包括商业集中化、工资制定协调以及劳资双方合作）的 0 到 1 之间的评分而创建的。经合组织内部的这一指数存在很大差异，如表 6.1 所示。瑞典位居榜首；不出所料，美国排在最后。

这 18 个国家，平均值是 0.51，标准差为 0.34，最小值为 0.023，最大值为 0.973。

基于来自我们样本的 18 个国家的数据，我们编制了一个有用的社团主义指数，支持了公司治理模式与社团主义妥协相关联的预测。社团主义和集中度之间的相关性为+0.44，而社团主义与少数股东之间的符号检验是相反的，为-0.76。这在图6.1和图6.2中以图形方式显示。

表6.1 经合组织的社团主义价值观

瑞典	0.973	SE
奥地利	0.96	AT
挪威	0.955	NO
芬兰	0.878	FI
德国	0.795	DE
日本	0.774	JP
丹麦	0.723	DK
比利时	0.669	BE
荷兰	0.578	NL
瑞士	0.55	CH
意大利	0.439	IT
法国	0.395	FR
澳大利亚	0.165	AU
新西兰	0.136	NZ
英国	0.096	GB
爱尔兰	0.066	IE
加拿大	0.043	CA
美国	0.023	US

当我们更深入地探讨社团主义的制度组成部分时，对社团主义妥协模式的预测继续存在（continue to hold）。数据附录中的表A.17和表A.18使用了与社团主义、劳动和商业组织以及影响相关的变量，再现了少数股东保护和所有权集中的相关系数。[11]

---

[11] 本节所使用的社团主义衡量标准是希克斯-肯沃斯指数。Lane Kenworthy and Alexander Hicks, "Co-operation and Political Economic Performance in Affluent Democratic Capitalism," *American Journal of Sociology* 103 (1998): 631-72. 有关劳工和商业影响的数据来自Swank and Cathie Jo Martin, "Employers and the Welfare State:

所有权（股权）集中度与社团主义者得分以及劳动力和商业影响力指数呈正相关。在希克斯-肯沃斯社团主义指数和那些能反映所有者影响的变量上，系数往往更大。社团主义与少数股东保护之间的联系似乎更为强烈。另一方面，股东保护与社团主义的衡量标准（measures of corporatism）负相关。劳动力和商业力量（business power）的衡量标准之间的相关性也很强。与那些传统上与雇主组织和影响力相关的衡量指标（measures）的相关系数似乎更大。

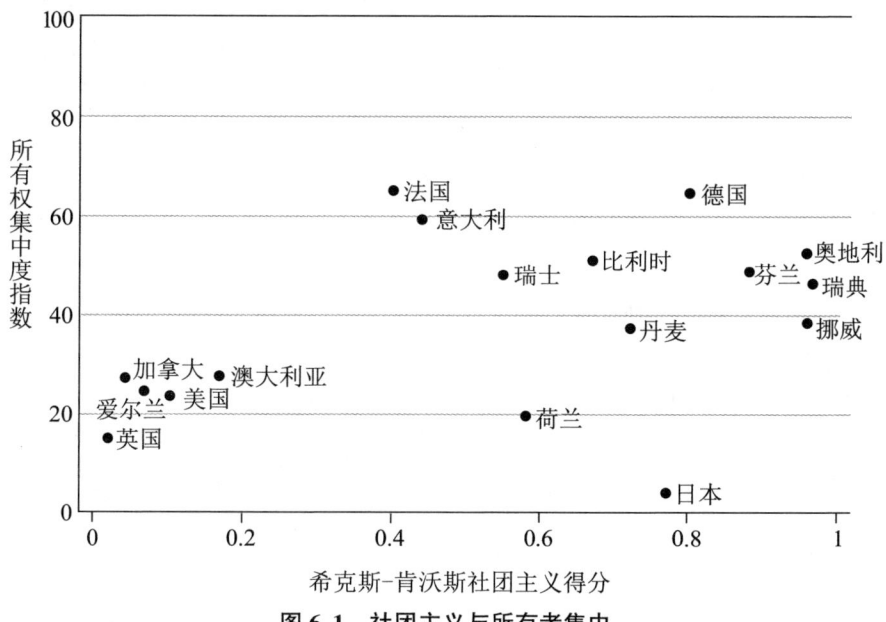

图 6.1 社团主义与所有者集中

为了检验这些关系的重要性，我们通过对与劳动力和商业组织影响相关的每个变量就公司治理的两个衡量指标中的每一种进行二元回归，对社团主义

The Political Economic Organization of Firms and Social Policy in Contemporary Capitalist Democracies," *Comparative Political Studies* 34（2001）：889-923. 反映了十年的平均值。对于大多数国家而言，数据以年间隔的形式提供，但由于对因变量的数据限制，特别是集中度指数，我们决定使用平均值。雇主集中化是通过考察全国雇主联合会和最高联合会对成员的权力（即任命权，对集体谈判和停工的否决权，拥有冲突基金）构建的指数。雇主协调度是雇主在集体谈判中协调的标准化得分。企业合作是竞争企业在研发、培训、标准制定、生产等方面合作的标准得分指标。联盟权力是根据联合密度和联合峰值联合权力的度量构建的指数。集体谈判是衡量雇主和雇员之间的集体谈判水平的标准化得分指数。

假设进行额外的测试。我们在附录表 A.17~A.25 中重现了这些结果。[12]

在所有的模型中,当因变量是少数股东保护时,社团主义会返回负系数(a negative coefficient),而当回归是我们对所有权集中度的衡量时,则返回正系数(a positive coefficient)。[13]衡量群体组织特征的变量——雇主集中度(employer concentration)、雇主中心化(employer centralization)和企业合作(enterprise cooperation)——也与少数股东保护指数呈负相关。这些结果具有统计学意义,显著超出了传统水平,并取得了实质性效果:例如,从样本中的社团主义的最低水平到最高水平,将导致少数股东规模下降 43 个百分点,并且集中持股指数上升 20 个百分点。[14]

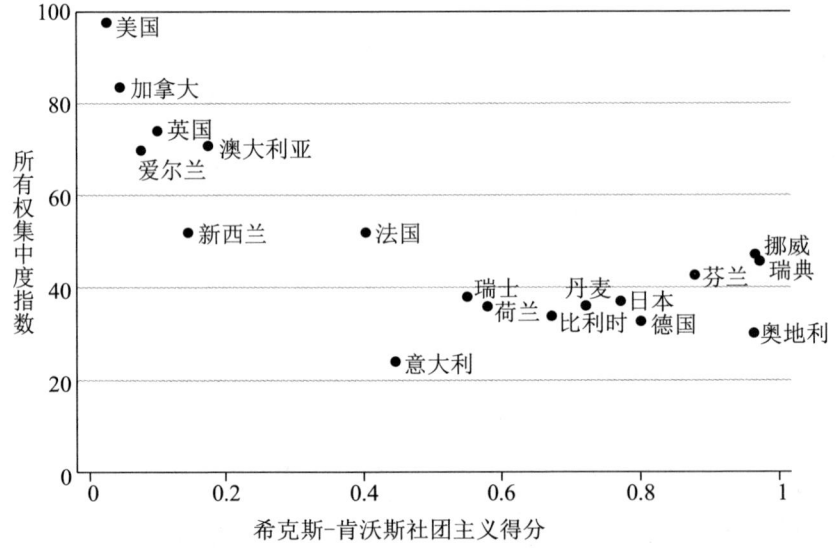

图 6.2 社团主义与少数股东保护

---

[12] 数据可用性迫使我们将我们的分析限制在 18 个发达国家,这是一个非常小的样本,可能使得估计值在效率方面(较大的方差)和由于相对偏离 OLS 估计量的渐进性质而产生偏差。尽管如此,我们认为这些二元回归的结果有助于估计变量之间相关性的置信区间。实际上,他们也很有说服力:他们似乎发现了一种即使在小 n 样本中仍能存活的趋势。我们使用有限数量的附加控制(如人均 GDP、开放性和市值)运行其他模型,这些控制可以被解释为属于这些模型。结果基本保持不变。我们决定不在这里报告它们,因为估算模型右侧包含的附加变量限制了自由度,使得估算效率低下。

[13] 即使在控制了劳动力和商业影响的情况下,社团主义指数的系数也越来越强,显著性水平仍然很高。

[14] 雇主集中指数中从最低到最高的全范围流动与股东保护指数下降 48 个百分点以及所有权集中指数上升 32 个百分点相关。

两种公司治理指标与那些与劳工组织（labor）密度/集中度的组织特征相关的指数之间的关系是正确，但在传统水平上并不显著。回归股东对工会密度的保护会产生负面走势（returns a negative sign），而大股东持股的信号是正面的。[15] 另一项测试使用集体谈判的中心化（centralization of collective bargaining）作为解释变量。企业和劳动力（business and labor）方面的组织结构的中心化可被视为社团主义妥协出现的必要但不充分的条件之一。中心化（centralization）可能有助于两个集团之间的谈判，使他们能够对社团主义安排做出可信的承诺。测试结果支持本章的预测：在集体谈判集中的国家，少数股东保护往往较低，而在这些国家，所有权往往更集中。[16]

大谈盘（Grand Bargains）[17] 政治

上述数据表明，社团主义结构与大股东持股结果密切相关。我们利用这一点作为证据表明跨阶级过程正在产生这种结果，因为社团主义本质上是一种群体之间协商的制度化，以确保所有人都有发言权。这是一个政治上创造的交易。也就是说，社团主义本身就是达成协议愿望的一种表达。因此，它反映了偏好和政治制度的影响。

我们在第三章中指出，政治制度影响了偏好聚合（preference aggregation）。在这部分讨论中，这一点非常重要，因为共识机制（consensus institutions）比多数决机制更有可能达成社团主义协商（bargain）。这表明，阶级冲突偏好本身并不会告诉我们发生了什么。了解左右两派政府的产生概率（the prevalence of）可以告诉我们一些事情，但忽略了制度诱导的群体之间协商的影响：选举法、立法执行关系以及该制度的其他要素。

如第三章所述，共识性政治制度与结果上的大股东持股模式相关。它们还与我们研究的 CEP 政策集群的政策工具相关。比例代表制和联合内阁政府

---

[15] 请注意，即使是显著的，当控制商业影响时，这种关系似乎也会消失（见表 7.4）。但是，应该更加谨慎地解释这些结果。劳动和商业组织具有互惠的反馈效应：当劳动力强劲时，企业倾向于通过围绕峰值组织展开组织来抵消劳动力的影响。反之亦然。将这两项都包含在估计方程的右边，会带来多重共线性的问题，由于观测量有限，用手头的数据很难轻易解决这个问题。

[16] 这些结果对 95% 置信水平（level of confidence）的股东保护具有统计学意义（具有统计显著性），但对集中持股变量没有影响。

[17] "大谈盘"是指两个或多个利益集团通过协商和妥协，利用手中的筹码进行利益交换，达成一个双方能接受的妥协结果。——译者注

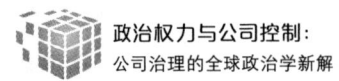

等政治安排具有促进跨生产者群体达成妥协的效果。它们允许群体以某种信心投资于一笔交易，并相信这笔交易将得到遵守。

社团主义的结构影响了结果。雇主和雇员高度集中的"高峰团体"（peak associations）表明了跨阶级联盟。前一点强调了正式的政治机构——选举法和国家宪法，它们塑造了投票和游说对政治进程的影响。另一组结构很重要：商业、劳工和其他群体的专业协会，以及它们之间彼此互动的方式。

社团主义是将经济和社会群体纳入政策制定的过程。包容的类型和程度是由正式的政治过程产生的：例如，政府决定要求劳动者在董事会中存在代表，尽管公司可以自己这样做。政府政策决定由谁管理培训项目、社会保险计划等。例如，德国共决（codetermination）制度的起源可以追溯到19世纪80年代俾斯麦（Bismarckian）的社会保险制度，其中员工代表是管理它的董事会成员。

雇主和雇员团体（employer and employee associations）也是社团主义制度（corporatist system）的一部分。各国在雇主联合会的集中程度上差异很大，有些相当分散，有些则相反。这严重影响了价格确定、产品和工资的决定过程。协调市场经济国家高度集中，而自由市场经济国家则不是。

因此，这种结构的存在是跨社会群体协商（bargain）的证据：它反映了过去的协商，而这种结构的存在表明这种协商在目前仍在继续。我们不使用社团主义来解释跨阶级的交易，而是把它作为已经发生的证据。社团主义本身就是合作伙伴在谈判（bargain）中承诺维持它的一种工具。如果社团主义破裂，我们预计潜在的交易（bargain）将解体，因为社团主义安排的消亡将是各方不再支持该交易（bargain），它不再是自我执行的。

对于我们样本中此类数据可用的那些国家（地区），我们发现企业集团之间的制度集中化效应较强，而工会之间的制度集中化效应较弱。这是我们从社团主义者论证中所期望的，但不是从劳动力角度的论证。社团主义由跨阶级的协商（bargain）及其在公民社会中由国家授权（authorized）或认可（acknowledged）的一系列关系中的制度化组成。商业团体通过专业协会来协调价格、生产、技术、教育和来自国家的援助。企业（business）、劳工（labor）和其他"社会伙伴"通过各种结构来协商工资、工作和"阶级紧张"的其他因素。[18]在社团主义发展良好的地方，我们可能会发现制度中心化。更有可能独立于政治协议来构建谈判（bargain）的是工会和行业协会的特点，即雇主和劳工集中度高度集中的事实。这可能有助于促成谈判。[19]

在社团主义强大的地方，我们可能会发现集中持股，而不是分散持股。社团主义反映了"左右谈判"（left-right bargain），因此它的存在意味着一种不同于左派对右派的政治形态。[20]在我们看来，强有力的工作保障和低收入不平等的存在被视为跨阶级谈判的证据，而不仅仅是劳动力谈判的证据。如果没有吸引政治盟友加入联盟的能力，劳工（labor）本身不太可能占上风。

这些谈判形成的关键是跨越阶级界限的主体组织的存在。在瑞典和丹麦等一些国家，这些谈判在第二次世界大战之前就被打破了。在包括日本在内的大多数国家，政治权利的某些要素更倾向于某种受管制的经济和某些福利要素，而左派的某些要素更倾向于市场经济以及广泛的国家监管，特别是在第二次世界大战中经历过法西斯主义统治的国家。

在欧洲，宗教对这些辩论产生了重大影响。在右翼，基督教民主党强烈支持政府对家庭的援助、福利国家的扩张、工会和市场的稳定。在左翼，基督教民主党将工人组成非马克思主义的工会，对市场持批判态度（critical of markets），但支持资本主义。[21]

---

[18] 关于社会协调机制，参见 Jonah Levy, *Tocqueville's Revenge: State, Society, and Economy in Contemporary France* (Cambridge: Harvard University Press, 1999); Pepper Culpepper, *Creating Cooperation: How States Develop Human Capital in Europe* (Ithaca, N.Y.: Cornell University Press, 2003); Nick Zeigler, *Governing Ideas: Strategies for Innovation in France and Germany* (Ithaca, N.Y.: Cornell University Press, 1997); Gary Herrigel, *Industrial Constructions: The Source of German Industrial Power* (Cambridge: Cambridge University Press, 1996); Locke 1995; Iversen and Soskice 2001; Soskice and Iversen 2000; Hall and Soskice 2001.

[19] 罗伊很清楚这一点。为了简约，他的统计数据集中在左派和右派之间。他的国家叙事和一般观察表明了跨阶级结盟、路径依赖和协变。"有人可能会争辩说，这里的分析会使结构序列倒退。集中持股首先出现，抵制变革。因此，集中持股合理地导致共同决策，而不是共同决策最初诱导大股东。""但是对历史顺序的关注忽略了这一点。一旦两者都到位，任何一方都不可能轻易改变而不改变另一方……进化更加困难，也许仍然是因为这两个互补的机构必须步调一致。" Roe 2003b.

[20] 历史学家发现，第一次世界大战之前的旧安排，如劳资关系和银行体系，是这些协商的根源。但1945年以后的时期是最明显和最具戏剧性的时期，其中包括意大利的"compromesso historico"，德国的"Soziale Marktwirtschaft"和日本的"kyōtō keizai"，这些术语用来描述这些国家在法西斯主义、20世纪30年代的大萧条和第二次世界大战的惨痛经历之后的跨阶段交易。

[21] Torben Iverson and Ann Wren (1998) 指出"基督教民主主义""社会民主主义"和"新自由主义"先进工业国家在政策和结果方面存在一些巨大差异：基督教民主主义政府强调平等和预算约束重于增长，社会民主主义政府强调平等和增长重于预算约束，新自由主义政府强调高就业和预算约束重于平等。

这些设想、政党、工会和商业结构为跨阶级交易的构建提供了重要基础。它们标志着左翼和右翼之间辩论的一部分，在这场辩论中，该团体中的部分将"阶级"的利益界定为一个整体。正如我们在其他地方所指出的那样，将这场辩论分解为两部分的劳动力对资本分歧，以牺牲现实为代价提供理论上的简约性。[22]

分析性叙述

为了说明跨阶级联盟和社团主义谈判（bargain）的动态，我们对德国、荷兰和日本使用分析性叙述。德国拥有高股权集中度、高社团主义和中低少数股东保护。日本拥有较低的大股东持股比例，但交叉持股广泛，产生了类似的结果；它具有较低的少数股东保护和特殊形式的社团主义，有工会组织（劳工组织团体），但不是完全自治的工会。荷兰拥有低集中持股（low blockholding）、高社团主义和低少数股东保护。

这三个国家都是第二次世界大战后社会交易型（a social bargain）政治的重要例子。他们没有以完全相同的方式取得成功——荷兰没有强大的国内法西斯主义——但他们的政策和政治安排有一些相似之处。所有人都在这种"高社团主义"协商（bargain）中承受着压力。在透明度联盟的方向上，德国和荷兰表现出最激动人心的迹象。

德国：从社团主义者到透明度联盟

我们认为，德国是一个社团主义者妥协的例子，以适应透明度联盟的压力。在持续的共识政治制度的背景下，劳动者和管理者的偏好正在发生变化。结合管理者和劳动者联盟的结构正在磨损，一些大股东正从他们所处的位置转向这一阵营，而银行业（声誉中介机构）的新策略正在对现状施加严峻的

---

[22] 对政党分裂的经典分析是 Seymour Martin Lipset and Stein Rokkan, eds., *Party Systems and Voter Alignments: Cross-National Perspectives* (New York: Free Press, 1967); Samuel H. Beer, *British Politics in the Collectivist Age* (New York: Knopf, 1965); Louis Hartz, *The Liberal Tradition in America: An Interpretation of American Political Thought since the Revolution* (New York: Harcourt, Brace, 1955). 哈茨（Hartz）的观点本身就是有争议的。在南方和其他地方，传统远非自由主义。一些南方人设想建立一个奴隶帝国，包括加勒比海盆地的大部分地区；参见 James M. McPherson, *Battle Cry of Freedom: The Civil War Era* (New York: Oxford University Press, 1988), chap. 3, esp. 115–16, and George M. Fredrickson, *The Black Image in the White Mind: The Debate on Afro-American Character and Destiny, 1817–1914* (Scranton, Pa.: Harper and Row, 1971), chap. 11.

压力。这些变革是由一个社会民主党政府领导的,在一个传统上植根于社团主义妥协的国家,在欧洲大陆的大股东持股(blockholding)的中心地带。德国采取了一系列措施,加大了对中小股东的保护力度,从而修改了支撑米歇尔·艾伯特(Michel Albert)所称的"莱茵式资本主义"(Rhenish capitalism)的监管体系。

因此,德国显示出一些新兴透明度联盟的迹象,但其力度(dynamics)与美国有所不同。养老基金在改变劳动者偏好方面发挥的作用很小。相反,劳动者和他们的工会与自由民主党的金融和新自由主义利益保持一致,反对基督教民主联盟中的"传统主义者",以便更加符合股东和雇员的偏好和公司治理规则,但倾向于雇员的偏好。这个新兴联盟及其治理目标受到一些工会、一些大股东、资金不足的养老金体系的过剩以及德国最大基金管理公司的复杂动机的阻碍。

在德国,社团主义谈判(corporatist bargain)走出了20世纪中叶的大萧条、法西斯主义和战争的创伤。第二次世界大战后,德国社会的主要群体明确地展开谈判(bargained),建立了能够使民主制度化的结构并创造了一种经济和社会保障,许多人认为,正是这种体制的缺失导致了1933年希特勒的上台。共决、福利国家、制度化工资和价格谈判——所有这些都是在新宪法起草时直接协商的(negotiated)。

虽然这种谈判是最近才开始的,但它的起源可以追溯到19世纪。共决制产生于俾斯麦提出的社会保险计划中,俾斯麦是一个专制的保守主义者,其目的是压制劳工运动。员工代表被安排到董事会管理退休和失业保险计划。[23]德国被归类为"后发展国家",它在19世纪中期进入钢铁经济发展阶段,当时资本要求很高,而英国已经占据了主导地位。它体现了格申克龙赋予它的特征:[24]银行和国家的重要作用,以及企业之间的连锁关系——正如其"组织化资本主义"的称谓那样。[25]这里列出了霍尔和索斯基斯分析的协调市场经济的起源。与斯堪的纳维亚半岛不同,农业是一个重要的参与者,并主要站

---

[23] Philip Manow, *Social Protection*, *Capitalist Production*: *The Bismarckian Welfare State and the German Political Economy*, *1880-1990*, forthcoming; Thelen 2004.
[24] Gerschenkron 1962.
[25] Gourevitch 1986.

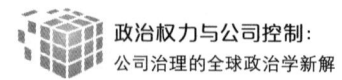

在保守或专制政党一边。威权军国主义（authoritarian militarism）倾向于国内集中产业的保护主义，而不是电气设备等新兴产业所青睐的出口导向。大股东持股占据了主导地位。虽然德国经济增长迅速，但与美国、英国或法国相比，股票市场并未蓬勃发展。

无论是在1914年还是在1939年，战时政府都增加了国家的权威，而纳粹则进一步扩大了这种权威。在魏玛共和国时期，社会民主党和工会进入政府，但仅作为联盟伙伴，并接受了市场经济。在那些年里，公司的内部人员/管理层控制没有受到任何挑战。1933年以后，纳粹分子彻底摧毁了劳工组织，因为他们摧毁了所有自治的政治和经济生活。他们保留了私有财产，但在广泛的国家监督和规划之下。

1945年以后，由阿登纳领导的基督教民主党和社会民主党在政治上领导了德国的重建——两党对纳粹的反对赋予他们以合法性和具有民主政治经验的人员。在盟军占领西德的支持和监督下，纳粹被排除在公共生活之外。社会民主党和基督教民主党制定了"社会市场"经济：私人所有制、工会在董事会的代表、高水平的社会服务以及协调市场经济的制度。公司治理体系继续发展：大股东持股、密集的连锁网络（dense interlocking networks）、在管理竞争方面尊重行业协会、高度结构化的劳动力市场，以及将劳动者、公共教育机构和雇主联系起来的培训方法。

这种"德国"模式表达了战后时代具体政治条件下的谈判（bargain）。与罗伊描述的美国经验不同，民粹主义没有反对金融集权和集中控制的持续性运动。有组织的，类似卡特尔的竞争在商业团体之间盛行；劳工被纳入了这个体系，在就业保障、社会福利、董事会发言权以及国家民主制中的强大政党中都得到了强有力的保护。

因此，有趣的是，德国当前的变化反映出一种与过去的潜在决裂：对变革的政治支持来自社会民主党和新自由主义的自由民主党（Free Democrats）组成的联盟，对抗反对派传统商业党派基督教民主党。这非常符合我们的模型，即大股东抵制外部投资者提出的"善治协议"谈判（"good governance" bargain）以及在一个透明联盟中出现新的联盟。

正缓慢变化的大股东持股和股东保护。正如社团主义妥协模型所预测的那样，德国的所有权集中度很高，根据法乔和郎的说法，这一比例高达65%，略高于欧洲和总样本均值。尽管巴斯夫（BASF）和拜耳（Bayer）等几家德国最大的工业企业被广泛持有，但在与德意志银行的交叉持股网络中，没有最终的大股东，但绝大多数所谓的中小型企业（Mittelstandt）公司是由家族控制的，法兰克福证券交易所（Frankfurt Stock Exchange）就有很多这样的公司。正如该模型所预测的那样，德国对少数股东的保护程度较低，总体得分为 33 分，低于欧洲和总体样本均值。[26]

在 20 世纪 90 年代，德国修改了它的制度。1998 年，德国联邦议院通过两项全面改革修改了公司法（Aktiengesetz），即《融资促进法》（Kapitalaufnahmerleichterungsgesetz，KapAEG）和《公司控制和透明度法》（Gesetz zur Kontrolle and Transparency enz im Unternehmensbereich，KonTraG）。KapAEG 允许德国公司在合并财务报告中使用国际会计准则（IAS），而不是使用旧的商法典（Handelsgesetzbuch，HGB）制定的规则，从而避免了维护两套会计记录的成本；它还允许德国公司发布美国公认会计准则，这是纽约证交所要求的上市先决条件。KonTraG 使股票回购合法化，促进了股票期权的引入，并废除了不平等的投票权。司法部对 KonTraG 的评论以股东为导向的观点取代了公司历史上的利益相关者观点（这一观点被写入 1937 年的《股份公司法》，并于 1979 年得到了宪法法院的批准）。[27]这些法律都是由基民盟领导的政府通过的；政府在 1998 年易人，同时，在社民党的领导下，通过了更为重要的改革。

2002 年的《企业部门透明度和信息公示法案》（TransPuG）规定公司必须每年发布一份声明，说明他们是否以及为何接受亲股东的克罗姆委员会（Cromme Commission）委员会的公司治理准则。一个广为人知的举措是 2000 年的《减税法案》，该法案取消了股票销售税。这消除了企业和银行之间相互关联的所有权制度的主要支持，鼓励了资本流动，从而增加了奖励股东价值的压力。该部法律由社民党领导的政府接受并通过，该政府于 1998 年上任，因此在 KonTraG 和 TransPuG 之间出台。2001 年，政府在欧盟层面失败后接受

---

[26] 德国的少数股东保护（MSP）得分受到控制权规则的低分和监事会（Aufsichsrat）的高内部人士比例拖累。德国在信息规则方面得分较低，反映出拉波塔等人的会计质量指标相当陈旧；德国最近的许多改革，包括国际会计准则的广泛使用，都没有反映在这些数据中。反映最近这些改革的指数，如戴维斯全球咨询公司（Davis Global Advisors）的评估，显示出德国中小股东保护的显著变化。

[27] Höpner 2003a, 13.

了收购守则（takeover codes），使得敌意收购比以往更容易。

这些措施并没有改变德国，但它们是使德国摆脱过去做法的步骤。在所有这些措施上，社会民主党都赞成自由化，与基督教民主联盟相比，他们更倾向于自由民主党；霍普纳发现了一种与意识形态归属理论不一致的独特模式。事实证明，信奉"莱茵式资本主义"的是基督教民主联盟，而不是社会民主党。[28]霍普纳通过雇员对管理层的不信任和自身利益的混合来解释这一点。在劳动者看来，管理者有太多的自由裁量权以及太大的能力把自己的利益置于员工和公司的利益之上。"如果股东价值有助于限制（管理机构——用我们的话说）的这种风险，这必须符合员工的利益。"[29]

这种政治联盟对"股东价值"的新兴趣，作为对社团主义妥协（corporatist compromise）的潜在风险管理背叛的一种制衡，反映在监管改革中，缓慢推动了德国的少数股东保护。除此之外，KonTraG还创建了一个独立的德国会计标准委员会（Deutscher Standardisierungrat，DSR），通过该委员会，德国会计准则委员会（Deutscher Rechnungslegungs standards committee，DRSC）的私营部门会计专家进行了辩论，并在国际会计准则（IAS）的基础上建立了新的会计系统。[30]这迫使公司以标准会计格式披露财务数据，从而改善了对少数股东的信息保护。此前，这种会计格式仅适用于大股东、管理层和劳工委员会内部人士。

值得注意的是，内部董事会的规则保持不变。德国的双层董事会管理层（Vorstand）和监事会（Aufsichsrat）制度保持不变，原则是在监事会中有49%的员工代表。在20世纪50年代通过并在1970年代中期扩大的一系列法律中，监督委员会中的员工代表被视为共决（Mitbestimmung）的一个要素。[31]在由外部专家组成的每个委员会中，审查并批准德国具体的公司治理改革，

---

[28] Höpner 2003a, 18.

[29] Höpner 2003a, 24.

[30] 随着财务数据的改善，第三方对德国上市公司的分析在范围和深度上都有所扩大。值得注意的是，德国金融分析师协会（Deutsche Vereinigung für Finanzanalyse und Asset Management）发布了正式指导方针。Deutsche Vereinigung für Finanzanalyse und Asset Management,"Scorecard for German Corporate Governance," July 2000, www.dvfa.de.

[31] 在战后的德国，美国占领当局保留了大多数大型工业控股公司的完整性，却让工人-雇员进入董事会，以"民主化"监督；在战后的日本，美国占领当局解散了所有巨型财阀控股公司，但让管理者-雇员负责董事会。

共决的做法仍然是禁区——尤其是在社会民主党执政期间。

尽管进行了一些小规模的削减,但银行代表仍然是德国主要公司监事会的成员,尽管这一比例已经被 KonTraG 削弱,该法限制了银行对存入其中的股票投票代理的能力。随着税收改革使大型银行更有吸引力地解除其股票投资组合,银行作为集中持股的解除,以及德国银行作为国际投资银行寻求新的战略,为争夺控制权打开了窗口。沃达丰-曼内斯曼(Vodafone-Mannesmann)戏剧性的并购(takeover)可能标志着这方面的一个转折点。[32]

尽管西门子和戴姆勒-克莱斯勒(Daimler-Chrysler)等大型德国公司从他们的内部招聘晋升的角度来看与日本公司相似,但经理人市场现在仍然符合世界标准,而且激励性股票期权的应用也越来越广泛。

德国冲突的金融中介机构。资金管理和养老机构、金融分析师和股东协会一直是第二和第三支柱资金的提供者,也是公司治理改革的支持者。与法国一样,金融业的广泛游说导致 2001 年 5 月通过了一些渐进式的养老金改革立法,缩减了国家支持的退休制度的福利,并引入了补充性私人养老金计划。[33] 但与德国资金不足的养老金规模相比,这些改革是适度的。回顾其养老金体系的历史,德国主要是第一支柱养老金体系,第二和第三支柱水平较低。[34] 从保

---

[32] "曼内斯曼案在战后的德国史无前例的,因为它是在公开市场上进行的一次成功的敌意收购。" Martin Höpner and Gregory Jackson, "An Emerging Market for Corporate Control? The Mannesmann Takeover and German Corporate Governance," Max-Planck-Institute for the Study of Socities Discussion Paper 01/4, 2001, 22. 其他的敌意收购则由小型大股东联盟来解决;这一模式是由更多的分散股东竞争决定的,代表了另一种模式所特有的"新"控制机制。收购时,德国基金仅控制着曼内斯曼 13%的股份,而美国或英国基金则拥有 19%的股份。持有 1%及以上股份的 10 名股东合计占全部股份的 25.7%,持有 0.1%及以上股份的 63 名股东合计占 44.3%,如果持有 10.2%股份的单一最大股东和记黄埔(Hutchison Whampoa)被排除在外,则占 34.1%;因此,股权相当分散。
1999 年 10 月,曼内斯曼采取行动收购了英国奥兰治(Orange)公司,威胁到了沃达丰的总部,这导致沃达丰收购了曼内斯曼。尽管曼内斯曼的股票分散非同寻常,但这并非孤立事件。在德国最大的 100 家公司中,有 11 家公司的分散度达到了 75%,其中 23 家公司的分散度最高。新法律可能会进一步加剧分散。

[33] Marc A. Stern, "Pension Reform and Global Equity Markets," Birinyi Associates Inc., Topical Study No. 17, Westport, Connecticut, June 2001, 36.

[34] "零支柱"是市民无需供款的基本退休金计划,由政府出资,为长者提供最低程度的养老保障,防止长者落入赤贫状态,但通常设有经济审查机制;"第一支柱"是与收入挂钩的强制性公共退休金计划,政府对合资格的长者给予退休金;"第二支柱"是与收入挂钩的强制性职业或私人退休金计划,要求雇员或雇主双方在退休前为职业退休计划进行供款,确保收入较高的市民除了基本的公共退休保障金之外,还能获得额外退休金;"第三支柱"是向职业或私人退休金作自愿性供款计划,以个人储蓄协助维持长者退休后的生活水平;"第四支柱"是非财政的支援,包括非正规支援(例如家庭支援)、其他正规社会保障计划(例如医疗护理),以及其他个别金融和非金融资产,协助提升长者退休后的生活水平。——译者注

护养老金资产的角度来看,这意味着员工对治理体系的压力相对较小,因此德国的透明度联盟机制与美国不同。

德国正面临严重的养老金紧缩,这是相对慷慨的福利、较低的资金比例以及与欧洲其他地区同样不利的人口结构转型的后遗症,IPD 介于 68 至 138 之间。到 2035 年,退休人员与工人的比例将从 25∶100 增加到 55∶100,在未来 30 年内翻一番。根据这一前景,"2035 年政客们面临的可能性范围是将缴纳率提高一倍以维持相同规模的养老金,或维持缴纳率不变而使养老金规模减半。"政客们可以在这个范围内选择某个点,但他们无法创造奇迹。[35]

代表德国 400 家投资银行和资产管理公司 1000 名专业人士的德国金融分析师协会(Deutsche Vereinigung fur finanzanalysis und Asset Management)发布了一套正式准则,这个记分卡记录了上市公司的会计、审计和信息披露实践。[36]

但是德国的金融公司并没有对改革公司治理的努力表现出普遍的热情。例如,德意志银行还管理着德国最大的私营部门资金管理公司。由于服务范围广泛,而且与德国最大的工业企业关系密切——德意志银行的代表也在多数大型上市公司的董事会中任职——德意志银行在推行强有力的公司治理纪律方面存在冲突。

沃达丰于 1999 年至 2000 年间成功地对曼内斯曼进行了敌意收购,这在德国背景下是不寻常的举动。它强化了这样一种观念,即正在进行的变化侵蚀了用于描述标准德国模式的"制度互补性"概念。德国银行正在从"家庭"银行转向投资银行,德国企业的很大一部分可能会受到公司控制市场的影响,德国公司越来越难以获得更高的市场估值,因此,德国模式的分配妥协也面临压力。[37]

---

〔35〕 与许多国家一样,为联邦经济和研究部工作的经济学家委员会建议尽可能地从第一支柱转向第二和第三支柱计划,而不是提高税收以充分资助第一支柱,"因为政客们对养老保险体系积累的资本存量的贪婪。很难想象未来的联邦部长会想要赢得下次选举,会抵制养老金领取者过早使用资本存量的愿望。公共资金是一个巨大的诱惑。" Hans-Werner Sinn, "The Crisis of Germany's Pension Insurance System and How It Can Be Resolved," NBER Working Paper No. 7304, 1999, 17.

〔36〕 Deutsche Vereinigung für Finanzanalyse und Asset Management, "Scorecard for German Co porate Governance," July 2000, www.dvfa.de.

〔37〕 这将标志着从低回报率、低估值的历史模式的转变。霍普纳和杰克逊认为目前这种状况不稳定,因为较低的市净率使重组后的收购溢价范围扩大,由于相对估值较低,企业很容易受到股票掉期交易的收购。Höpner and Jackson 2001.

第六章　偏好分歧二：部门冲突

与此同时，关于公司治理——更具体地说是关于规制竞争控制的制度——的其他辩论也发生在德国和欧盟内部，这表明曼内斯曼的收购可能是一种异常现象，而不是德国人对收购态度发生巨变的标志。[38]

关于德国辩论中的治理政治，更能说明问题的是，欧洲议会（European Parliament）关于并购和控制权市场规则第9条的讨论。由于欧洲共同体寻求共同标准，第9条要求目标公司在面临敌意收购时，在采取防御措施之前，必须先获得股东的批准。[39]反对者希望目标公司得到更多的保护，而支持者则希望得到更少的保护。该法案在2001年7月4日的投票中以平局被否决。

【166】

霍普纳对投票结果的分析表明，国籍和意识形态归属最为重要，并以有趣的方式相互作用。意识形态推动了左翼投票反对自由化收购规则的相关性（correlation）。但霍普纳表示，相关的力量是由绿色、自由、极右和极左色彩的政党所推动的。更为中立的政党，社会民主党、保守党和基督教民主党，都遵循国家路线，而不是意识形态路线。[40]也就是说，德国和其他国家投票捍卫他们的"国家生产模式"。自由市场经济在资本主义多样性中的分类，资本主义多样性中的自由市场经济（LME）越多，投票支持自由主义的可能性越大，有计划的市场经济（OME）越多，就越有可能投票反对自由主义。这一证据符合社团主义的解释，即跨阶级投票支持生产系统（production system）。[41]

关于第9条的这一决定为若干论点提供了证据。左右分裂支持了罗伊的解释。国家背景的重要性（捍卫"国家生产系统"）符合社团主义论点，也符合《资本主义的多样性》作者的制度互补逻辑。德国内部的模式（社会民主党比CDU更具改革精神）符合透明度联盟的逻辑。商业党派比工党更倾向于支持大股东持股的现状。CDU在很大程度上依赖于大量投资于OME的公司，这就是艾伯特（Albert）所说的"莱茵式资本主义"。对他们而言，改变

---

[38] 曼内斯曼与银行的关系并不牢固，人们对失业的担忧似乎也很低，这或许是因为这是一个正在扩张的行业——电信业。劳工似乎已经接受了公司战略超过其阶级利益的重要性，并没有使用共同决策来抑制结果。它寻求了一些保护，但在合并后似乎没有得到遵守。一些员工所有者将股份卖给沃达丰以获得一个好价钱。监管权力并未用于制止这一进程。

[39] Höpner 2003a, 3.
[40] Höpner 2003a, 8.
[41] Höpner 2003a, 10.

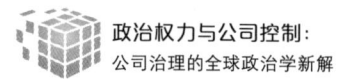

似乎代价高昂。这不符合善治模式,这种模式无法解释德国和其他地区的许多资本所有者对大股东持股和 QCL 抵制的支持。

更倾向于市场和"新经济"的企业支持新自由民主党(Free Democrats),该党希望废除社团主义制度,并不是员工共决制的支持者。这符合社团主义模型的预测。出人意料的是社民党,在那里,领导层的立场反映了党的许多成员和工会运动的关切,以便将调整经济以适应新的条件,并找到在过渡时期保护工人的办法。他们担心现有的制度会给人一种没有现实的工人参与的错觉。管理层已经找到了隐藏信息的方法,分层决策以排除工人代表。因此,工会要求更高的透明度,以确保他们参与决策和监督管理的能力。在这样做的同时,他们还阐述了外部投资者对管理自治的担忧。

【167】公司私有化有助于公开交易股票的发展。经济资本化程度加深。更多的股票可供交易。这产生了投资者的游说(正如我们的第一种公司治理模式所预测的那样),他们出于保护少数股东的目的,对监管改革产生了兴趣。我们可以在潜在声誉中介的行为中看到这种效应的证据。

德国企业集团(German business groups)也在发生变化。一些人质疑旧的模式。在欧洲、美国和其他地方积极参与世界经济的公司,看到了更灵活的制度的优势。世界范围的竞争需要兼并和收购;这种需求提供了更高的股本资本化的动机,以及将资金转向更高回报率的能力。德国的银行和大型公司需要这种灵活性。对新技术、初创企业和新经济的其他方面感兴趣的小型企业同样希望获得更多的流动资金。创业板市场(Neuer Markt)的成立部分是为了满足这些需求,但在 2001 年股市泡沫破裂时失败了。

因此,我们在德国看到了另类分歧(alternative cleavages)之间的斗争。在以社团主义为核心的跨阶级联盟的框架下,我们看到了以透明度为核心的另一种联盟的可能性,这种联盟与传统的左右冲突关系更加紧张。之所以发生这种情况,是因为每个主要社会类别内都有运动——这总是新政治重组(political realignment)的一个条件。在劳动力方面,我们看到人们对养老基金和其他投资资产的担忧日益加剧,以及在共决方面更大透明度的需求。在资本和管理者方面,我们看到了改变系统的动机。其他参与者则认为,企业在股票市场中发挥着更大的作用。更广泛地说,政治家及其选民正面临着平衡预算和处理养老金问题的压力。

这些力量相互作用，使政策重新调整成为可能，形成一个不同的政策多数派。这可能发生在同一个制度框架中吗？这是对不同因果变量作用的一个有趣测试：如果它确实发生在现有的政党和选举制度中，那将告诉我们很多关于偏好和潜在经济利益在推动政策中发挥的更大作用。它会削弱正式制度作为一种绝对约束的重要性。新的联盟是可能的，但绝不是必然的。政客们必须建立这些新的联盟，因为它们不是自动形成的。

日本：没有所有者的集中

我们认为，日本是一个有弹性的社团主义妥协（resilient corporatist compromise）的例子，其基础是二战后管理者和劳动者之间的历史性妥协，这种妥协是由共识性的政治制度所支持的。自第二次世界大战以来，对治理的偏好没有广泛的变化，政治体制只有微小的变化（1996年对选举规则进行了部分修改）。正如社团主义妥协模型所预测的那样，尽管集中度也很低，但日本的少数股东保护（MSP）也仍然相对较低。当日本大股东持股的财阀家庭（zaibatsu family）被美国占领所摧毁（消灭）时，这种低度集中度也具有其历史根源。

劳动者对公司治理的偏好没有改变，这归因于基本上没有资金支持的第一支柱养老金体系，以及一组主要忠于公司和经理而非受益股东的金融中介机构。在挥之不去的经联会联盟（keiretsu affiliations）和受政府官员对其压制的背景下，日本基金经理在展示其公司治理实力方面一直极为谨慎。日本养老基金协会（Japanese Association of Pension Funds）发出了一些温和的声音，建议投资者在投资决策中考虑资产回报和"利益相关者价值"，但该协会对公司治理改革的想法只是不温不火地表示赞同。[42]

【168】

日本的共识政治制度得以持续（并反过来维持）一系列"高峰"组织，如经济团体联合会（Keidanren）和雇主协会联合会（Nikkeiren），它们虽然在20世纪60年代和70年代从鼎盛时期萎缩，但基本上保持完整。根据社团主义指数，日本仍处于社团主义规模的上限0.77。日本没有明确的左中翼联盟

---

[42] Ministry of Welfare, Pension Fund Management Bureau, "Regarding Basic Asset Management Policy for National Pension and Retirement Savings Accounts," paper presented to the International Corporate Governance Forum in Tokyo, July 2001; Tomomi Yano, "Nenkinshikin unyō kara mita corporate governance," paper for the International Corporate Governance Forum, July 2001, Tokyo.

反映管理者和劳动者联盟,如荷兰那样;事实上,战后的日本政治一直由议会(Diet)中的一系列中右翼自民党(Liberal Democratic Party, LDP)联盟所主导。但自民党执政联盟在一个高度自愿的制度框架内运作,并拥有多个否决权——自民党内部的否决点,它在议会大多数席位(Diet majority)内部转变联盟的政党方,最后与反对党结盟。

日本式的大逆转。在 19 世纪末期,日本的创始寡头和股票市场共同成长起来。从这个意义上说,作为一个后发国家,日本的模式类似于德国的模式:强大的国家参与,有利于那些拥有特权进入新的帝国明治体制的人,被称为财阀(zaibatsu)的日本大型经济联合体的增长,以及包含银行和几个相关行业的连锁企业(interlocking firms)。日本大正和明治的伟大的大财阀公司的创始人——如三菱的岩崎阳太郎(Iwasaki Yotaro),在明治政治寡头的现代化政治保护伞下建立了他们庞大的工业帝国——像伊藤博文(Ito Hirobumi)和山形县有朋(Yamagata Aritomo)这样的人物,他们在成为政治家之前都是将军——预言了一心一意要实现工业化的韩国将军们的 100 年——但更擅长在其工业化计划中嫁接民主和国家合法性的外观。

与此同时,日本股市也开始出现,正如拉詹和津加莱斯观察到的那样,比日本的经典观点通常主张的更为突出。尽管在世纪之交,工会和左翼政党以及其他社会机构如基本福利和教育机构从俾斯麦时代的德国借鉴而来,从而为未来的社团主义奠定了基础,但劳工力量仍然薄弱。[43] 但民主政治体制在两次世界大战之间的岁月里,都很脆弱并且几度崩溃。

战争和军国主义使该体系更加集中。国家精英限制了财阀的自治,并形成了多种结构的国家经济监督。20 世纪 30 年代的日本军政府(其意识形态融合了民粹主义甚至左翼思想,混合了本土主义和极右翼民族主义)鄙视他们本土的"大资本家"(despised their homegrown "great capitalists"),认为他们是大正时代(Taishō era)高增长时期的牟利者,并培养了一批竞争激烈、本质上由政府控制的新财阀,如日产(Nissan)和古河(Furukawa)。从技术上讲,经济处于私人手中,但国家在很多方面都是直接控制的。20 世纪 60 年代

---

[43] Andrew Gordon, *The Evolution of Labor Relations in Japan: Heavy Industry, 1835–1955* (Cambridge: Harvard University Press, 1985); Gordon, *Labor and Imperial Democracy in Prewar Japan* (Berkeley and Los Angeles: University of California Press, 1991).

随着日本经济的繁荣而出名的许多国家监管工具,都是在20世纪30年代和40年代由军政府锻造和完善的。

接下来,在第二次世界大战后,美国占领征用(expropriated)了旧的财阀大股东(如岩崎和三井家族等)。美国的占领消灭了这些财阀家族,并推行了土地改革,驱逐了拥有土地的贵族(在德国,同样的,拥有土地的贵族容克也失去了他们的财产)。虽然这些公司的所有者被剔除,但公司仍然完好无损。美国占领期间取缔了(proscribed)财阀,实施了反垄断法和自由工会(free unions)。但这些公司通过发展广泛的交叉持股,破坏了这些规则。这使管理人员免于任何有效的市场控制。

劳动力(labor)被纳入系统,但处于从属地位。1945年以后,劳工的战斗力高涨,罢工多次。美国当局禁止暴力镇压。管理层和劳动者达成了一项"交易",用工作保障换取管理层的控制,这与我们在欧洲许多地方看到的交易是一样的。与大多数欧洲国家不同,工会失去了自主权;他们在管理者的指导(tutelage)下成为公司的工会。工会所属的政党无法形成一个连贯的政治反对派,无法轮流执政或分享权力。在此期间,为一定比例的员工发展了终身雇佣制;它常常被人们误解为日本经济的一个永恒特征。

日本职业经理人在战后的几十年里努力工作,以树立管理者和员工同舟共济的观念。[44]这是日本经济团体联合会(Nikkeiren)和日本雇主协会联合会(Keidanren)的明确目标,这些强大的商业组织在日本的社团主义谈判中担任商业代言人。工会是在公司基础上组织的,而不是以贸易为基础,进一步巩固了员工和管理者之间的共同利益联盟作为一方,而"资本"作为另一方。有了比如终身雇佣制(至少对于大型上市公司来说是这样)等制度后,工作保障对普通劳动者和管理者来说都极其重要。

在联盟分裂的另一侧,追求利润最大化的资本家少之又少。在日本严格的管理(restrictive administrative)、竞争和金融政策(依靠新产品领域的出口市场)中幸存下来的本田和森田等少数战后创业大股东本身逐渐被社团主义体系所吸收,他们的集中持股随着时间的推移而被稀释,直到丰田汽车和松下家族等大公司只存在名义上的"控制":职业经理人掌握了主动权。

---

[44] Bi Gao, *Economic Ideology and Japanese Industrial Policy: Developmentalism from 1931 to 1965* (Cambridge: Cambridge University Press, 1997), chaps. 2 and 3.

"活跃资本"通常指外国资本,在战后的大部分时间里,外国资本也为国家所控制。相比之下,国内资本流经一个受到严格国家监管的银行系统,该系统通过交叉持股在工业企业(以及彼此)中拥有足够大的股权,从而抵消公司控制权市场的作用。

实际上,日本的管理者创造了一系列综合大股东(a set of synthetic blockholders),尽管他们并不关心股东价值最大化。尽管如此,同类-经联会(keiretsu)管理者和"主要银行"的连锁网络被指控为管理者提供监督和纪律的替代机制。[45]经联会附属公司建立的这种综合纪律体系是否运作良好或是否有效,这是一个持续争论的问题。日本在第二次世界大战后确实取得了长足的发展,足以在一段时间内挑战美国模式的意识形态霸权,并对其他模式进了严格评估。[46]

在其鼎盛时期,权威人士和不少学者对该体系的优点大加赞赏,这与美国模式的"公平关系"形成了鲜明对比:交叉补贴提供者能够对产品开发进行更长期的评估;通过信息共享的激励机制,连锁供应商—生产商—分销商之间的关系能够实现持续的边际改进和低缺陷生产;劳动关系激励管理层培训劳动者,激励劳动者掌握企业特定技能;"耐心资本"能够放眼长远;等等。

1985年至1995年间,日本经济奇迹的繁荣期开始消退。日本上市公司逐渐减少了对外部银行融资的依赖。这意味着银行的纪律被削弱,使日本管理人员处于监控真空状态中,并为自由现金流的代理成本敞开大门。[47]权威人士(punditry)开始从20世纪80年代的赞美日本体制的优越性转向在20世纪

---

[45] Carl Kester, *Japanese Takeovers: The Global Contest for Corporate Control* (Boston: Harvard Business School Press, 1991); Kester 1996; Masahiko Aoki and Hugh Patrick, *The Japanese Main Bank System: Its Relevance for Developing and Transforming Economies* (New York: Oxford University Press, 1995); Eusuke Sakakibara, *Shihon shugi o koeta Nihon: Nihon-gata shijo keizai taisei no seiritsu to tenkai* (Tokyo: Toyo Keizai, 1990); Porter 1990.

[46] Aoki 2001; and World Bank, *The East Asian Miracle: Economic Growth and Public Policy* (New York: Oxford University Press, 1993).

[47] 宫岛(Miyajima)证明,在他的研究的五个时期(1959年至1993年),日本高级管理人员的流失率作为财务业绩的函数一直在稳步下降,作者将其归因于日本银行监管这些公司的能力下降。根据宫岛以100家领先的日本上市公司组成的数据库,营业额与财务业绩之间的相关性在1984年至1988年间开始消失。宫岛最近的研究结果推翻了卡普兰(Kaplan)早些时候的研究,卡普兰的研究认为,日本高管的离职率与美国或欧洲没什么不同。Hideyaki Miyajima, "The Impact of Deregulation on Corporate Governance and Finance," in *Is Japan Really Changing Its Ways? Regulatory Reform and the Japanese Economy*, Lonny E. Carlile and Mark C. Tilton, eds. (Washington, D.C.: Brooking Institution Press, 1998), 68; Steven Kaplan, "Corporate Governance and Corporate Performance: A Comparison of Germany, Japan, and the U.S.," *Journal of Applied Corporate Finance* 9 (1997): 86-93.

90年代的谴责其缺陷。

日本的宏观经济表明，在20世纪70年代末和80年代期间，生产率下降和资本密集度极高，所有这些都显示出股本回报表现不佳的迹象。1989年东京股市崩盘，但几乎没有工业企业被允许破产。尽管经历了十年的缓慢运动危机（slow-motion crisis），特别是在银行业，但交叉持股的解除的速度非常缓慢，从1990年峰值时的21.2%降至1997年的18.2%。[48]这种逐步清算的推动因素主要是由于银行需要增加资本以满足巴塞尔财务杠杆标准。

少数股东保护的缓慢进展。尽管存在这些财务压力，但股东保护在日本变化缓慢。例如，数十年来，日本的会计和审计机构一直远低于全球标准。直到1999年，日本公司继续在未合并的基础上（unconsolidated basis）进行报告，从而允许公司将损失"归为"未合并的附属公司。日本的会计惯例还允许日本企业以账面价值而非市场价值来持有资产，使管理人员得以避免承认房地产或证券持有量缩水造成的损失——这是日本泡沫破灭资产崩溃后的一个严重问题。截至2001财政年度（经过多次滑坡和妥协之后），大多数日本公司开始在综合基础上报告数据，使用按市值计价的基础进行资产评估，并在资产负债表上确认无资金准备的养老金负债——尽管政府继续为一些金融业公司发布特别报告制度。[49]这些在会计和审计方面滞后的净效应是，只有内部人士才知道公司财务业绩和风险的真实程度。

日本公司法和主要交易所的上市规则甚至允许公司使用内部审计人员而不是外部审计师来向外部验证财务数据。2002年公司法对内部审计师［或称"监查役"（kansayaku）］的角色进行了一些外观上的修改，但日本法律对监查役的定义远远没有达到独立外部审计的要求。这仍然是一项内部工作，是前雇员或退休银行高管的挂名闲职。

独立的外部董事会也几乎没有多少进展。在上市公司的董事会中，雇员-

---

[48] Megumi Suto, "New Developments in the Japanese Corporate Governance in the 1990's: The Role of Pension Funds," *Hamburgische Welt-Wirtschafts-Archiv*, July 1999, 13.

[49] Nihon Keizai Shimbun, Nikkei Weekly, "Accounting Standards to Be Set by Private Institution," April 3, 2000, 13. 日本的标准制定机构，商业会计讨论委员会（Kigyô Kaikei Shingikai, Business Accounting Discussion Council, BADC）先前由财政部［Ministry of Finance, MOF，现在的财务省（Zaimusho）］管理，最近被转移到新的金融服务机构（FSA）。FSA、日本公认会计士协会（Japanese Institute of Certified Public Accountants, JICPA）和日本经济团体联合会已同意用一个新的标准制定机构取代商业会计讨论委员会，该机构至少在原则上独立于财务省，且拥有全职员工和预算。

管理者（employee-managers）占主导地位：80%的日本公司根本没有外部董事。少数"外部"董事来自附属公司或主办银行（main bank）：就范围内的所有董事而言，全是内部人，就像名义上独立的监查役一样。[50]

在2001—2003年的公司治理"改革"的借口下，少数知名的日本公司宣布缩小董事会规模，将董事会分成一个负责战略的监督委员会，以及下面的执行董事会，在广泛宣传的重组中被称为"运营执行系统"或"shikkō yakuinsei"。少数知名学者、退休公职人员和一些象征性的外国人由内部董事长任命进入这些董事会，但他们在西方也扮演着类似的"有威望董事"的角色：走走过场，向内部人士提供明智的建议，但其他方面却没有真正的监督，更不用说制衡内部管理者了。多数外部董事——代表股东——对内部管理团队负责的想法是不可取的。

日本在20世纪90年代后期发生的董事信义义务（fiduciary duty）标准和会计实务的一些变化，被誉为新一轮公司治理改革的证据，相反，我们认为，道德风险损失和严重的管理无能的意外副产品源于日本1985—1989年的所谓泡沫时期。[51]

日本大型上市公司的管理者要么继续从公司内部提拔，也就是由前任和董事长选出，要么在某些情况下从政府高级职位提拔，比如官员空降（amakudari），通常是在公司受到高度监管或政府控制的情况下。

日本高层管理人员几乎没有长期激励措施来使他们的利益与股东价值保持一致。尽管1997年监管变化使公司更容易发行期权，但股票期权的使用只是缓慢地扩散，尽管日本在行使这些期权时对这些期权的税收待遇非常优惠——但26%的资本收益率远远低于大多数管理人员普通收入的边际所得税率。

【173】

---

[50] Robert Monks and Nell Minow, *Corporate Governance* (Cambridge, Mass.: Blackwell, 1995), 272-73.

[51] 日本经济团体联合会（Keidanren）或日本法务省（Ministry of Justice）不太可能预料到银行救助和随后的国会听证会可能导致的大量财务丑闻，他们也没有预见到，在日本历来不打官司的商业文化中，会出现愿意追究股东索赔的收费律师。日本的大部分股东诉讼都是由一个准民粹主义法律组织，即股东（Kabunushi）监察官以及日本西部的一些政治上活跃的小型"牛虻"（gadfly）律师事务所提起的。加强董事会对股东的受托责任，是日本经济团体联合会与日本法务省在1992年就修改日本商法典（commercial code）进行谈判的结果。1992年商法典的修改降低了有意起诉董事的原告的申请要求。这类诉讼以前曾受到阻挠，因为原告必须按照索赔总额的固定比例缴纳相应的费用。这需要原告存入大笔款项，以支付可能持续五年或更长时间的诉讼。新的8200日元（约合75美元）的固定费用大幅降低了赌注。Mark West, "The Pricing of Shareholder Derivative Actions in Japan and the United States," *Northwestern University Law Review* 88 (1994): 1465.

因此，日本发生了变化，但这种变化是渐进的，产生这种变化的原因是公众普遍对管理不善和欺诈行为感到不满，而不是公众对公司治理的偏好改变，或者出现新的透明度联盟。

在最近一本比较日本和德国公司治理的书中，多尔（Dore）认为，尽管金融体系的变革速度缓慢，但日本大多数经济治理机构（包括公司治理），如果真实存在的话，都在缓慢发生变革。[52] 他假定，日本的制度具有高度的连续性，包括那些使想象中的劳资团结共同体的永久化。

然而，柯蒂斯（Curtis）等学者对这种连续性观点提出了异议，他们认为，自20世纪70年代日本在生产率和工资决定问题上进行联合对话，达成妥协的高峰时期以来，日本的社团主义协商的体制机制一直在不断受到侵蚀。[53] 日本的工会会员在1975年达到顶峰，达到35%，1997年下降到仅23%，而工会本身也分为两类：一类是左翼的日本劳动组合总评议会（Sōhyō），在国有企业工会中占有重要地位；另一类是私营企业工会，通常以公司而非行业为基础组建。整个 Rengō 劳工联盟支离破碎且软弱无力。出于同样的原因，日本经济团体联合会（Keidanren）、雇主协会联合会（Nikkeiren）和经济同友会（Keizaidoyukai）多年来的凝聚力和影响力都有所下降。

尽管如此，这些传统组织设法减缓或完全阻止公司治理规则的变化，以维持现状。雇员-管理者（而非企业家）保留对代表企业利益的社团主义实体——日本经济团体联合会、雇主协会联合会和经济同友会的严格控制。

例如，考虑到日本直接的投票规则，为了阻止被动交叉持股的解除，这可能会开启控制权争夺的前景，日本经济团体联合会力推各种方法，利用税收变化和准政府实体来支撑股价，吸收这些清算后的交叉持股。[54] 在会计标准机构任职的企业经理们试图淡化或延迟收紧会计准则和加强披露的措施，并得到了日本经济团体联合会的支持。面对要求独立第三方审计的呼声，日本经济团体联合会呼吁加强监察人员（kansayaku）的作用，接受监察人员法定资

---

[52] Dore 2000.

[53] Gerald Curtis, *The Logic of Japanese Politics: Leaders, Institutions, and the Limits of Change* (New York: Columbia University Press, 1999), 45-50.

[54] 日本经济团体联合会希望进行税收改革，允许企业在不通过市场清算机制进行交易的情况下互换彼此的共同持股，从而保持高股价并使投票不受第三方控制。它还提议成立一家证券金融公司，管理公司的交叉持股，然后将这些股票作为日本银行贷款的抵押品，以信托形式持有。

格的一些外观上的改变。面对要求独立外部董事的呼声，高级管理人员（senior managers）和日本经济团体联合会以此作为降低董事会规模的理由，这进一步加强了高级雇员-管理人员的力量，而不是让他们对股东负责。多尔注意到，"股东价值"这一时髦词汇从国外引进，然后在实践中被剥夺了大部分含义，这是多么巧妙。事实上，日本公司治理协会成立后，日本管理人员表现出了借用国外公司治理改革语言的技巧。[55]

日本商法典长期以来为少数股东投票权提供保护的规则符合全球标准，并且优于许多其他市场的规则。[56]但日本的非正式控制制度没有发生任何变化，这些制度禁止敌意收购，甚至使友好收购难以执行。日本的机构投资者，如信托银行、保险公司和养老基金经理，并没有在敌意收购中投标他们的股票，而且交叉持股（mochiai-kabu）的比例很高，只是缓慢地被解除。尽管东京证券交易所（Tokyo Stock Exchange）有大量诱人的目标公司，其市值远低于资产账面价值，但这种不活跃的控制市场依然存在。[57]

政治制度。这个紧密结合的内部人模式如何抵御产品市场和金融竞争的侵蚀作用？我们认为，日本的政治制度有利于社团主义的跨阶级谈判（bargain）。直到20世纪90年代，日本的选举法有多个选区。来自同一政党的候选人有动机建立专门的"客户群"，用利益和监管换取选票和现金。这非常有利于生产者的利益，而不是对摇摆选民的普遍竞争。选举区内的农民和农村人

---

[55] 注意到越来越多的国外改革讨论，并意识到经合组织正在制定自己的治理建议，他们提出了一系列"改革"建议，对股东价值的概念予以口头支持，但基本上拒绝采用这种方法来支持广泛的"利益相关者"路径。他们仔细地把他们的建议分成两类：一类是应在短期内执行的建议（步骤A原则），另一类是应在21世纪初或需要大规模法律改革的建议（步骤B原则）。大多数外部独立董事的原则被认真地指定为步骤B，这意味着某一天会出现，但不是现在。具有讽刺意味的是，这些日本公司治理协会的建议成功获得了加州公务员退休基金认可。Nihon Corporate Governance Forum, "Coporato Gabanansu gensoku: Atarashii nihongata kigyōtōchio kangaeru," *Coporaato Gabanansu Gensoku Sakutei Iinkai*, May 26, 1998.

[56] Kester 1991, 97. 接受收购要约的其他备案和预先通知要求使得参与控制权争夺变得更加困难和昂贵，但这些要求的限制程度相对较低，低于20世纪90年代初通过的美国州级反收购法规。

[57] 对于积极控制市场的好处（以及由此带来的财务收益），人们漠不关心，这种冷漠态度已经形成了一道坚实的墙。英国大东电信公司（Cable & Wireless）在1999年成功收购了国际数字通信公司（International Digital Communications）的大部分非上市股票，完成了本质上是外商直接投资（foreign direct investment, FDI）的交易，而并购咨询公司（M&A Consulting）未能获得佳能子公司昭荣（Shoei）的大部分上市（且估值严重低估）股票。要想找到日本敌意收购的另一个例子，我们必须追溯到十多年前，T. 布恩·皮肯斯（T. Boone Pickens）在收购小系制作所（Koito Manufacturing）大量的少数股权后，未能获得董事会席位。活力门（Livedoor）2005年对日本广播公司（Nippon Broadcasting）的敌意收购可能预示着翻天覆地的变化；或者，就像德国的曼内斯曼交易一样，它可能催生新一轮的反收购监管。

口比例过高。政治开始在自民党内部政治联盟［或称为"派系"（habatsu）］之间展开拉票，这些联盟争夺的选民范围很窄，但一旦内部达成妥协，它们基本上就能主导国会立法。

1996年的部分选举改革创建了单一成员，最高票者当选的选区，他们的目标是建立一个更强大、更有纪律的竞争性政党体系。这并没有立即发生：随着执政联盟的内阁被拼凑在一起，而自民党进一步分裂，其数十年来在国会占多数的局面结束了，在政策博弈中又增加了几名否决者。根据泰伯伦（Tiberghien）的一项细致研究，否决者的数量从1990年的一个增加到1993年至1994年的峰值七个（在细川内阁和羽田内阁的领导下），然后在十年的剩余时间里，下降至两个到三个的水平——目前是三个。[58]正式制度或政党制度的变化并没有引起政策产出的任何重大转变。[59]

政治和养老金。虽然日本的养老金体系存在严重的资金不足问题，但它并未对公司治理体系的透明度产生压力。通常被称为日本政治的"第三轨"（实际上在大多数国家都是这样），日本的人口结构非常复杂，人口迅速老龄化，外来移民非常少。由于在众议院占绝对多数，在参议院占少数，而且现在博弈中存在更多的否决票，执政的自民党联盟不愿通过削减福利或提高税收来激怒任何一部分选民。

日本法律要求国会每五年重新审查一次养老金立法。在这条道路上有许多否决点。[60]卫生部撰写了一份评估报告，由照例必有的由工会、雇主、学者和官僚（在这种情况下，系养老金咨询委员会）代表组成的咨询审议会加以权衡，由自民党政策事务委员会进行讨论，在议会进行了相当长时间的辩论，由执政的自民党与其联盟伙伴进行谈判，然后修改为法律。[61]

其结果是对养老金改革进行了缓慢的、边缘化的修补，一方面略微削减了第一支柱的收益，另一方面还试图鼓励401（k）型第三支柱补充投资。20

---

[58] Yves Tiberghien, "Veto Players, Financial Globalization, and Policy Making: A Political Analysis of the Pathway of Structural Reforms in Japan, 1993-2002," paper delivered at the Annual Meetings of the American Political Science Association, August 2003, 21-22.

[59] Tiberghien 2003, 21-22.

[60] Jon Choy, "Tokyo Hesitates on Pension Reform," *Japan Economic Institute Report*, January 28, 2000.

[61] Jean-François Estienne and Kiyoshi Murakami, "The Japanese Experience of Review and Reform of Public Pension Schemes," in *Social Dialogue and Pension Reform: United Kingdom, United States, Germany, Japan, Sweden, Italy, Spain*, Emmanuel Reynaud, ed. (Geneva: International Labor Organization, 2000).

世纪90年代末,几位自民党政治企业家发起了一场雄心勃勃的议会运动,旨在引入401(k)计划。[62]随着提案经历了多个否决博弈,这些雄心勃勃的计划被一点一点地削减。2001年颁布的最终结果非常温和,保留了现有的三大支柱。[63]

最终的结果是,日本工人与其退休基金持股之间的联系减弱了。正如我们在其他案例中所看到的那样,养老基金的规模本身不会对股东价值产生压力,因为这种联系是由养老金领取者和管理层之间的制度关系所调节的。

声誉中介。日本案例说明了金融中介机构在代表股权受益人执行公司治理纪律方面——或者减轻这些压力——发挥的关键作用。正如前面几章所指出的,金融中介机构可以向企业施加压力,要求代表持股劳动者-受益人加强对少数股东的保护。这些机构也可能削弱甚至完全抵消这种压力。在日本,机构投资者的被动性在维持社团主义妥协现状方面发挥着关键作用。

日本国内信托银行(shinyō ginkō)和保险(seimei hōken)公司主导着日本投资管理业务。尽管在20世纪90年代,外国投资咨询公司在日本养老金市场的份额从零增长到10%,但最大的份额——准确地说,所有小型养老基金(kōsei nenkin kikin)的89%——仍然掌握在日本公司手中。[64]

信托银行和保险公司都受到金融服务机构(FSA)——传统财政部的最新化身——的审慎监管,在管理养老基金方面也受到卫生和劳工部的审查。从历史上看,这些部门对资产配置比例实施了严格的规定,例如所谓的5-3-3-2规则,要求安全的固定收益资产(通常是政府债券)占50%,国内股票占30%,所有外币资产占30%,以及房地产占20%。监管部门也不鼓励管理公司之间的竞争。养老基金协会(pension fund association)以类似卡特尔式的方式设定,并将其捆绑成一种整体"关系",掩盖了真实业绩。[65]这些养老基金的法定受

---

[62] 盐崎恭久是爱媛县的自民党议员,也是日本公司治理和会计改革的直言不讳的支持者。See Y. Shiozaki, "Corporate Governance Standards and Capital Markets," speech presented to the Symposium on Building the Financial System of the 21st Century, October 4, 2003, Tokyo, available at http://www.y-shiozaki.or.jp/en/speech.

[63] 对于在职工人,最高免税额限制为每月1.7万日元,完全由雇主支付,雇员没有额外的匹配。对于个体经营者来说,这一上限为每月8.6万日元。

[64] Suto 1999, 21.

[65] Norio Nishi, "The Transformation of the Japanese Pension Market," *National Bureau of Asian Research Publications*: *Executive Insight*, No. 14, December 1998, 13.

托人安排，有效地切断了股权控制权与最终受益人之间的联系。[66]

此外，最大的信托银行和人寿保险公司也是经联会（keiretsu）的核心成员，几乎没有动机反对经联会同类公司——这些公司的公司治理实践大体上反映了它们自己的做法——的管理。[67]

日本走向？（Whither Japan？） 在主要工业国家中，在推动公司治理向股东价值模式转变方面，日本似乎对国际资本流动的达尔文主义压力反应最不敏感。罗纳德·多尔的结论是："就目前而言，通过工资、其他税收以及PAYGO养老金来重新分配劳动收入，似乎仍将是主流。日本的储蓄比例将保持在更低的水平，并通过银行贷款进入全球经济，而不是通过在全球二级市场上运营的资产管理公司。与全球金融市场直接相关的投票数……因此受到限制。就养老金而言，国家市场的天平还没有决定性地倒向有利于市场的方向，也没有迹象表明它将会很快这么做。"[68]

荷兰："圩田模式"社团主义、合作主义的演化[69]

休闲读者可能会对将日本和荷兰并列作为公司治理案例感到吃惊——尽管这是一个引人注目的历史脚注，世界上第一家大型公司荷兰东印度公司（或本书序言中描述的VOC）花了两个半世纪的大部分时间与日本政府就其运营条件和世界各地的贸易垄断进行谈判。[70]

然而，对于两个截然不同的集团——股票投资组合经理和比较政治科学家而言，日本和荷兰的组合并不那么令人惊讶。前一团体习惯于投资"世界

【178】

---

〔66〕"总之，在日本养老基金计划中控制权的公司所有权和控制权是分开的。在任何合同中，法定股东都是信托银行和人寿保险公司等受托机构，但实际股东是养老基金。在现有的监管框架下，养老基金没有明确的规则来行使其作为股东的权利。所有股东的权利都传递给他们的受托机构。"Suto 1999, 26-27.

〔67〕"日本与（养老金计划）倡导公司之间的关系对企业养老基金行为的约束可能比美国更强。即便日本企业养老基金有明确的行使投票权的途径，它们在实践中的使用也比在美国更难，因为商业公司和金融机构之间的关系更牢固。"Suto 1999, 30.

〔68〕Ronald Dore, "Globalization and the Possibility of National Opt-Outs," in *Pensioners to the Casino*, forthcoming.

〔69〕Poldermodel，圩田模式，荷兰通过政府、雇主和工会之间协商一致来制定政策的做法。"圩田"一词是指从海上开垦的土地。——译者注

〔70〕作为长期商业和外交谈判的一部分，VOC在长崎附近德岛的工厂建立了永久的贸易据点，并获得了德川幕府250年的贸易垄断地位。对日本政府来说，VOC作为透视国外的透镜是核心，否则采取与外界严格隔离的政策（sakoku），无从获取信息，从1600年左右到1868年明治维新，政府主要依靠对VOC报道和报告进行日文翻译以获取对世界的了解——以至于两个世纪以来日本的外交和科学专家都学习荷兰语，并被统称为"rangakusha"或"荷兰学者"。

规模"的荷兰和日本公司作为其全球投资组合的一部分,事实上,必须定期从阿姆斯特丹和东京证券交易所挑选上市公司,以构建一个平衡的全球投资组合;荷兰约占 MSCI 指数的 2.5%,日本占近 10%。

比较政治学家在两国之间找到了很多共同点——两者都是格申克龙主义(Gerschenkronian)意义上的后发展国家,都在二战后(在两次战争不同的经历之后)用社团主义的方式解决社会压力,都有共识的政治制度,都有低少数股东保护(MSP)和低集中度——尽管他们在公司治理的标准观点中具有名义上"异常值"的遥远的地理和历史根源。

荷兰和日本的股东集中度和少数股东保护水平给公司治理学者提出了一个难题。在我们的 100 点少数股东保护指数中,荷兰的股东保护水平为 34。这低于总样本的平均值,在欧洲国家中也位于后三分之一。尽管股东保护水平较低,但这种低水平的股东保护与 20% 的较低大股东集中度相结合——极少数国家超过这种广泛分散的所有权水平。[71]

同样异常的是市值与 GDP 的比率高达 170%,以及外商证券组合投资者对阿姆斯特丹证券交易所的高渗透率,约为 55%。乍一看,更令人震惊和费解的是,荷兰累积的私人养老金资产占 GDP 的 113%,这一比例很高。这与第一支柱计划的低养老金隐性债务(IPD)相一致,仅占 GDP 的 55%,低于欧洲标准。但这与以下预测不符:高私人养老金资产将增强工人的偏好,并推动维权行动,以加强对股东的保护——而荷兰的情况显然并非如此。

这些点怎么平方呢?在我们的分类中,我们认为,荷兰和日本一样,是一个特别有弹性的社团主义妥协的例子,它对抗了经济压力,否则会将其推向透明度联盟。大型注册公司(Naamloze Vennootschap,NV)的管理者和雇员有效地隔离了上市公司追求股东价值的目标,而是继续全心全意地接受拥护利益相关的意识形态。图中几乎没有私人大股东。为了保持这种局面,管理人员和荷兰自行任命的董事会围绕着公司采取了一系列反收购措施,这些措施是世界上最复杂、最精良的措施之一,目的是确保追求利润的大股东不会出现,以加强问责制或实现股东价值最大化。虽然工人通过他们的资金积累了大量的养老金"股权",但这些资金大部分已从荷兰股市撤出,转而支持外国投资——退出

---

[71] Abe de Jong, Rezaul Kabir, Teye Marra, and Ailsa Röell, "Ownership and Control in the Netherlands," in *the Control of Corporate Europe*, Fabrizio Barca and Marco Becht, eds.(New York:Oxford University Press, 2001).

而非发言权的情况——从而减轻了荷兰增强少数股东保护的压力。

尽管集中度较低，但几乎没有控制权争夺。董事会实质上是由他们自己任命的：股东几乎没有投票权。荷兰大型上市公司的经理和员工制定了一套治理规则，有时也称为"结构规则"（structuur regeling），有效地隔离了上市公司追求股东价值。

正如高飞（Go-Feij）总结的那样，"荷兰公司治理体系保护——或迄今为止保护了——公司免受'局外人'的支配……因此，根据定义，它是一个'内部人主导的'系统。然而，这并不意味着对管理层的控制权是由个人（或集团）股东直接行使的（例如在意大利，主要由家族行使，或在20世纪80年代的法国，由中央政府行使）。相反，在'荷兰'的大公司似乎发生的情况是，保护措施被用来允许管理层（使用广义上包括非执行董事的这一术语）在各利益相关者的利益之间找到自己首选的平衡……结果似乎是一个明显的广泛利益相关者联盟的案例，工人对受结构法影响的大公司的影响很大，影响范围则包括对供应商、客户、债权人等主体。"[72]

这套治理规则嵌在一个共识的政治体系和一套完善的社团主义制度中。[73]根据德容（de Jong）和罗埃尔（Röell）的说法，"集体的、共识的经济决策的社团主义模式，被称为圩田模式，在二战后的荷兰经济重建中非常成功……这意味着公司决策具有直接的公共利益维度。"[74]

荷兰的养老金私有化程度比其他社团主义国家都要高。结果之一是，荷兰的私人养老金资产累计比例高达GDP的113%。私人养老基金积累了资产，但从治理的角度来看，他们并没有施加影响力来管理这些公司。这在一定程度上是因为，它们这样做的意愿因其相互矛盾的动机而减弱——金融服务业已迅速整合，将商业银行业务、投资银行业务和货币管理业务结合在一起。[75]在荷兰，公共雇员养老基金成为公司治理改革最有力的倡导者，即使他们的私营

【180】

---

[72] Denise Go-Feij, "Corporate Governance and Technical Innovation in the Netherlands," Report to the European Commission, May 1999.

[73] 荷兰在希克斯-肯沃斯指数上的得分为58；高于该样本的均值，但仍远低于斯堪的纳维亚国家、德国甚至日本。

[74] De Jong and Röell, forthcoming.

[75] "荷兰金融监管机构允许金融中介机构在过去15年中成为金融集团。这导致了商业银行、保险公司和投资银行之间的并购浪潮，以及金融集团的出现。"Go-Feij 1999.

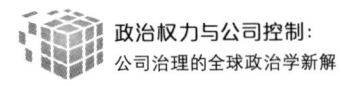

部门同行都在回避。

此外，现有的荷兰治理实践实现了现金流权与投票权的有效分离——荷兰的所有权和控制权之间的"鸿沟"（wedge）非常大。这使得即便是大型机构投资者也难以将自己的投票作为惩罚违规经理和董事的棍棒。

总的来说，荷兰表现出公司治理实践的"粘性"，体制互补性的强化性质，以及建立和维持这些实践的共识政治制度的持续影响。

在其历史演变过程中，荷兰在很多方面都与瑞典相似，民主发展了公司治理中的社团主义妥协，同时在经济的其他方面建立了广泛的平行机构，从而维持了一个与所有者对立的"管理者加劳动者"联盟。

导致这种情况的动力在第二次世界大战之前。作为在竞争激烈的世界经济中相对较小的国家，荷兰人在政治上的社会适应性的优点，包括持续一段时间的工资限制、职业培训计划以及其他有助于二战后重建经济的劳资协商机制。这项交易的优点也在政治方面制度化了。例如，荷兰在议会中采用了比例代表制，这是罗格夫斯基（Rogowski）引用的一个例子，用来说明如何改变制度以取得实质性成果。[76]

从集中持股（blockholding）早期基础来看，经济继续沿着这条道路前进，强化了限制市场力量破坏国内社会和社会和平的愿望，但仍然受到开放经济——荷兰高度依赖外贸——和欧盟内部竞争的需求的约束。在战后年代，福利国家条款延长了社会和平的妥协。在政治上，荷兰展示了不同分歧线（various lines of cleavage）之间权力共享的广泛制度发展。这是李帕特关于协同民主及其体现的制度的经典和核心案例。[77]

集中、工业化和稀释。如上所述，荷兰的大多数上市公司现在都被广泛持有。上市公司的创始个人和控股家族大多已被出售或被稀释。[78] 在一项对荷兰上市公司的长期研究中，德容和罗埃尔基于1923年、1958年和1993年的三张详细数据快照，使用家族控制的若干指标来跟踪大股东控制。一个指标显示，在这段时间内，家族控制的企业从16.4%下降到16.2%，再降至1.3%；第二个指标也显示出类似的下降趋势，从43.2%降至40.5%，再降至

---

[76] Rogowski and Kayser 2002.
[77] Lijphart 1999.
[78] 中国仍有许多民营中小企业，雇用了57%的私营劳动力，占贸易总额的15%。

10.4%。[79]

在欧洲经验中，荷兰经历了相对较晚的工业化，更类似于德国而不是英国，但这些早期公司的资金主要来自股票市场，而非银行贷款。此外，这些股票市场严重依赖于私人债券机制，而非正式监管。[80] 第二次世界大战后，许多集中持股的公司从交易所退市，使市场向持股更分散的由职业经理人掌控的公司倾斜。

正如在小型开放经济中可以预期的那样，如今，大公司以其独特的跨国地位主导着对外贸易，总部和上市地点都在荷兰，但大部分业务都在海外。荷兰的所谓五巨头皆是如此——飞利浦（Philips）、壳牌（Shell）、阿克苏法贝儿（AKZO）、帝斯曼（DSM）和联合利华（Unilever）——尤其是荷兰皇家壳牌公司。荷兰皇家壳牌公司在英国共同上市，仅此一项就占阿姆斯特丹证券交易所市值的20%。壳牌和其后的14家公司合计占荷兰总市值的75%。

随着大股东逐渐退出市场（特别是在20世纪60年代），管理人员和劳动者正在制定一套治理规则，以抑制争夺控制权的竞争，以及可能出现的以利润为中心的大股东。[81] 事实上，尽管荷兰作为"全球化"经济体而享有盛誉，但从少数投资者的角度来看，该国的公司治理机制仍然出奇地缺乏吸引力。[82]

在公司治理方面，有利于管理者和劳动者而非所有者的最重要规则被纳入具有里程碑意义的1971年"结构规则"法案（structuur-regeling laws）中，该法案将公司治理规则与劳资管理咨询规则（包括成立劳资委员会）结合在一起，形成了一个包罗万象的立法体系。

---

[79] De Jong and Röell, forthcoming, table 1, p. 31. 历史所有权登记处没有提供直接计算控制权的数据，因此他们根据创始人或两个家族成员在董事会中的比例构建了两个指标。

[80] De Jong and Röell, forthcoming, 9–10.

[81] 一项调查显示，"在容忍机构投资者认为与其利益相悖的治理特征方面，荷兰目前落后于泛欧交易所市场。与其他接受调查的国家（日本除外）相比，荷兰拥有更多的收购防御，更少的投票权，以及更少真正独立的董事会。" Davis Global Advisors, *Leading Corporate Governance Indicators*, 2000, December 2000, 75.

[82] 例如，普华永道（PricewaterhouseCoopers）调查了40家机构投资者对荷兰公司治理态度的态度："2/3的受访者认为，荷兰的公司治理没有充分考虑投资者对公司政策的影响。55%的分析师认为，荷兰公司的股东的投票权和对管理层的影响力低于国际同类股东。超过一半的受访者认为，荷兰公司估值之所以出现高达25%的折扣，是归因于他们的公司治理体系不佳。" Jos Nijhuis and Jaap van Manen, "Competing for Capital: Analysts' Perceptions of the Competitive Position of Dutch Companies," *PricewaterhouseCoopers Netherlands*, 2002, 23. 但是，尽管少数股东保护（MSP）水平不理想，荷兰仍保持着较高且稳定的外国投资组合渗透率；外国投资者占荷兰股市的55%左右。出于同样的原因，在我们的样本中，市值占GDP的比例相当高，为170%。

【182】　结构（structuur）体制对会计影响不大，因为按照国际标准，荷兰的会计和审计保护一直都很高。大多数荷兰上市公司使用国际会计准则理事会（IASB）的国际财务报告准则（IFRS），原因之一是它们的大量业务在国外，而出于内部控制的原因，跨国公司通常更倾向于使用国际标准。[83]财务披露要求由《民法典》第二卷第九编规定，阿姆斯特丹证券交易所要求对上市公司财务报表进行第三方审计。[84]

与荷兰总体良好的信息法规相比，对少数投资者的监管保护力度明显不足。结构体制（structuur regime）规定了一个双层董事会：监事会（或 Raad van Comissarissen），以及董事会（或 Raad van Bestuur）。前者名义上由100%的非执行董事组成；后者是100%的内部管理者。监事会对股东不负责任，并通过一种被称为"吸纳"（co-optation）的程序进行改选。

通过简单计算董事会中非执行董事的比例，荷兰会在监督保护方面获得较高的评价。[85]但实际上，董事会对所有股东都不会有所回应。在我们的少数股东保护指数中，我们遵循领先的公司治理指标判断，评估荷兰董事会提供的监督保护，从外部股东的角度来看，这一点很低——他们在选择或撤销董事会方面几乎没有发言权。

荷兰公众公司拥有一套控制制度，可以有效地将现金流量权与投票权分离。上市公司的管理者们躲在一堆反收购工具的背后，使得对一家荷兰上市公司进行敌意收购几乎不可能。荷兰在阻止收购方面的控制机制非常有效，以至于一些欧洲公司已经在阿姆斯特丹重新注册，以便利用这些复杂的反收购工具。[86]

【183】　大约25%的公司使用优先股，这扭曲了投票权和现金流权；35%使用由

---

[83] 在一个有趣的社团主义扭曲标准制定方面，年度报告委员会是荷兰会计和披露标准的仲裁者，它基于与专业会计师、公司、投资者和工会的广泛协商。Nijhuis and van Manen 2002, 23.

[84] Laurence van Lent, "Pressure and Politics in Financial Accounting Regulations," University of Tilburg, January 1995, 10.

[85] "根据荷兰公司法，监事会必须把公司的利益作为一个整体来考虑，从而使各个子公司的利益得到很好的平衡。任何单一子公司的利益都不应凌驾于整个公司的利益之上。" Pieter Moerland, "Corporate Supervision in the Netherlands," paper for the Conference on Convergence and Diversity in Corporate Governance Regimes and Capital Markets, Tilburg University, November 1999, 14.

[86] "出于税收和公司治理方面的原因，荷兰是一个很受欢迎的公司注册地。股东可以从财务上受益，但与其他欧洲制度相比，他们通常不得不接受一种限制他们权利的制度……然而，许多投资者更关心的是短期财务收益，而不是投票权。荷兰不向在该国注册成立的公司支付的股息征税，也不对出售子公司股票的资本利得征税。" "A Firm's Home May Not Be Sweet for Shareholders," *International Herald Tribune*, June 12, 1999, 17.

内部受托人而非外部股东持有的投票证书；其中 50% 拥有保护性优先股。[87]"无表决权股票、优先股（preference shares）和优先权股（priority shares）的持续流行，仍然剥夺了股东的任何发言权。"[88]

"在稀释股东权利的过程中，公司经常依赖于限制股东投票数量的收购防御。因此，许多公司违反了一股一票的原则，公司的投票结构与通过观察股票得出的所有权结构大不相同。每当公司从现金流中剥离投票权时，它就会控制着投票权。"[89] 这些收购障碍有四种形式，包括优先股、优先权股、约束性委任（binding appointments）和投票上限（voting caps）。

实际上，荷兰管理者已经建立一个合成的大股东，就像在日本一样通过设立一个行政或所谓的信托办公室（administratiekantoor）——并将投票权转让给这些办公室，从而将表决权从现金流量权中剥离出来，然后将具有现金流量权的股份转移到股票市场。[90] 净效应类似于经联会（keiretsu）交叉持股。"拥有大部分有表决权股票的信托办公室被荷兰上市公司广泛用作反收购措施。投票权的集中在一定程度上解释了荷兰为何没有敌意收购。"[91]

值得注意的是，这些反收购装置是由管理者和劳动者实施的，而不是由大股东实施的。德容和罗埃尔指出，在他们 1993 年的样本快照中，收购防御和集中持股呈负相关关系。[92] 换句话说，荷兰分散持股公司的董事会，由主要忠诚于公司管理者和劳动者的内部人控制，比那些拥有大股东的公司更有可能采用反收购设计。

在高管薪酬和激励计划方面，大型荷兰企业的"从内部雇用"人事制度和企业文化类似于日本的大型管理者控制的企业。长期激励在总薪酬中所占

【184】

---

[87] "Firm's Home" 1999, 6.
[88] Go-Feij 1999.
[89] "优先股首先发行给由公司控制的基金会，然后由基金会配置，与投资者的投票权无关。它们是荷兰最广泛采用的反收购手段。这些股票以持有人（通常是友好合作伙伴）的名义发行，因为它们具有控制功能，只需支付 25% 的票面价值……公司可以通过发行优先股来限制普通股的投票权。公司章程可以赋予优先股持有人特殊权利，如提议或阻止任命管理层和监事会的特定新成员、批准发行普通股、公司清算或修改章程……管理委员会对新监事会成员的约束加强了他们自身的控制权。普通股东被剥夺了任命监事会成员的权利。在股东大会上，只有三分之二的多数才能否决这一具有约束力的任命。" Go-Feij 1999.
[90] "公司可以将其股本存入信托办公室，而信托办公室则在股市上交易存托凭证。即使收购者获得大部分存托凭证，股东大会的投票权仍掌握在信托办公室手中。" Go-Feij 1999.
[91] Go-Feij 1999.
[92] De Jong and Röell, forthcoming, table 8.

的比例约为8%，对欧洲来说相当低，尽管这很难精确衡量，因为荷兰高管薪酬的披露相对有限。

连续性和咨询（Continuity and Consultation）。荷兰的政治制度，无论是政党结构还是议会程序，都保持了财政和社会政策的高度连续性，重点是协商、边际改革而不是激进的变革，并对结构规则高度信任。这就是荷兰处理其迫在眉睫的养老金危机的方式，它决定逐步削减福利，同时鼓励第二支柱和第三支柱计划的增长，以弥补第一支柱IPD漏洞。

意识到其社会保障税是欧洲最高的，而且在削减福利方面面临着来自工党的抵制，荷兰选择在1990年将其国家养老金计划私有化，从迄今为止在国家管理下收益较低的养老金资产池中寻求更高的回报。它还取消了这些基金的股票风险敞口和国际风险敞口上限，这一决定符合荷兰加入欧洲货币联盟（European Monetary Union）的规定，但这一决定可能对21世纪末的公司治理监管产生意想不到的影响。

荷兰国家养老金制度（第一支柱养老金计划）（Algemene Oudermans Wet，AOW）是一个PAYGO系统，具有高覆盖率和替代率，而且和大多数PAYGO系统一样没有资金，IPD估计在GDP的54%到104%之间。经过一系列的改革，AOW的IPD赤字在一个国家的基础上被大型私人和企业层面养老基金抵消，估计占GDP的113%——样本中最大的百分比之一。企业层面的养老金主要是在整个行业而非企业层面上聚集（collected）和管理的，并由工会在董事会中代表。[93]

这项改革产生了几个强大的公共雇员养老基金。公务员的第二支柱基金进入了公共部门养老基金基金会（Stichting Pensioen Fonds ABP），现在是全球第二大养老基金，仅次于加州公务员退休基金（CalPERS），在所有全球基金经理中排名第55位，在2001年底管理着相当于1300亿美元的资产，约有40%分配给股票投资组合。医疗保健工作者的养老金被卷入了医疗保健养老基金（Stichting Pensioenfonds voor de Gezondheid, Geestelijke en Maatschappelijke Belangen, PGGM）。

ABP和PGGM公开批评荷兰上市公司对股东价值的忽视，在国内进行了

---

[93] Jeroen Kremers, "Pension Reform: Issues in the Netherlands," in *Social Security Pension Reform in Europe*, Martin Feldstein and Horst Siebert, eds. (Chicago: University of Chicago Press, 2002).

积极的改革运动,在许多方面与加州公务员退休基金相似。连同国家铁路(Spoorwegpensioenfonds)、荷兰电信公司(KPN)和荷兰皇家航空公司(KLM)系统的工人养老基金一起,ABP和PGGM联合起来建立起养老金公司治理研究(Stichting Corporate Governance Onderzoek voor Pensioenfondsen,SCGOP)推行以股东为重点的公司治理准则,并开始在年度会议上巧妙但坚定地面对表现不佳的荷兰公司。[94]

总而言之,公共雇员养老基金在几个方面开始挑战结构规则(structuur regeling),但他们遇到了来自经理、工会和政党对加强少数股东保护的抵制,以及荷兰大金融集团明显缺乏热情的参与。[95]

养老基金和政治:要么发声,要么退出。旨在加强对少数股东保护的养老基金运动,遇到了荷兰高度共识的政治机构——与首先推动养老金改革同样的政治机构——所设置的障碍。

例如,在1997年Peters委员会公司治理报告发布后,养老基金支持了向荷兰议会提交的一份提案草案,以减少上市公司使用反收购工具,其中包括管理委员会应考虑解除其防御措施的规定——如果第三方获得超过70%的已发行股权并持有超过一整年。管理组织和工会通过其代表所在的三方协商社会经济委员会(Sociaal Economische Raad,SER)表达了反对意见。[96]

如果公司劳资委员会同意,并且阿姆斯特丹法院的企业商会(Enterprise Chamber of the Amsterdam Court of Justice)同意允许大股东行使这些权利不会对利益相关者和公众产生有害后果的话,该法案的一个弱化版本允许拥有70%控制权的所有者让董事会真正听到他们的声音。管理者们则通过编织更结实的合成大股东(synthetic blockholders)网来对这一温和措施做出反应。[97]

---

[94] 飞利浦、联合利华和壳牌的养老基金后来也加入了SCGOP(http://www.scgop.nl),SCGOP还集体聘请第三方治理顾问德迈纳(Déminor),对荷兰大型企业进行严格审查。

[95] 荷兰国际集团(ING Group)是荷兰最大的养老基金管理公司,管理着3470亿美元的资产(相当于美元),这是其三大核心业务之一,其他业务包括商业银行和保险。荷兰全球保险集团(AEGON Nederland)是第二大基金管理公司(资产2600亿美元),将养老金管理与其核心保险业务相结合。ABP在荷兰公司中排名第三,紧随其后的是另一家"综合金融服务公司"——荷兰银行(ABN AMRO)(1130亿美元)。

[96] Robbert van het Kaar, "Pensions and Pension Funds Become Major Issue in Dutch Industrial Relations," August 1998, *European Industrial Relations Observatory Online*, www.eiro.eurofond.ie.

[97] "这项新立法已经引起了几个有关方面的反应。作为对该法案的回应,霍高文(Hoogovens)、阿霍德(Ahold)和帝斯曼(DSM)等几家更大的公司发行了优先股,并将其置于友好股东的手中。这些公司显然在试图安插一群友好的股东,以阻止或阻碍第三方收购该公司70%的股份。"Go-Feij 1999.

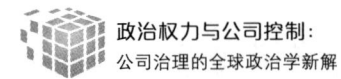

【186】 受到保护现任管理者和选举自己的董事会的治理实践的阻碍,以及对结构体制(structuur regime)的任何变化的广泛政治反对,ABP和其他几个私人养老基金的投资开始迅速增加国外投资组合——实际上,这是荷兰社团主义者妥协的结果。他们被剥夺了发言权,退出了。1990年,荷兰养老基金持有150亿美元的国内股票和125亿美元的外国股票;到2000年,他们持有750亿美元的国内股票和近1000亿美元的外国股票。例如,ABP迅速扩大其全球风险,并具有明显的治理优势,包括与美国道富投资公司(State Street Investments)成立了一家20亿美元的合资投资公司。

不稳定均衡。荷兰捕捉到了移动目标的复杂性,以及一个管理者加劳动者的联盟(即使是一个拥有相对稳定政治基础的联盟)不断变化的均衡。养老基金持有的股票资产的增加,导致了对更高透明度和网络控制力减弱的需求。但养老基金游说未能克服社团主义拥护者的反对——包括监督许多行业第二支柱养老基金的募集(collection)和投资的同一个社团主义顶尖机构。

雇主的商业联合会(the employers' business federation)也由大公司的管理者控制,而私人大股东几乎没有发言权——这就像德国工业协会(BDI)和日本经济团体联合会(Keidanren)一样。雇主联合会支持结构体制反对改革呼吁,大型工会也是如此。这两个主体在三方协商社会经济委员会上共同努力,阻止养老基金推动的改革。因此,我们在相互竞争的跨阶级联盟之间又展开了另一场复杂的斗争:一边是管理者和工会负责人、部分工业劳工和大银行;另一方面是大股东、养老基金、服务业和政府雇员。

荷兰管理者加上劳动者内部联盟的胜利并不能保证联盟伙伴之间的永久均衡。相反,一些荷兰公司治理的专家认为结果偏向于根深蒂固的自治管理者——管理者本身受到收入和自治的大幅增加的诱惑,这些增长使管理者处于不同的结盟,包括替代性透明度联盟(alternative transparency coalition)和管理主义(managerism)的结果。

事实上,著名的杰普·温特(Jaap Winter),荷兰主流公司治理委员会之一的主席,将这一结果称为"愤世嫉俗"而非"社团主义"妥协:最初的想法是劳动力和资本同等重要,而且两者都应该拥有同等的权力。实际上,双方达成了一项愤世嫉俗的妥协(cynical compromise);他们的核心权力已经从股东手中夺走了，而员工们得到了更多的权力。[98]

当由于养老金资产聚集而使偏好发生变化，但政治机构阻止变化时，会发生什么？以荷兰为例，养老金资产流向海外，一方面受到投资组合多样化机会和欧元区扩张带来的较低汇率风险的推动，另一方面也受到海外更优质的少数股东保护的推动。这是一个"发声或退出"（voice or exit）的例子，这是外部投资者在微观尺度（但是在宏观国家测量范围内）上面临的常见选择。

第二节 威权体制下建立的联盟

寡头模型：所有者主导劳动者和管理者

大多数国家在其发展过程中——通常是工业化的第一个时期——都经历了寡头政治。从某种意义上说，它是公司治理的原始模式，是纯粹私营部门中大多数公司开始的方式：一些创始人所有者将资本投资于他们完全控制的公司，并直接监督其管理者。然后，他们必须决定何时以及如何实现所有权和控制权的多元化。当政治框架被排除在外，当没有形成塑造交易的政治背景时，这就是一种默认模式。

这种排除政治的默认模型并未解释治理交易中多次出现的国家主导的控制，即企业通过获得国家权力的特权而获得权力和财富。例子包括韩国，正如我们在独裁时期所看到的那样，在明治日本，在所谓的进口替代增长的贸易壁垒后蓬勃发展的巴西公司，在马来西亚的土著公司，在现代的俄罗斯，在重商主义者受益于国家主导的增长合同的德国和法国，甚至还有一些美国公司从州政府获得的铁路建设、航空、医疗和国防方面的特殊待遇。

如果劳动者在政治上——因为这些政权是独裁的，或者民主是软弱和腐败的，或者仅仅是新生的——没有什么发言权，他们几乎没有能力在政治和职场上牵制所有者。在所有者于政治舞台上拥有巨大资源的地方，管理者几乎没有自主权。在金融、投资、养老金和股票市场等中间机构薄弱的地方，股东权利的声音就很小。

这是治理问题在这一结盟中的经典困境——让所有者把权力让与他人，

---

[98] Jaap de Winter, *FEM Business*, September 13, 2004, quoted in de Jong and Röell, forthcoming, 21.

而不是让管理者服从所有者（经典的伯利-米恩斯困境）。

预测和历史证据

我们没有将寡头政治模型的预测与我们的国别（地区）样本进行对比，因为我们的数据集是20世纪90年代中后期的快照，当时大多数国家（地区）都已在一个世纪或更久以前，或仅仅几十年前经历了寡头政治阶段。相反，我们审视了过去的一些国家（地区）以及现在俄罗斯的一些例子，从偏好和政治制度角度提取这个模型的核心特征。

【188】 政治是这场争论的核心。在西欧、日本和北美的长期民主国家中，强势的所有者在工业化过程中行使了不成比例的政治影响力。

英国工业家在18世纪末和整个19世纪的政治权力——为议会竞选，反对土地贵族的保护主义倾向，并在从劳动法到公司治理的一系列问题上抵御伦敦的侵入性监管，有充分的文献记录。[99]在大西洋彼岸，通过对州立法机构的巧妙控制，19世纪后期的一些美国"强盗贵族"获得了垄断性的法规和各种补贴，以非常优惠的条件从国家获得为建设铁路提供的如此大量的土地。另一些人则追求工业部门的集中，同时抵制联邦一级的劳工法规和反垄断行为。1890年的反垄断法首次违反了创始人兼企业家的自主权，即在私人关系的基础上设定公司治理条款的权力。

在太平洋的另一边，我们在本章前面的讨论中注意到，伟大的财阀家族如何设法从军政府的后重建（post-Restoration junta）过渡到萌芽阶段的明治民主化，以及20世纪初期大正时代的全盛时期——甚至更加粗暴地回归到20世纪30年代和40年代的政治威权主义。例如，在此期间，三菱的创始人岩崎家族在东京接受了广泛的监管创新——包括从俾斯麦和魏玛德国（Wilhelmine）借鉴来的一套劳工和社会福利规则——同时在制定公司治理条款方面保留了高度的自治权。

在20世纪的亚洲和拉丁美洲的其他地方，在经济发展的高增长时期，强

---

[99] Moore 1966; Paul Smith, *Disraelian Conservatism and Social Reform* (London: Routledge and Kegan Paul, 1967); F. M. L. Thompson, *English Landed Society in the Nineteenth Century* (London: Routledge and Kegan Paul, 1963); Eric J. Hobsbawm, *Industry and Empire: An Economic History of Britain since 1750* (London: Weidenfeld and Nicolson, 1968); P. F. Clarke, *Lancashire and the New Liberalism* (Cambridge: Cambridge University Press, 1971); Stasavage 2002.

所有者和政治威权主义经常一起出现。经济力量可以集中，因为政治家需要资源，而经济行动者需要政治支持，特别是在工业化的早期阶段。毫无疑问，威权统治者与富裕资本家之间的这种权宜之计，既包括公司治理规则，也包括缺乏限制寡头政策的规则。

例如，前一章描述了财阀的创始人——大股东是如何与韩国将军们达成一项互惠互利的协议的，从朴正熙开始，一直到卢泰愚。许多当地的裙带资本家与印度尼西亚和菲律宾的独裁者达成了类似的交易，例如萨利姆集团（Salim）的林绍良（Liem Sioe Liong）和力宝集团（Lippo）的李文正（Mochtar Riady）与苏哈托（Suharto）的紧密关系，以及在费迪南德·马科斯（Ferdinand Marcos）的保护下的一批类似的原始资本家。在巴西、阿根廷和智利，有很多私人大股东在顺应"军政府"。

大股东在政治上的影响力并不一定会随着他们的独裁-庇护者的离开而结束。事实上，在将军们被撤职后，韩国民主的第一个十年，财阀所有者在选举政治中发挥了关键作用。财阀的资金已经（并将继续）填满了韩国各大政党的金库。现代汽车的郑周永甚至在20世纪90年代末竞选总统。泰国摇摆不定的民主制度下，企业家他信·西那瓦（Thaksin Shinawatra）也是如此——且他获得了胜利。

就我们的目的而言，寡头模式强调了在社会中制衡权力的重要性，即拥有能够有效竞争权力的资源的群体，至少在创建具有广泛政治支持的公司治理实践方面是如此。他们还展示了政治制度的重要性。寡头需要获得权力，但不需要过多的集中权力：这足以阻止其他群体通过保护少数股东和劳工权利来限制他们，而不是让他们成为政治家的威胁并诱使政府征收他们。

分析性叙述

俄罗斯等国提出了"弱民主"或"软权威"的政府向那些担心股东保护的投资者做出可信承诺的问题。正如我们在第四章中所指出的那样，民主的弱点或缺失给投资者带来了严重的困境：即使他们能够让政府提供他们想要的股东保护，并且这些政府拥有提供这些保护的权力和机构能力，同样的权力也会给投资者带来政府采取掠夺性行动的风险。它确实是煎锅或火焰：保护的力量也是先发制人的力量。

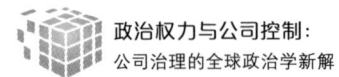

在稳定的民主国家中,在稳定的政治继承手段的背景下,政治力量的平衡维持着法治、合同和守则的执行、保护的现实。在非民主国家或弱民主国家,这总是有问题的。这就是拥有威权政府或弱势民主的国家倾向于产生集中持股(blockholding)的原因之一。私人约束(private bonding)作为弱法的替代,但它采取内部监督机制的形式,排除控制权市场;它并没有作为正式少数股东保护(MSP)的替代品来保护外部股东,而是将他们完全排除在外。

俄罗斯等国在政治上存在很大差异。有些读者会对我们将他们分在一组感到惊讶。我们这样做是为了探讨政府大量介入公司生活的问题及其对治理的影响。如果这三个国家进一步走向民主化道路,那将对它们的治理模式产生深远影响。新加坡是一个非民主国家的例子,它向投资者做出了坚定的产权承诺;中国和俄罗斯在不同程度上以各种不同的方式也在做同样的事情。

俄罗斯:寡头和政治

在俄罗斯民主初期,在叶利钦和普京的大规模"私有化"浪潮中,俄罗斯一小部分能够获得政治权力的寡头(许多前政府机构)极其廉价地获得了相关资产。[100]其结果是财富大量集中在少数人手中,竞争有限,对股东的保护极少,劳动者的权利也很少。[101]

---

[100] 感谢克里斯托弗·巴克迈耶(Christopher Backemeyer)对俄罗斯案件的研究援助。参考的资料包括:Alexander Dyck, "The Hermitage Fund: Media and Corporate Governance in Russia," Harvard Business School Case 703-010, 2003; Dirk Willer, "Corporate Governance and Shareholder Rights in Russia," Centre for Economic Performance Research Discussion Paper No. 343; Eric Berglöf and Ernst-Ludwig von Thadden, "The Changing Corporate Governance Paradigm: Implications for Transition and Developing Countries," William Davidson Institute Working Paper Series No. 263, 1999; Jeffrey M. Hertzfeld, "Russian Corporate Governance: The Foreign Direct Investor's Perspective," paper presented to the OECD Conference on Corporate Governance in Russia, May 31–June 2, 1999, Moscow, and can be found at http://www.oecd.org/dataoecd/55/47/1921803.pdf; Luc Laeven, "Insider Lending and Bank Ownership: The Case of Russia," Journal of Comparative Economics 29 (2001): 207-29; Lucie Godeau, "Foreign Investors Shun Russia Despite Growth, BP Deal," Baltic Times, February 27, 2003; Malcolm S. Salter and Joshua N. Rosenbaum, "OAO Yukos Oil Company," Harvard Business School Case 902-021, 2002; Maxim Boycko, Andrei Shleifer, and Robert Vishny, Privatizing Russia (Cambridge: MIT Press, 1995); The Economist (U.S.), "Russia's Lousy Corporate Governance," July 24, 1999, 64; The Economist Intelligence Unit, Russia Country Report, 2003; United Press International, "Russia Launches Corporate Governance Reform," September 7, 2000; Yasheng Huang, Kirsten J. O'Neal-Massaro, and Anatoli Miliukov, "Unified Energy System of Russia," Harvard Business School Case 702-068, 2002.

[101] 对俄罗斯的总体评估是否过于苛刻?施莱弗(Shleifer)和特里斯曼(Treisman)认为,俄罗斯与其他的在同等的财富和增长水平上的发展中国家相差无几。Andrei Shleifer and Daniel Treisman, "A Normal Country," Foreign Affairs 83 (2004): 20-38.

第六章 偏好分歧二：部门冲突

当代俄罗斯在某些方面与 1865 年至第一次世界大战期间快速工业化过程中的美国相类似，尽管俄罗斯寡头突然创造财富的起源不同。所谓的"强盗贵族"通过利用快速增长的市场、规模经济、快速的技术创新以及开放的"政治"市场创造了巨大的财富，这些市场给他们在建立和控制大公司方面留有余地。

在苏联解体后的俄罗斯，寡头集团创造财富的起源更多地来自国家，从公有制和全面计划经济向私有制和准竞争性市场的过渡。政治领导人与"贵族"合作，因为他们需要其支持，以便在不稳定的民主进程中管理选举。与在韩国一样，寡头们在选举政治中扮演着关键角色，他们提供政治资金、购买媒体以互相（包括国家）招揽，甚至在杜马中组建政党。卢克石油公司（Lukoil）的米哈伊尔·霍尔多科夫斯基（Mikhail Khordokovsky）曾考虑自己竞选总统，但这几乎没有赢得弗拉基米尔·普京和其他曾担任俄罗斯政府高级职位的前任长官的青睐。尽管就我们的目的而言，这是一个极好的例子，但他因为涉嫌逃税——实际上是公司治理不善——而被普京政府监禁并接受审判，这是一个不小的讽刺。

过去公有资产的很大一部分以低价私有化，使得大股东能够获得有效的控制权。虽然数百万俄罗斯公民获得了这些新公司的股份，但股东们对这些股份的含义缺乏信心或了解。内部人士既可以廉价购买股票，也可以稀释它们，[102]甚至可以简单地将股东从股东名册上除名[103]——这是各国在其机构发展的类似时期所熟悉的过程。[104]

【191】

俄罗斯的所有权数据支离破碎，而且仍然不可靠。从技术上讲，在 20 世纪 90 年代存在分布广泛的所有权，但实际上，在管理层和所有者之间存在着大量的集中，而员工股东和其他外部人士采取集体行动的障碍甚至比正常情况更糟。[105]布莱克（Black）指出，采用治理原则的公司在俄罗斯股市上的资

---

[102] Carsten Sprenger, "Ownership and Corporate Governance in Russian Industry: A Survey," European Development Bank for Reconstruction and Development Working Paper No. 70, 2002.

[103] Joseph E. Stiglitz and Karla Hoff, "The Transition Process in Post-Communist Societies: Towards a Political Economy of Property Rights," paper presented to the Annual Meetings of the American Political Science Association, August 30, 2003, Philadelphia.

[104] Shleifer and Treisman 2004.

[105] Joseph Blasi, Maya Kroumova, and Douglas Kruse, *Kremlin Capitalism: The Privatization of the Russian Economy* (Ithaca, N. Y.: ILR Press/Cornell University Press, 1997).

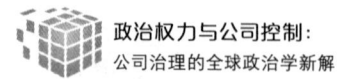

本化程度较高，这让一些乐观人士希望这将引发一场改革进程。[106]

俄罗斯生动地说明了在没有政治框架的情况下看待少数股东保护（MSP）的陷阱。缺乏执法，这些规范和规则就没有什么意义。执法取决于政治——让拥有政治资源的参与者向国家行为者施加压力以加强执法。通过法院起诉，起诉犯罪分子的普通公民只有在法院对他们进行裁决时才能成功。法院只有在得到政治支持或感到压力的情况下才会这样做。[107]布莱克和塔拉萨瓦（Tarassava）注意到改革进程的"制度互补性"：要使快速私有化有效运作，就必须建立起市场机制。他们指出，这些措施将包括反腐败方法、法治、税收改革、对企业的严格预算限制、竞争和贸易政策、银行改革、土地市场和小企业发展。

向市场提供这些机制将问题推向一个更基本的层面：什么样的政治条件才有可能让俄罗斯创建这些机制。到目前为止，俄罗斯缺乏这种能力。政党软弱而不稳定。媒体资源集中在政府。公民社会是脆弱的。寡头们拥有巨大的行动资源，但普京和俄罗斯政府仍有能力击败他们。

【192】 乐观主义者认为，俄罗斯正处于"强盗式资本家"阶段：资产持有者将意识到他们使自己持有的股份合法化和标准化将获得更多收益，因此他们将推动法律实施。这只是关于美国历史的部分事实。尽管许多地方存在腐败，但那里的改革者得到了社会许多其他方面和运作良好的民主的支持。

正如韩国的案例研究所表明的那样，政治制度的转变可能因此导致公司治理模式的转变。俄罗斯的情况似乎是独特的，因为它源自苏联的独特的起源。但它目前的情况并非如此独特。事实上，施莱弗和特里斯曼认为，俄罗斯与世界大部分地区相似，看起来非常像处于发展阶段的其他国家。[108]在政

---

[106] Bernard Black, "The Corporate Governance Behavior and Market Value of Russian Firms," *Emerging Markets Review* 2 (2001): 89-108.

[107] Bernard Black and Anna Tarassova, "Beyond Privatization: Institutional Reform in Transition: A Case Study of Russia," forthcoming in *The Ecology of Corporate Governance: The East Asian Experience*, Thomas Heller and Lawrence Liu, eds.; Bernard Black, "Does Corporate Governance Matter? A Crude Test Using Russian Data," *University of Pennsylvania Law Review* 149 (2001): 2131-50; Bernard Black, Reinier Kraakman, and Anna Tarassova, "Russian Privatization and Corporate Governance: What Went Wrong?" *Stanford Law Review* 52 (2000): 1731-1808; Simon Johnson, John McMillan, and Christopher Woodruff, "Entrepreneurs and the Ordering of Institutional Reform: Poland, Slovakia, Romania, Russia, and Ukraine Compared," *Economics of Transition* 8 (2000): 1-36.

[108] Shleifer and Treisman 2004.

第六章 偏好分歧二：部门冲突

治威权或不稳定的大多数国家，政治资源的不平等程度很高，我们发现了一些类似俄罗斯企业政府的模式。

中国："推选人团-选举人"联盟

在中国，国有企业的模式展示了一个引人注目的例子。我们认为，由于国家将"公司化"的国有企业的少数股权出售给（主要是）外国和（少数）国内个人投资者，中国正逐渐转向一种高度条件的投资者模式。这种向投资者模式的过渡是有风险的；中国正显示出转向一种独特形式的治理模式迹象，这是一种具有中国特色的管理主义。

中国对上市公司和股票市场的试验只有十年，因此国家仍然是主要的大股东。国家继续平均持有国有企业65%的股权，而且只有35%的股权可以作为A股或B股进行交易。根据各种集中度估算所使用的控制阈值（threshold-of-control）规则，中国的私人大股东权重不到5%，甚至这一小部分也是最近几年才出现的，因为来自繁荣的东部沿海省份的几家创业公司在过去几年寻求在交易所上市。*

与此同时，这些转型国有企业的管理者，与其他"利益相关方"（通常是帮助国有企业公司化的人士）联手，存在以牺牲名义上的国家大股东和不幸的少数股东为代价来谋取利益的情况。结果导致缺乏监管，少数股东也缺乏监督或惩戒经理人及其内部董事会的手段。从某种意义上说，中国情况类似于俄罗斯，不同的是中国没有私人寡头。

这是如何发生的？政治制度发生了一些变化，而偏好改变了很多——尽管那些偏好改变者的联盟基础仍然相对狭窄。

在制度方面，中国是中国共产党领导的多党合作制，政党与人民达成默契，他们现在有很大的自由来组织自己的事务，包括商业事务。其"管理权"越来越多地转向履行诺言的能力，从字面上讲，为大多数公民提供持续经济增长和改善生活条件的背景。

在内部领导层间接地对舍克（Shirk）所谓的"推选人团"（selectorate）的偏好负责。[109] "推选人团"对社会和平与经济高速增长有着强烈的偏好。

【193】

---

* 本书于2008年出版，此段中的数据应为2008年以前的情况，特此说明。——译者注
[109] Shirk 1993.

公司化国有企业是中国高增长经济政策的一大支柱。出售这些公司的少数股份有几个目的，至少在原则上：它为受损失的国有企业（就像大多数国有企业一样）提供了一定程度的外部约束；当这些公司确实发生裁员时，他们的责任也会被稀释，政府也在不断筹集现金。从外部少数投资者（国内或国外）筹集资金需要少量的少数股东保护（MSP），从基本为零开始。因此，中国政府开始与上述悖论博斗：如何通过国家法令引入少数股东保护，以便向投资者保证，他们不会被集中持股的国家寡头用另一只手征收。

事实上，在追求经济目标的过程中，中国政府必须寻求一种可信的自我克制承诺，以打消国内外投资者的疑虑。其国内存在一定的挑战，有促进市场发展、创造财富和就业机会的动机，以及调节经济以防止失业、社会混乱和不稳定的动机。它鼓励党员推动经济增长，将政治立场与财富创造结合起来，以达到稳定的效果。政府能够组建拥有自治权的新公司，但是，干部层对之前经济阶段中的大公司会发生什么事情持谨慎态度。

因此，中国并行运行了许多系统：国有控股企业作为核心（以国家作为大股东），一组部分处于国家控制之下，而另一组具有的国家角色更为遥远，只有少数是私有的。监管机制是复杂的：所有权模式和正式规则不能充分体现管理者的作用，也无法体现公司法和证券法之外的许多监管形式的能力。[110]

然而，这一复杂体系对公司治理的影响相当直接。正如沃尔特（Walter）和豪（Howie）所指出的那样，"在中国……通过出售国有企业的股份来筹集资金。毫无疑问，其中有一些自我冲突（self-conflict）。在整个体系中，唯一不属于国家的是实际的货币或资本，它们主要由个人投资者和市场本身提供。"[111]

20世纪90年代，国家法令推动了一系列公司治理改革，吸引了这些私人

---

[110] "一些观察人士将中国在上海和深圳的两个股票市场视为波将金村庄。或许更准确的说法是，将它们称为冰山一角，也就是说，它们是由大量模糊的非正式信贷关系构成的闪亮可见的金字塔。" Barry Naughton, "Financial Development and Macroeconomic Stability in China," in *Financial Market Reform in China: Progress, Problems, and Prospects*, Baizhu Chen, J. Kimball Dietrich, and Yi Fang, eds. (Boulder, Colo.: Westview Press, 2000), 158; Jean C. Oi and Andrew G. Walder, eds., *Property Rights and Economic Reform in China* (Stanford, Calif.: Stanford University Press, 1999).

[111] Carl Walter and Fraser J. T. Howie, *To Get Rich Is Glorious! China's Stock Markets in the '80's and '90's* (New York: Palgrave Macmillan, 2001), 10.

资本。

例如，新组建的中国证券监督管理委员会（CSRC）就对完善中国的会计和披露规则产生了兴趣，它要求所有中国上市公司采用中国会计准则（CAS）。财政部于1992年颁布了《股份制试点企业会计制度》（Provisional Accounting Regulations for Joint-Stock Limited Enterprises），作为中国会计准则的基础，随后进行了完善和修改。中国会计准则类似于国际会计准则，但在诸如处理债务、资产评估和收入确认等关键点上与国际会计准则有所不同。中国会计准则取代了最初是为政府监督公司而开发的、用于税收和国家计划目的，而不是管理决策或投资分析的会计系统。

中国证监会还授权上市公司使用第三方审计师来核实财务报表。1993年，财政部和证监会颁布了"注册会计师事务所专业资格"的规定（《关于从事证券业务的会计师事务所、注册会计师资格确认的规定》），该规定在中国注册会计师协会（CICPA）的支持下开始制定专业标准，并由财政部正式颁发执照。[112]

根据中国注册会计师协会常务委员会的意见，财政部保留对会计准则制定和解释的控制权："中国会计学会（ASC）和中国注册会计师协会（CICPA）是财政部的分支机构，是政府和执业会计师之间的桥梁。"[113]

尽管在各种官方法规和上市要求中，对董事保护股东权益的责任都有一些劝导性的表述，但事实上，中国的监事会与德国的监事会（Aufsichsrat）功能相类似，继续作为董事会的"橡皮图章"，而董事总经理都是被任命的内部人士。中国国有企业董事会成员中有80%到90%是非执行董事（即非雇员），但大多数同时是兼职政府雇员。[114] 在对154家于上海和深圳交易所上市的公司的分析中，徐（Xu）和王（Wang）发现，50%的董事是国有雇员，另外40%是国有控制法人的雇员，这是一个模糊的类别，包括其他国有企业和国有

---

[112] 四大会计师事务所国内市场份额从1990年的几乎为零上升到大约10%；所有在中国香港和美国纽约交易所上市的中国公司都使用"四大"审计师。China Securities and Regulatory Commission, "Information Disclosure and Corporate Governance in China," paper for the 2nd OECD/World Bank Asian Corporate Governance Roundtable, May 31–June 2, 2000, Hong Kong, 8–10.

[113] "中国尚未建立一个独立的会计准则监管机构。在没有独立机构的情况下，财政部负责制定、发布和管理中国的会计法规。" Martin Foley, "Accounting Adjustments," *China Business Review* 25 (1998): 23.

[114] 中国的公司法明确禁止政府雇员担任国有企业董事。

银行。[115]

中国证监会通过了一系列有关投票权和控制权的规则,这些规则规定要保护少数股东,并将这些权利写入中国公司法。但是,披露、通知和投票程序使得少数股东在实践中较难行使这些权利。此外,就所有权而言,少数股东与国有实体所持股份分属不同类别。因此,中国拥有多种股票类别,这实际上使一般中小投资者,尤其是外国投资者的控制权失去效力。[116]此外,外部和外资持股上限有效地排除了争夺国有企业控制权的可能性。

存在一些高级管理人员的绩效合同,但它们在一定程度上受到政治因素的干预。一些国有企业已采取措施,向管理人员发放激励薪酬,但这些措施规模较小,披露的信息很少。绝大多数情况下,中国管理人员的薪酬和选拔方式应首先确保对集体的责任,很少忠实于少数股东的利益。

中国高级管理人员的薪酬中约有 2% 是基于激励机制的。这些绩效奖金被发放给国有企业员工的工资"奖金"所淹没,而与企业的绩效无关。1980 年至 1994 年对 680 家国有企业的调查显示,在样本期内的亏损企业中,平均有 80% 以上发放了额外奖金,即奖金至少占基本工资的 25%……换句话说,如果阻止这些国有企业的内部人士为自己发放额外奖金,就可以避免超过 1/3 的经济损失。[117]公司管理者以牺牲集体和少数股东利益为代价获取的财富绝大部分来自内幕交易,包括自我交易、资产剥离以及在监管不力、腐败以及缺乏大股东或机构投资者监督的情况下管理者常用的各种手段。

选民-投资者联盟? 中国公司的管理者(无论是公共的还是私人的)并不都是腐败的。最终支持中国公司治理改革的,是一个"选举人团"(selectorate)联盟,其偏好是多方面的。许多人认为,国有企业的公司化,以及与公司化进程相关的公司治理改革,对于维持现行制度至关重要,作为逐步将这些公

---

[115] Xiaonian Xu and Yan Wang, "Ownership Structure, Corporate Governance, and Firms' Performance: The Case of Chinese Stock Companies," World Bank Working Paper, May 1997, 32.

[116] "这些规定充满了国家规划、国家利益等的精神。这一点在股票的定义中最为明显,股票的定义基于谁拥有它们而不是它们在公司中可能代表的特定经济权利。因此,如果政府的代理机构拥有这些股份,那么这些股份就是国有股,如果一个具有法人资格的国有企业拥有这些股份,那么它们就是法人股份,以此类推。股票的名字是基于特定所有者与国家的关系而来的,在接下来的几年里,这种关系相对较多。"Walter and Howie 2001, 42.

[117] David Li, "Insider Control, Corporate Governance, and the Soft Budget Constraint: Theory, Evidence, and Policy Implications," in *Financial Market Reform in China: Progress, Problems, and Prospects*, Baizhu Chen, J. Kimball Dietrich, and Yi Fang, eds. (Boulder, Colo.: Westview Press, 2000), 372.

司更广泛地摆脱腐败和管理不善的一种方式。

例如，财政部官员更直接关注国家银行体系的偿付能力，将治理改革视为减轻这些国有企业不良贷款负担的一种方式，这种负担有可能淹没国家预算（短期内）或甚至使金融系统崩溃。国务院、中国人民银行和相关工业部门内支持新自由主义经济措施的中国官员，包括一些中国证监会的官员，都广泛地将人为治理改革和少数股东保护（MSP）作为一种机制，用更有效的股票市场取代国家银行体系，用相对有限的手段摆脱党政干部和地方官员的干预。深圳和上海的当地官员自豪地指出他们的证券交易所代表"投资者友好"的规则和法规，这些规则和法规对于吸引外国直接投资到他们的地区很重要——这是一种慢镜头版的资本竞争。[118] 许多逐渐进入国有企业高级管理层的职业经理人，宁愿处理资本市场的名义上的纪律，包括对外国投资者的喋喋不休和英国"金融时报"偶尔的严厉批评，也不愿处理政府官员更为尖锐的干预。[119]

出于同样的原因，股权交易另一方的投资者也有很多动机。没有多少另类投资工具的中国个人投资者可能更喜欢公司化的国有企业的股份，而这也是他们唯一的选择。

外国机构投资者也可能对保护他们在中国上市公司投资的少数股东保护持怀疑态度，但他们也考虑到这个因素，正如我们在韩国和马来西亚看到的那样，购买大型经济体的好处是，在可预见的未来，人们普遍认为其增长前景介于每年8%至10%之间，企业总收入和收益的快速增长可以抵消许多罪过。这些全球投资者也可以从股票市场的持股中获得投资组合多样化的收益，这些股票市场与纽约证券交易所的相关性较低，就这一点而言，对于大多数新兴市场也是如此。[120]

最后，我们拥有不可或缺的声誉中介机构，就像在其他地方一样，它们在中国也存在利益冲突。中国的银行业是国家控制的，因此，根据定义，中国银行业代表中国企业与外国投资者的客观性存在冲突。许多外国投资公司

---

[118] 除此之外，上海在吸引外国资本方面取得了成功。

[119] 由于篇幅和复杂性的原因，我们忽略了中国香港地区活跃的资本市场在这个相当简短的描述中的重要作用。虽然中国香港特别行政区基本法保障香港的自治，但在两地的制度实践中都产生了相当大的影响。

[120] 一些冲突较小的国际机构投资者，如加州公务员退休基金（CalPERS），已拒绝参与上市市场。

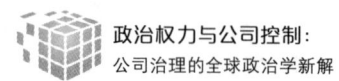

（正确地）将自己视为国有企业上市进程推动的资本市场改革的积极推动者。但所有这些都处于政府初期的掌控之下，政府可以给予它们丰厚的承销收入，也可以将它们排除在整个进程之外。

实际上，与政府打交道是在中国运营的大型国际投资银行的重要博弈。政府是最终的大股东，而这些中介机构极其不愿在股票发行或售后市场上对其客户公司的公司治理实践提出质疑或批评。政府还通过"合格境外投资者"（qualified foreign investor）规则控制这些公司的证券投资部门交易中国证券的能力，这一监管策略显然融合了中国台湾地区的做法。

政治。因此，中国政府有能力征收投资者，但为了刺激经济，它必须在行使寡头权力时加以限制。政府十分重视民意、工人和农民现状、包括城市工人和国企员工的情绪，以及——最后，在某种程度上——投资者的信心。它以看起来不像经合组织（OECD）民主的方式做这些事情，不能用同样的制度指标来衡量。

养老金问题也没有改变许多中国劳动者的偏好，使他们更倾向于某种良好公司治理的抽象概念。中国在养老基金和社会服务方面面临挑战，这两者传统上都是由国有企业而非政府来完成的。随着一些国有企业破产或私有化，隐性养老金承诺正在消失。由于这些债务被中央和省级政府承担，养老金隐性债务（IPD）的价值继续飙升：养老金隐性债务的估计值是年度 GDP 的 1 倍至 4 倍。[121] 中国政府试图通过将国有企业首次公开发行（IPO）的部分收入用于支付养老金债务，来填补养老金隐性债务漏洞，但这些资产的管理较为模糊，其对最终受益人的受托责任也是如此。

无论如何，在其企业面临更直接的裁员威胁时，普通国企员工不太可能把公司治理改革的名义利益放在重要位置，这类企业传统上不仅提供工资、养老金和安全保障，而且还提供一系列广泛的福利，包括医疗、住房和教育——经典"铁饭碗"。

总而言之，中国是一个连续统一体：对市场的承诺比部分国家更多，因此更关注投资者的信心和公司治理，但对征收（expropriation）的限制比一些国家更少。但与发达国家相比，其对权力的制度性约束较少。

---

〔121〕 Nicholas Lardy, *Integrating China into the Global Economy*（Washington, D. C.：Brookings Institution Press, 2002）.

中国的治理方法经常被比作新加坡（或将新加坡作为一个非常小的中国），但这种比较在规模和对私有化养老金和深度资本市场的依赖方面都有所不同。在保护股东权益方面，新加坡是排名最高的国家之一，中国正在努力追赶。尽管如此，两国政府在公司治理方面都面临着同样的两难困境——如何在当前制度流程下可信赖地支持少数股东保护（MSP），这些进程将股东保护纳入一个广受欢迎的联盟，在其规定中既有利害关系，又有发言权问题。【199】

新加坡："指导式"民主下的股东保护

新加坡是一个引人入胜的例子，平均所有权集中度很高，少数股东保护（MSP）很高，而且是一个温和的威权政治体系。这是如何发生的？

我们认为，新加坡的政治精英对公司治理的偏好发生了变化，国家推动了一系列自上而下的改革，导致了相对较高的股东保护。新加坡的正式政治机构几乎没有改变，内阁资政李光耀（现在他的儿子李显龙作为新总理）自1959年以来提供了连续性和人民行动党（People's Action Party，PAP）在议会、司法和行政政府机构的控制权。

在新加坡，良好的治理，包括经济善治，特别是良好的公司治理，之所以会发生，是因为领导层精英将其作为一项政策。这是维持基本上属于一党制国家的合法性的关键之一——良好的公司治理是健全的经济治理的支柱之一，它证明了新加坡政府"履行诺言"并在东南亚提供最高收入水平的能力。

新加坡精英阶层很可能（我们说"很可能"，因为我们无法验证这些偏好）也将公司治理约束机制视为对管理者进行审查，避免腐败和在职官员滥用权力的另一种工具，而这些现象通常是在一党制国家出现的。创造高少数股东保护（MSP）和国家控制的机构投资者还有一个有益的副产品，即支持越来越分散的所有权：它以成功和富有的大股东的形式阻止了潜在危险的政治挑战者的出现，例如泰国的他信·西那瓦、韩国的郑周永、意大利的西尔维奥·贝卢斯科尼，或俄罗斯的倒霉的米哈伊尔·霍多尔科夫斯基。

与马来西亚一样，新加坡的养老金体系为透明度联盟创造了有利于良好公司治理的潜力。随着养老金资产的增加，股东可能希望得到保护，但由于新加坡橡皮图章式的议会并没有向公民提供多少直接责任，因此缺乏将需求转化为现实的民主程序。金融服务也没有一个竞争激烈的市场，基金经理没有动力去监督和约束他们投资的上市公司。新加坡公民持股（Singaporean citizens'equity holdings）的大部分股权由中央公积金（Central Provident Fund，CPF）和淡马锡管理，这两家机构实际上都是财政部的分支机构。

因此，政府本身就是确保新加坡上市公司少数股东保护的主要监管机构，因此，它面临的难题是，强大的国家如何能够可靠地承诺保护少数股东。这个问题比在马来西亚更困难，因为新加坡的民主比吉隆坡更弱。引人注目的是，这些结果是相似的，并有助于解释为什么新加坡在投资者模型预测中是一个"异常值"（它的股权集中度比少数股东保护数据预测得要更高）。

集中度（Concentration）。新加坡私人大股东的权重为45%，与样本总体均值相近，高于亚洲均值，但却是其他东南亚国家的典型。这些都是典型的华侨家族控制企业，通常跨行业多元化，在东南亚地区有着深厚的根基。这些股权集中企业与大型企业化国有企业并存，这是新加坡快速工业化计划的遗产，其中一些是世界级规模的上市企业，包括新加坡电信、东方海皇航运、国际港务集团（PSA）、新加坡电力、新加坡航空、吉宝、新加坡科技、裕廊造船厂和三巴旺（现在的胜科）。与马来西亚一样，这些公司在20世纪80年代和90年代被私有化，尽管没有马来人推进的日程表；有几家公司成了世界级的、运营极其良好的公司。

公司化的国有企业在采用良好治理实践和加强对少数股东的保护方面起了带头作用，随后家族企业在某种程度上不情愿地遵守规定，因为它们受到监管部门的鞭策。许多国际高科技企业在新加坡设有地方运营机构或地区总部，并为治理实践提供了强大的学习效果。

股东保护。新加坡拥有高水平的少数股东保护，我们的指数为89，几乎是整体样本平均价值的两倍。新加坡的会计和审计准则为其在信息机构方面得分很高，在样本中名列前茅。新加坡通用会计准则在功能上与国际会计准则（IAS）相当。新加坡注册会计师协会（Institute of CPAs of Singapore，ICPAS）的独立标准制定委员会——信息披露与会计准则委员会（Disclosure and Accounting Standards Committee，DASC）建议新加坡全面采用国际会计准则。法律规定，新加坡所有公司都必须由经批准的审计员进行审计，这些审计员必须持有由公共会计师委员会（监管机构）颁发的执业证书，并加入ICPAS。四大在新加坡拥有很大的市场份额，而且根据传闻证据，它们的专业水平在亚洲名列前茅。

新加坡的监管机构在保护少数股东的利益方面相当公平，新加坡证券交易所（Singapore Stock Exchange，SSE）的上市规则要求所有上市公司董事会都必须有非执行董事。非执行董事的比例估计为 60%，尽管上市公司中私人大股东的比例很高，但在实践中，这些人中很可能有许多是被指定的。与法国一样，新加坡拥有一批职业经理人——官僚，他们在公共部门和私营部门之间来回流动，其中许多人可以在私营和私有化国有企业的董事会中被找到。[201] 新加坡法律对董事施加了强大的受托责任，这些规则得到了法院体系的支持，在金融纠纷案件中，法院体系通常是公平和快速的。

出于同样的原因，新加坡公司法规定了一股一票的规则，《自愿收购法》（the Voluntary Code on Takeovers）在大多数方面与《英国城市法》（U. K. City Code）相似，并且在大多数情况下，于控制权变更期间，在保护少数群体权利方面相当有效。控制权竞争非常罕见，因为外国所有权仍存在的监管上限（尽管它们正在被移除），私人大股东的大量存在（约 60%），国家对并购交易的非正式指导，以及国家通过淡马锡作为机构投资者的优势地位。

以国际标准衡量，新加坡的经理人市场颇具竞争力；质量普遍较高，具有相当的流动率和广泛使用的激励性薪酬，这在样本中名列前茅。SSE 约有一半的上市公司拥有股票期权计划。

养老金。与马来西亚一样，国家控制的养老基金是 SSE 最大的单一投资者。中央公积金在功能和覆盖范围上与马来西亚雇员公积金基金相似，由雇员 20% 的工资和雇用公司 16% 的强制性附加费提供资金。目前共有 300 万受益人对总计 500 亿美元的资产拥有请求权。此外，新加坡财政部的投资机构淡马锡估计持有新加坡股市总市值的 21%，其中包括上述大型公司化国有企业的控股份额。新加坡还拥有约 1000 亿美元的离岸资产，其中包括大量股权。淡马锡的首席执行官何清是李显龙总理的妻子。

新加坡庞大的净外部资产池，实际上已将该国转变为一个大型外商证券组合投资者，在改善对全球少数投资者的保护方面，新加坡也有类似的偏好。淡马锡公司强烈宣称其执行强有力的公司治理政策，类似于美国激进的机构投资者，在会计和审计方面也采取类似的政策——包括使用所谓的经济增加值（economic value added，EVA）、独立董事会监督和高管薪酬。据其主席称，"淡马锡与任何机构投资者的行为没有什么不同，即它寻求最大化股东价值。

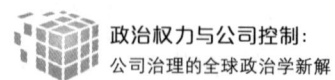

淡马锡的利益与其他股东的利益之间没有分歧，因为其目的是确保淡马锡上市公司（Temasek listed companies，TLCs）得到良好管理，并为所有股东创造价值。此外，它还不断努力使淡马锡上市公司 TLCs 中良好的公司治理实践制度化，以提高其透明度和问责制。"[122]

【202】　**政治**。良好的公司治理仍然是新加坡的一个重要目标，新加坡拥有强大的行政，称职的司法（在商法方面），强大的投资机构（如中央公积金和淡马锡）以及合规的议会。人民行动党（PAP）直接控制了拥有 83 个席位的一院制议会立法机构中 2/3 的选举席位，并严格控制竞选活动的规则。因此，加强股东保护的努力源于行政部门，而不是来自议会；这些是自上而下的，而不是自下而上的改革。

例如，在亚洲金融危机之后，新加坡财政部发起了一项三管齐下的努力，设立公司立法委员会来改革公司法律和控制问题，成立信息披露与会计准则委员会（DCAS）对信息机构进行审查，成立公司治理委员会（Committee on Corporate Governance）对信息机构进行监督，此外，新加坡还成立了一个新加坡董事学会（Singapore Institute of Diectors），由与政府有关联的 C 公司的高管组成，通过以上努力，继而修改新加坡的治理机构。[123]

新加坡对纯粹的制度主义解释提出了挑战。投资者希望获得安全并防范掠夺，无论是针对公司的大股东或其他内部人士，或是针对政府。制度主义政治学认为，这种免受掠夺的安全只能由限制权力的正式机构提供。在公司里，这意味着有质量的法律和法规。在政体中，它意味着有限的政府，一套约束权力和限制专断（arbitrary）的制度。这就是美国宪法设计背后的逻辑，保持其对专断执行者的制衡。

在此背景下，新加坡政治权力集中，对政府的正式限制较弱。但它在使用这种权力的时候是有节制的，以鼓励经济发展和投资。它遏制政治自由，但鼓励经济自由。为此，它创造了一种自愿的克制（voluntary restraint）。它必须可信地向投资者承诺，不以他们认为专断的方式行事。

从某种意义上说，新加坡政府对于政治的意义，可能就像摩根大通（J. P.

---

〔122〕　S. Dhanabalan, speech to Asian Business Dialogue on Corporate Governance, October 2002, www.temasekholdings.sg.com.

〔123〕　"Move to Improve Corporate Governance," *Business Times Singapore*, December 1999, 2.

Morgan）对于银行业的意义一样，是一种自愿的自我监督，是一种声誉建设的策略。它创造了作为公共机构与私人机构之间的联系，通过保持一致性，它能够在投资者中树立信誉。摩根先生建立了正直诚信（probity）的声誉，这在筹集资金方面非常有用，因为他的行为与其他强盗贵族的行为不同。通过类比，新加坡政府素以正直诚信和"良性管理"的声誉而著称，与东南亚其他独裁和专制政府不同——如20世纪70年代和80年代的菲律宾的费迪南德·马科斯，同期印度尼西亚的苏哈托家族，缅甸当前的军政府，以及越南的列宁主义政党领导人。

就像私人约束（private bonding）一样，也有破裂的可能。制度没有阻止这种情况，只能自我克制。如果新加坡政府选择干预，它有权干预。私人投资者、大股东，甚至是强大的外国投资者最终都没有追索权。

【203】

一些经济学家和许多政治学家认为，新加坡是一个不稳定的均衡。他们认为，采用这种模式的国家可能会持续一段时间，但从长远来看，缺乏问责制和对权力的限制会导致腐败和专制政策。这一论点取决于人们如何想象其他替代方案。

欧洲稳定的经合组织民主国家确实有更长的历史。在政府更愿意安抚投资者的地方，在某些情况下，它们似乎能够向投资者做出可信的承诺，这与宪法规定的有限政府在其他地方做出的承诺类似。

新加坡作为一个转口城市国家，在经济上相对较小，比较专业化。这种模式可能不适用于更大的国家或更多样化的经济体。新加坡的政治继承可能最终削弱中央政治寡头的权力。李显龙总理必须获得比他的开国元勋更广泛的选民的支持。如果新加坡转变为一个真正多元化的民主国家，那么通过行政命令（和自身利益）对少数股东保护（MSPs）的现有承诺很可能会通过对相同价值观的民主承诺顺利采纳，由于中央公积金和淡马锡审慎的养老金制度，使得每位新加坡公民都能直接从良好的公司治理中获益。

本章小结

这三个国家都强调了政治制度与公司治理选择之间的直接关系。公司治理给独裁者们带来了一个迷人的难题。

缺乏有序的宪法程序，为中央集权的掠夺创造了可能性。它还削弱了保护资产和权利的公众压力。总体效果是有利于大股东控制模型。与此同时，一些国家，尤其是新加坡，能够向投资者做出可信的承诺，即保护重大财产权利（substantial property rights）。他们以吸引投资的方式进行统治；这是可信的，因为投资者知道政府并不想破坏经济。

俄罗斯的规模和自然资源都是不利因素。特别是俄罗斯拥有石油方面的财富，即使对外国人没有吸引力，它也能经营下去。韩国和智利是很好的比较对象，前者首次转向民主，后者又回归民主，但是改变了偏好模式的重组的政治经济。

【204】本章描述了我们开发的一个跨阶级模型，作为投资者和劳动者阶级冲突模型的替代品。在这种模式下，劳动者和管理者加入内部大股东的行列，以抵御外部投资者要求透明度的压力。

在下一章，我们将研究另一种不同的跨阶级联盟，这种联盟在文献中不太常见，即劳动者与外部投资者的联盟，目的是对抗管理者和大股东。

第七章
偏好分歧三：透明度、发言权与养老金

第一节 劳动者和所有者主导管理者

在投资者模型中，劳动者是无关紧要的。相比之下，劳工、社团主义者和透明度模型明确承认劳动者作为公司内部的雇员和政体内的选民的重要性。员工是公司治理实践形成的积极参与者。此外，在投资者和劳动者模型中，员工的偏好被统一描述为与"资本"的偏好相对立。但在社团主义和透明度模型中，劳动者和资本都是内部分裂的，因此，跨越阶级划分（divide）的协商可能而且也确实会发生。

所有者和劳动者可能会存在相互冲突的目标，这一点并不令人意外。管理者和劳动者可以与内部大股东结盟以保护公司，这也是许多关于比较政治经济学的文献中常见的主题。但无论是在研究文献中，还是在公共话语中，都几乎不存在劳动者加入所有者反对管理者的想法。然而，在政治上，这种现象是相当真实的。[1]

本章探讨透明度联盟的理论基础和预测，然后用我们的数据集进行验证。与之前的模型一样，我们通过对特定国家（这里是智利）的分析性叙述来说明偏好和政治在创建透明度联盟及其公司治理结果方面的相互作用。智利并不是纯粹体现这种模式的典范——事实上，我们的分析性叙述没有一个是与

---

[1] 霍普纳是这方面的先驱。他强调，劳动者有兴趣通过提高透明度来保住工作，而我们强调的是养老金资产，因此劳动者是投资者。Höpner, 2003a; and also John W. Cioffi and Martin Höpner, "The Political Paradox of Corporate Governance Reform: Why the Center-Left Is the Driving Force behind the Rise of Financial Capitalism," paper presented at the Annual Meetings of the American Political Science Association, September 2-5, 2004, Chicago. 我们还注意到资本主义多样性传统中的丰富文献，探讨其他政策领域中的劳动者-所有者协商。

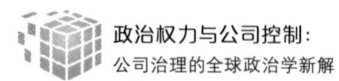

之相匹配模式的完美例子。一些重要的变化，特别是在社会保障私有化过程中，发生在皮诺切特的劳工压迫时期（Pinochet period），并产生了延迟的影响。当民主恢复时，这些变化对监管政治产生了影响。

在对智利进行描述之后，我们转向所有者和劳动者一致对抗管理者的另一种可能结果，其中治理结果倾向于管理者的偏好。我们称之为"管理主义"（managerism），这是一个尴尬的术语，但没有"管理机构的失败"那么尴尬。我们叙述了美国、英国和法国的案例，以说明可以导致管理主义的动力（dynamics）。

[206]　美国的案例恰当地说明了透明度联盟与管理主义在竞争公司治理条款方面的动态张力（dynamic tension）关系，这是一场事关重大的竞争，因此会一次又一次地反复展开斗争。这场竞争中的主体一方是机构投资者——他们的权力来自积累的养老基金，这使其成为所有者和劳动者的代理人，而另一方则是公众公司的"专业"管理者。

因此，美国的案例突出了声誉中介机构在协调机构投资者与其管理层对手之间竞争中的核心作用——一种模糊的作用，存在着相互冲突，而且深深卷入了金融监管的政治之中。法国则展示了通往管理主义的另一条道路，其中养老基金作为寻求自治和个人发展的管理层的抗衡势力，相对不发达。

从阶级冲突到社团主义妥协

为了从阶级冲突模型到跨阶级合作的透明度联盟（或者到管理主义，它的对立面），我们挑战一些关于偏好与政治活动和治理结果之间的联系的简化假设，同时我们明确考虑了征收成本（expropriation costs）和代理成本（agency costs）。假设代理成本是首要考虑因素，财务文献隐含地假设股东和经理之间存在共同利益，与另一方劳动者的利益针锋相对。

在投资者模型中，外部投资者偏爱拥有少数股东保护的公司，这些保护可以从代理和征收成本方面对它们起到缓冲作用。投资者偏好模型的反向是劳动力模型（the labor model）：劳动者从外部股东的市场约束中寻求保护，这是降低高于市场工资或人员冗余的代理成本的方式之一。这两种模型都假设劳动者和所有者之间存在着深刻的、不可逾越的利益鸿沟。

但投资者模型很难模拟少数股东保护在政治体系中的实际表现。它没有解释偏好如何映射到政治过程，或者如何将所有者和管理者之间的冲突投射到政治中。它也无法单独解释投资者偏好为何明显失灵。劳动力模型更清楚地将工人的偏好映射到政策结果上，但它没有捕捉到处理治理政策问题的跨阶级政治过程模式。

从劳动力和投资模型来看，我们转向了跨阶级联盟模式，即劳动者与管理者之间的社团主义联盟（corporatist coalition），其最初的利益与股东的利益相对立，但与控股股东（blockholding owners）达成了和解。这些集团支持一系列治理实践和法规——以牺牲少数股东的利益为代价——增加代理和征用成本，以降低交易成本并从"关系契约"中获益。

社团主义妥协表明，所有者和劳动者的利益比资本与劳动力的简单对抗更为复杂。这些利益可以切入不同的方向。例如，在某些方面，劳动者和所有者会发生冲突，比如工资占收入的比例或工作保障问题。在其他方面，劳动者可以与内部所有者和管理者拥有共同的事业。劳动者和管理者有时可以与大股东所有者（如德国和瑞典）达成协议，或建立综合的大股东（如日本的经联会），从而在公司内部形成管理优势，并为生产一线工人提供就业保护。【207】

在这种解释中，管理者不是被动的参与者。他们认为自己的利益与一线员工的利益一致，以维护公司及其内部的就业。在这种模式下，少数股东面临着"双重打击"，管理者和劳动者将代理成本从少数股东手中夺走，而大股东从少数股东那里榨取征收成本。不足为奇的是，少数股东保护仍然很低，所有权集中度很高

由这三个内部参与者（劳动者、管理者和大股东）之间妥协达成的协议由相互补充的制度巩固。其中包括日本，以及在某种程度上的德国，实行终身雇佣和从内部提拔高管的做法；德国的劳资委员会或日本的公司工会；以及两国对敌意收购的障碍。社团主义者的妥协是为了抑制产品市场竞争，以保持管理者和员工之间的稳定租金——这也恰好保护了合作大股东的私人控制权益。对于关系契约具有竞争优势的产品，它可以在生产策略中提供一些收益。其结果是形成了这样一个体系：生产者的权利高于消费者的权利，资本集中的权利高于许多个人储户的权利，内部人士的权利高于"外部"人士的权利。

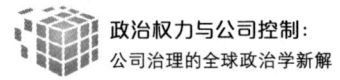
政治权力与公司控制：
公司治理的全球政治学新解

社团主义妥协的紧闭之门

值得注意的是，社团主义妥协基本上是关起门来进行的。它并不以透明度为基础，因为无论是大股东还是劳动者和管理者都不希望在完全透明的浴缸里就公司治理进行谈判。相反，最重要的目标是相互迁就。公共问责制将暴露可能受到外部人士（如消费者、纳税人和少数股东）挑战的做法和协议。员工、管理者和股东之间的非理性互助（为共同利益而互相利用）最好关起门来实施。

集中持股系统不能通过向公众提供金融信息来发挥作用。标准化的会计实践并不那么重要，因为大股东（与养老金投资者不同）不需要跨国界比较同一行业内的类似公司。大股东可以直接获取公司的内部财务报表，并有动机在事前和事后对公司进行必要的深度监控。财务透明度越高，大股东从控制权中获取私人利益的成本就越高。

大股东不希望对董事会施加法律限制和义务；他们希望能够自己提名董事，告诉他们该怎么做，如果他们愿意，还可以替换他们。他们完全不喜欢非执行董事的整体想法。因为对独立性的严格解释将禁止大股东在"他们的"公司董事会任职。

关于控制措施，大股东更倾向于私下谈判资产出售和其他控制权变更：谁需要宣传、媒体、证券监管机构的干预，以及那些可能要求达成一笔公平交易的烦人的小股东？大股东依靠控制权和现金流权之间的"楔子"来建立和维护其控制权金字塔；"一股一票"的理念触及了它们所有权结构的核心。

在高管薪酬方面，大股东更愿意按照管理者为该区大股东所做的事情向管理者支付薪酬。大股东不希望管理者考虑最大化每个人的股东价值。

至于劳动者和管理者，他们不赞成社团主义妥协中的透明度。与大股东一样，他们也可以作为内部人员获得特权财务信息。在德国、荷兰、法国（部分董事会）和许多斯堪的纳维亚国家，劳动者都有正式代表。而在日本，上市公司不依据外部审计师，而是依靠监察人员（kansayaku）来证明财务数据的质量。监察人员都是该公司财务局的退休成员或前主要银行家——全是内部人士。

大股东以及劳动者和管理者更偏爱一种能够维持就业稳定性和私人控制权益的体系，而不是股息和高股价。这可能会产生一些有利于稳定和平等的社会价值，而且它可能在监督和某些生产战略方面具有一些优势（见第三章关于集中持股优势和前一章关于资本主义多样性的讨论）。

无论其他优点如何，从少数股东的角度来看，社团主义妥协是一种"糟糕的治理协议"。不利于消费者而有利于生产者的制度，也不利于外部股东，而有利于内部人士。

在社团主义妥协下，少数股东背负着詹森（Jensen）所谓的"现金流的代理成本"。资本不是由投资者分配给最有效的边际收益，在由市场力量提供的各种投资选择中进行选择，而是分配给公司的既得利益者，即内部人士所偏好的投资——在社团主义妥协的情况下，包括大股东、管理者和劳动者（员工）。这阻碍了外部投资者成为公司的少数股东。

把劳动者带回来

透明度联盟通过使劳动者与外部所有者协调一致来推动少数股东保护（MSP），从而对这些安排提出挑战。推动这种转变的一个关键因素是养老金制度：随着劳动者（员工们）获得养老金资产，他们变得更关心这些资产的回报以及保护其少数股东权益。在某些情况下，劳动者（员工）可能还会寻求将透明度作为保住工作的一种机制。我们的讨论探讨了该模型中的理论问题，建立了透明度联盟的几个预测，针对国别（地区）样本进行了测试，并密切关注了作为具体例子的智利——其中偏好和制度随着时间的推移而相互作用，形成了一个透明度联盟的政治基础，在这个联盟中，劳动者发挥作用，摆脱了压制工会的威权政权。

近年来，三大发展带来了一个关于股东权利的所有者-雇员联盟。[2] 首先，正如德鲁克（Drucker）所预言的那样，过去20年，通过养老基金，劳动者的股权所有权大幅扩大，从而使劳动者在公司治理中拥有直接的财产权益。其次，劳动者们越来越认为良好的公司治理对他们的工作保障至关重要，通过提高透明度、促进良好的会计制度、降低管理者的道德风险，甚至在一些国家为他们提供监督的发言权。最后，当使用股票期权和其他被股东和劳动者普遍认为过度的薪酬安排时，像美国这样拥有分散股权的国家的管理者经

【209】

---

〔2〕 作为新政联盟的一部分，工党投票对创建SEC至关重要。民粹主义分子有时会联合起来攻击金融和经济权力的集中。

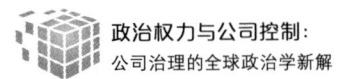

常抵制对股东的问责。

乍一看,劳动者和股东不太可能是伙伴。在许多国家,管理者和大股东经常援引股东价值原则来证明工厂关闭和解雇工人的合理性。股票市场对公司宣布裁员的反应往往是股价的迅速上涨,反映出市场对管理层有能力并决心高效工作的信心。在这个一维的世界观中,劳动者主要被视为成本。超出最低竞争市场要求的工资和工作保障被认为是纯粹的"代理成本",为了追求股东价值,这些成本预计将被削减。

历史上,关于公司治理的经典法经济学文献主要关注代理成本,假设管理者和所有者之间存在冲突,而后是基于大股东和少数股东之间潜在冲突的征用成本(expropriation cost)。在整篇文献中,劳动者被假定从工资和权力系统的底部来看待公司。他们正在争夺经济学家所谓的公司所产生的准租金。他们最关心的问题是工资水平、工作保障以及源于竞争市场不稳定性的保险。这些准租金包含在薪酬等级和工作规则、针对裁员的保护措施、失业补偿、医疗保险和退休养老金中。

从所有者和管理者的角度来看,劳动力被视为另一种商品,在市场上买卖,以尽可能低的工资和最大的灵活性雇佣或解雇。从契约联结的角度看,劳动者和企业可以签订完备的契约;没有任何劳动者对公司的特定投资问题不受这些合同的约束;因此,劳动者在公司治理中没有合法的发言权。

这种最基本的观点来自新古典主义经济学。劳动力是生产要素,但只是一个因素,可以被包括资本和技术在内的其他生产要素所替代或补充。许多政治派别的理论家,从马克思到市场上的新自由主义者,甚至是右翼的保守派,都强调了阶级冲突的潜在可能性。它继续对有关贸易、税收和包括公司治理在内的其他分配领域的利益集团冲突的学术分析增添色彩。

从社团主义到透明度联盟

鉴于社团主义者对劳动者的妥协具有诱人的吸引力,劳动者在什么条件下才会对透明度联盟感兴趣呢?他们什么时候才有理由与所有者合作追求透明度,而不是——根据迄今为止研究过的两个联盟的假设——与"资本"竞争?

正如我们在这些章节中所看到的,劳动者、所有者和管理者都不是单一的类别,对一个推论的明确的利益感兴趣。它们是庞大的波浪起伏的群体,内部沿几个方面分化,往往具有不同的情况和目标,这些情况和目标可以使

第七章 偏好分歧三：透明度、发言权与养老金

它们在涉及利益、意识形态和行动策略的不同方向上定位。

经典的劳动者行为模型，无论是作为雇员还是作为投票者，都赋予他们一个效用函数，在这个函数中，只有他们的工资和工作才是重要的。他们还担心保持现有的工作和工资水平问题。这些简单的偏好导致了劳动模式或社团主义妥协。但两个转变可能导致行为发生改变。

首先是劳动者效用函数的变化。随着劳动者获得房地产、银行储蓄、养老金和共同基金等资产，相对目标的权重发生了变化。工资是计算财富的重要因素，但不是唯一的因素。如果养老金权益和证券持有量在其总财富中的权重变得足够大，那么他们的偏好就会发生倾斜，而劳动者就会越来越多地与所有者一道围绕股东价值观出发，与管理者发生冲突。

这意味着帕加诺（Pagano）和沃尔平（Volpin）在大股东、所有者和劳动者之间勾结的简洁模式，导致了第六章所述的社团主义妥协，在某些情况下可能会不稳定。由于具有相同的效用函数但资产权重不同，劳动者可能会与管理者讨价还价，并将自己加入与股东站在同一立场的跨阶级联盟。

劳动者对公司治理实践偏好转变的第二个可能原因是，他们在保住工作方面的策略发生了调整。在社会民主主义和社团主义妥协模式中，劳动者们都以管理者的初级合伙人的身份保住了自己的工作（以及他们在公司准租金中所占的份额）。在一些国家，他们只有有限的监督机制，如共同决定（Mitbestimmung）[3]或其他形式的员工咨询机制，这些机制提供有关公司财务健康状况的内部信息。大多数情况下，员工及其工会依赖于外部强加的治理规则，这些规则规定了对企业披露信息的最低要求，同时在工作灵活性、集体谈判以及一系列与社会政策有关的要求方面限制了所有者和管理者。在某些地方，劳动力发现了能实现相同目标的更高公开透明度的优势。机构投资者的信息披露和监督，使他们能够在有关公司就业、工资和长期战略的辩论中有更大的发言权。这种分析使得劳工可参与透明度联盟。

【211】

通过透明度来实现工作保障

到目前为止，本章重点关注劳动者对良好治理的偏好，这些偏好源于他

---

〔3〕 德国等国家的劳资关系的一个规范。共同决定是为了保障每一个受到决策影响的人都能有参与决策权，带有产业民主色彩。它规定联邦德国及其他欧洲国家中所有大型企业的雇员代表都可参与企业的决定权。——译者注

们通过养老基金和储蓄作为财产所有者的角色。在这方面，我们将雇员的利益从劳动者转移到股东，从而在最大化股东价值和维护工作保障之间产生双重和潜在的利益冲突。

另一股促使人们更倾向于透明度偏好的力量，来自劳动者们对如何从长远角度保住工作的看法发生了转变。管理者做出的决策，对劳动者产生重大影响。管理者和大股东之间的联盟，由一个相互关联的董事会组成的封闭网络维持，可能会采取许多对工作保障产生负面影响的行动。这种风险可能会促使劳动者们放弃社团主义妥协，转向透明度联盟。

可以在德国找到朝这个方向变化的明显迹象。霍普纳认为，这是解释德国社会民主党（SPD）和劳工（labor）支持透明度的关键：私人养老金参与率仍然很低，因此它不可能是驱动因素。[4] 相反，似乎有些德国工会已经得出结论，只有结合完全透明的情况下，共同决策制（codetermination）才能有效；否则，他们无法知道公司发生了什么。

霍普纳认为，德国关于社会民主的观点已经改变：战后左派已经开始怀疑经济中的权力集中对民主（导致魏玛共和国崩溃和希特勒掌权的原因之一）以及劳动者的利益来说是危险的。在这方面，他们对新自由主义关于市场和竞争，而不是卡特尔和集中的观点更加共情。他们认为，市场可以在不损害福利制度、社会服务和就业保障的前提下发展。

劳工变成投资者的犁铧

养老金计划是全国范围内最强大的机制，通过这种机制，劳动者可以变成股东，在某些方面比工作保障更具吸引力。股票期权和无偿配股（stock grants）吸引了更多的公众关注，并产生了一定的效果。一项关于美国股票和股票期权的研究对比了前100强科技公司和前100强财富公司非执行员工的股权比例。在完全摊薄的基础上，前者员工拥有19%的股权，而后者员工拥有2%的股权。[5] 虽然一些拥有广泛期权计划的大公司，如微软（Microsoft）和甲骨文（Oracle），已经决定削减这些计划的广泛配置（分布），但期权文化仍然存在，而且在大多数高科技行业相当盛行。

---

[4] Höpner 2003a.

[5] Joseph Blasi, Douglas Kruse, and Aaron Bernstein, eds., *In the Company of Owners: The Truth about Stock Options (and Why Every Employee Should Have Them)* (New York: Basic Books, 2002).

第七章　偏好分歧三：透明度、发言权与养老金

在整个员工群体（而非高层管理人员）中广泛配置股票期权的做法主要局限于美国和英国的高科技公司。新加坡、以色列等国和中国台湾地区的高科技"飞地"公司在有限的基础上采用了这种方法。期权文化也被一些欧洲和亚洲的大公司采用，这些公司收购了美国的高科技公司，并决定保持这些期权计划不变，以便在竞争激烈的美国劳动力市场留住员工。其中一些公司［如阿尔卡特（Alcatel）］后来发现自己被迫为其欧洲和亚洲员工提供这些美国版本期权计划，以保持内部工资的平等。[6]

在许多国家，退休制度已成为改变股权结构的最大手段。对于许多国家的劳动者来说，退休福利已成为他们最宝贵的资产。对于这些劳动者中的许多人，特别是中年和老年员工，其养老金福利的净现值可以与其未来工资收入的净现值相当或超过其净现值。

我们需要更彻底地评估这对公司治理实践和监管的利益和政治的影响。我们需要了解员工的养老金结构。对我们的目的而言，有两个变量是显著的。

首先是养老金计划本身的性质，养老金计划的不同"支柱"之间的福利和权利主张（claims）的分配。用养老金政策制定者的话语来说，有三大支柱。第一个养老金支柱是政府运营的一般退休计划，第二个养老金支柱是职业或公司层面的退休义务，以及第三个养老金支柱系个人私人养老金，有时也称为"补充养老金"。在第二和第三支柱中积累的劳动者资产越多，而这些资产在股票上的配置越多，劳动者对透明度和少数股东保护的兴趣就越大。

其次是管理养老金计划的金融中介机构的结构。控制第二和第三支柱投资的部门越自治，来自公司管理层的自主性越大，就越有可能表达出员工对透明度和少数股东保护的担忧。经过对养老金术语和会计制度的长期研究，我们回到了这一点；我们提供此详细信息是为了强调养老金体系与公司治理体系的相互作用。

养老金模式和监督管理者的动机

各地养老金制度三大支柱之间的资产余额差别很大。这些基于过去决策而产生的差异，极大地影响了养老金改革和公司治理相互作用的方式。

---

〔6〕 例如，阿尔卡特收购了 DSC 和 Xylan 等美国电信公司，但将这些公司的员工期权计划纳入更广泛的阿尔卡特计划。结果，阿尔卡特60%的美国员工和25%的欧洲员工成为期权计划的参与者。Mottis and Ponssard 2002, 5-7.

无资金的现收现付漏洞。第一个养老金支柱是政府运营的一般退休计划。第一支柱计划通常以"现收现付"（PAYGO）为基础运作，这意味着当前的收益由当前的缴款支付。[7]在大多数地方，政府支付的收益高于人均缴费水平。[8]

这些第一支柱计划被列为"社会保险"，在支付和福利之间存在假定的精算联系。对于大多数地方来说，这种联系是虚幻的。实际上，在我们的样本中，所有这些第一支柱计划都存在一个精算上的深洞，未来债务的净现值远远超过累积资产的价值。尽管如此，大多数退休人员把他们的第一支柱权利主张视为是一种准合同权利，而参加缴费计划的员工——无论收入和福利之间的关系多么不平衡——往往都倾向于把这些索赔看作是一种递延工资（deferred wage）。

债权和资产之间的差距有多大？经合组织和世界银行的经济学家已经建立了一个共同的术语和方法，以便将这种以精算为基础的未来福利转变为目前的债务等值，即基于国家或地区基础的养老金隐性债务（IPD）。[9]该净现值的估计因会计方法和每个地方独特福利和分类的细节而异，并且对未来工资增长以及未来福利和资产收益的隐性贴现率的假设非常敏感。[10]因此，虽然样本的数据不具有可比性，但没有资金的第一支柱计划的整体模式是一致的，而且资金严重不足。根据几个不同的来源，我们在样本中对25个国家的养老金隐性债务估计值进行了重现。

表7.1 养老金隐性债务占 GDP 的百分比

	经合组织	库内 （Kune）	世界银行	西伯特 （Siebert）	其他	养老金隐性 债务赤字
阿根廷			85			85

---

[7] Bonoli 2000. 计划在很多方面存在很大差异，从资产的积累到对当前支付的依赖，再到参与资格和福利水平。

[8] Bonoli 2000, 125.

[9] Robert Holzmann, Robert Palacios, and Asta Zviniene, *Reporting the Implicit Pension Debt in Low and Middle Income Countries* (Washington, D.C.: World Bank, 2002).

[10] 世界银行的研究建议使用"终止责任"作为估算隐性养老金的方法，根据现行计划规则，计算养老金计划必须向当前参与者及其幸存者支付的支付流的现值。Holzmann, Palacios 和 Zviniene 2002, 18.

第七章 偏好分歧三：透明度、发言权与养老金

续表

	经合组织	库内(Kune)	世界银行	西伯特(Siebert)	其他	养老金隐性债务赤字
澳大利亚				97		97
奥地利				93		93
比利时		75		153		153
巴西			330			330
加拿大	121			101		101
智利						
中国						
丹麦		87		234		234
芬兰		83		65		65
法国	216			102		102
德国		138		62		138
希腊		185			245	185
中国香港						
印度						
印度尼西亚						
冰岛		55				55
以色列						
意大利		157		60		157
日本				70		70
马来西亚						
墨西哥					142	142
荷兰	103			54		103
新西兰				212		212
挪威						
菲律宾		85				85
葡萄牙		93				93

续表

	经合组织	库内（Kune）	世界银行	西伯特（Siebert）	其他	养老金隐性债务赤字
新加坡						
南非						
韩国		21				21
西班牙		93		109		109
瑞典				132		132
瑞士						
中国台湾						
泰国						
土耳其			109			109
英国		68		24		24
美国				23		23
委内瑞拉						

来源：Feldstein and Siebert 2002；OECD；世界银行数据来自 Holzmann et al. 2002；Grandolini and Gerda 1998；Brooks and James 2001.

虽然我们的样本中隐性养老金债务存在较大差异，这些数字都很大，而且都是负数（另见附录表 A.27）。

对于此样本中的许多国家，其第一支柱养老金计划的隐性养老金债务超过了国家债务总额。例如，就丹麦而言，为了向目前承诺的公民未来福利提供充分的资金，政府将不得不向这些公民征收相当于全年经济活动230%的一次性税收，这是一个令人震惊的提议。社会保障改革在美国通常被称为"政治的第三轨道"，这表明——在一个养老金隐性债务仅占GDP的23%，是丹麦养老金隐性债务水平的十分之一的国家，没有一个政治家能触及这个问题而生存下来。

这些数字凸显了该样本中所有国家养老金问题的非凡政治敏感性。正如世界银行养老金预测所得出的结论，"由于没有资金的养老金义务是公共债务，它们共同决定了政府的跨期预算约束。维持政府的偿付能力需要未来的税收，养老金承诺的部分违约，或其他地方未来较低的公共支出。"[11] 对这一赤字的一种回应包括基于私营部门资产的基金，无论是在第一支柱还是第二支柱中，这反过来意味着，在样本中的每个国家，公司治理都与养老金改革的高级政治（high politics）交织在一起。

第二支柱资产。大多数国家的第二个养老金支柱是职业或公司层面的退休义务，传统上设定为固定福利计划，但现在越来越多地转变为固定缴款计划。[12] 有时采取一次性遣散费的形式，这种情况在欧洲大陆、日本和韩国经常发生，在这种情况下，它是雇用公司账面上的一项负债：它可能得到资助，也可能得不到资助。第二支柱计划可以通过多种方式进行管理：由发起人公司的内部或外部的短期资本经营者管理；由公司和工会共同管理，在美国被称为"塔夫特-哈特利"（Taft-Hartley）基金（这是欧洲和日本最常见的基金品种）；或者由政府机构管理，他们通常管理特殊部门的计划，如农民、个体经营者，或卫生保健工作者以及公共雇员。

第二支柱的一个主要部分是地方和国家一级的公务员退休计划。这些职业计划通常与其他第二支柱"职业"计划有名义上的相似之处，但它们由国家机构管理，并由政府预算的年度捐款资助。在我们的样本中，固定福利公务员养老金计划的条款明显高于私营部门的同类工作——这是一个永久的政治痛点。[13] 公务员制度通常是国家层面的现收现付制，尽管一些市、州和省级部门有部分资助制度。

事实证明，公共雇员养老基金（public employee pension funds）对于改变公司治理实践非常重要。如果公务员养老金计划得到部分或全部资助，而这些资金由私营部门股票或债券持有，管理这些资金的机构投资者往往是少数股东保护的斗士（基于我们在本章后面探讨的原因），通常会与公务员工会一起热情地支持这些改革措施。相反，当公务员养老金计划是现收现付时，很少或根本没有资产积累，没有机构投资者代表他们明确表达对少数股东保护的偏好，公务员工会就会把精力集中在争取将用于"现收现付"的公务员养

【216】

---

[11] Holzmann, Palacios, and Zviniene 2002, 5.

[12] 固定福利养老金计划（a defined benefit pension scheme）承诺向受益人支付固定期限的固定金额，无论该受益人的缴款如何；定额供款养老金计划（a defined contribution pension scheme）承诺向受益人支付受益人（和公司）支付的缴款所产生的可变未来收益流。

[13] 例如，法国、德国、意大利、巴西、阿根廷、日本、韩国和马来西亚就是这样。

老金的政府财政支出维持在一定比例份额。[14] 在现收现付系统中，公司治理在很大程度上是无关紧要的。

资金充足的第三个支柱。第三个也是最后一个支柱是由私人投资或保险公司管理的个人私人养老金，有时称为"补充养老金"。根据定义，他们总是能得到资金。

有一些混合的第二和第三支柱计划，例如美国的 401（k）计划，其中雇主与雇员的供款相匹配，但账户是以个人而非公司的名义持有的。

美国高度工会化的"烟囱"行业最有可能保留固定福利计划（defined benefit plans）。这些养老金计划是管理层和有组织工会之间激烈的集体谈判的对象。管理者们拒绝对这些计划做出让步，因为他们被迫在公司的财务报表中确认养老金义务的净现值；没有办法隐藏隐性债务，或将其推向未来。因此，美国许多公司制定了 401（k）计划，以取代固定福利计划，20 世纪 80 年代末和 90 年代，随着对公司养老金会计和披露要求变得越来越繁重，固定收益计划不再受欢迎。

与这些商业公司相比，政治家们并没有受到特别的压力来承认养老金特许经营的现值，对于大多数城市、州和国家政府来说，并没有广泛使用的合并财务报表（consolidated financial statement）。毫不奇怪，在我们的大多数样本中，这三个级别的政治家都善于在不为这些养老金申请提供资金的情况下做出养老金承诺，这实际上是"缓兵之计"，因为他们预计自己的任期将在养老金申请到期之前结束。

表 7.2　私人养老金资产（占 GDP 百分比%）

	斯特恩 （Stern）	世界银行	西伯特 （Siebert）
阿根廷	7	3.3	
澳大利亚	67	61	45
奥地利	4	2.6	

---

[14]　由于公务员的退休福利削减了政府预算的越来越大的百分比，公共和私人福利水平之间的差距——在过去的工资谈判中，政客们有选择性地向这些工会发出呼吁——变得更加突出，因此工会方面的这种斗争变得越来越激烈，并消耗了他们更多的组织精力。

续表

	斯特恩（Stern）	世界银行	西伯特（Siebert）
比利时	14	4.8	10
巴西	13	14	
加拿大	102	47.7	25
智利	57	45	
中国	0		
丹麦	116	23.9	21
芬兰	49	40.8	1
法国	16	5.6	3
德国	16	5.8	6
希腊	3	12.7	
中国香港	62		
印度	14		
印度尼西亚	3	2.5	
爱尔兰	52	45	
以色列	1		
意大利	6	3.2	4
日本	41	41.8	18
马来西亚	54		
墨西哥	3	2.7	
荷兰	113	87.3	85
新西兰	15		
挪威	7	7.3	
菲律宾	4		
葡萄牙	12	12	
新加坡	61		
南非	76	57	

续表

	斯特恩（Stern）	世界银行	西伯特（Siebert）
韩国	13	4	
西班牙	7	5.7	2
瑞典	41	32.6	16
瑞士	127	117.1	70
中国台湾	35		
泰国	7		
土耳其			
英国	102	83.7	82
美国	103	86.4	72
委内瑞拉			

表 7.2 是对我们样本中的第二和第三支柱养老金资产占目前 GDP 百分比的估计值。[15]

由于机构投资账户的分类存在差异，例如某些银行和保险公司持有的账户，因此给定国家（地区）的价值存在一些差异。这个样本之间的差异很大；标准差等于 38 的均值。另见附录表 A.28。

挤出效应和路径依赖

跨越这三个支柱的福利分配可能会影响劳动者对储蓄的偏好，有证据表明隐性养老金债务对私人养老金资产具有"挤出效应"。[16] 换句话说，第一支柱的替代率越高，劳动者对第二和第三支柱计划的贡献就越小。在对样本中的几个国家（地区）的近期研究中，社会保障"财富"与私人财富之间的权衡量级（magnitude of the trade-off）在 0.1 到 0.5 之间。例如，费尔德斯坦

---

[15] Stern 2001; Holzmann, Palacios, and Zviniene 2002; Martin Feldstein and Horst Siebert, eds., *Social Security Reform in Europe* (Chicago: University of Chicago Press, 2002).

[16] 布鲁克斯（Brooks）和詹姆斯（James）在拉丁美洲国家的样本中发现，第一支柱隐性养老金与私人养老金储蓄之间存在负相关关系。Sarah Brooks and Estelle James, "The Political Economy of Structural Pension Reform," in *New Ideas about Old Age Security: Toward Sustainable Pension Systems in the 21st Century*, Robert Holzmann and Joseph Stiglitz, eds. (Washington, D.C.: World Bank, 2001).

(Feldstein)估计，隐性养老金债务每减少一个单位，个人储蓄就增加0.5，并且对几个欧洲国家也有类似的估计。[17]

这种挤出效应在直觉上是可信的。第一支柱改革的尝试，比如增加劳动者对这些计划的强制性贡献（美国所谓的社会保障税），减少了工人为补充计划预留的资金。相反，劳动者的第二和第三支柱的收益越高，就越不倾向于支持一个强大的第一支柱系统。这可能使他们的第一支柱计划中具有高隐性养老金债务的国家很难鼓励其公民建立更高的第二和第三支柱的"储蓄金"。

替代效应提供了一个突出的路径依赖的例子和制度设计长期的、挥之不去的影响。一旦一个国家走上了高比例的第一支柱收益的道路，个人储蓄就会适应隐含的"社会保障财富"，从而减少第二和第三支柱的贡献，使各国更难以抵消其从第一支柱赤字转向资助第二和第三支柱的计划。但对于那些已经走上另一条道路的国家而言（第一支柱较低、第二和第三支柱的比例较高），个人储蓄朝着积极的方向发展——公司治理的偏好也是如此。

连接养老金支柱和公司治理

在这些支柱中，劳动者养老金福利的分配对他们对少数股东保护的偏好产生了深远的影响。第一支柱福利占总养老金福利的比例越高，对公司治理和透明度联盟的兴趣就越低；第二和第三支柱福利的比例越高，对少数股东保护的兴趣就越高。

例如，如果所有的福利都来自第一支柱，那么从社会保障式福利计划来看，如果第一支柱计划资金不足，或者严格实行现收现付，那么劳动者正确地认为公司治理与其未来利益流之间没有联系——在我们的样本中，大多都是如此。从劳动者的角度来看，他的第一支柱养老金的最终支付者是政府，而政府又对该国（地区）所有公司和个人的资产提出了潜在的（和在先的）权利要求（claim）。公司治理，无论好坏，都与这些权利要求（claims）的可信度无关。

【219】

即使第一支柱计划获得了部分资金，政府也会经常在累积的股权资产和行使相关股权投票权之间设置一道防火墙。例如，在日本，代表员工福利养

---

[17] Martin Feldstein, "Social Security and Saving, New Times Series Evidence," *National Tax Journal* 49 (1996): 151-64; other studies summarized by Davis and Steil 2001, 289-91.

老保险计划（Employee Welfare Pension Insurance Scheme）持有股权资产的政府机构，不得影响这些股票的代理权如何投票。在美国，联邦雇员退休基金（Federal Employees Retirement fund）的公务员受益人所持股票的投票权在法律上不受参与管理该基金的美国政府机构的任何投入的影响。

但如果总体养老金福利中较高比例来自第二支柱计划，那么劳动者就会认为公司治理与其未来福利之间存在直接联系。在一次性付清的计划或基于公司的年金计划中，劳动者希望公司能长期保持偿付能力，所以非常关心其受雇公司的治理。在一个资金多元化的投资组合计划中，无论是以公司为基础还是以职业为基础，劳动者都关心其投资组合中的所有公司的治理。

401（K）效应

出于同样的原因，当退休福利在私人投资的第三支柱中累积时，劳动者们也会更广泛地关注公司治理——有时也被称为美国的"401（k）效应"，劳动者控制的养老金投资账户变得非常受欢迎。劳动者可能会认识到良好的公司治理对其401（k）计划（他们经常每月阅读，并仔细阅读）的投资组合回报的日常增量效应，且当安然、阿霍德或威望迪等引人注目的公司丑闻给他们的个人投资组合带来巨大漏洞时，他们会深切地意识到治理不善的影响。

这些丑闻产生了双重效应（effect）：在一个层面上，它们掏空了破产公司雇员的资产，这些公司的养老金承诺经常被减记。在另一个层面上，当亏损冲击到被广泛持有的养老基金（如政治上有发言权的公共雇员工会）时，影响会蔓延到更大的人口群体，届时政客们很快就会注意到这一点。例如，仅在安然公司破产一案中，美国最大的八家公共雇员养老基金就损失了近十亿美元。这些损失很快被媒体报道出来，然后在寄给每个计划受益人的季度基金报表中重复出现。在安然和世通公司的国会听证会上，美国证券交易委员会提名人选的确认听证会上，以及在《萨班斯-奥克斯利法》出台前参众两院长达数月的辩论中，都一再提到管理不善导致的养老金损失。[18]

---

[18] Keith Perine, "Senate Accounting Industry Regulation Could Get New Legs after Recess," *Congressional Quarterly Weekly*, May 24, 2002; Keith Perine, "Senate Panel Approves Tighter Rules for Accounting Industry," *Congressional Quarterly Weekly*, June 21, 2002; Gebe Martinez and Keith Perine, "Corporate America Faces Shift in Legislative Landscape," *Congressional Quarterly Weekly*, July 5, 2002; "House GOP Opposition to Senate's Accounting Bill Vanishes," *National Journal's Congress Daily*, July 18, 2002; Susan Crabtree, "Hastert Shoots Down GOP Attempt to Block Sarbanes Bill," *Congressional Roll Call*, July 18, 2002.

表7.3 安然公共雇员退休金损失（百万美元）

佛罗里达州雇员委员会	335
加州大学养老基金	144.9
佐治亚州雇员基金	127
加州公务员退休基金	105.2
华盛顿州雇员基金	103
俄亥俄州公务员退休体系	59
纽约州公共退休基金	58
加利福尼亚州教师退休基金	47.5

顺便提一下，这些养老金损失是美国2000年和2002年在加利福尼亚州、纽约州和佛罗里达州的州长竞选中的一个主要问题。例如，卡尔·麦考尔（H. Carl McCall）既是纽约州共同退休基金（New York State Common Retirement Fund，NYSCRF）的受托人，也是纽约州州长的民主党候选人。2002年3月，他宣布NYSCRF因安然破产而蒙受损失，这一消息在纽约媒体上得到了广泛宣传，并让他在随后的大选中付出了沉重代价。[19] NYSCRF的巨大损失被归咎于糟糕的公司治理，并继而被归咎于麦考尔。特别是，这疏远了许多政府雇员，传统上是美国民主党（或自由派左派）候选人的关键选民。麦考尔输掉了选举，他继续担任薪酬委员会主席，该委员会给予纽约证券交易所总裁理查德·格拉索（Richard Grasso）1.391亿美元的延期薪酬计划。公众对这一安排的愤怒导致格拉索被解职，以及包括麦考尔在内的纽交所董事会的辞职。

改变劳动者-选民的偏好

当劳动者财富的组成部分的权重在工资和养老金支柱方面重新排列时，劳动者-选民的效用函数提示，他们开始像股东和员工一样思考。回顾帕加诺和沃尔平的表述，劳动者们对于避免大股东征收成本的关注，可能不亚于或

---

[19] "在安然灾难性的垮台之前，该基金通过其指数投资组合和活跃的基金经理持有近400万股安然股票。我们的损失预计将超过5800万美元。" New York State Comptroller H. Carl McCall, testimony before the Committee on Financial Services, U.S. House of Representatives, March 20, 2002.

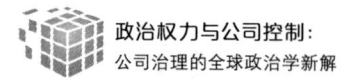

【221】更甚于他们自身对严格的代理成本的关注。简而言之，随着效用函数中这些权重的改变，劳动者的偏好发生了变化，包括他们对公司治理的偏好。

现在，劳动者们更倾向于为少数股东提供更大的保护的政策结果。他们仍然关心目前的工资和工作保障，但现在，当劳动者们调查他们的公司是如何管理的，或更广泛的公司治理规则时，他们脑子里想的不仅仅是这些。

如果起点是劳动力模型中的国家，那么劳动者的利益现在就是互相冲突的。劳动力对抗资本，"我们对抗他们"之间的争论不再那么简单。如果起点是一个社团主义妥协的国家，劳动者们不认为他们必然与管理者处于同一条船上，而且他们不再与大股东达成一个有吸引力的"交易"，用代理成本换取征收成本；征收成本，即大股东的私人控制权益，现在部分来自劳动者的躲避。随着这种新的偏好逐渐深入人心，社团主义者的交易变得不稳定；劳动者们倾向于脱离与管理者的联盟，转而与股东们同甘共苦。

社团主义的共识可能会开始瓦解。

管理者偏好和机构失败

面对股东－劳动者联盟的透明度和问责制的压力，许多管理者回想起社团主义妥协的"紧闭大门"，多少有些喜欢。如前所述，对管理层的公开问责暴露了其可能受到外部人士（如消费者、纳税人和少数股东）挑战的做法和协议。

毫不奇怪，正如第三章所讨论的，管理者们通常更喜欢将披露最小化，独立监督和控制权争夺最小化以及将高管薪酬最大化的治理实践。

从紧闭大门到透明度：劳动者的新偏好

劳动者现在有哪些具体的治理偏好？现在，这些偏好将在很大程度上与少数股东的偏好保持一致，尽管并不完全相同。

在信息机制方面，他们倾向于采用更严格的会计、审计和披露标准，允许内部人员和外部人员监督其公司的健康状况。良好的会计制度使管理者更难隐瞒损失或以其他方式"管理"收益，以及减少突然破产的意外因素。在业务范围基础上对收入和资产进行适当的会计和披露使交叉补贴清晰可见，从而以更客观的方式强调管理绩效，否则可能会被企业内部转移所掩盖。

适当的权责发生制在会计上核算未来的收益和无资金准备的负债，再加

第七章 偏好分歧三：透明度、发言权与养老金

上对基金资产的准确估值，使员工能够密切关注"自己"在公司第二支柱养老基金中的份额。公司对固定收益养老基金的年度支付对三种价值最为敏感：计划资产的预期回报率、薪酬福利的预期年增幅以及未来缴款的贴现率。通过任意采用有关这三个价值的乐观假设，公司可以大幅减少其年度贡献，甚至可以从基金中收回资金过剩的现金。例如，1%的资产回报率和贴现率的变化（它们通常是相同的）将使负债上升或下降约12%。[20] 因此，劳动者在公司治理实践中拥有重大利益，这确保了对这些养老金负债进行切合实际的估算和跟踪。

【222】

劳动者也非常偏爱既准确又及时的财务报告。他们希望董事会能够获得有关公司及其业务范围的完整财务信息，不要被"排除"在敏感信息的圈子之外。当劳动者在董事会中有代表时，他们更依赖董事会事前的监督来跟踪或阻止管理层的错误，这需要及时报告关键决策的后果。相比之下，外部股东更多地依赖于事后的结果监督，通常是在关键决策做出很久之后。

总的来说，员工偏爱董事会监督机制，这使得管理者更难以"掌控"董事会。他们希望董事会成员的主要职责是对员工和股东，而不是为大股东或管理者提供服务。在这些方面，劳动者的利益与少数股东的利益有所不同，因为劳动者更偏爱在董事会中有雇员或工会代表，而外部股东更喜欢独立的非执行董事。

劳动者们需要一个真正有实权的董事会；在这个意义上讲，从劳动者的角度来看，监督可能更有价值，因为他们可以直接选举或选择这些董事会成员，而分散的股东通常只是批准董事会自己提出的董事名单。劳动者们面临的风险是，在其他环境下，管理者和大股东之间可以进行重要的讨论。如果是这样的话，劳动者代表所在的董事会将成为一个形式上的机构，通过几乎没有真正权威的监督动议，或者可以完全绕过它。

同样地，如果一家公司正在从一个集中的大股东过渡到更大的分散持股，那么劳动者们会担心监管的真空，在大股东监管和分散的市场约束之间，可能会让管理者对任何人都不负责任，以牺牲员工和股东为代价来巩固和充实自己。

---

[20] Michael Moran, "Pension Accounting and Funding: A Roadmap for Analysis and Investors," *Goldman Sachs Global Strategy Research*, December 2002.

员工和外部股东都赞成制定控制规则，让股东在重大资产转让中享有可见性和投票权，否则这些资产转让可能危及公司的健康。资产剥离和自我交易是大股东以牺牲员工和股东利益为代价获取控制权的私人利益的主要手段。一股一票限制了大股东扭曲控制权与现金流权之间比例的能力，这反过来又使得潜在的大股东从控制权中获取私人利益的成本更高。

然而，劳动者和外部股东在收购规则上存在分歧。劳动者们更偏好董事会的受托责任规则，让董事会（和管理层）有余地考虑重大决策（包括合并或收购等控制权交易）对就业的影响。相比之下，外部股东更倾向于采用简化的规则来评估控制权交易，纯粹是从股东价值最大化的角度来评估。

劳动者倾向于制定管理薪酬的规则和标准，以奖励那些表现出色的员工。劳动者不一定反对高级管理人员的绩效薪酬，但他们对管理层薪酬和员工薪酬之间的巨大差距很敏感。相比之下，只要外部股东认为这些激励措施与最大化股东价值之间存在联系，他们对管理层激励薪酬的绝对水平，即管理者与员工薪酬之间的差距，就不那么敏感。

员工和股东都反对激励期权计划，如果公司做得好的话，可以为管理者提供巨大的好处，但如果情况不佳，则几乎没有坏处。在他们理解期权计划如何运作的基础上，这些"作为股东的劳动者"反对以"资金"定价而不是参考类似公司基准的期权。他们希望将高管和董事薪酬的条款和条件向公司、员工和公众做出充分的披露。

但是，这些监督和约束职能将如何由个体劳动者、数百万养老金计划和共同基金的受益人来履行呢？值得注意的是，除了第二和第三支柱计划外，劳动者不是股份的直接所有者——即便如此，这些股票由养老金或共同基金（"单位信托"）汇总，这些基金通常登记并投票表决给与这些股份相关的控制权。如果在社团主义国家中存在股份所有权，金融机构而非个人通常会控制它。这就引出了一个关键问题：养老金所有权与少数股东保护的政治行动之间的联系，是由金融机构的结构以及员工与其之间的关系所调和的。我们将在本章进一步回到这一点。

预测和证据

鉴于劳动者对公司治理偏好的这些变化，透明度联盟模型预测如下：

- 劳动者可能会通过个人储蓄和退休计划，增加他们在直接和间接股权持有中的份额。
- 第一支柱养老金隐性债务（IPD）比例较高的国家，对少数股东的保护较少。相反，第一支柱和第三支柱占GDP比重较高的国家，对少数股东的保护力度也会更大。
- 随着劳动者持股增加，养老基金将敦促企业改善对少数股东的保护。作为选民的劳动者将支持公司治理改革。

预测1：劳动者可能会通过退休计划和个人储蓄增加其直接和间接股权。

有充分而明确的证据支持这一预测。经合组织养老基金的金融资产总额从1990年的3.7万亿美元（约占GDP的30%），增长到1999年的16万亿美元（约占GDP的40%），价值增长了两倍多。在这十年中，这些基金的总资产组合中股票所占的份额从35%上升到51%，其结果是，养老基金持有的全球股票总份额从17%上升到23%。[21]

1976年，当美国员工的养老基金在美国股票总量中所占比例达到类似水平时，彼得·德鲁克出版了《看不见的革命：养老金社会主义是如何进入美国的》一书；在那一年，私人非保险养老金资产已增至1720亿美元，其中1000亿美元持有股票。德鲁克声称，员工实际上拥有美国上市公司25%至35%的股权，这让他们获得了事实上的控制权。上市公司股权的积累并非纯粹的美国现象；它发生在经合组织国家范围内。但美国和英国在这类资产积累中所占的比重非常大。

表7.4 机构投资者（十亿美元）

	1993年资产	1999年资产	养老基金	养老金百分比（%）	净资产百分比（%）	净资产额	权益股
美国	8035	19 279	6900	0.36	0.51	9,832	0.65
日本	3012	5039	937	0.19	0.19	957	0.06
英国	1207	3264	1226	0.38	0.68	2220	0.15

---

[21] Stern 2001.

续表

	1993年资产	1999年资产	养老基金	养老金百分比(%)	净资产百分比(%)	净资产额	权益股
法国	800	1695	0	0.00	0.42	712	0.05
德国	665	1529	63	0.04	0.28	428	0.03
意大利	225	1078	33	0.03	0.22	237	0.02
荷兰	427	799	448	0.56	0.43	344	0.02
加拿大	376	748	310	0.41	0.27	202	0.01
澳大利亚	176	375	253	0.67	0.5	188	0.01
韩国	161	375	13	0.03	0.11	41	0.00
总数	15 084	34 181	10 183			15 161	
平均值				0.27	0.36		

来源：Brancato 2000.

如表 7.4 所示，以美国和英国为基础的养老金和共同基金继续推动劳动者在全球范围内积累股本。

根据该表，美国和英国的机构投资者控制着总资产的 2/3，并将其总投资组合中的很大一部分配置到股票上。如表中所示，在该数据样本的 10 个国家中，英美投资者占总股本的 80%。第二支柱养老基金分别占美国和英国这类资产的 36% 和 38%；在这两个国家中，第三支柱共同基金所占的比例可能相似。

总部位于美国的投资经理将其投资组合中的股票权重从 1988 年总资产的 26.5% 提高到 1999 年初的 47.4%。[22] 到 1998 年，一家美国公司 401（k）计划的平均受益人持有 64% 的股票投资组合。[23] 这种向股票转移的溢出效应解

---

[22] Brancato 2000, 22.

[23] "大中型公司投入时间和金钱教育员工如何投资 401（k）资产。实际上，所有公司都向员工发放了小册子，概述了投资的基本原理：复利的力量；股票、债券和现金的长期回报历史；风险与回报的关系；多元化如何在不损害长期回报的情况下降低风险；每个员工应该如何确定自己的风险承受能力，并建立一个适合该风险承受能力的投资组合……大量资产涌入 401（k）计划，加上公司向员工提供的投资教育，改变了有关解决社会保障问题的辩论进程……因此，401（k）计划为社会保障危机提供了一种可能的解决方案。" Clowes 2000, 259-61.

释了为什么以美国和英国市场为基础的投资者在全球股市中成为如此重要比例的参与者。这种投资组合的转变在美国公共雇员养老基金中表现得最为明显。在这段时间里，美国公共雇员养老基金股票在其投资组合中所占的比例从22%增至68%，增长了两倍。

具有讽刺意味的是，政治最初削弱了这波公共雇员对股票投资的浪潮。从战后美国机构投资者的历史中，克劳斯（Clowes）观察到："公共基金在转向股票方面落后于公司资金……（因为）他们最终由州或地方立法机构、州或地方财务主管监督，如果这些基金在投资中出现亏损，所有这些机构都担心会暴露出政治风险。"[24] 为了追求更高的总收益，美国俄亥俄州和犹他州两家"州立教师退休基金"开始转向更大的股权投资，然后在全国范围内加速发展。[25] 公共雇员养老基金也通过开拓国际股票投资，延续了这一更为激进的投资策略。截至1997年，在持有外国股票最多的25家机构中，有18家是公共雇员养老基金。[26]

预测2：第一支柱养老金隐性债务比例较高的国家与较低的少数股东保护相关联。相反，第二支柱和第三支柱资产占GDP的比例较高的国家与较高的少数股东保护相关联。

这个预测成立了。如图7.1所示，第一支柱养老金隐性债务的规模与中小股东保护呈负相关，为-0.39（另见附录表A.29和A.30）。虽然较弱，但这种相关性与透明度联盟模型的第三次预测是一致的。通过拟合线性回归估计，隐性养老金每增加一个单位，就会导致我们样本中26个国家的股东保护减少0.1个单位，其统计显著性为0.05（t = 2.09）。例如，养老金隐性债务增加100个百分点，大致于少数股东程度从比利时的水平到希腊的水平。

相反，如第五章所述，第二和第三支柱计划中的私人养老金资产与少数股东保护正相关，为0.56，如图7.2所示。

---

[24] Clowes 2000, 134.
[25] Clowes 2000, 35.
[26] 如果美国教师退休基金会（TIAA-CREF）被归类为公共雇员基金，那么这一比例将是19/25。Brancato 2000, 41.

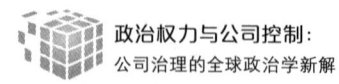

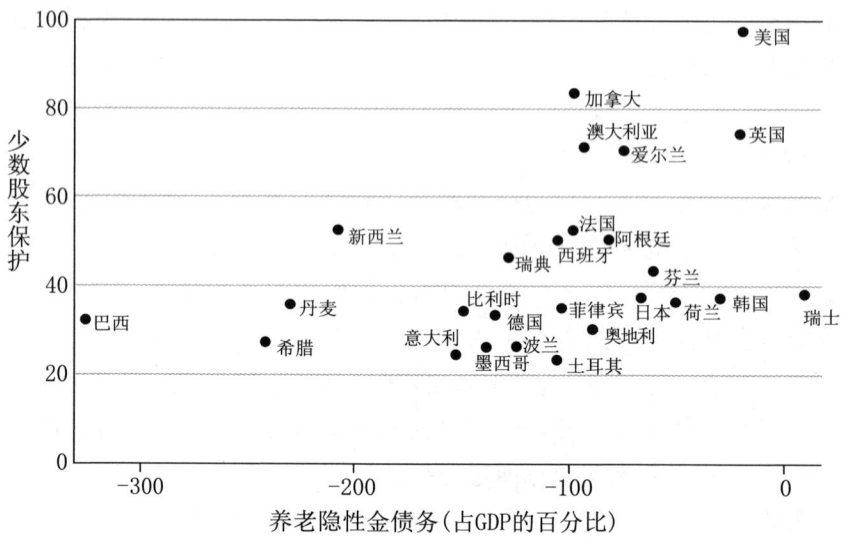

图 7.1　养老金隐性债务和股东保护

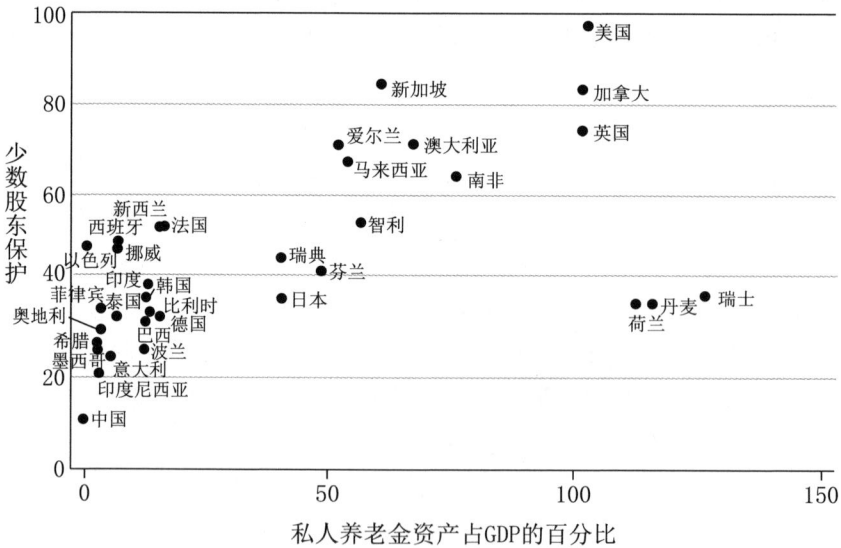

图 7.2　私人养老金资产和股东保护

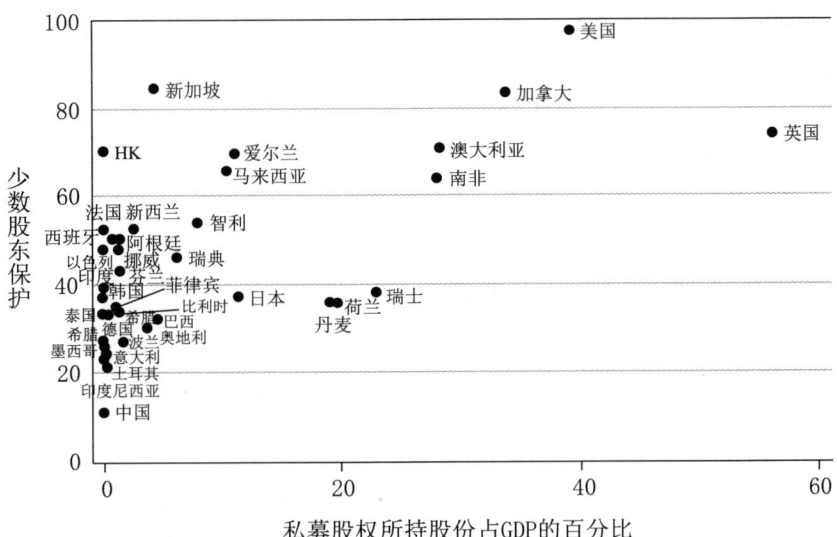

图 7.3 私人养老金权益资产（Equity Assets）和股东保护

这种关系存在一定的内生性，因为在股东保护程度较高的地区，投资者会为股票提供较高的估值，即"良好治理溢价"。尽管如此，根据拟合 OLS 线性回归估计，私人养老金资产每增加一个单位，股东保护就会增加 0.29，在相同样本下，显著性水平为 0.005（t = 4.05，r^2 = 0.31）。例如，人均第二和第三支柱资产增加 50 个百分点，大致与从韩国到智利的中小股东保护水平的提高相关联（另见附录表 A.31 和 A.32）。

如果我们将这些资产在境内股票中所占的估计比例计算在内，并按该分配百分比对总资产价值进行加权，那么第二和第三支柱资产与股东保护之间的契合度就会更大。在图 7.3 中所示的散点图中的 OLS 拟合线在 0.005（t = 4.64，r^2 = 0.37）处是显著的。

预测 3：随着劳动者股权持有量的增加，他们迫切推动公司治理改革，以促进对少数股东的保护。

我们将员工在公司治理中的权益建立在他们个人资产（特别是养老金资产）的基础上，并追踪了他们在养老基金中相当一部分股权的增长。这是否已转化为对少数股东保护的要求？如果我们需要知道的是所有权，那么答案就是肯定的。但这是投资模式的缺陷，该模式假定股东会自动成为少数股东保护的游说者。我们发现情况并非如此。

在我们研究养老金资产积累与治理改革之间的因果关系时，有两种可能的途径——一种是这些养老基金促使企业改善治理的压力，无论是通过自己的投票，还是直接投票给股东的权利（代理人）从而迫使公司遵守他们的利益。在这条道路上，养老金投资机构实际上如何构建至关重要。

此外还有一种间接途径，即企业员工持股引发了对"自上而下"的公司治理改革的广泛政治支持，从而迫使企业保护少数股东。

分析性叙述

智利：透明度联盟的独裁主义根源

智利提供了一个引人入胜的威权主义干预的例子，先是经济偏好的结构性变化，然后是政治民主化。与韩国一样，政治制度的变化改变了权力平衡，这对公司治理产生了影响。智利从一个稳定的、"讨价还价"的宪政政府过渡到阿连德（Allende）领导下的左翼政府，然后转向皮诺切特（Pinochet）领导下的右翼独裁统治，现在转向宪政民主。它的公司治理体系反映了这些变化：阿连德转向国家控制，皮诺切特转向一种公司私有化和社会保障私有化的新自由模式，我们分析的重点是后者。与此同时，一些内部结构得到了保留：交叉持股已被禁止，但金字塔式控制依然存在。早期工业化的寡头模式转变为阿连德统治下的一种特殊的国家版本的劳动力模式，然后又转变为皮诺切特统治下的寡头政治和投资者模式的政策混合体。今天，政治和模式是混合的。透明度联盟的一些特征是显而易见的。私有化的社会保障制度给小型集中持股精英带来了压力。智利公民凭借国家私有化的社会保障制度成为少数股东；近二十年前，破产的第一支柱体系被拥有资金支持的第二和第三支柱体系所取代。

智利既有公司内部集中持股，也有民众中广泛持有的股权。客观地说，这会在大股东和个人所有者之间造成紧张关系，从而产生变革的可能性，但不会产生变革的必然性。私人大股东继续控制上市公司，集中度达到90%以上。与此同时，随着时间的推移，对少数股东的保护力度一直在缓慢增加，在新兴市场中名列前茅。养老基金和外商证券组合投资者拥有10%的股票市场份额，并且似乎既监管又约束（disciplining）大股东。

第七章　偏好分歧三：透明度、发言权与养老金

养老金改革是专制的皮诺切特政府采取的许多新自由主义"芝加哥学派"经济政策之一，由于政党和工会被军政府镇压，这些政策几乎没有遭到反对。多年以后，这些变化，无论其起源如何，都获得了现在归属于它们的利益相关者的支持。这种强大的政治支持足以阻止后来的中左联盟联合政府采取任何措施来扭转过去。与此同时，管理私有化基金的新结构受到通过金字塔杠杆作用支配经济其他部分的集中持股精英的控制——而"芝加哥男孩"[27]则以国家所有权作用下推动新自由主义经济实践，他们这样做似乎并没有打破精英对企业的控制。

这种对偏好和制度的观点，有助于解决智利作为"异常值"地位的困惑，高度集中和强有力的股东保护使其远离了投资者模型预测的45度线。

智利联合企业（企业集团）的控制者（Controladores de los Conglomerados Chilenos）。在智利，少数人持股的企业集团主导着上市公司领域。所谓的五大家族集团——安赫里尼财团（Angelini）、卢克西奇财团（Luksic）、马特财团（Matte）、探路者财团（Pathfinder）和西格多·科普斯财团（Sigdo Koppers）在智利企业界占据着主导地位。

在一项追踪最终控制权的仔细研究中，莱福特（Lefort）和沃克（Walker）发现，在智利证券和保险监督管理局（Superindendencia de Seguros y Valores，SSV，相当于美国证券交易委员会）上市的公司中，有73%属于一个综合企业集团（a conglomerate group），这些集团受到少数个人和家庭以金字塔式的所有权结构加以控制。[28]这一比例一直在增加，从1990年的66%上升到1994年的68%，到1998年的样本的73%。集中持股平均率也从1990年的52%上升到1998年的57%。作者估计，这些集中持股集团占智利证券交易所有资产价值的90%（加上ADRs），这大致相当于我们目的的加权集中持股数据。

勉强的少数股东保护。在20世纪初期，智利几乎不是在工业化初期少数股东保护的天堂，而且许多拉丁美洲经济体都具有历史悠久的寡头政治对经

---

[27] "芝加哥男孩"是20世纪70年代和80年代杰出的智利经济学家团体，其中大多数人都受教于芝加哥大学经济学系的米尔顿·弗里德曼（Milton Friedman）和阿诺德·哈伯格（Arnold Harberger），或者在其附属机构智利天主教经济学系受过培训。——译者注

[28] Fernado Lefort and Eduardo Walker, "Ownership and Capital Structure of Chilean Conglomerates: Facts and Hypotheses for Governance," *Revista Abante* 3 (1999): 3-27.

济的控制。集中持股为不安全的财产权、来自军人政府或腐败的平民政客的掠夺威胁以及不守规矩的劳工活动提供了庇护。智利拥有比许多国家更强大的法治和更稳定的政治,但这并没有转化为与该地其他国家大不相同的公司治理。

这些寡头中的许多人在20世纪70年代早期被阿连德政权的国有化剥夺了权利。向左派的强烈转变导致了强制国有化。随着皮诺切特的政变,向右翼的强烈转变产生了私有化。

新自由主义思想对皮诺切特政权的影响,正如所谓的"芝加哥男孩"所提出的理论,并没有立即催生新自由主义公司治理实践。有趣的是,交叉持股是被禁止的,但金字塔式杠杆却没有。这可能反映出元老家族限制新自由主义化程度的能力。这在具有自由化目标的公共当局和大股东之间建立了持续的紧张关系。在证券监管机构和其他国家机构的大力推动下,会计和审计实践以及控制规则在20世纪80年代,特别是20世纪90年代逐步得到改善。家族寡头集团牢牢控制着董事会;只有大约10%的董事才有资格成为非执行董事,且只有在智利养老基金支持其进入董事会的投票战胜了大股东的反对票时才有资格。国民议会于2000年10月通过了一项广泛的改革法,其基本主题是保护少数股东在控制领域的权利,通过规范要约收购条款,限制大股东的自我交易,并对在智利上市公司持有美国托存凭证(ADRs)的外商证券组合投资者给予平等权利。养老基金本身属于机构,这些机构本身就是大股东控制的公司的一部分。

养老金管理者出场(AFPs on the Scene)。1980年的养老金改革法案规定,每个工人都可以选择完全退出政府运作的第一支柱计划,将以前的工资税存入私人管理的个人退休账户(personal retirement account,PRA)。95%的劳动力选择退出被普遍认为资不抵债的第一支柱计划,而加入私人管理的PRA计划。根据该计划,他们从五个养老基金管理者(Administradora de Fondos de Pensiones,AFPs)中选择一个来管理他们的个人账户。

正如作为芝加哥学派经济学家以及AFP体系的设计师何塞·皮涅拉(Jose Piñera)自豪地指出的那样,"员工可以自由地从一家AFP公司换到另一家公司,也可以从一家基金换到另一家基金。进而,公司之间存在竞争,以提供更高的投资回报，更好的客户服务或更低的佣金。"[29]

AFP 受到严格监管（这本身就是一个有趣的评论，即不愿完全相信市场和私人声誉机制为以控制风险为重要目标的领域提供了足够的保护），投资组合限制为股票最大风险敞口 30%，16%国外资产上限，以及投资于任何一家公司的资产的 7%的国内上限。

在这 20 年的时间里，这些基金逐渐收购了智利上市公司 10%的现金流份额。阿戈辛（Agosin）和帕斯登（Pasten）记录了 AFP 监督智利上市公司在受到多数人大股东征用威胁时采取集体行动的几则轶事，例如 Enersis/Endesa 和 Téléfonica/Tera 案件。[30] 这是我们对所有者控制基金的预期。在某些方面，与大多数资本市场的典型机构投资者相比，AFP 看起来更像 TIAA-CREF、CalPERS 和各种欧洲劳工控制的养老基金，但在其他方面，它们确实很典型，因为 AFP 并不明显独立于监督他们的私营部门机构。与此同时，基金的结构限制了公司治理的"透明度效应"。对储户的保护继续限制其在投资组合中的持股；提高这一上限将增加促进少数股东保护（MSP）的推力，但也会让储户面临风险。

在经历了 20 年的私人管理的 PRA 系统（和 AFPs）运营之后，智利累积的养老金资产与 GDP 的比例在 45%至 60%之间，养老金隐性债务（IPD）与 GDP 之比为零。它拥有一个充满活力的首次公开发行（IPO）市场，并且一直是拉丁美洲外商直接投资和外商证券组合投资最具吸引力的目的地之一。

透明度政治。根据第五章审查的投资者模型的脚本，我们所谓的少数股东保护的投资者模型并没有在智利展开。没有证据表明，智利的"旧富"家族支持一系列加强对少数股东保护的监管改革，一些轶事表明，五大财团反对这些改革。在将军们被赶出政坛之后，民主回归并加深了其根源，许多传统的集中持股家族仍然笼罩在政治阴云之下，他们与皮诺切特和军政府的勾结，给他们留下了残余的污点，正如韩国大财阀家族与朴正熙及其军事继任

[231]

---

[29] "每位员工都会收到一本个人退休账户（PRA）存折（如果他们想通过 AFP 更新自己的账户余额），他们每三个月就会收到一份定期的邮件对账单，告知他自己的退休账户上已经累积了多少钱，以及他的投资基金表现如何。该账户带有工人的名字，是他的财产，并将用于支付他的老年退休福利。"See José Piñera, "Empowering the Workers: The Privatization of Social Security in Chile," *Cato Letter* No. 10, 1996, 2.

[30] Manuel Agosin and Ernesto Pastén, "Corporate Governance in Chile," paper for the OECD Development Center, April 1999; and "Corporate Governance in Chile," Central Bank of Chile Working Paper No. 209, 2003.

者串通一气而受谴责一样,韩国的财阀家族也一直受到诟病。

在智利,中左翼政府在相当广泛的民众支持下,推动立法加强对少数股东的保护。这反过来又可以追溯到私人管理的 PRA 及其 AFP,这些工具已经证明在政治上是持久的。正如皮涅拉所观察到的那样,"私人管理的 PRA 系统在过去 12 年中,经历三个中左翼政府完好无损地存活下来,这并不令人惊讶,因为它确实已成为智利政治的'第三条轨道'。它不仅在结构设计上没有受到影响,而且技术上的调整也有所改善,例如在管理自愿退休储蓄方面增加了竞争对手,或将基金的选择从一个扩大到五个。"[31] 与此同时,关于该计划的回报率的争议也在增加,因为加入新计划的人声称他们的表现不如留在政府计划的人。[32]

尽管旧富的集中持股家族不温不火(或积极抵制),但智利的新规则确实得到了许多新贵企业家的支持,这些企业家在 20 世纪 90 年代出现,这一时期见证了大量的公司首次公开发行(IPO)。1991 年至 1997 年,共有 44 宗 IPO,价值 11.57 亿美元。首次公开募股几乎占到所有市场成交量的 5%。[33]

智利的案例提醒我们,并非全部的所有者都是相同的,或者甚至不一定有相似的偏好。如果我们通过确定他们的制度地位——集中持股程度、所有权分离(fragmentation of ownership)、对养老金资产的控制——来对他们进行分类,我们会发现他们的偏好存在很大差异。那些持有大股东股份的公司想要继续持有股份,并抵制对少数股东的保护。一些与基金经理和大股东合作的一些机构投资者也是如此。另一方是少数投资者、新贵企业家和养老金受益人,其中许多人都参与了工会系统,他们能够通过建立一个反应迅速的机构——他们的养老金管理团队——来解决集体行动问题,代表他们在公司内部,尤其是在政治舞台上进行斗争。

马来西亚:治理政治中的民族与民主

马来西亚是一个引人注目的例子,它改变了人们对公司治理的偏好,原因是广泛的股权所有权(这是一个庞大的养老金池的结果)与一系列政治制度(political institutions)相互作用,这些政治制度使建立强大的,有时是甚

---

[31] Piñera 1996.
[32] Larry Rohter, "Chile's Retirees Find Shortfall in Private Plan," *New York Times*, 27 January 2005.
[33] Agosin and Pasten 1999.

至是武断的政府成为可能。马来西亚在很多方面都与智利相似,拥有强有力的股东保护以及大量的所有权集中;从这个意义上说,它也是投资者模型45度线之上的一个异常值。有相似的因素在起作用;马来西亚沿着类似的轨道发展,形成了一个透明度联盟。马来西亚广泛支持股东保护和公司治理改革,部分原因是该国私人养老金资产占GDP的比例高达52%,马来西亚对股东保护和公司治理改革拥有广泛的民众支持,部分原因是该国私人养老金资产占GDP的比例高达52%,而且(与智利不同)也不受马来西亚难以驾驭的特色民主制度(在马来人控制的政体中,大多数私人大股东是华裔)的影响。

与智利一样,国内资产的大量积累使得外商证券组合投资者在资本市场发展中相对不那么重要,并且国内的私人大股东只是缓慢地与这些外部投资者进入投资者模式交易。就我们的目的而言,当政府是一个"硬民主国家"(hard democracy,对公民权利缺乏保障)时,马来西亚也表现出对股东保护的可信承诺的问题,有时对法治的忠诚令人怀疑。

马来西亚私人大股东在总市值中的比重为42.6,略低于整体样本的均值,但高于新兴市场平均水平。马来西亚的大多数私人大股东是华裔华侨家庭,他们发迹于各种各样的采矿、贸易和金融活动,每个都是典型的创始人兼企业家,并积极参与管理。在马来西亚经济快速增长的过去50年中,其中一些已经发展成为复杂的公司网络,例如郭氏(Kwok)家族集团,它们通常是一个多元化的工业集团,有时还有一个"专业化"银行("house" bank,由大股东控制,通常是间接的),与东盟(ASEAN,东南亚国家联盟)地区密切联系,并在中国投资。这反映了对公司治理的经典寡头治理方式;外部投资者几乎不被接纳,他们被用作现金来源,但基本上被蒙在鼓里。雇佣经理和员工只是那些在治理方面没有发言权的雇员。

与许多国家一样,这些公司在规模、复杂性方面的增长,以及对马来西亚这样一个相对较小的经济体来说更为重要的是,它们的国际业务导致了从寡头政治到投资者模式的逐步转型。家族成员保留了控制权和关键的管理职位,但外部人士被带进企业,帮助管理公司。在所谓的"竹网"(bamboo network)[34]

---

〔34〕 术语"竹网"用以概念化东南亚海外华人所经营的商业间的联系。它连接了东南亚(马来西亚、印度尼西亚、泰国、越南、菲律宾和新加坡)的海外华人社区与中国之间的经济。这是一种非正式的商业关系互补组合,形成一个紧密联系的商业领域,促进经济的成功。——译者注

中，企业已经对这种不情愿的专业化进程做了很多。尽管这些公司的财务报告往往不透明，而且容易受到内部操纵，但它们中的许多公司还是受到了外商证券组合投资者的青睐，他们将投资这些公司视为参与"四小龙"提供的高增长机遇。

转变国内偏好（Shifting Domestic Preferences）。引人注目的是，由于雇员公积金（Employees Provident Fund，EPF）采用了有远见的"强制储蓄"计划，马来西亚的第一支柱养老金计划中的养老金隐性债务（IPD）为零。EPF成立于1951年，覆盖率高达90%，工资替代率高。雇员贡献工资的9%，EPF提供了工资的12%。EPF的受益人定期收到其投资组合的详细摘要以及定期基金业绩的相对表现。

雇员公积金（EPF）迅速成为马来西亚最大的金融机构，并在20世纪70年代、80年代和90年代的高增长期间继续占据这一地位。到2002年，EPF累计总资产约为500亿美元，占国民储蓄的17%，占政府总固定收益债务工具的2/3。更重要的是，EPF还将其21%的资产投资于股票，主要是国内股票，这使得EPF成为马来西亚股市的最大参与者。与智利一样，这种密度几乎让所有马来西亚员工对马来西亚公司的公司治理产生了至关重要的兴趣（a vital interest）。

雇员公积金（EPF）不时受到围绕公司补贴和其他控制交易的丑闻的影响，这些丑闻有时涉及贿赂和可疑的政治"献金"，但总体上保持了诚实和合理胜任的投资管理的声誉。在20世纪90年代末之前，EPF对投资公司的公司治理一直保持相对被动的态度，部分原因是受到亚洲金融危机造成的巨额损失的刺激。亚洲金融危机重创了马来西亚股市，马来西亚政府迅速介入其中。

强大的机构迎合脆弱的市场（Strong Institutions Meet Fragile Markets）。马来西亚可以归类为拥有强大集权机构（strong centralizing institutions）的硬民主。自20世纪50年代独立以来，马来西亚政府一直被马来民族联盟控制（但非统治）。该政府奉行通过采取优惠贷款、国有企业资产转让和其他补贴的政策扶植马来族（或土著）大股东。

在最近辞职之前，总理马哈蒂尔·穆罕默德通过控制马来民族统一机构（United Malays National Organization，UMNO），对该政策进行了有效控制。在

第七章 偏好分歧三：透明度、发言权与养老金

少数民族党派联盟中，国民阵线（马来语：Barisan Nasional）在四年任议会的马来西亚下议院（Dewan Rakyat）中拥有 193 个席位中的 148 个。

尽管存在这种肤浅的联盟结构，但与泰国相比，马来西亚几乎没有否决权，而就实施政策改革方面面临的障碍而言，菲律宾与泰国更接近。[35]虽然泰国也有多党制，但各党派在选举期间互相争斗，之后形成不稳定的联盟。相比之下，马来西亚"各党派在选举前各自划分了选举地图，以避免相互竞争"。[36]

因此，国民阵线联盟最好被理解为一个单一的行动者或单一政党，其中关键的战斗不是在联盟各方之间而是在马来民族统一机构（UMNO）内进行。如果 UMNO 领导人赞成改变政策或维持现状，他们就会得到他们想要的，因为没有其他否决者。其他群体存在（other groups exist），必须征求 UMNO 领导人的意见。从技术上讲，UMNO 本身只控制了国民阵线总席位中的 71 个席位，其中 29 个席位由马来西亚华人协会（Malaysian Chinese Association，MCA，马来语：Persutuan China Malaysia）持有，因此在实施政策之前需要进行一定程度的协商和协调。

亚洲危机的崩溃。在亚洲金融危机之后，马来西亚开始了一项新的计划，以加强对少数股东的保护，并将其作为"自上而下的改革"推行。这些改革经常将矛头指向私人大股东的治理过失。吉隆坡的媒体（受到政府的密切监控）热衷于曝光内幕交易，以及大股东的自我交易暴富行为。据称，这些行为导致了与亚洲金融危机相关的道德风险损失。这反映了马来西亚政府有意识强调的论点，即它是 20 世纪 90 年代后期财政廉洁的一个例子，而这场危机必须由邪恶的大股东和贪婪的外国投资者来承担。

自上至下的改革项目始于财政部于 1998 年 3 月成立的公司治理高级财务委员会（High Level Finance Committee on Corporate Governance），该委员会通过证券委员会、吉隆坡证券交易所（Kuala Lumpur Stock Exchange，KLSE）和公司注册处（the Registrar of Companies）发布了一系列监管改革。[37]

这些变化促成了马来西亚公司治理准则、马来西亚公司治理协会和少数

---

[35] McIntyre 2001.
[36] McIntyre 2001.
[37] "Crusade for Better Governance," *New Straits Times*, May 4, 1999, 13.

股东监督委员会的诞生,每个委员会都得到了雇员公积金(EPF)代表的大力参与。[38] 这些改革的动机是使国内外投资者放心,以便稳定和吸引资本。国内集团通常会做出回应:大股东不喜欢受到挑战,但国内投资者(包括EPF)希望实施强制保护措施。

【235】 结果,马来西亚的股东保护指数攀升到很高水平,在我们的指数中为67,远远高于45的总平均值,位于该分布的前5%。

马来西亚的信息机构在保护少数股东方面变得更加强大;马来西亚的公认会计原则与国际会计准则保持一致,略有偏差。通过马来西亚会计师协会和马来西亚注册会计师协会,会计行业得到了良好的组织,反映了英联邦强大的专业遗产。马来西亚会计准则委员会相对独立于财政部,在标准制定方面拥有更大的自由度。公司法规定了第三方审计,这是吉隆坡证券交易所发布的新规则所支持的要求。

监督仍然是最棘手的问题,当家族成员或被提名者继续控制多数董事会时,这并不奇怪。最近的研究表明,90%的上市公司至少拥有两名非执行董事,《马来西亚公司治理准则》(Malaysian Code of Corporate Governance)规定,董事会中独立董事的比例至少为30%。根据公司治理高级财务委员会的建议,董事会的职责开始受到政府少数股东监督委员会的监督。马来西亚的法律体系施加了对少数股东承担的信义义务的更高标准,尽管无法采取集体诉讼,但法院开始受理违反这一义务的派生诉讼。

与监管得分较低形成鲜明对比的是,马来西亚的控制权规则保护了少数股东。监督委员会、证券委员会和吉隆坡证券交易所强制执行一股一票的规则,并确保少数股东在关键的公司决策中至少拥有名义上的发言权。《马来西亚并购守则》(Malaysia's Code of Takeovers and Mergers)于1999年修订,使其在大多数方面与城市法相似。在20世纪90年代,国家对本土公司和银行的外国所有权征收30%上限的税负——尽管这一上限随着时间的推移而增加、删除和重新实施——这抑制了外国公司参与马来西亚上市公司的竞赛,但是促进国内并购市场蓬勃发展。

马来西亚的管理人员市场采用相对渐进的股票期权,这在一定程度上反

---

[38] "Minority Shareholders Watchdog Group Looking for a Suitable Model," *Bernama News Agency*, August 16, 1999.

映了外国公司在马来西亚槟城、柔佛州和吉隆坡周边高科技走廊的影响力。有证据表明，大型家族控制集团的高级管理人员继续在私人大股东的要求下获得补偿，而不是从竞争激烈的外部市场中获得报酬，这在很多方面与韩国财阀的做法相似。

保护还是掠夺？（Protection or Predation?）马来西亚属于"寡头政治"类型的大股东控制，但其政治基础是一个复杂的跨阶级联盟，相对不稳定，因为它必须通过强有力的政治制度来实现公司治理的结果。影响公司治理的政策跨越党派和种族。私人大股东，无论是华人还是马来人（bumiputra）都属于这些政治断层线的各个方面。并非所有马来人企业家都支持马来民族统一机构（UMNO），并非所有华人大股东都支持马来西亚华人协会（MCA）。

另一个问题是，私有化的国有企业在吉隆坡证券交易所的市值中占据了相当大的份额，从而降低了私人大股东的权重。20世纪80年代，在国家航空公司、电信供应商和石油公司资本预算增加的压力下，政府开始了长达十年的私有化计划。这些国有企业作为实施马来人进步计划的工具，同时也充当了普通腐败行为的工具和一个便利的摇钱树，通过它来追求对政客们很重要的产业结构（比如宝腾"国家汽车"）或区域发展目标。在这些公司中的员工（特别是在国有企业中拥有雇用优先权的马来人员工）观察到，他们的利益与管理者——尤其是马来人经营者——的利益一致，而不一定与那些不知名的小股东的利益一致。

更复杂的是，少数股东保护也被用作UMNO和MCA内派系纷争的武器。在总理的要求下，为了惩罚党派叛逃者或在竞争激烈的联邦或州选举中切断财政支持者，针对大股东和管理者提起了几起诉讼。例如，当前财政部长安瓦尔·易卜拉欣（Anwar Ibrahim）被监禁，他的政治支持者四散，他的几位知名马来人支持者被指控犯有公司渎职罪（corporate malfeasance）。当潜在的动机是透明度的时候，这些政府忠诚于良好公司治理的例子并没有鼓励国内外的少数股东，而且其他所有者和管理者（至少暂时）拥有更好的政治声望可以容忍更糟糕的行为。

强大的国家和"宽容"的保护（Strong States and "Permissive" Protections）。从政治上讲，如果领导人觉得有必要的话，马来西亚政府有能力采取果断行动改变政策，包括进行公司治理改革。在这方面，马来西亚与欧洲的多数主义国家一致，类似于极端多数主义的英国（在那里没有历史上的意外）。政策变化可能是剧烈的。这可能对投资者构成威胁，因为他们无法确定政策制度的稳定性，也无法确定治理规则的公平适用。它还意味着对问题和危机做出强有力的反应：麦金太尔（McIntyre）将马来西亚归类为对亚洲金融危机采取果断行动的国家，因为马来西亚的制度（intitutions）允许它迅速实施泰国和菲律宾需要数年才能采取的措施。

中央集权意味着，如果政府大力推动改革，改革将是有效的。这也意味着他们可以成为橱窗装饰，如果政府愿意，他们也可以被扭转。投资者可能会持谨慎态度。只有当他们在保护中感到安全的情况下，大股东才会释放自己的特殊优势。可以注意到与欧洲经验的有趣对比：在那里，我们发现多数决制度（majoritarian systems）鼓励分散持股，因为它们破坏了一些集中持股国家高度连锁的生产系统所要求的政策稳定性；在这些情况下的波动性打破了参与者之间的纽带，导致生产策略更偏好灵活性，反过来又破坏了集中持股的逻辑。只有在监管体系得到切实保护和具备实质信心的情况下，这才可能产生效果。

【237】

然而，在马来西亚等多数主义国家，监管过程（regulatory process）可能不够稳定，无法提供这些保护。在那里，政策的波动可能会威胁到股东保护的充分性以及公平执行这些保护的可信度。如果这是有问题的，集中持股仍然是一个有吸引力的选择。因此，中央集权制度可能过于强大，导致股权分散的相反结果，即持续的集中持股。这与在第三章中提到的麦金太尔对 U 形曲线的见解是一致的。

第二节 管理者主导所有者和劳动者

"管理者主义"

在美国和其他地方，有很长一段时间，常常有苦涩的文学作品在哀叹管理者战胜了公司的所有者和劳动者。伯利和米恩斯的具有里程碑意义的公司治理研究的前提是管理代理人已经摆脱了所有者——委托人的约束，并且正在寻求一个不同的议题（agenda）。最近出版的一系列书籍，如蒙克斯（Monks）和米诺（Minow）的书籍，都与这一主题相呼应。

管理层薪酬一方面在企业所有者和员工之间以及另一方面在管理者之间最清晰地描绘战线的问题之一。正如拜伯切克（Bebchuk）所说，"产生薪酬安排的过程，以及对这些过程起作用的各种市场力量和制约因素，让管理者拥有了相当大的权力来制定自己的薪酬安排"，这表明管理者实际上是位于所有者和劳动者形成联盟分歧的另一边。

正如我们对透明度联盟根源的讨论一样，管理者作为先前联盟成员的几种方式，无论是与所有者还是与劳动者一起，都可能开始将他们自己的利益视为从一套不同的公司治理实践中获益。[39]

根据钱德勒的观点，在与大股东的联盟中，管理者一开始是非常初级的合作伙伴，并逐渐在技术能力和卓越的"专业"判断的基础上主张自己的独立性。如果管理者能够在分散的资本市场监管下进行交易，而不是在侵入性（有时是武断的）大股东的监督下进行交易，那么这些相同的偏好就会把他们引向增强自主权的方向——不用说更高的收入了。随着公司规模和国际分布的不断增长，这种走向独立管理的趋势有着持续的推动力。

同样的提高自主权和收入的诱惑，很容易导致管理者放弃与劳动者"团结"的社团主义妥协。一个引人注目的机制是全球市场一体化，即"社团主义"国家的公司将其国际影响力（在产品市场竞争的压力下）扩展到美国和英国等市场，在这些市场中，本土管理者既独立又高薪。另一种同样强大的机制可能是由舒适的社团主义企业引发的金融问题，这些企业暴露在全球产品市场竞争的寒风中；在"危机"的推动下，管理者可以主张自治的必要性（更不用说提高薪酬），以便与这些公司竞争并应对"全球资本市场"的压力。

我们认为，全球资本市场在提高管理者维护其在所有者和劳动者面前的独立能力方面发挥着关键作用。以下讨论探讨了养老基金和金融中介机构在促进管理者主义（managerism）方面的连锁作用。

主动与被动养老基金

了解三个养老金支柱的相对规模对于理解员工的偏好很重要，但尚不足

【238】

---

[39] Lucian Bebchuk, Jesse M. Fried, and David I. Walker, "Managerial Power and Rent Extraction in the Design of Executive Compensation," NBER Working Paper No. 9068, 2002.

以理解实际改变股东保护的可能性。我们观察到，金融机构之间在股东积极主义（shareholder activism）方面存在显著差异，而对所有者和员工以及管理者的需求的响应程度截然不同。

事实上，在美国和海外的公共雇员基金为加强对少数股东的保护而进行斗争的时候，许多其他以员工为受益人的机构投资者中的大多数仍在观望。在美国、欧洲和日本，大多数基金经理会自动就代理问题与管理层一起投票，很少直接联系公司或批评管理层；如果不高兴，他们就会"跑路"。

在保护少数股东权益方面，积极主义和消极立场之间的这种区别，对于有关员工所有权的规模和重要性的整体论点非常重要。如果养老基金要在董事会的实践中发挥重要作用，那么股份所有权就必须是有发言权的。如果它是被动的，那么它就没有特别的作用。在观察投资者模型之前，我们就已经看到了这一点。这种方法假定，资本所有权凭借治理溢价或折价，自动转化为对少数股东的保护。

矛盾的基金经理

为什么有些机构会代表其股东向管理者施压，而其他机构则与管理者共命运？关键变量似乎是金融机构与其购买股票的公司管理者之间的关系，以及这些金融机构与其自身受益人之间的联系。

【239】许多机构投资者和声誉中介机构在取悦管理者方面具有强烈的经济利益，或者至少不与他们作对。管理者们决定由谁来管理公司的固定收益计划或401（k）计划。管理者们选择审计人员并支付会计师的账单，而不是股东。管理者们聘请会计师作为顾问和审计师。安达信从其客户安然获得的咨询费用高于审计费用。对机构投资者和声誉中介机构来说，与管理者结盟对抗所有者和劳动者的诱惑是巨大的，尤其是如果管理者作为一个团队熟练地实现他们的目标。

将商业银行（commercial banking）、货币管理、商业银行业务（merchant banking）和保险业务结合起来的大型综合金融服务公司，他们主观上不愿意与那些积极寻求多种业务往来的企业领袖对抗，这是可以理解的。德意志银行、花旗集团、荷兰国际集团、东京三菱银行（Tokyo-Mitsubishi Bank）、汇丰银行（Hong Kong and Shanghai Bank）等公司，促使其客户公司强化少数股东保护措施可能会收益甚微，但损失惨重。

第七章 偏好分歧三：透明度、发言权与养老金

关于此类冲突的普遍程度，以及其对公司治理结果的影响的可靠估计，几乎没有实证证据。这些有关机构投资者在公司治理监督方面的断言基于传闻证据，但从直觉上看是可信的。

与以利润为导向的机构投资者不同，美国、欧洲和亚洲的员工拥有的基金无法从他们投资的公司的管理者那里寻求其他商业交易。从理论上讲，他们只有一个使命，即管理养老金领取者的资产。[40] 他们无法竞争管理私人公司的养老基金［无论是通过特许经营还是选择经营（either by charter or choice）］，因此对 CEO 的柔情就不那么关心了。

因此，在智利、马来西亚、荷兰、新加坡、英国和美国，由雇员或受益人控制的养老基金一直处于加强股东保护和改善公司治理运动的最前沿。

马来西亚股市最大的单一投资者是雇员公积金（EPF），该基金还将个人储蓄汇集到一系列竞争性投资账户中，这些账户的唯一运营收入来源是投资管理。EPF 经常被指责政治干预其投资选择，并且有时选择性地支持总体治理改革，但从未与管理层或整个金融界串通一气。

在荷兰，公务员的第二支柱基金被纳入 ABP 基金会，医疗保健工作者的养老金被投入到 PGGM。ABP 和 PGGM 发起了一场支持公司治理改革的声势浩大的积极运动，并帮助建立了养老金公司治理研究（SCGOP），以游说进行广泛的治理监管改革——这受到了荷兰公司和几家大型金融机构管理层的强烈抵制。

新加坡的中央公积金（CPF）在功能和覆盖范围上与马来西亚的雇员公积金（EPF）类似，目前共有 300 万受益人，总资产达 500 亿美元。CPF 是新加坡和国外公司治理改革的重要力量。即使在日本，机构投资者在推进股权受益人的权利方面也相当谨慎，公共雇员基金（Public Employees Fund）也终于与管理层分道扬镳，主张更好地保护中小股东。

在英国，投资巨头爱马仕（Hermes）在很多方面都与以美国为基础的加

---

［40］当然，公共养老基金的基金经理可能还有许多其他的冲突；他们通常是由政治任命的，而不是在竞争激烈的劳动力市场中招募的，因此，他们往往受到来自政界人士的压力，要求他们按照纯粹回报以外的标准做出投资决策。此外，他们的工资通常设定在公务员水平，因此远低于金融市场的竞争性利率，这导致了平庸的表现。因此，有证据表明，从长远来看，公共养老金体系的资产回报率低于市场水平，这表明缺乏判断力或政治干预。Augusto Iglesias and Robert J. Palacios, "Managing Public Pension Reserves Part I: Evidence from the International Experience," World Bank Social Protection Discussion Paper No. 0003, January 2000.

州公务员退休基金（CalPERS）相似。爱马仕根植于英国电信员工的养老金计划，并扩大了其投资者基础，以管理各种实体（主要是公共机构、工会或雇员）的总和。它在公司治理问题上一直非常积极。

例如，在美国，CalPERS 和 TIAA-CREF 一直是迫切要求加强股东保护呼声最高的基金管理公司。这种激进主义的先驱者之一是当时的加利福尼亚州财政部长杰西·安鲁（Jesse Unruh，任职于自由民主党政府中），他厌倦了现任管理人员对袭击者的"绿票讹诈"（greenmail）付款。具体的例子是，德士古（Texaco）公司 1984 年向巴斯兄弟（Bass brothers）支付了 13 亿美元，以 1.37 亿美元的溢价（当时 CalPERS 持有德士古的股票）收购了该公司 9.9% 的股份。[41]

安鲁认为，重要的是，养老基金对塑造公司治理监管的一般规则和特定公司的活动两者都感兴趣。如上所述，成立机构投资者委员会（Council of Institutional Investors，CII）是为了实现这些目标。CalPERS 对其投资组合中的 10 至 12 家公司采取了直接行动，这些公司的公司治理实践最为恶劣。从 1985 年到 1991 年，养老基金通过股东提案和代理投票来向公司施压。从 1992 年开始，CalPERS 也开始在报刊上对于那些表现不佳的执行者进行威吓。

国会对 20 世纪 90 年代末美国公司治理丑闻的证词，以及美国证券交易委员会和各州级（特别是纽约）律师针对这些公司提起的案件，揭示了公司管理者、综合金融服务公司、会计师事务所和其他金融中介机构之间利益的大量交融。

【241】 在美国证券交易委员会清醒的（soberly）陈述意见中，"共同基金股东的利益可能与其投资顾问在代理投票方面发生利益冲突。例如，当基金顾问管理或试图管理由基金持有证券的公司的退休计划资产时，可能会发生这种情况。在这些情况下，基金顾问可能会有动力支持管理层的建议，以促进其商业利益。"[42] 正如蒙克斯所观察到的那样，"私人养老金计划的受托人是计划保荐公司委任的，这些公司急于避免积极主义（activism）的声誉——而常被

---

〔41〕 Randy Chappel and Donald J. Roberts, "CalPERS and Institutional Shareholder Activism," Stanford Graduate School of Business Case S-BE-12, 1993, 5.

〔42〕 U. S. Securities and Exchange Commission, *Disclosure of Proxy Voting Policies and Proxy Voting Records by Registered Management Investment Companies*, September 20, 2002.

受托人赋予决定权的基金经理也是如此。在极端情况下，积极主义会招致报复；在较为温和的情况下，在一个只有那些'随大流'（go along to get along）的人才能获得利润丰厚的管理合同的世界里，这往往会使它们变得'格格不入'。"[43]

声誉危在旦夕（Reputations on the line）

我们在这里再次看到了系统中声誉中介机构的重要性。机构投资者和声誉中介机构在将对少数股东更有力保护的偏好转变为对企业和政府施加政策改革压力方面发挥着至关重要的作用。机构投资者被假定为代理人，没有自己的行动计划。但是所有代理人也都有一个单独的工作计划，这就是委托代理理论的逻辑。

如第五章所述，美国证券监管体系假设机构投资者和声誉中介机构是投资者的代理人。美国证券交易委员会最初的设计师之一——兰迪斯（Landis）法官曾设想成立一个小型高效的联邦办公室，以有限的资源和干预来监管复杂的资本市场。声誉中介机构等私人机构将提供机构投资者评估管理业绩所需的信息，而不是庞大的联邦警察部队。利润动机将为他们提供这样做的激励。美国证券交易委员会的任务是起诉管理者中的不法分子，并对中介机构进行监督，以确保它们充分履行其职责。

这种间接的，"适度"（light hand）的证券监管方法假设美国证券交易委员会将成功维持法律法规，以促进私人行为者实施善治。然而，许多观察人士越来越清楚地认识到，这些私人行为者拥有多重、复杂的激励机制，并非所有这些都符合兰迪斯最初的监管观点。

分析性叙述

美国：从寡头政治到少数股东保护的抗争之路

今天，美国被视为公司治理模式的典型范例，该模式由分散股东通过董事会进行监督，且这些股东受到高水平的少数股东保护（MSP）以及一个充满活力的控制市场和高度竞争的产品市场的约束。在大型经济体中，只有英

---

[43] Monks 1998, 153.

国拥有类似的地位，美国首先实现了这一目标。（关于国家描述性统计，见附录表 A.26。）和其他国家一样，美国也开始于集中持股。随着时间的推移，它追溯了一个相对平稳的发展轨迹，从最初的集中持股和最低限度的股东保护，到 20 世纪的分散持股和高水平股东保护。至少现在回想起来，这种转变是如此顺利，它支持了这样一种观点，即这种特定的轨迹或多或少是由工业发展决定的，是工业发展的内在要求，因此对其他国家来说是不可避免的。

我们认为，高少数股东保护和低所有权集中度的结果远非工业发展的自动副产品。沿途的每一步都伴随着激烈的政治角力。每一步都涉及立法、监管和执法，法院的案件可以被推翻，规则可以被忽略。每一步都是在政治舞台上随着当时占主导地位的政治联盟的曲调起舞。但是剧本不断地被重写。潜在的赢家和输家在各州首府和华盛顿特区动员支持或发起反对。

根据美国的经验，我们认为，公司治理的每一次变革都涉及联盟的转变，跨越了一个庞大而复杂的社会的许多分歧。事实上，这场争斗已经进行了 100 年，意想不到的伙伴和意想不到的对手继续对上市公司的监管规则倾斜。

美国的私人集中持股比例相对较低，目前为 15%，位于样本的较低端。美国证券交易所仍然有几家老牌的家族控制公司，相当于德国的米特尔施泰特（Mittelstadt）家族，甚至还有家族控制的工业巨头福特汽车，它由同名家族通过少数人持有的优先股机制控制，就像宝马的匡特（Quandt）家族一样。除了少数家族控制的老牌公司之外，美国大多数现有的私人集中持股公司都是相对年轻的高科技公司，拥有巨大的市值，如微软、甲骨文和谷歌，其创始人兼企业家继续持有该公司的股权，高于 10% 的控制门槛（我们的数据集中的集中持股标准）。

这些现代高科技大亨对其工业部门的发展过程施加了巨大的影响，而对竞争政策的执行和反对方式的影响在一定程度上要小得多。但与一百年前的创始人兼企业家不同，像威廉·盖茨（William Gates）或劳伦斯·埃里森（Lawrence Ellison）这样的大股东无法在公司治理规则中发号施令。相比之下，摩根大通、安德鲁·卡内基和约翰·洛克菲勒在他们的公司、信托以及美国资本市场的金融中介机构的运作中，在构建所有权和控制权方面拥有相当大的自由度，因为他们主导了——并创造了各自的财富——快速投资和后续整合的浪潮，这些浪潮席卷了整个行业。

第七章　偏好分歧三：透明度、发言权与养老金

美国提供了一个很好的案例，证明了所有者和管理者等单一类别的局限性、养老基金问题日益增长的重要性，以及政治机构中党派机动在塑造公司治理结果方面的作用。在过去的20年里，所有者之间以及各种所有者和各种管理者之间产生了巨大的利益和偏好差异。在2002年《萨班斯-奥克斯利法》出台之前的辩论和游说活动中，许多分歧以及由此产生的机会主义联盟达到了高潮。

【243】

然而，养老基金中的资金积累并没有自动转化为对更高的少数股东保护（MSP）的明显政治推动。养老基金的增长，特别是像401（k）这样的第三支柱计划，在广泛的群体中，包括传统上不以投资者身份参与政治的群体，为股票和债券创造了巨大的经济利益。但是，正如第五章研究的投资者模型一样，将资产（结构性权益）转换为偏好和政策既不简单也不直接。《萨班斯-奥克斯利法案》阐述了将这些偏好转化为立法和监管结果的复杂且往往是偶然的过程。在本章中，我们追溯了19世纪初从一个集中持股为基础而出现的所有者-管理者联盟，各种类型的外部人（农民、小生产者、劳动力）随着时间的推移产生的抵消压力导致了诸如1934年的美国证券交易委员会（SEC）法案，导致了在未来50年内伯利-米恩斯管理主义（managerism）同时出现，以及在过去二十年中出现了新的所有者加上劳动者联盟——透明度联盟。围绕美国公司治理政策的形成，这些联盟之间的斗争仍在继续，谁是赢家还远未确定。

起初的大股东。为什么美国拥有最发达的工业世界中数量最多的伯利-米恩斯公司？乍一看，阶级冲突模型提供了一个简单的答案。美国拥有任何先进工业国家最弱的"社会民主"影响力：权力有限的工会；温和的民主党受到农民的强烈影响，直到最近，南方的土地所有者还与某些行业有着密切的联系；以及最不发达的福利国家。

但弱势的劳动力无法从两个显著的方面充分解释美国的模式：金融机构的分散化特征，以及自19世纪末以来对集中持股信托模式的抛弃。保守的资本主义利益集团完全靠自己，很可能通过强大的金融权力的集中，发展出强有力的私人市场控制工具，就像他们在欧洲所做的那样。确实，有迹象表明这种情况正在发生。摩根大通创建了一个银行信托体系，使得美国在上个世纪之交看起来更像德国，像洛克菲勒和卡内基这样的人物对他们的公司实施

了大量的大股东（blockholder）控制。

在制定政府授权（government-mandated）的公司治理条例之前，美国就通过兼并和合并开始了持股的扩散。19世纪的寡头们向他们收购的公司的所有者发行股票时，通过建立声誉和其他纽带机制，在一定程度上采取了保护少数股东的措施，以符合他们的私人秩序利益。基于法律的保护少之又少。公司的巨大财富和强大的组织能力的杠杆作用转化为立法权力和影响力。州立法机关常常相当腐败；通过间接选举参议院，寡头们有持续的能力制定涉及公司治理（包括私营企业和上市公司）的联邦法律。因此，一个典型的大股东寡头统治地位得以形成，在许多监管方面有效地遏制了政府：劳动规则、税收、竞争政策和公司治理。

寡头们的力量（power）也产生了自己的反冲。一个混合了民粹主义和有产利益（propertied interests）集团之间的经济竞争的复杂联盟，推动了一系列监管措施的实施。其中包括1890年的《谢尔曼反垄断法案》（1906年，美国最高法院维持了对标准石油公司的原判）、铁路费率监管、纯食品和药品法、纽约保险法、禁止保险公司拥有股份、美联储的建立，以及银行监管的发展。所有这些，正如罗伊如此精辟的分析的那样，[44]都限制了金融权力并限制了集中持股系统对公司治理能力的作用。重要的是，公司法和证券法是在州一级正式制定的，而不是在联邦一级，最初是在宾夕法尼亚州、纽约州和新泽西州，然后逐渐转移到特拉华州，后者逐渐成为领先的公司法法院。

尽管如此，股东权利仍然薄弱。即使民粹主义联盟正在缩减他们的经营范围，随着公司规模和复杂性的增长，创始人-所有者开始与职业经理人建立钱德勒学派的联盟。他们的共同利益交织在一起，形成了一个对公司治理有着相似观点的管理和专业阶层。这也是在许多其他国家发现的典型投资者/大股东联盟。尽管如此，它还没有发展出强大的少数股东保护（MSP）。

正如钱德勒在大量细节中所展示的那样，在这一转型过程中，大股东并没有简单地将一部分雇佣员工提升到与管理层平等的地位；这个过程更加复杂，所有者和管理者之间的界限往往是模糊的。[45]例如，洛克菲勒为建立和运营美国标准石油公司而组建的管理团队，主要由标准石油公司在其快速整

---

[44] Roe 1994.
[45] Chandler 1990.

第七章 偏好分歧三：透明度、发言权与养老金

合期间吸收的小型石油公司的创始人-所有者组成。洛克菲勒保留了他买下的企业中"最好和最聪明"的人，他们将创业精神与石油开采、运输、炼油或营销方面的技术技能相结合，并将其培养成一个高效的管理团队，可以说是第一个领导一家大型美国公司的"专业"管理集团。标准石油（Standard Oil）花了 50 年时间，才从由顶层的所有者担任管理者转型为埃克森美孚（Exxon）等完全由专业人士管理的石油公司。

伯利和米恩斯关注的是后代公司的影响，而不是原父母公司的影响。他们描述了这样一个世界：管理者拥有大量且越来越不受约束的权力，分散的股东不断增多，他们对管理者进行监督或约束的权力有限——即所有权与控制权分离。

第一次世界大战后，股票市场突飞猛进，经济迅猛增长。1929 年股市的崩溃导致了对腐败、渎职和不稳定的指控。在"崩盘"和"大萧条"的背景下，新政的政治联盟催生了一系列法律法规，对美国的公司治理产生了深远的长期影响，包括 1934 年创立美国证券交易委员会，《格拉斯-斯蒂格尔法案》（Glass-Steagall Act）将商业银行与投资银行业务分开，对会计、银行、债券机构进行监管——这是一套强有力的监管和法律组织，旨在防止或消除集中的公司控制，同时加强少数股东保护（MSP）。[46]

尽管进行了改革，这种转变可能让管理层在缺乏股东有效监督的情况下占据主导地位，是什么政治促使了这种削弱寡头政权的努力？在他的第一本书中，罗伊从民粹主义中找到了答案。如果将民粹主义纳入更广泛的联盟论证，这个答案就会奏效。就像后来几年的欧洲社会民主主义者一样，除非他们找到盟友，否则美国民粹主义者得不到他们想要的东西。农民、自由贸易者、工人、小商人、种族群体、地区紧张局势、投资者和小储户都相互作用，形成了反对经济力量聚集的联盟。吉姆·菲斯克（Jim Fisk）和杰伊·古尔德（Jay Gould）通过操纵黄金价格赚钱，而摩根则通过安抚投资者的信心赚钱。[47] 但他们都不希望出现导致伯利-米恩斯模式的监管改革。相反，游说

[【245】]

---

[46] See Roe, 1994, 51-101, 104-5.

[47] Jean Strouse, *Morgan: American Financier* (New York: Random House, 1999), 展示了摩根对投资者的承诺策略，作为鼓励英国资本向美国出口的一种方式。

人士来自那些不愿依赖这两类巨头的股东。[48]美国经济的巨大规模有力地推动了这一进程，尽管存在一段时间的关税保护和监管，但这有助于创造强劲的产品和资本市场。政治制度在这里很重要：美国的联邦制和三权分立为民粹主义者及其盟友提供了一种影响政策的机制。罗伊认为，与欧洲大陆形成鲜明对比，美国金融的分散化可能会降低劳工反应的目标。[49]

产生金融控制和强有力的少数股东保护的过程，与其他领域监管机构的发展以及美国版的社团主义妥协的步骤相吻合。建立社会保障、承认工会和劳动监管程序，对州际航运、航空公司、石油、所谓的公平贸易零售价格、广泛的公共工程［如田纳西流域管理局（TVA）、农村电气化］、大型农业系统价格支持和营销委员会进行强有力监管——这一切都标志着可能被称为协调市场经济萌芽的美国版本（embryonic American version）的发展。[50] 公司治理监管是这一过程的重要组成部分，由支持它的联盟制定：农民和土地所有者、劳工、寻求帮助的各种行业。因此，另一股民粹主义与所有者利益交织在一起，希望建立一个受监管的经济——一种社团主义妥协联盟。

在这种监管结构下，美国经济蓬勃发展。第二次世界大战后，美国主宰了世界经济。许多公司面临着管理者认为具有巨大潜在规模经济的全球市场，而且几乎没有受到战争破坏的竞争对手的竞争。与工会的关系，在战争之前经常是激烈的和暴力的，逐渐转变为更加合作的基调，或至少是一些制度化的集体谈判，这是1935年《国家劳动关系法》（National Labor Relations Act）的结果，往往是在整个行业的基础上［这是基于行业的工会——产业工会联合会（Congress of Industrial Organizations，CIO）与基于技术的美国劳工联合会（American Federation of Labor，AFL）共同发展的结果］。

公司市值大幅增长，股票所有权有所拓宽。虽然集中持股逐渐减少，但股东们在监督董事会和经理人时面临着典型的集体行动问题。产品市场竞争乏力。公司发展成为企业集团。监督风险增加了。而少数股东保护（MSP）相对较高的美国则向平衡的管理层方面滑动：伯利-米恩斯的解释表达了现

---

[48] Coffee 2001.
[49] Roe 1994, 105.
[50] 参见讨论 LMEs 与 CMEs 之间的协调程度，第四章，以及其中提到的资本主义的多样性的文献。Hall and Soskice 2001；Hall and Gingerich 2001；Gingerich and Hall 2002.

实。股东的分散导致了大量的代理机构闲置（shareholder diffusion allowed substantial agency slack）。

论争的种子。在这种背景下，正在为变革埋下种子。复杂的跨阶级联盟正在形成：包括某些部门的管理人员和工会之间的"便利协调"（增加福利和抵制争夺控制权）；管理者、投资经理和声誉中介之间；工会与其他投资经理之间；投资经理和一些"新贵"企业家之间（促进控制权争夺）；这些新企业家与其员工之间（通过股票期权）；以及新企业家和声誉中介机构之间的临时联盟（反对费用高昂的股票期权）。

一项重大的转变来自养老金福利、养老金基金和养老金投资的增长。在交通运输、电信和钢铁行业等具有寡头垄断和有限（一段时间内）外国竞争特征的行业，职业经理人与有组织的劳工建立了一种舒适的调整，将巨大的工资和福利成本转嫁给了顾客，而不是冒着劳动力不安的风险。在这一时期，工会从管理人员那里获取更多养老金福利的技能，开启了养老基金的积累，这最终将有助于管理人员在几十年后站稳脚跟。

在另一个关键偏好项目中，管理者和员工（以及公司和工会在游说活动中的延伸）都认为，固定收益养老金计划应该得到《国内税收法》（Internal Revenue Code）给予他们的间接但数额巨大的税收补贴。根据法律，美国国税局允许公司从税收目的项中扣除其收入中的养老金支出，并允许受益人推迟支付任何税款，直到福利被实际支付——有时甚至是很远期的未来。这一数额每年计算一次，定义为一项税收支出项目，等于放弃的税收收入的数额，否则该笔收入应计入国库。从 20 世纪 50 年代开始，固定收益计划的税收支出价值开始不可阻挡地攀升，从 1981 年的约 170 亿美元（即使在当时，也超过了住房抵押贷款利息扣除相关的税收支出价值 150 亿美元），增加到 1982 年 300 亿美元，并稳步上升。

养老金计划增长的根源在于，1948 年国家劳工关系委员会的一项裁决规定雇主和工会必须在集体谈判议程中包括向所有雇员（而不仅仅是白领雇员）提供养老金的问题，并宣称养老金"属于集体谈判的法定范围"。"因此，拥有工会劳动力的公司很快就面临工会的要求，即他们需要向蓝领工人提供养老金，或者如果他们已经有了这样一个养老金计划，那么就要改善承诺的福

【247】

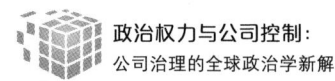

利并拨出资金来保证他们——这些公司被要求资助养老金计划。"[51]

这些养老金计划绝大多数是固定收益计划;这些负债的实际筹资程度,以及它们的会计处理和披露,以及这些计划对其受益人的受托责任,都留给了市场。这在 1964 年斯图贝克公司(Studebaker Corporation)破产时结束了,由于公司资金不足,4000 名员工只获得了他们既定养老金的 15%;另外 3000 名员工则一无所获。工会对斯图贝克的违约感到震惊,这表明,劳资双方通过集体谈判获得的可观养老金收益——这是劳动力在战后最大的成就之一——可能会因管理不善和公司治理的失败而毁掉。管理人员同样对工会滥用全行业养老金计划感到震惊,例如在詹姆斯·霍法(James Hoffa)领导下的卡车司机联盟中央国家养老基金(Teamsters Union Central States Pension Fund)。

美国《雇员退休收入保障法案》的斯图贝克根源。作为针对斯图贝克和中央国家养老基金丑闻的回应,再加上由于股市熊市导致的其他养老金计划资金不足的普遍担忧,许多有资产的养老金计划遭受了巨大损失,美国国会于 1974 年 2 月通过了《雇员退休收入保障法案》(Employee Retirement Income Security Act,ERISA)。这份长达 500 页的法案为这些计划的税收资格确立了新的标准;计划受托人的严格标准(建立所谓的"审慎人规则");参与和归属规则,使这些计划在所有级别的员工中更加公平;以及公司财务报表的会计处理和披露准则。它创建了养老金福利担保公司(Pension Benefits Guarantee Corporation,PBGC)。"由于其复杂性,该法被戏称为 1974 年的律师与精算师充分就业法案。"[52]

【248】美国《雇员退休收入保障法案》(ERISA)以一种引人注目的方式将高级管理人员和董事会的注意力集中在他们的第二支柱义务上。"ERISA 以多种方式大大增加了养老金成本。首先,它要求为 30 年以上的养老金债务提供融资。一些公司没有融资,或者 100 多年来一直这样做。仅这一变化就大大增加了公司的成本。其次,公司必须向 PBGC 支付每名员工每年 1.5 美元的保险费。再次,顾问和精算师监督资金的成本增加。复次,ERISA 要求公司向美国劳工部和国税局提交更详细(因此也更昂贵)的资金使用报告。最后,

---

[51] Clowes 2000, 18.
[52] Clowes 2000, 95.

如果该基金出现问题，ERISA 要求受托人承担个人责任。"[53]

由于这些义务的增加，公司开始将现金和其他资产投入第二支柱计划中；于是，资金开始涌入管理公司，并最终进入彼得·德鲁克推动的一场看不见的革命——美国工人拥有更多股权。随着资金的流入，国会注意到隐性税收补贴的成本不断上升，而且越来越惊人。当罗纳德·里根总统试图通过削减社会保障福利来缓解联邦赤字时，民主党控制的国会做出的回应是，在 1982 年的《税收公平与财政责任法案》（Tax Equity and Fiscal Responsibility Act, TEFRA）中，削减企业养老金供款的税收抵扣。TEFRA 限制了收入水平，因此，符合企业减税条件的养老金缴款也被限制在相当适中的水平，从而在管理者和收入较高的白领工人以及收入较低的一线员工（通常是工会成员）之间制造了隔阂。[54]

从固定收益到固定缴款：401（k）效果与第二和第三支柱。1985 年，国会议员巴伯·科纳布尔（Barber Conable，纽约州共和党人）对《国内税收法》的语言做了一个小小的修改，为公司提供了机会，用第三支柱固定缴款计划即著名的 401（k）计划取代日益昂贵的固定收益第二支柱计划。根据这一解释，美国国税局将允许在一个合格的计划中，每年最多减免 3 万美元的税收（或工资的 15%）。重新获得固定收益盈余资金的公司迅速将其替换为员工股票期权计划、利润分享计划或 401（k）计划。到 1998 年，公司计划的平均 401（k）参与者将股权比重提升至其总投资组合的 64%。"大量资产涌入的 401（k）计划……从而为社会保障危机提供了一种可能的解决方案。"美国员工投票权人开始以少数股东的身份获得大量股份。

尽管有关"资不抵债"的美国社会保障体系的公众辩论有时歇斯底里，但美国第一支柱体系养老金隐性债务（IPD）估计值较低，仅为 23，远低于样本均值和整个欧洲。第二和第三支柱的资产相对较大，占 GDP 的 70%，这是一个很大的数字，尽管仍然低于英国、荷兰和瑞士养老金资产的累计比例。1945 年，美国的养老金资产总额为 140 亿美元：保险公司年金占 30%，美国

---

[53] Clowes 2000, 98.

[54] Sylvester Schieber, "The Employees Retirement Income Security Act: Motivations, Provisions, and Implications for Retirement Security," paper presented to the Conference on ERISA after 25 Years: A Framework for Evaluating Pension Reform, September 17, 1999, Washington, D. C., 25-27.

国债（USG）占20%，固定收益占20%，股票占5%。到1999年，这个数字已经增长到7万亿美元的资产，30%的固定收益和60%的股票。

这一庞大的股票市场资金池催生了一批独立于传统华尔街银行的基金经理，包括CalPERS等公共养老基金，TIAA-CREF、塔夫特-哈特利联合基金等混合基金，以及富达（Fidelity）等共同基金。这种庞大的资产积累启动了美国公民普遍拥有股权的机制，彼得·德鲁克曾将其描述为"养老基金社会主义"。

虽然不受《雇员退休收入保障法案》（ERISA）的约束，但地方、州和联邦各级政府雇员的养老金义务受到民选官员越来越多的审查，特别是公共债券市场的更严格审查，他们对负债无资金来源的司法管辖区的借贷成本征收风险溢价。这导致了类似的资金涌入公共雇员养老基金的洪流，使其迅速成为金融领域最大的单一机构投资者。

新渠道的资金洪流创造了新的可能性。养老基金可以成为社会活动家或政治目标的目标，也可以成为公司治理担忧的工具，包括更激进的控制权市场（敌意收购）、高管薪酬和其他问题。

从"社会投资"到收益率和公司治理。公共养老基金参与公司治理的最初动力是政治性的，而非经济性的。由于公共养老基金规模如此之大，发展速度如此之快，它们成为政治企业家和社会活动人士的诱人目标，除了收益率和公司治理之外还有其他问题，更典型的是"左派劳工"政治联盟（"left-labor" political coalitions）。

"社会投资"的一个要素是保住工作，因为养老基金会考虑治理如何影响工厂的关闭和开业、工资水平和福利。不久，它扩大到包括国际事业，如为抗议种族隔离而剥离南非资产，以及地方事业，如城市重建和地方工业发展。这些问题有时进入政治舞台，如1982年，从宾夕法尼亚州到伊利诺伊州再到加利福尼亚州的州长竞选中，就讨论了养老基金在州内的投资。养老基金开始更密切关注他们持有越来越大的股权头寸的公司的治理——不是看管理者保护受益股东利益的程度，而是看治理条款如何影响其他公司决策，如工厂开张和关闭。

不过很快，焦点开始转移。这些基金变得更加关注公司治理和回报率这两个更狭隘的技术重点。随着这种情况的发生，基金经理在选择投资工具时

第七章 偏好分歧三：透明度、发言权与养老金

变得不那么保守了。

最初，几乎所有的养老基金都是保守的投资者，尤其是公共雇员基金。[55] 在俄亥俄州和犹他州的州教师退休基金引领更大的股权投资之后，[56] 股票指数基金变得特别受这些管理者（及其政治监督者）的欢迎，因为指数基金不需要主动选股或太多的管理费用。

随着美联储在 20 世纪 70 年代末和 80 年代初期加息以遏制通胀，公共雇员基金在债券投资组合中蒙受了巨额损失，因此它们加快了对股票的投资。区域信托银行被来自华尔街的新货币市场基金经理挤排到一边，他们使用更先进的金融工程和利基投资策略，包括小盘股、对冲基金、收购基金、风险资本基金、衍生品和利率预期策略。随着这一过程的发展，以员工为基础的资金开始将自己视为股东的盟友，而不是名义上的受害者，新的跨类联盟——少数股东和员工养老基金——开始出现在公司治理的争论之中。

敌意收购的巨变：挑战管理主义。随着机构投资的增长，挑战管理主义的基础也在增长。20 世纪 80 年代，企业集团、受监管市场、企业的首要地位和管理自治的世界受到了一个新的由所有者-企业家——即频繁被诋毁的敌意收购和杠杆收购专家组成的团体的攻击。虽然这些企业家经常在媒体上被斥责为贪婪的海盗，如卡尔·伊卡恩（Carl Icahn）和 T. 布恩·皮肯斯（T. Boone Pickens），但这些企业家建立了新的市场（特别是在服务领域）或整合了从广播［泰德·特纳（Ted Turner）的 CNN］和电信［克拉格·麦克考（Craig McCaw）的国家蜂窝网络］到医疗保健（哥伦比亚）和银行业（瓦霍维亚）等行业的传统行业——约翰·洛克菲勒和安德鲁·卡内基在石油行业和钢铁行业致富的同一轮整合中，也收获了可观的财富。为这类新企业家的敌意收购浪潮提供了大部分融资的，是养老基金，而不是银行。德崇证券（Drexel Burnham Lambert）的迈克尔·米尔肯（Michael Milken）等收购金融家为他的养老基金投资者提供了巨额回报。

很少有职业经理人对这个争夺控制权和整合的新世界感到高兴。经理人

---

[55] "公共基金在转向股票方面落后于公司资金……（因为）它们最终由州或地方立法机构监管，或由州或地方财务主管监管，所有这些机构都担心，如果这些基金在投资中出现亏损，会暴露出政治风险。" Clowes 2000, 134.

[56] 一旦他们开始尝试通过股权而不是固定收益投资组合提供的更高回报，他们就会将新的投资策略扩展到海外。Clowes 2000, 35; and Brancato 2000, 41.

开始退缩。特别是,由职业经理人主导的世界大型企业联合会(Conference Board),成了敌意收购的强烈反对者。全国各地目标公司的高管都在游说他们所在的州制定反收购规定,将袭击者描绘成意图关闭当地公司的无情的局外人。在这些游说活动中,一些工会是热情的盟友,尽管工会的养老金部门与就业部门关系紧张。管理者(用他们的游说资金)和工会(用他们在大街上游说的力量)的合力让全国各州的立法机构无法抗拒:在 20 世纪 80 年代末至 1995 年间,许多州实施了反收购规定。[57]

管理者还试图利用他们对自己公司养老金计划的投资活动的影响力来抵制这些敌意收购。这发生在格鲁曼公司(Grumman)、大西洋与太平洋食品公司(A&P)以及哈珀 & 罗公司(Harper & Rowe)。[58] 由于多年来利益的积累,工人们越来越多地成为公司的所有者,管理者意识到,有关这种所有权如何投票的规则对他们的在职地位变得越来越重要。管理者也开始迫使商业基金经理支持他们抵制敌意收购。在一系列有争议的收购交易中,罗克韦尔(Rockwell)、美国通用电子电话公司(GTE)、国际纸业公司(International Paper)、全国现金出纳机公司(NCR Corp.)、安海斯-布希公司(Anheuser-Busch)、美国航空公司(American Airlines)和高露洁棕榄公司(Colgate Palmolive)的首席执行官们都采用了这种策略。

而且,当它们未能通过援引被俘获的或外部管理的养老基金的投票来挫败敌意收购时,许多在位者干脆买通了"掠夺者",这一颇具争议的过程被称为"绿票讹诈"。现任首席执行官们将同意以高于市场的价格回购潜在收购者所累积的大量股票,从而保住他们的职位,而牺牲现有的分散股东的利益。这种做法凸显出管理者和股东偏好之间的潜在差异,并引发了一波投资者激进主义浪潮,通过许多波折,催生了《萨班斯-奥克斯利法案》等新规。加州公务员退休基金与其他十几家公共雇员养老基金合作,成立了机构投资者委员会(CII),以便在美国改善公司治理方面发出共同的声音。多年来,CII 逐渐成长为美国公司治理改革和加强中小股东保护方面最有影响力的声音。20

---

[57] Davis 1991a, 1991b.

[58] 回应格鲁曼公司的交易,美国劳工部抱怨说,在 1985 年,拒绝一项有利可图的收购交易可能会违反受托人对养老金受益人的信托义务,劳工部发布了所谓的雅芳信,其中劝告雅芳养老金受托人,他们对养老金计划的受益人负有先信托义务,并且不能自动地与管理层一起投票以击退合法的收购要约。

世纪 90 年代末，在一系列企业倒闭事件中，公共雇员基金出现亏损（见表 7.3），这使得公司治理问题成为 CII 及其成员议程上的重要议题。这些损失也为说服国会参与 2002 年《萨班斯-奥克斯利法案》关键的治理改革提供了一个关键论据。

美国证券交易委员会 2002 年关于强制公开共同基金代理投票的审议期间发生了这种情况，这是一个突出的例子，说明了基金经理之间正在酝酿的冲突，以及员工与美国股东共同努力的新趋势。美国劳工联合会-产业工会联合会（AFL-CIO）劳工联盟是这一规定的坚定支持者。包括巨头富达在内的几家商业基金管理公司反对强制披露信息，宁愿与基金经理进行闭门坦诚对话，也不愿进行代理权委托书之争（proxy fights）。

在致美国证券交易委员会的一封信中，AFL-CIO 对这一立场提出了强烈的质疑，声称"共同基金投资者无法知道，这些闭门对话是否代表了基金公司代表股东利益的善意努力，或者是交易代理投票以赢得管理公司 401（k）计划的业务计划……这正是富达于 1998 年在泰科国际公司所面临的冲突。当时，富达对股东要求在泰科董事会中拥有多数独立董事的提议进行了代理投票。富达的投票可能进一步促进了自己的利益，因为富达在 1999 年管理泰科的员工福利计划时赚了 200 万美元。但我们并不认为这次投票符合富达共同基金股东的最佳利益，特别是考虑到泰科随后发生的事件。"[59]

"积极主义"养老基金是否比被动型或指数型基金产生更高的回报，或者这种更高的回报是否同时抵消了积极主义交易成本和流动性成本，关于该问题的证据相互矛盾。[60] 由于这些基金的管理人员通常是由其受益人在政治上任命或选举产生的，而不是被迫与其他商业投资公司在投资组合回报方面展开竞争，因此，无论投资组合回报受到何种影响，这些基金都有发挥积极主义作用的自由。[61] 无论如何，这些公共养老基金的受益人几乎没有选择，如果他们转移到另一家基金管理公司，就会产生巨大的"转换成本"，因此这些

---

[59] Letter from Richard L. Trumka of the AFL-CIO to the SEC, "Comments on the SEC's Proposal S7-36-02 to Require Mutual Funds to Disclose Their Proxy Voting Policies," December 6, 2002, 4-8.

[60] Steven L. Nesbitt, "Long-Term Rewards from Shareholder Activism: A Study of the 'CalPERS Effect,'" *Journal of Applied Corporate Finance* 6 (winter 1994); Steven L. Nesbitt, "The 'CalPERS Effect': A Corporate Governance update," Wilshire & Associates, 19 July 1995.

[61] 要彻底解决这个问题，我们需要对这些制度细节进行更多的研究。

基金的投资期限会更长，而且实际上会牺牲短期投资回报来换取更长期的回报。养老基金投资者不受共同基金流动性限制的约束，共同基金必须始终为大规模赎回做好准备，因此，即使经理人希望这样做，它们也往往不能从"长远考虑"。[62] 另一方面，私人投资基金在向管理人员寻求提供其他服务合同时，经常与存款人发生利益冲突，禁止他们向高管发起挑战。

例如，2003年美国证券交易委员会发布了一系列拟议规则，以确保股东获得更多提名和选举董事的权利，并向股东投票提交决议，而不是目前在所有未参与积极代理权争夺的上市公司中使用的"批准此候选名单"（approve this slate）方法。商业圆桌会议将此视为一项双重挑战，可能导致更强的董事监督和更可能的控制权争夺。

在源自圆桌会议公司治理特别工作组副主席的一封信中，圆桌会议正式全面反对任何增强上市公司股东权力的规则。这封信认为，即使有一半的股东反对并拒绝投票，董事仍然应该担任董事会成员："针对代理投票程序无效的公司，对于随后被重新提名的董事进行相当于或超过50%的保留投票是适当的。"[63] 在同封信中，管理人员惊恐地注意到，获得多数票的股东提案的百分比正在上升（见表7.5）。

表7.5 股东提案的采纳情况

年份	提案数	采纳数	%
1999	394	55	14
2000	395	64	16
2001	406	66	16
2002	439	99	22.5
2003	560	153	27（至今）

因此，商业圆桌会议反对可能要求管理层采纳多数股东支持的决议的规

---

〔62〕布兰卡托（Brancato 2000）研究了不同机构投资者不同的投资期限。

〔63〕Henry McKinnell, chairman of the Board and CEO of Pfizer Inc, Vice-Chairman of the Corporate Governance Task Force and Chairman of the SEC Subcommittee, The Business Roundtable, letter of October 1 2003 to the Securities and Exchange Commission, 2, http：//www.brtable.org/document.cfm/1011.

则:"我们认为,通过对股东提案进行多数投票来触发股东的介入是不合适的。"[64]

管理者还反对允许少数股东提名董事参加董事会选举,建议将该事项的持股比例的门槛设为25%,"以证明所有股份持有人因有争议的董事选举而承受的成本和重大破坏是合理的。"[65]

通过商业圆桌会议,管理者反对赋予股东对代理议程(proxy agenda)更多控制权的规定,反对股东批准期权计划的要求,反对股东通过累积投票选举董事,反对加强薪酬和福利计划披露的措施。

20世纪80年代末,由于新的州一级监管障碍,敌意收购逐渐减少,高管薪酬的热潮开始升温。除了奢侈的现金补偿和奖金外,股票期权是增加经理人财富最常用的手段。据估计,在1990年至2000年期间,美国上市公司的总所有权中,有多达10%是通过授予股票期权的方式从现有股东转移到高级管理人员手中的。[66]随着大量现金和期权薪酬开始渗透大众传媒——在许多行业工厂关闭和裁员的背景下,这本身就是技术创新和海外薪酬的结果——员工们被提醒,管理职位对他们来说也不一定是件好事。随着《萨班斯-奥克斯利法案》的实施,在证券交易委员会中,这些围绕着代理权争夺和管理者选举展开的股东和机构投资者权力的斗争仍然相当生动地上演着,因为许多关键的投票结果是三票对二票。

冲突的高科技人员。"新贵"大股东,特别是风险资本家(主要由养老基金资助)和高科技企业家,最初是透明度联盟的重要组成部分,因为他们需要流动性"退出策略"。对所有员工(不仅仅是现任高级管理人员)广泛使用股票期权计划,在美国劳动力的政治影响力部分在工人利益与少数股东保护之间架起了另一座桥梁。由企业家大股东控制的公司在员工队伍分享股票期权方面远比在股权分散的公司中更为进步,这些公司的管理者倾向于将期权限制在高层管理人员手中。

但是,强化员工-股东共同利益概念的股票期权问题,也引发了新贵企业家(和一些员工)反对改革的问题。根据美国法律,股票期权享有优惠的税

---

[64] McKinnell 2003, 4.
[65] McKinnell 2003, 5.
[66] Monks 1998.

收待遇，允许公司从其应税收入中扣除期权授予的名义价值。期权也受到奇怪的会计处理：根据美国通用会计准则，股票期权不计入公司损益表，而是被视为资产负债表的"稀释"。长期以来，批评人士一直指责这不利于良好的公司治理，因为这会降低透明度，鼓励以牺牲少数股东利益为代价的期权授予。

高科技企业家长期以来一直努力保持对期权的现状待遇，因为他们自己的财富是通过股票期权创造的，他们吸引和留住有才华员工的能力也严重依赖于股票期权计划。在这一点上，他们与大多数上市公司的管理者密切联系，他们也依赖股票期权以及相对缺乏的透明度和公共问责制。

来自硅谷的高管经常游说他们的国会议员，并反复作证称，改变期权的待遇将对技术创新和资本形成产生负面影响。高科技游说者阻碍了美国证券交易委员会主席亚瑟·莱维特（Arthur Levitt）改变期权会计处理方式的努力，一个名义上由准独立的财务会计准则委员会（FASB）做出的决定。[67] 例如，他们设法让内务委员会金融服务委员会主席迈克尔·奥克斯利（Michael Oxley）向 FASB 致函，劝阻对期权会计准则的任何修订，并隐晦地威胁要加强国会对 FASB 及其预算的监督。

华尔街双方（Wall Street on Both Sides）。如前所述，声誉中介机构在公司治理方面存在巨大且相互冲突的利益。养老基金是这些中介机构最大的"买方"客户之一；出售给这些基金的固定收益和股权收入是大多数华尔街公司日常交易收入的基础。另一方面，现任管理者也成了"卖方"声誉中介机构的大客户。在 20 世纪 80 年代和 90 年代，来自股票和债券发行以及并购市场的交易收入对这些公司变得越来越重要，而这些利润丰厚的费用收入主要掌握在现任职业经理人手中。

可以理解的是，华尔街变得不愿对为它提供了如此慷慨的援助人反咬一口。这种矛盾的立场不仅限于投资银行；其他声誉中介机构，如六大会计师事务所（当时五大，然后四大）也纷纷效仿。他们还在一般原则上反对美国政府进行强有力的监管，无论是直接由美国证券交易委员会（SEC）进行监管，还是通过纽约证交所或 FASB 等授权"委托"监管机构进行间接监管。

---

[67] Arthur Levitt and Paula Dwyer, *Take on the Street*：*What Wall Street and Corporate America Don't Want You to Know*：*What You Can Do to Fight Back*（New York：Pantheon, 2002）.

第七章　偏好分歧三：透明度、发言权与养老金

美国的公司治理体系取决于 SEC 是否有能力维持一系列激励机制，鼓励私营企业提供信息并监督管理者，而不是去直接监督公司和市场。但在 20 世纪的最后 30 年里，美国政治的重心转向了反对监管，包括 SEC 相对宽松的监管，并强调对私人执法的重视。20 世纪 70 年代卡特政府开始放松管制，80 年代里根政府加快了放松管制的步伐，特别是在金融服务领域。20 世纪 30 年代的结构——由兰迪斯法官创建的防火墙——被批评为阻碍了金融市场的创新。法律和经济学的监管批评者，论证了私人债券解决大多数市场风险问题的能力，并证明了这一点。

在政治上，这些论点是由金融界、证券业、声誉中介机构、许多职业经理人以及放松管制的学术支持者推动的。华尔街希望结束对银行业边界的严格定义（如商业与投资、州际、经纪、保险），这些边界为投资者提供了进入壁垒和租金。金融部门的促进竞争目标与共和党传统上对竞争和放松管制的承诺产生了共鸣。其结果是 1999 年出台的备受争议的《金融服务现代化法案》[又被称为《格雷姆-里奇-比利雷法案》（Gramm-Leach-Bliley Act）]，该法案打破了这些壁垒，刺激了美国和海外许多金融领域市场的竞争。

因此，在 20 世纪 80 年代和 90 年代，金融服务公司、保险公司和会计师事务所都是国会选举中对两党贡献最大的公司。共和党国会议员迈克尔·奥克斯利（Michael Oxley）和民主党参议员约瑟夫·利伯曼（Joseph Lieberman）都被商业圆桌会议和一个高科技公司联盟所说服，向 SEC 和 FASB 施压，反对在股票期权待遇方面进行会计改革。[68]

支离破碎的阵营在国会山相遇。在《萨班斯-奥克斯利法》出台前夕，声誉中介机构证明自己是重要的政治参与者，能够以显著的方式影响监管过程。共和党的许多传统人士担心，政府滥用职权对金融市场、共和党的传统主流人士以及私人投资者和退休人员造成影响。[69] 自由市场的拥护者站在这一观点的另一边（他们担心华盛顿特区监管机构的寻租机会），包括企业领袖、小

【256】

---

[68] 例如，金融服务中心委员会主席迈克尔·奥克斯利和教育与劳动力众议院委员会主席约翰·博纳（John A. Boehner）2001 年 10 月 12 日致美国证券交易委员会主席哈维·皮特（Harvey Pitt）的信抄写给保罗·沃克尔（Paul Volcker）以及国际会计准则理事会的受托人，关于雇员股票期权会计的问题。

[69] 例如，德高望重的罗伯特·蒙克斯（Robert Monks）是公司治理活动的先驱，长期的共和党人，里根政府任命的官员。

商人、华尔街、会计行业（又是声誉中介机构），以及引人注目的"新贵"企业家。

出于同样的原因，民主党在公司治理问题上也存在内部分歧。在民主党拥有重要发言权的两大主要商业团体，在治理改革的各个方面立场各异：一是纽约的金融利益（华尔街擅长左右两翼），二是以硅谷为代表的高科技企业。

虽然美国的政治体系是适度多数主义的，但它对高度组织化的特殊利益具有渗透性。这种碎片为焦点组创建了多个入口点（this fragmentation creates multiple points of entry for focused groups）。这与英国或加拿大形成了鲜明的对比，在英国或加拿大，议会和强大的政党在包括各方的联盟而非部分联盟的范围内提供全面的政策一体化。

《萨班斯-奥克斯利法案》：私人秩序还是公众监督？ 即使在安然、泰科和世通公司丑闻出现之后，公司治理改革仍遭到国会许多共和党议员的抵制，至少在最初时被布什政府所忽视。[70] 当一项会计和治理改革法案即将在国会通过的时候，布什政府认为对"违法者"实施更严厉的处罚就足够了，本质上是私人秩序与侵权法争论的一个版本。由于美国政治体系的渗透性，存在几个可能的否决点，该法案可能被淡化、反对或否决：在由保罗·萨班斯担任主席的民主党只占微弱多数的参议院银行委员会（Senate Banking Committee）中，在由迈克尔·奥克斯利担任主席的共和党人略占多数的众议院金融服务委员会（House Financial Services Committee）中，在两院之间的会议上；或者当该法案送达白宫签字时。事实上，由于股票市场下跌以及公司渎职行为的爆发，该法案通过得相当快。[71]

最初的众议院法案反映了布什政府的私人秩序偏好，基本上是服从于SEC，而不是实施任何新的监管规定。根据政治观察人士的说法，在参议院方面，最近的治理丑闻激励了两名关键成员，并抵消了第三名成员的影响。在该委员会上，乔治亚州参议员泽尔·米勒（Zell Miller）被安然公司的巨额损失所刺痛，安然公司的乔治亚州雇员和教师养老基金分别损失了4300万美元

---

〔70〕 我们在这里的叙述只能表明《萨班斯-奥克斯利法案》通过后所涉及的政治的丰富性。

〔71〕 David Hilzenrath, "How Congress Rode a 'Storm' to Corporate Reform," *Washington Post*, July 28, 2002.

和 7900 万美元。怀俄明州参议员迈克尔·恩齐（Michael Enzi）曾是一名会计师（唯一的从业者，不是五大会计师事务所的高管），他对这种明显违反职业标准的行为感到震惊。德克萨斯州参议员菲尔·格雷姆（Phil Gramm）是该法案的公开反对者，但他与安然的关系中立化了他的声音。该委员会最终在 5 月下旬以微弱多数将该法案提交参议院表决，因此该法案有可能拖延不决，无法在参议院进行整体表决。6 月 26 日，世通公司丑闻曝光，促使参议院于 7 月 15 日以 97 票对 0 票的结果投票通过该法案。

众议院金融服务委员会主席对参议院法案持敌视态度，并打算在会议上将其废除。一些共和党新人刚刚从选区出来，他们听到选民对公司丑闻的控诉，威胁要直接向众议院领导递交请愿书迂回进攻主席，除非众议院接受参议院的版本。[72]

与此同时，白宫基本上袖手旁观。美国财政部长保罗·奥尼尔（Paul O'Neill）对参议院的法案持敌对态度，但他本人对总统的支持已经在减少。SEC 主席哈维·皮特（Harvey Pitt）被广泛视为负有政治责任。华尔街对股市的丑闻感到不安；几位知名高管悄悄地敦促总统尽快支持改革。高科技游说团体请来英特尔的安德鲁·格鲁夫（Andrew Grove）反对该法案；世界大型企业联合会（the Conference Board）也引入了 IMB 主席路易斯·格斯特纳（Louis Gerstner）和 CSX 主席约翰·斯诺（John Snow），反对该法案的参议院版本。在 7 月底的会议上，与参议院版本大体相似的妥协法案在广泛支持下被否决。

《萨班斯-奥克斯利法案》在一定程度上加强了传统的监管体系，特别是重建了声誉中介机构的客观性和可靠性。[73]该法案授权成立一个新的公共会计监督委员会，由美国证券交易委员会与美联储和财政部磋商后由其任命，该委员会将为会计行业制定和执行标准。原则上，这将通过取消行业的自我监督来加强对股东的保护。

该法案还要求管理人员对财务披露的准确性和及时性负直接责任。它为

---

[72] 由于世通公司的困境和其他令人不快的公司故事占据了新闻的主要位置，佛利（Foley）和罗杰斯（Rogers）等共和党国会议员担心，他们的政党"即将在政治上遭受重创"，并且在参众两院的会议上决一死战可能是政治自杀。Hilzenrath 2002 2.

[73] Sarbanes-Oxley Act of 2002, H. R. Report No. 107-610 (2002).

首席财务官制定了一套道德准则,并要求首席执行官亲自对财务报表进行认证,并向董事会审计委员会和外部审计师披露一系列信息,否则将受到刑事处罚。它收紧了内幕交易规则,迫使管理者与审计师保持一定距离(an arm's-length),并在违规情况下没收奖金和期权授予。它还授权美国证券交易委员会制定针对证券分析师利益冲突问题的规则,并改革了养老基金的"禁售期",使管理层和员工的持股比例处于同一水平(基本保持不变)。

这项法律的通过并没有决定它将如何被实施。美国证券交易委员会一直受到所有参与者的强力游说,从声誉中介机构到股东团体和管理者。美国的政治和相关的监管制度仍然为基金经理和声誉中介机构提供了许多机会和否决点,以阻止他们将 2002 年的法律转化为加强少数股东保护的努力。

例如,会计行业游说美国证券交易委员会主席哈维·皮特阻止任命 TIAA-CREF 的约翰·比格斯(John Biggs)为新的会计监督组织的负责人。当皮特的下一个选择,韦伯斯特法官(Judge Webster)被发现存在道德问题时,皮特本人被迫辞职。与此同时,CSX 主席斯诺被白宫任命接替保罗·奥尼尔担任财政部长,威廉·唐纳森(William Donaldson)被任命为美国证券交易委员会主席,他在那里主持了一个高度分裂的委员会。

美国例子的教训。美国有一个高度清晰的规则体系和执行机构——即美国证券交易委员会(SEC),它拥有潜在的广泛权力。美国制度的联邦性质允许逃避监管和执行监管的手段。法律学者继续争论州与州之间在公司法上的竞争是否有可能导致逐底竞争,基于管理者能够游说州政府保护他们免受市场控制或采取其他对抗股东做法,或是逐顶竞争,基于州与州之间竞相吸引投资者。[74] 如果美国证券交易委员会不这样做,州检察长也可以积极主动。纽约司法部长艾略特·斯皮策(Elliot Spitzer)在纽约成功起诉了华尔街的金融中介机构,以解决利益冲突问题。

在美国的例子中,拉波塔等人关于法系的争论,即美国普通法在保护少数股东方面的遗产,并没有起到预期的作用。主要参与者之间的政治偏好允许监管机构被俘获,股东保护措施也得以逐步削减。与此同时,工人所有者

---

[74] Roberta Romano, "The State Competition Debate in Corporate Law," in *Corporate Law and Economic Analysis*, Lucien Bebchuk, ed. (Cambridge: Cambridge University Press, 1990); see also Roe 2003a, 他们认为,联邦法律掩盖了各州规制公司治理的传统假设。

的早期政治权力创造了新的政治结盟（a new political alignment）的可能性，有利于少数股东的保护。

美国模式揭示了偏好的重要性：对少数股东保护的广泛支持，这在很大程度上是由养老金体系和高科技等行业推动的，受到狭隘利益集团的反对，以及其他参与者之间针对具体问题的讨价还价。与此同时，在数起备受瞩目的公司治理丑闻的背景下，出现了要求改革的新利益集团。这些对立的偏好之间的斗争发生在多数主义政治的背景下，尽管存在多个否决点。管理过度、声誉中介机构表现不佳以及德鲁克的养老基金社会主义，这些因素结合在一起，为增强少数股东的保护提供了政治动力。但透明度联盟的胜利并不确定。管理者、一些声誉中介机构和一些金融集团的抵制情绪依然强劲。《萨班斯-奥克斯利法》的通过并没有标志着紧张局势的结束，也没有标志着在透明度问题上来回拉锯战的结束，而是围绕法律、监管和执行正在进行的政治斗争中的另一个标志。【259】

从根本上说，公司治理规则在美国仍然是一个长期存在争议的问题。

英国：多数主义政治机构的力量

英国与美国及其大陆邻国形成鲜明对比。它是股权最分散、少数股东保护（MSP）水平最高、自由市场经济（LME）特征最高的国家之一。事实上，在许多观察人士的判断中，尽管它在少数股东保护指数上的得分较低（英国为 74 分，美国为 97 分），但实际上它对股东的保护要好于美国。英国拥有更加活跃的控制权市场、股东权利市场（代理权争夺，例如，收购决策存在于目标股东而非管理者）、[75] 财务及社会标准的企业责任准则，以及向经理人施压的积极金融中介机构。[76] 它已将其监管体系从一个依赖私人机制的非正式"俱乐部"，转变为一个执法力度超过美国的正式体系。

英国通过将私人约束机制（private bonding mechanisms）与法律和规章相结合的选择来实现这一目标。在 19 世纪末期，家族创始人的集中持股在那里盛行，就像在其他地方一样。随后出现了几波并购浪潮，导致了股权的稀释。家族让渡了控制股份，但一度在董事会中占据重要席位。正式的法律和法庭

---

[75] Franks, Mayer, and Rossi, forthcoming, 8.
[76] Monks 1998.

行为没有为股东提供保护。伦敦证券交易所确实有一些标准，一些历史学家认为，这些标准通过私人约束提供保护。[77] 在一段时间内，分散持股仍然有限；柴芬斯（Cheffins）认为，这反映了那些认为购买股票风险过高的金融利益的规范。[78]

【260】 在第二次世界大战后的几年里，英国似乎有一个混合的体系，弗兰克斯（Franks）、梅耶（Mayer）和罗西（Rossi）认为，英国正处在一个十字路口。[79] 一些趋势表明，英国正在转向集中持股和限制市场控制权的大陆模式。双重股份、战略性集中持股、部分收购或金字塔式交易，使管理者和内部人员免受有效监管。英国本可以沿着这条路继续走下去，并通过劳工、竞争政策和其他方面的其他社团主义的安排加强。

随后，金融机构和伦敦证券交易所施压，要求取消这些安排。他们反对这些管理保护，主张加大对股东的保护。金融机构通过英格兰银行（Bank of England）创建了一个工作组，这催生了1967年的收购和兼并委员会："政治进程最终不是由试图限制敌意收购并建立收购防御措施的公司部门的利益所主导，而是由金融机构的利益所主导。"[80] 1986年的《金融服务法案》（Financial Services Act）和对金融城的大规模放松管制，延续了这一进程。自我监管（自律组织）仍然很重要；他们被赋予对各种市场的垄断控制权：成员必须服从。这些又受到证券投资委员会（Securities and Investment Board，SIB）的控制。这种语言是自我调节的，但这不仅涉及编纂工作的大量增加，因此规则书变得越来越详细和有效合法，而且SIB的权力也得到了扩展。

根据法规，SIB自己的章程是由法律规定的，其主要官员是公开任命的，它被要求向议会和位于白厅的中央州报告。最终，这种自我监管的社团主义没有持续下去。十年的不稳定、监管危机和丑闻导致更多的控制和更多的形式化（more controls and more formalization），最终导致2000年《金融服务和市

---

[77] Cheffins 2001, 472-76, 他认为，英国的股权是由伦敦证券交易所以及银行和经纪公司等金融中介机构提供的担保发展而来的，而不是法律和监管规定。

[78] See Brian Cheffins, "Putting Britain on the Roe Map: The Emergence of the Berle-Means Corporation in the United Kingdom," in *Corporate Governance Regimes: Convergence and Diversity*, Joseph A. McCahery, Piet Moerland, Theo Raaijmakers, and Luc Renneboog, eds. (Oxford: Oxford University Press, 2002), 158-60.

[79] Franks, Mayer, and Rossi, forthcoming.

[80] Franks, Mayer, and Rossi, forthcoming, 25.

场法案》(Financial Services and Markets Act)的通过以及金融服务管理局(FSA，成立于1997年，但在2000年获得法规授权)的成立。

与美国相比，新系统非常集中。分散在美国各州和联邦政府之间的事权集中在英国的金融服务管理局。财政部任命其董事会；它每年向财政部和下议院提交报告，并被要求向下议院财政专责委员会（Commons Select Treasury Committee）提供证明。

是什么政治因素导致了这个过程，导致英国从大陆模式转向分散持股的模式？弗兰克斯等人注意到了机构投资者和证券交易所的影响，但没有完全解释这一机制是如何运作的。将英国与欧洲大陆进行比较使得这一点看似合理，但美国对两者都有重要的版本，而结果并不相同。为什么英国既有重要的金融机构又有强大的股票市场？

罗伊着眼于英国左翼与右翼之间的特殊平衡：左翼力量强大到足以抑制股权扩散，但并未强大到足以阻止少数股东保护（MSP）的采用。[81] 柴芬斯也对社会民主主义论提出了挑战，他指出，在1945年至1979年这段劳动力影响力最强的时期，持股扩散程度确实有所增加。罗伊反驳称，在玛格丽特·撒切尔领导下的英国政治向右倾斜之后，扩散率的增长更为显著。英国"经济协调"模式（其自由市场经济的版本）的历史发展，有助于澄清社团主义模式的失败。正如亚历山大·格申克龙在其关于早期和晚期发展的著名论述中所指出的那样，英国作为第一个工业国家有着独特的发展轨迹。它的公司规模很小，银行系统分散，劳工运动也很薄弱。它很早就发展了证券市场和股东保护。[82] 金融业成为一个至关重要的经济部门，也是一个具有政治影响力的部门。证券市场和股东保护在发展过程的早期就出现了，当时英国政界青睐房地产和市场。私人约束机制的发展似乎是为了支持股东保护。市场规模足够小，人际关系亲密、频繁、直接，因此个人会接受彼此公司的职位，作为并购进程的一部分，或者一般是多元化的。因此，持股产生了对法律保护的需求，这种保护后来才出现。

英国是第一个转向自由贸易的国家，同时也是第一个将农业暴露给世界市场力量的国家。它在工业和农业领域形成了日趋激烈产品市场竞争。它发

---

[81] Roe 2003b.
[82] Gerschenkron 1962.

展了一个重要的金融行业，在纽约取代它之前曾一度是世界中心。该行业是游说的重要力量，其定位不是商业银行和债券借贷，也不是德国工业银行的做法。总体而言，许多英国集团的经济状况都有利于分散化的市场经济。高少数股东保护早期锁定在该国的利益集团和政党结构中。

当政治在1945年转向左翼时，这一政策领域没有受到挑战。制度建立起来了，并且一直存在。然后，正如罗伊所指出的，在撒切尔时代，向右翼的转向加速了这一进程。

政治机构可能会促进这一联盟及其相应的政策方针。英国是典型的多数主义制度。一旦社团主义的元素减弱（在英国从未像在德国那样强大），它们就会迅速被削弱——小小的投票变动产生了巨大的影响。公司的私有化和以缴款为基础的综合养老金有助于产生支持者（constituency）。

此外，英国政治体系的强大中央集权特征，使金融服务管理局免受专业行动者（包括伦敦金融城的强大金融业公司）的游说影响。管理者无法让国家和地方政府为控制权市场提供保护，也无法奖励那些游说监管机构或立法机构以削弱其义务的会计师。

外部环境和英国的多数主义政治体制加速了这一进程：撒切尔政府拥有强大的权力，因为反对党分裂，工党和中间派允许新自由主义政府长期执政，而新自由主义政府从未获得过多数选票。工会的力量和以劳动力市场为中心的政治力量下降了。该国的经济理性化者和现代化者试图通过经济自由化使英国在欧洲和全球经济中占有一席之地，并具有意识形态的影响。为了让工党重新掌权，布莱尔（Blair）将自己定位为"新工党"的领袖。他接受而不是挑战撒切尔时代的制度改革。

英国的养老金结构似乎也提供了比其他地方更强大的透明度支持。英国拥有广泛的第二和第三支柱养老金保障体系。它的养老基金发展得很好，很有组织、也很活跃。爱马仕在很多方面都与加州公务员退休基金相似。爱马仕植根于英国电信员工的养老金计划，并扩大了其投资者基础，为各种实体（主要是公共机构、工会或雇员）管理资金。它在公司治理问题上一直非常积极。弗兰克斯等人的研究强调了理解金融机构在成为股东利益的积极捍卫者或与管理者共同博弈的被动参与者时，彼此之间差异的重要性。

虽然美国的资本市场更为深厚，但英国在正式保护股东权益方面走得更远。一个与那些集中持股国家的比较。与联盟制度相比,英国和美国都是多数主义国家,并且都有预期的政策结果。英国比美国更倾向于多数主义。当政治和偏好发生变化时,英国的制度允许更快的变革。与此同时,英国的结构鼓励聚集公共物品,与美国模式相比,英国更倾向于达成更广泛的协议和共同目标,而美国模式则为特殊利益提供了充足的空间。

法国:没有国家,谁在控制?

法国正在改变。它不再适合市场经济的国家领导范式,它在17世纪为世界创设了科尔伯主义(Colbertism)的标签。它经历了几个时期,从私人集中持股到日益增长的股票市场(第一次世界大战前的几年),到强有力的政府主导集中持股(从1914年到1980年代),现在,国家集中持股和交叉持股的下降,外国投资增加,股票持有量增长,以及少数股东保护(MSP)一定程度的增长。但是,如果旧的体系已经衰落,那么现在还不清楚将会出现什么,以及它将走向何方。透明度的压力是微弱的:养老金体系仍然主要是第二支柱,私人资产相对于GDP而言较低。劳动力数量不足,在组织上存在分歧,但具有通过罢工动员公众同情的强大能力。管理者不再受到国家或大股东的监督,他们在面临组织不完善的股东、弱势的劳工以及新规则不明确的混乱局面时,拥有很大的回旋余地。因此,投资者的参与越来越多,阶级紧张局势在政治上依然存在,管理主义意义重大,透明度联盟也没有很好地形成。所有这些变化发生在一个稳定的政治体制中,在社会主义总统和议会中重要的社会主义多数派的领导下,朝着市场自由化发生了重大转变。这些变化是如何产生的呢?

集中和国家领导。随着法国成为欧洲主要工业经济体之一,它将私人集中持股与国家积极主义(state activism)结合起来。宪章(charters)、垄断、公共工程项目(从交通到军事开支)在革命前就影响了经济增长,并在之后继续这样做。与英国相比,它始终是一个更加规范的经济体。与此同时,与欧洲其他国家乃至整个世界相比,法国拥有蓬勃发展的市场、企业家、技术创新以及稳定(如果不是惊人的话)的增长。它为有限责任公司制定了一个法律框架,在某些方面为投资者提供了比美国更多的组织选择。[83]高额的私人

―――――――――
[83] Naomi R. Lamoreaux and Jean-Laurent Rosenthal, "Legal Regime and Business's Organizational Choice: A Comparison of France and the United States during the Mid-Nineteenth Century," *American Law and Economic Review* (forthcoming).

储蓄推动了海外贷款——尤其是对俄罗斯,以及强劲的股市;拉詹和津加莱斯将其列为第一次世界大战前最强大的国家之一。法国政治在经济上是保守的,在政治上是"激进的",其意图在于促进共和国反对君主制,世俗主义反对教会,个人主义和平等反对传统等级制度和社会阶层。反市场思想主要存在于那些希望免受不稳定因素影响的财产所有者之中;劳工很弱。这些规定对所有者有利。像法国银行这样的机构是由少数家族控制的。

随着第一次世界大战的爆发,国家参与大幅增加,银行的作用扩大,股权比例下降。调整经济以适应战后环境是困难的。接着是大萧条,另一场战争,德国的占领,战后解放时期的激烈冲突,以及第二次重建时期。公司被国有化,银行被置于公共控制之下,工会在劳资关系中得到承认和制度化,福利国家有所延伸——法国版的社团主义妥协。在政治上,支持这一系列调整的基础是我们现在所熟悉的:深陷困境的私营部门寻求国家援助、强烈的劳工激进主义、不满的农民、基督教民主党对自由市场的批评加入了马克思主义批评、一个雇员投票支持左翼的公共雇员部门——这是一个跨阶级联盟。

与其他工业国家相比,法国拥有强大的国有部门。就其本身而言,它从来没有很好地符合资本主义的各种权威人士[84]对公司治理体系或国家生产体系进行二分法分类的要求。法国不是自由市场经济(LME),因为它在经济中有强大的国家角色,大量的集中持股,低资本化,对竞争的监管,对银行和其他协调网络的重要作用,对劳动力市场和福利的广泛监管。相反,它不是一个协调市场经济(CME),因为社团主义非常有限,很少有劳资共同行动和协调的机构,劳动力和价格市场机制也没有被很好地建构。

一些作者将法国视为一个中间案例,而另一些人则将其视为一种独特模式的典范:由国家主导而不是大股东主导的协调。[85]在法国,国家通过财政部协调信贷、市场结构、技术开发、价格、福利和劳动力市场以及对外经济关系的分配,以取代瑞典或德国的银行或大股东。法国确实拥有庞大的私营部门,一个活跃的市场经济体。因此,积极的国家角色并没有把它纳入计划经济或社会主义经济的阵营中。经济的领导者主要来自公务员精英,他们从公共

---

[84] 霍尔和索斯基斯(2001)将法国、意大利、西班牙等国视为中间案例,既不是 LME,也不是 OME。

[85] Schmidt 2002.

第七章 偏好分歧三：透明度、发言权与养老金

部门的工作岗位转到管理大公司——这与日本的空降（amakaduri）做法类似。普遍认为西班牙、意大利和葡萄牙在不同程度上与这种中央集权模式相似。

直到 20 世纪末，这种对法国制度的描述对法国来说似乎都是准确的。但近年来，自 20 世纪 80 年代初以来，一波私有化和取消监管的浪潮大大削弱了国家的作用。[86] 1984 年的《银行法》（Banking Act）终止了投资银行和商业银行的分离；紧随其后的是商业票据和国库券的诞生，允许大公司进入货币市场，建立债券期货市场，以及终结经纪人对票据的垄断。1990 年，根据 1986 年《单一欧洲法》（Single European Act）的要求，取消了资本管制。当首相事先批准的强制要求被废除时，外国直接投资自由化放开了。大规模私有化分三次进行（1986—1987 年、1993—1996 年和 1997—2002 年）；这大幅削减了公共部门的就业岗位，到 2000 年，法国公共部门可交易部门的就业岗位下降到总就业岗位的 5%（而教师和公务员等的就业岗位有所增加）。1986 年开始的立法削弱了就业保护。法国银行于 1993 年独立。

2001 年通过的《新经济条例》（New Economic Regulations）直接涉及公司治理。它允许首席执行官和董事长分离；董事可任职的董事会数量限制为五个，以减少关联董事会；要求提高管理层报告的透明度，包括向董事支付的所有薪酬，并降低股东提起相关诉讼的门槛；并要求更多的公开投票方式。[87]

专家们现在质疑"国家强化"（state enhanced）[88] 的概念是否已不再适

---

[86] Culpepper 2003, Pepper Culpepper, "Institutional Change in Contemporary Capitalism: Coordination and Change in Finance during the 1990s," paper presented to the 14th International Conference of Europeanists, Chicago, March 11-13, 2004. See also Mottis and Ponssard 2002; Plihon, Ponssard, and Zarlowski 2001; Gerard Charreaux, "Au-dela de l'approche juridico-financiere: Le role cognitive des actionnaires et ses consequences sur l'analyse de la structure de propriete et de la gouvernance," Université de Bourgogne Research Center in Finance, Organizational Architecture, and Governance Working Paper 020701; Dominique Plihon and Jean-Pierre Ponssard, *Lamontée en puissance des fonds d'investissement*, la Documentation Francaise, 2002; Michel Boutillier and Patrice Geoffron, "Vers une convergence des systèmes de douvernement d'entreprises en Europe?" Final Report Commissariat Général du Plan, December 2001; Frédéric Lordon, *La politique du capital* (Paris: Odile Jacob, 2002); Claude Bébéar and Philippe Manière, *Ils vont tuer le capitalisme* (Paris: Plon, 2003).

[87] Yves Tiberghien, "Political Mediation of Global Economic Forces: The Politics of Corporate Restructuring in Japan, France, and South Korea," Ph. D. diss., Stanford University, 2002, 215, 对这一立法及其产生的过程进行了仔细分析。

[88] Schmidt 2002.

用于法国,甚至"国家干预的性质"是否比其程度更重要。[89]在教育和培训方面,法国政府曾经为低技术人员设计管理系统,但越来越无法做到这一点。在精英阶层,越来越多的学生寻求私营部门的工作,因此,通过国家选拔最优秀和最聪明的公务员的能力正在下降。在劳资关系方面,政府试图减少监管,将更多职能移交给企业协会和工会。其中一些组织的行动能力较弱,因此国家被拉回来以帮助它们履行预期的职能。[90]

在私有化后的头十年里,没有明确的监督机制取代国家,而且(前国有企业的)员工管理者拥有实质性的自治权。私有化产生了综合的经联会(keiretsu),许多公司受到私人大股东的保护,并被其他公司股东的"硬核"(noyan dur,指长期稳定的股东——译者注)收购。国家[密特朗(Mitterrand)担任社会党主席以及希拉克(Chirac)担任中右翼首相]鼓励这些"硬核"保护公司免受竞争。许多最大的公司都属于交叉持股的两大集团,每个集团都有一家大型商业银行和保险公司作为核心:巴黎保险联合会-法国巴黎国民银行(Unions des Assurances de Paris and Banque Nationale de Paris,UAP-BNP)和法国保险总公司-法国巴黎银行(Assurances Générales de France and Paribas,AGF-Paribas)。

这个阶段没有达到预期的程度。国家不再有控制过程的杠杆。前国有企业的管理者积极寻求外部资本,为不断巩固的欧洲和全球市场竞争所需的研发和设备投资提供资金。汉克(Hancké)指出,"由于交叉持股,很多用于此类投资的资金根本无法到位。"[91]到20世纪90年代中期,"硬核"家族已经

---

[89] Levy 1999; Culpepper 2004, 18.

[90] Culpepper 2004.

[91] Bob Hancké, "Restructuring in French Industry," in Hall and Soskice 2001, 330-31. 在某些情况下,20世纪90年代末,在巴黎证交所上市的前40家公司中,多达40%的市值与这些交叉持股有关。在竞争再次升温的时候,这些资金是非常需要的,这是获得资金的最快途径,也保证了未来资金的稳定流动,并且这些资金是通过开放公司的资本结构获得的,因为20世纪90年代初私有化后上市的股票数量实在是太大了,无法被法国资本单独吸收。Schmidt 2002; Michael Goyer, "Corporate Governance under Stress: An Institutional Perspective on the Transformation of Corporate Governance in France and Germany." Ph. D. diss., Department of Political Science, MIT, 2003; "Core Competencies and Labor: An Institutionalist Perspective on Corporate Governance in France and Germany," in Global Markets, Domestic Institutions: Corporate Law and Governance in a New Era of Cross-Border Deals, Curtis Milhaupt, ed. (New York: Columbia University Press, 2003); and "The Growth of Stock Markets in France and Germany, 1995-2002: The Importance of Work Organization Institutions." Paper presented to the American Political Science Association, Chicago, August-September 2004. Francois Morin, "A Transformation in the French Model of Shareholding and Management," Economy and Society 29 (2000): 36-53.

第七章 偏好分歧三：透明度、发言权与养老金

解体了。

在 20 世纪 90 年代，法国公司大量使用股票市场来筹集资金，而交叉持股开始下降。到 20 世纪 90 年代末，40 家最大公司的平均交叉持比例大幅下降。取代法国拥有的交叉持股模式的是外国机构投资者，主要是英国和美国，在 21 世纪的头几年，它们持有股指 CAC-40 公司 40%以上的流通股。[92]

大型的前国有企业似乎一直是利用外国资本市场的先锋，而且我们没有数据显示有多少私营大股东参与了这类交易。大部分首次公开招股都表明，善治协议吸引了"新贵"以及"旧富"和前国有企业。还有一些传闻证据表明，一些由家庭大股东控制的中小型法国公司从交易所退市，从事私募股权交易。这些交易后来以首次公开发行（IPO）的方式，在巴黎证交所（以及其他国际证券交易所）重新出现。

随着商业国家关系的变化，法国公司发生了重大变化。实现了广泛的生产合理化：工厂关闭、工人被解雇、新产品线得到发展。公司发展了类似于其他国家模式的供应商网络。与德国不同，法国的首席执行官们为了专注于核心竞争力而拆分了集团架构。[93]激进的工会被压制，与核心劳动力建立了新的关系形式，包括参与式管理技术和工人培训。企业利用国家资源和结构（如地方政府）来建立区域生产网络。总体而言，法国经理人在塑造其制度环境方面变得更加积极，而对国家指示的反应则不那么被动。[94]

在此过程中，法国管理者似乎可以相当自由地制定自己的战略。如果国家不像以前那样限制它们，那么股东或大股东也不会。公司使用不平等的投票措施机制来集中权力。超过 90%的大公司使用股票期权来奖励高层管理人员，这一比例高于所谓的更自由的英国[95]["美国和英国投资基金拥有强大的所有权以及管理利益与（大）股东利益的紧密结合，值得法国公司在应对金

---

[92] Goyer 2003a, 2.
[93] Goyer 2003a, 8.
[94] Hancké, 2002. 190.
[95] 较高的边际税率和对期权征收的社会保障税，使得这些安排对管理者的吸引力相对较小。Gunnar Trumbull, "Divergent Paths of Product Market Regulation in France and Germany, 1970-1990," in *Handbook of Global Economic Policy*, Stuart S. Nagel, ed. (New York: Marcel Dekker, 2000); Trumbull, "The Rise of Consumer Politics: Market Institutions and Product Choice in Postwar France and Germany," Harvard Business School Working Paper Series No. 03-054, 2002.

融领域的市场信号方面基本上没有受到约束"[96]。与此同时,加拿大铝业公司(Alcan)购买佩希内(Pechiney)可能标志着国际力量对法国管理控制领域的更大影响力。

股东保护。随着法国体系的变异,在少数股东保护措施方面出现了一些变化。法国上市公司在国内和国际报告中都迅速采用了国际会计准则:40%的法国公众公司使用国际会计准则,其中包括超过1/3的CAC-40顶级公司。第三方审计具有强制性和普遍性,四大会计师事务所占据着主导市场的份额,并以专业能力强而闻名。1995年,会计准则制定权从国家会计委员会(Conseil National de la Comptabilité, CNC)转移到独立的会计法规委员会(Comité de la Reglementation Comptable, CRC),使后者更加独立于金融当局。

法国上市公司已经迅速扩大了非执行董事的使用,从1989年的约70%增加到1999年的86%。尽管这些董事都是非雇员,但鉴于法国公司拥有占主导地位的家族或企业主的比例较高,相比之下,他们对股东的忠诚度,而不是对私人大股东的忠诚度,存在一些问题。

此外,法国还有一套阻碍少数股东保护自身权利的投票和程序制度。这些障碍包括不平等的股份投票权(70%的公司),限制少数股东投票权的投票上限(20%的公司),以及各种各样的程序障碍,包括投票过程中股票的强制禁止转让。大量被广泛使用的反收购工具反映了这些投票限制,包括毒丸计划、转让限制以及由控制权变动引发的有条件的"黄金股"。

由国家控制的公司以及由私人大股东控制的公司都使用这些壁垒。例如,法国电信在1996年的私有化中通过与工会的谈判,承诺保留他们作为公务员(保持其作为公务员退休金及退休福利的受益人)的地位,向雇员出售公司10%的股份,将首次公开发行的部分所得应用到公务员退休基金,增加董事会的员工代表,并保留国家对大部分股份的控制权,以阻止外国人,特别是美国人对于控制权的任何竞争。截至2003年1月,董事会共有7名员工代表、12名公务员代表(主要是财政部)和1名(!)由少数股东选举产生的代表。[97]这使得敌意收购法国电信的可能性基本上为零。

私有化国有企业的员工管理者一直是授予自己激励股票期权计划的先行

---

[96] Goyer 2003a, 8.
[97] http://www.francetelecom.com/en/financials/investors/governance/board.

者，而家族企业则不太愿意承担这些计划的稀释成本。股票期权在法国名声不佳，源于贾夫雷事件（l'affaire Jaffré），1999 年，埃尔夫阿奎坦石油公司（Elf Acquitaine，一家国有企业）被道达尔菲娜公司（Total Fina，另一家国有企业）收购时，埃尔夫阿奎坦石油公司的掌门人菲利普·贾夫雷（Philippe Jaffré）将 5600 万美元的期权收入囊中。[98] 如上所述，2001 年的《新经济条例》（NRE bill）将部分股东改革制度化。

养老金时间炸弹。养老金和偏好以强有力的方式相互作用：一个严重依赖现收现付（PAYGO）的系统，对公司治理的兴趣，将低于一个依赖于员工管理的养老基金的系统。法国有一个复杂的养老金体系，参与率和覆盖率都很高（80%），是欧洲最大的养老金体系之一，面临着巨大的人口冲击。政府的规划总委员会（Commissariat Générale au Plan）在 1986 年进行的一项研究中预测，在 1990 年至 2040 年之间，缴费率（税收）必须加倍或者收益必须减半。[99]

私营企业雇员（占劳动力的 68%），农民或个体经营者（占 11%）和公务员（占 21%）的条款不同。[100] 前两者基金均获部分资助；后者完全是 PAYGO，比前者的福利更慷慨。第二支柱基金由一些工会联合管理，包括职工退休补助金制度协会（the Caisse Nationale d'Assurance Vieillese des Travailleurs Salariés, CNAVTS），以及国家职工养老保险金管理局（the Association pour le Régime de Retraite complémentaire de Salariés, ARRCO）。

公共话语中的养老金问题随着 1991 年罗卡尔（Rocard）白皮书（*livre blanc*）的出现而引起关注，阐明了这个问题以及一些边缘改革。当社会主义者罗卡尔被保守党巴拉迪尔（Balladur）取代首相职位时，更为温和的改变被提出了。1995 年，朱佩（Juppé）提出在公务员制度和私人福利之间的公平，但公共骚乱导致放弃了这一条线。1996 年，托马斯（Thomas）提出了扩大私营企业融资计划，但当社会党在 1997 年重新掌权时，这一计划被取消了。提出了另一份报告和另一项计划，即查平计划（Charping Plan）。2000 年，创建了一个社会保障基金来提供部分 PAYGO 支持，一年后，私营企业的储蓄计划被采

---

[98] "Cracks in the Wall," *Forbes Global*, May 15, 2000, 102.
[99] 最好的情况是缴费率从 18.9% 增长到 30.9%；在最坏的情况下，达到 41.9%。
[100] Didier Blancet and Florence Legros, "France: The Difficult Path to Consensual Reforms," in Feldstein and Siebert 2002.

纳。2002年，希拉克政府提出了另一轮改革，以削减公务员的优势；这些都遭到了工会的反对，他们还抱怨养老储备基金资金不足。

由于第一支柱计划遗留的问题，其养老金隐性债务（IPD）占GDP的100%，因此第二和第三支柱资产占GDP的10%到20%也就不足为奇了。因此，法国机构投资者持股比例约为英国投资者的1/3。法国家庭通过投资人寿保险和私人共同基金来对冲依赖国家退休制度的风险。

私人储蓄的增长给少数股东保护带来了一些压力。管理这些共同基金资产的公司，以法国金融资产管理协会（Association Française de la Gestion Financière，AFG）的名义联合起来，向政府施压，要求改革法国的PAYGO养老金计划，并以私人养老金计划补充国家体系。AFG发布了自己的治理准则，并通过法国两家领先的第三方收费分析公司（Déminor和Proxinvest），在合作的基础上资助了对法国公司的第三方审查。[101]

但法国广泛的大型机构投资者一直不愿批评大型国企的管理者或促进敌意收购。在这里，我们看到这些大型银行和保险公司的遗产，作为服务于"硬核"的原始核心。虽然"硬核"资本在20世纪90年代缩水了2/3，但它仍然是控制在巴黎证交所上市的大型企业的一个重要因素，尤其是前国有企业。与日本一样，这些金融机构中有许多也犯下了他们本应监管和约束的同样的治理错误。他们的管理群体也是同质的，主要由来自大企业（grande écoles）的管理精英组成，在执掌前国有企业之前，他们曾在政府部门工作过。因此，储蓄的增长不会自动产生监督管理者的压力。

养老金改革仍然是一个非常棘手的政治问题。1995年，朱佩因考虑养老金改革而引发了自1947年以来最大的罢工。右倾的多数派将公共部门规则与私营部门规则进行了一些适度的均等化，但在法国，就像在许多地方一样，这个话题在政治上仍然相当困难。

偏好和政治制度。那么，是什么导致了法国公司治理实践发生如此重大的变化呢？关键在于政治转变。当密特朗在1981年成为第一位社会党总统时，他试图把法国带向一个完全不同的方向。他和他在议会中占绝对多数的社会党试图采取积极主义政府（activist government）和反周期政策的策略。很

---

[101] "Déminor根据公司治理标准对300家欧洲公司进行了评估"，www.deminor.com。

第七章 偏好分歧三：透明度、发言权与养老金

快，这被证明是行不通的：市场反应非常消极，而密特朗则改变了立场。他担心，与接受市场的指令相比，强烈的经济反弹将在政治上对他造成更大的伤害。投资者拥有以市场为基础的民主政治经济的权力，因为选民会惩罚经济衰退。[102] 他使法国和社会党开始走上了一条中右翼的政策轨道，这一直是法国政策运动的关键部分。

密特朗失去了社会党员（Socialist）大多数（支持），法国中右翼总理和左翼总统两次共栖（1986—1988年和1993—1995年）。1995年，总统职位向右翼移动，随后有一段时间，议会向左翼移动，给自己贴上了相反的标签（1997—2002年）。2002年，总统和议会都向右翼靠拢。左派对政府角色的辩论一直非常激烈。改革者希望在欧洲和全球竞争的新条件下使经济"现代化"；传统的左派反对全球化、反对削弱对弱势群体的国家援助。

【270】

右派也在进行类似的极为重要的辩论。法国政府在法国一直很重要，因为财产所有者喜欢国家积极主义，而且早在现代工人左派存在之前就这么做了。它的存在是因为中间派和右派的主要力量都想要它。法国保守派也一直在讨论政府的角色：许多人仍然坚持科尔伯主义者（Colbertist）的角色。由于对国家援助的渴望仍在继续，反对这种模式的行动是最近才开始的，并且经常受到质疑。原因很熟悉，也让法国再次变得像欧洲其他国家：欧洲一体化的机遇和要求，对新经济条件的适应，削减预算赤字的需要，对更高股权价值的渴望，以及应对新市场条件和技术的灵活性。

这些政治运动证实了党派取向的重要性，而不是党派自身的平衡。[103] 在此期间，左派赢得了很多选举，但其对政策的立场转向了市场调节；因此，关键群体改变了偏好。左翼总统和议会制定了上述各项法律。在欧洲层面，在2001年的并购法辩论中，法国社会党人与英国保守党一起投票，支持更市场化的版本。[104] 政府政策允许监管和规则的演变脱离国家控制。在这个过程的最初几年，政策没有直接解决公司治理问题，但它确实推动了经济向市场化发展：私有化、更宽松的金融监管、资本市场的开放以及更直接的股东保护。

---

[102] 在众多探索中，Lindblom 1977仍然是经典之作。
[103] 虽然他的数据强调党派平衡，罗伊（2003b）很清楚地看到了这一点，并明确讨论了党派取向而不是明确的平衡。
[104] Tiberghien 2002a, chap. 6.

许多观察人士强调，核心的公务员精英们的观念正在发生变化，他们开始相信，法国需要自由的经济进程来实现现代化并发挥作用。

通过这种方式，他们看不到关于公司治理问题的直接政治辩论。[105]对他们来说，这些问题都是通过"雷达屏幕"传递的，因此留给了公务员技术人员，这是典型的法国模式。作为对这一过程的描述，这可能相当准确，但政治在允许其发生方面发挥了重要作用。让公务员来编写规定并不能证明这些团体没有在监督他们，如果他们严重偏离了这些团体的要求，这些团体能够控诉。对这一现象的分析，在强调包括立法机关在内的民选官员的监督权力的"授权理论家"和强调官僚主义自治权的官僚主义专家之间，一直存在激烈的争论。毫无疑问，这场辩论的焦点是日本和法国。[106]

虽然在制定少数股东保护（MSP）和其他公司治理规则方面可能没有关于各种细节的公开政治辩论，但这一过程确实是在政治背景下进行的。私有化的决定，摆脱巨额赤字的转变，劳动力市场的规则，遵守欧盟竞争规则，终止对企业的补贴——所有这些都需要立法，因此所有人都公开地通过政治体制行动。这种沉默有其政治基础：政府曾经有能力进行干预，也有能力加以利用。新的情况是，它不再以旧的方式使用这种权力——因此，无论公开与否，政策都发生了变化。虽然泰伯伦强调官僚机构的权力，特别是经济和财政部，以及首相和内阁对议会程序的议程设置权力，他指出了设定限制的政治背景："在 2001 年的《新经济条例》（NRE bill）中，事实上，财政部还计划对股票期权的财政待遇、对养老金制度和《商法典》进行更深入的大刀

---

［105］ Goyer 2004, 2003a, 2003b; Michel Goyer, "The Transformation of Corporate Governance in France," in *Changing France: Transforming the Democratic Balance among State, Market, and Society*, Peter Hall, Pepper Culpepper, and Bruno Palier, eds. (forthcoming); Culpepper 2004. 泰伯伦将政治在立法过程中的重要性与强调精英公务员在关键时刻作为战略家和领导者的角色结合起来（2002a, chap. 6）。

［106］ 关于日本，参见 Chalmers Johnson, *MITI and the Japanese Miracle: The Growth of Industrial Policy, 1925-1975* (Stanford, Calif.: Stanford University Press, 1982); and Mark Ramseyer and Frances Rosenbluth, *Japan's Political Marketplace* (Cambridge: Harvard University Press, 1993); Gary Cox, Frances Rosenbluth, and Michael F. Thies, "Electoral Rules, Career Ambitions, and Party Structure: Conservative Factions in Japan's Upper and Lower Houses," *American Journal of Political Science* 44 (2000): 115–22; Ellis Krauss and Michio Muramatsu, "Bureaucrats and Politicians in Policymaking: The Case of Japan," *American Political Science Review* 78 (1984): 126–46; Ezra Suleiman, *Private Power and Centralization in France: The Notaries and the State* (Princeton: Princeton University Press, 1987); John D. Huber, *Rationalizing Parliament: Legislative Institutions and Party Politics in France* (Cambridge: Cambridge University Press, 1996).

阔斧的改革，但由于议会多数派的反对，财政部被迫做出让步。"[107]总体而言，左翼和右翼（左派和右派）的中央集权主义思想（statist ideas）的衰落似乎可以合理地解释法国政策的变化。这一变化绝不是彻底的：法国保守派并没有放弃国家援助；国家权力被用来阻止瑞士诺华公司（Novartis）接管赛诺菲/安万特（Sanofi/Aventis）的药品；它还被用来推动欧盟允许法国拯救阿尔斯通公司（Alsthom）。左派在改革问题上存在分歧，而朱佩在2002年的总统选举中为分散的投票付出了代价，这使他在竞选中名列第三，仅次于勒庞（Le Pen）。

在此期间，法国的正式制度变化不大（总统任期从七年缩短为五年），因此，制度变迁本身并不能解释政策变化或公司治理行为。尽管如此，制度可能会影响政策评估的过程，而这一过程确实会产生影响，尽管影响更为间接。【272】它可能会影响养老金改革和股票市场的发展。

总统权力和单一选区选举法使法国成为一个多数主义制度国家。当总统和总理（the prime minister）来自同一个政党时，前者主导政策，因为他主导政党；当他们分别来自不同政党，并且共栖的结果是，总理由于控制了议会的多数席位而占统治地位。但是如果是一党制的团结，总统和总理一起拥有很大的权力。如果政党能平衡分散的权力，法国就能获得一些共识因素，从而减缓政策的变化。法国政治似乎也对正式政治制度之外的抗议活动反应敏感。公众经常支持由农民、工人、学生发起的罢工和示威活动，也可能支持他们反对公众选出的保守党政府。这或许可以解释养老金制度改革为何如此谨慎。

被封锁的社会或透明度联盟？ 就在不久前，法国被讨论视为一个被封锁的社会（societé bloquée），无法改变。[108]这似乎不再是一个恰当的描述（充分的表征），因为已经发生了很大变化。政治、市场和制度已经相互作用，产生了相当大的政策和实践运动。当市场力量表明他们不喜欢密特朗转向左翼时，法国政界人士得出的结论是，如果他们继续这样做，公众不会喜欢由此

---

[107] Tiberghien 2002a, 214. See also Yves Tiberghien, "State Mediation of Global Financial Forces: Different Paths of Structural Reforms in Japan and South Korea," *Journal of East Asian Studies* 2 (2002): 103-41.

[108] Hancké 2002, 333; Ezra Suleiman, *Les resorts cachés de la réussite Française*, trans. Sylvette Gleize (Paris: Seuil, 1995).

导致的失业。因而政策发生了变化，法国开始了一个放松国家控制的漫长过程，逐步形成新的利益格局和政策偏好。参与者通过政治推动他们在市场上的目标。

一个庞大的私营部门已经出现，其中带有股东模式的许多特征：一个由外国机构投资者、股东关系办公室和分散持股模式的其他指标大量参与的不断增长的股票市场。因此，正如阶级冲突模型所预测的那样，向右翼移动似乎将法国推向了投资者模式。

然而，与其他投资者模式国家不同，法国经济仍然与利用国家作为行动工具紧密相连。法国政府仍然是企业产出的主要消费者。阿尔斯通公司的主要客户之一是公共列车管理局（SNCF）；达索公司（Dassault）主要客户是法国空军；空中客车公司（Airbus）将其飞机的很大一部分出售给法国航空公司；法国电信与国家有巨大的业务，汤姆逊圣戈班公司（Thomson St Gobain）[其军事部门是泰雷兹（Thales）]也是如此。高速列车、电信和武器系统作为国与国之间的谈判事项被出售给外国。

与投资者模式不同，管理者似乎拥有充分的自主权，因为监管的现实并没有跟上持股的事实。法国没有德国那种由经济行动者相互作用的社团主义制度，但也没有美国那种公平（arm's-length）的做法。股东保护似乎不那么有力，私人储蓄和养老金体制并没有为透明度联盟奠定基础。如果没有一个透明度联盟的根基，或者一个充满活力的投资者联盟，法国可能会走向一个默认的结果——管理主义（managerism）。至少它似乎处于转型期，从国家领导到某种不确定且可能不稳定的管理主义：一种形式的监管放松了，另一种形式的监管尚未完全到位。

本章小结

本章探讨了公司治理政治中一个相对被忽视的政治分歧（political cleavage）：劳工相关群体与外部投资者联合以要求更强大的少数股东保护。

因此，透明度联盟（transparency coalition）是以实际经济激励为基础的，可以融入有组织的利益集团活动，并引起政治家的注意。透明度联盟是一种政治模式，可以解释更强的少数股东保护力度的必要性。在这方面，它是对投资者模型的补充。但细心的读者可能会问，透明度联盟是否只是穿着不同服装的投资者模型？在某些方面确实如此，员工们对少数股东保护越来越感兴趣，原因与投资者模型假定的相同：为外部投资者提供保护，使其免受管理代理成本的影响。员工变成了投资者；因此，他们的表现得像投资者一样。

透明度联盟和投资者模式之间有什么区别呢？

首先，我们从金融理论中得出的投资者模型没有具体说明从偏好到政治，从偏好到导致监管变化的具体政治活动的政治联系。它假定偏好或多或少会自动转变为政策，形成某种政策制定的"黑匣子"。仍然必须建立与政策的联系。只要政治谈判对制定这一政策有任何影响，投资者模型假设富裕的大股东可以简单地"购买"他们想要的任何政策，如有必要，可以进行边际支付——所谓的最纯粹的经济多元化。

其次，投资者模型假设投资者的视角是单一的，而不是一个利益多元化的分散群体。一些投资者对集中持股有相当大的兴趣，并设法保留它，而公司外部的其他投资者则寻求其他保护。一些投资者现在是雇员，因此，现在作为投资者和员工都面临着交叉压力。

再次，投资者模型很少关注声誉中介机构的作用以及养老基金和其他机构投资者的治理。在将员工投票权人作为投资者的利益与政策偏好联系起来的过程中，声誉中介机构和基金经理有时复杂的动机关系重大。在一些国家，他们的利益被拒之门外、支离破碎，并受到基金经理利益冲突的阻碍。在这方面，作为养老金受益人的员工在投资公司治理方面面临着与他们作为其他上市公司的分散股东所面临的相同的集体行动问题。在其他国家，他们的集体利益是有发言权的：他们选择对计划受益人做出反应，而不是对公司管理者或声誉中介机构的甜言蜜语做出反应的基金经理。

【274】

最后，操作时间尺度不同。或许，人口结构的转变以及围绕养老金隐性债务（IPD）展开的斗争，需要比与投资者模式相关的 15 年资本流动更长的时间，才能将员工的偏好从劳动者或社团主义妥协模式转向透明度联盟。

投资者模型预测的结果与透明度模型相同，但实现这一目标的政治机制却截然不同。这两种模型都必须要避免功能主义的谬误：假设经济利益会自动转化为公共政策。如果投资者希望得到股东保护，而工人希望通过透明度得到保护，那么这仍然无法解释这些偏好如何转化为政策结果。透明度模型概述了一个由公司、经济和政治领域的参与者组成的联盟，他们共同推动这一结果。这提醒我们关注资产所有权与话语权表达之间的制度中介；在某些结构中，员工的所有权几乎没有发言权，而在其他情况下，却有相当大的发言权。在具体说明将利益与产出挂钩的政治机制和金融体制结构方面，投资者模型通常不完备。

重塑参与者

在我们的讨论过程中，我们遇到过这样的情况：简化的所有者、管理者和劳动者类别模糊了每个群体内的重要区别。将它们视为同质的单一整体将会更难以理解联盟的形成。在这里，我们提供了一个简短的建议，说明研究人员如何重新制定类别，并进一步探索每个类别中分歧的显著性。

所有者：内部人/外部人

在所有者方面，一个重要的内部分歧存在于内部人（尤其是大股东）和外部人（尤其是少数股东或考虑是否购买少数股权的人）之间。作为投资策略驱动因素的少数股东保护分析侧重于外部人的担忧，并假设内部人士将"接受这笔交易"。然而，我们看到内部人对此类交易的抵制力度很大。外部人构成了潜在的与员工交易的基础，以支持透明度。

劳动者：工作与养老金

员工可分为两种身份。一方面，他们寻求保住自己的工作；另一方面，他们寻求保护他们的养老基金。这可能导致相反的偏好：对保住工作的关注鼓励支持了集中持股；对养老金的关注则促进了透明度。在某些情况下，工作动机也可能会推动透明度：当员工在政治上和制度上能够行使发言权时，他们可能会提高透明度，以便有一种评估管理策略的方法。

管理者：个人与企业

管理者可能会根据个人发展的战略而分裂：以公司为中心的管理者可能会寻求促进公司作为一个实体的保护，从而保证他们在公司中地位的安全性；以个人为中心的管理者可能会通过与外部投资者结盟，通过最大化股价来寻求财务回报的最大化，无论公司和其他利益相关者的内部一致性面临何种风险。前者更倾向于集中持股，后者拥有最高的少数股东保护透明度，包括活跃的劳动力市场。

声誉中介

这些并不是金融治理方式中三位一体的参与者。但很明显，它们对金融体系如何运作至关重要，尤其是在投资者依赖分散持股模型系统中的监督功能的情况下。我们对注册机构（RIs）的了解还不够，但有一个分歧（cleavage）似乎是合理的：单一目的公司与多功能公司。多目的公司在与管理者的关系中很可能存在利益冲突，这阻碍了强有力的监管，或者至少阻碍了提供信息的明确性：他们为各种服务赢得管理人员合同的动机减少了明确提供服务的动机，并可能使他们成为管理者的盟友，而不是投资者的盟友。相反，围绕一个职能或一组客户建立起来的公司，可能有更强的动机来发挥"理论"赋予它们的作用。另一个重要但重叠的区别可能与 RIs 中的所有权和控制有关。由投资者控制的金融机构可能在治理方面具有不同于由另一组所有者控制的激励机制，这些所有者寻求最大化自己的利润，而不是投资者的利润。

这些子类别使我们能够明确联盟的形成：

投资者和透明度联盟包括：所有者＝外部人；劳动者（员工）＝养老基金；管理者＝金融（财务）；RIs＝一维。

大股东/社团主义者/劳工联盟包括：所有者＝大股东；劳动者（员工）＝雇员；管理者＝企业导向；RIs＝多目的。

这些是推动少数股东保护和分散持股结果与大股东结果的两大联盟集群。寡头政治、管理主义、社团主义或劳动力——这些替代方案中的进一步模式，取决于更广泛联盟成员之间力量的平衡。加入某一方向或另一方向的动机也会受到我们所注意到的协调变量程度的影响：一个经济体是否已经制度化了对子系统高度协调的激励（协调的市场经济模式）或者它们之间的高度灵活性（自由市场经济模式）。协调的市场经济模式激发了人们对集中持股的更多兴趣；自由市场经济模式则以相反的方式推动相同的参与者。

要解开这些区别还需要更多的研究。我们为了精确性而放弃简约性，但粗略分类内部分歧的相关性，迫使我们朝这个方向迈出了一些步伐。

总而言之，正如透明度联盟所描述的那样，出于工作保障和养老金安全的原因，员工对公司治理的偏好可以与分散的少数股东的偏好保持一致。这

【276】

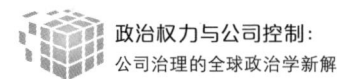

个资本和员工的新联盟可以改变公司治理实践,以支持他们的共同利益;他们也可能在管理防御(managerial entrenchment)和自我充实(self-enrichment)的情况下无法做到这一点,从而导致管理机构的失败。

哪一组参与者会胜出?我们现在有了一个基础,可以在政治世界的跨越部门的"治理轴心"(across the governance "axis of division")上对比不同的政治联盟;政治机构和政治家可以将这些新的偏好聚合成一个获胜的选民联盟。

帕加诺和沃尔平的正式模型也预测了这一开端。他们假设一个简单的"代理人"状态(a simple "agent" state)和一个中间投票过程,在这个过程中,作者说,"我们发现社会的'投票加权股权'是决定政治结果的关键参数。如果投票权人的股权所有权非常分散,那么双方将会在一个有利于股东权利和提供低就业保障的平台上达成共识。"[109]

本章描述了偏好的变化,并调查了员工通过其机构投资者进行游说的一阶证据(first-order evidence);它还指出了机构聚合这些偏好的方式。但是,我们没有提到这些偏好是如何为政治机构聚合起来的。

前三章概述了公司治理政策的三种分歧(每个分歧都有一个联盟对)和六种可能的结果(取决于每一对的哪一方获胜)。这些章节侧重于对政策备选方案的支持结构。也就是说,这部分研究了重要参与者对分散持股和集中持股政策模式的偏好,以及它们之间可能形成的联盟。三种模式导致股东分散持股:投资者模型,透明度联盟,以及管理机构的失败。即使有高质量的法律和少数股东保护,其他三个模型仍然存在集中持股和内幕信息模型。

我们有六个可能的联盟。哪一种在任何特定地区占优势呢?答案是最强大的联盟——但这引出了什么构成强大的联盟力量的问题。这来自政治资源——投票、游说能力、罢工等直接行动。政治机构可以通过支持一个联盟而非另一个联盟发挥重要作用:共识制度支持社团主义的协调和有计划的市场经济模式(OMEs),而多数决制度则支持自由市场经济模式(LMEs)以及投资者或透明联盟。

在下一章中,我们将阐述我们所观察到的关于国家叙述和分析框架的含义。

---

[109] Pagano and Volpin 2001a, 2.

第八章
结论:继续推进研究

在这一结论章节,我们将回归本书的核心问题并汇总我们提出的各种回应性主张,包括一些关于未来公司治理轨迹的大胆推论。接下来,本着一种谦卑的且适合于探究一个相关新领域的学者应有的精神,基于统计数据和国别(地区)案例不可避免地不完整,我们会开诚布公地承认我们的论点和数据的多维度缺陷。这些不足将为今后的研究提供指导。在宣布了这些附加说明以后,我们将通过探索本书研究结果的一些理论和公共政策含义来结束本文。

【277】

问题与答案:是什么解释了治理结构的多样性?

在本书中,我们试图回答三个核心问题。什么解释了各地公司治理中的多样性?什么导致了治理中伴随时间推移的改变?所有国家(地区)的公司治理会趋同于一个共同模式,抑或多样性会继续维持?

问题一:什么解释了各地公司治理的多样性?

简要概括第一章、第三章和第四章中的叙述,我们论证了任何国家(地区)公司治理实践的选择都反映了经济偏好与政治制度的相互作用。如国别(地区)案例显示的那样,公司治理起源于规则和规制创设的诱因,该诱因又源自公共政策过程,反映出另类政治联合的力量。这是本书自始至终的准则,即偏好与制度的互动导致了政策结果,包括公司治理结果。这一主张是全球性的;我们相信其适用于我们所有样本,即使是柔性权威和"强硬派"民主国家亦是如此。

我们进一步论证公司治理可以被视为源自两大类广泛的规则。其一,最多被讨论到的是"少数股东保护",该工具的使用范围被设计用来保护外部投资者免受包括大股东、管理者或劳动者等内部人的侵占。这就是绝大多数理论家和评论者在大众媒体提及"公司治理"时的含义。更高水平的少数股东保护催生了更广泛的股权分散。

其二，在学术文献中较少受到关注，在大众媒体中更少受到关注的是我们称之为"协调度"（包括产品市场竞争、价格以及薪酬机制、劳动者关系以及社会福利系统）的一系列规则。这些规则同样塑造了导致股权集中、股权分散模式的激励机制，即高协调度市场将催生集中持股。因此，所有权模式——集中或者分散——在不同的国家是不同的，这是对政治产生的不同激励的反应。重复本书的主线：偏好加制度等于塑造了公司治理模式的政策结果。

在微观层面，公司内部的三个主要参与者——所有者、管理者和劳动者——在公司利润将如何分配方面拥有实质性利益，他们试图游说整个社会在公司治理方面提供更支持其利益的公共政策。公司中每个参与者联盟都试图调动公司外部的支持者，以获得自身的胜利。因此，它试图与本集团的其他参与者以及更广泛的社会参与者建立联盟，最终形成对其有利的公司治理方案。

在从公司转向社会时，上述参与者可以结盟并形成不同的组合：所有者与管理者对抗劳动者，所有者对抗管理者与劳动者，以及所有者与劳动者对抗管理者。三种不同的结盟，产生了共计六种可能的结果，这取决于结盟联合的哪一方通过将其公司治理偏好反映在规则和法规中而"获胜"。因此，选择将何种股东保护纳入监管体系，是社会政治系统制度达成妥协的结果。

原则上，所有六种联合模式的结果，在任何时候、在任何指定国家（地区）都是适用的。各地可能会从一种政治模式和另一种模式之间来回转变，反映出群体力量和政治制度的不断变化。再深入一点，我们将对各地在治理模式之间随时间推移而变化的最常见轨迹展开进一步思考。

问题二：导致公司治理实践发生变化的原因是什么？

一国内部的变化

任何给定的样本中，当偏好或制度变化时，公司治理将随之改变。如果一个或更多公司的内部参与者——所有者、管理者或劳动者——的政策偏好发生改变，足以撼动之前达成的联合平衡的话，一个新的结盟将接踵而至。抑或政治制度的改变也能导致变革，尽管这一变革不如偏好诱发的变革那么常见。

当经济条件发生重大变化——如经济竞争、贸易条款、科技、经济萧条、通货膨胀发生之时，偏好就会发生变化。制度的变化往往由外部的力量压迫产生：革命、战争，或者更和平的方式——当政策偏好诱使参与者改变政治规则，从而改变他们的产出以满足他们的偏好。随之产生什么样的新平衡结果，这种均衡随着这些转变的偏好而变化的速度有多快，以及这种转变涉及什么样的协商和旁支付（side-payment）[1]，取决于每个国家的国内政治过程（political processes）。

改变偏好：整体经济形势可以通过各种方式改变偏好。为解释当今时代中的变化动态，我们需要特别地留心一个潜在的经济条件：养老金制度以及这些系统性选择对养老金资产积累的影响。养老金以及通过证券投资具备跨境流动性的退休资产，无疑是新均衡联合（联盟）中重要的"增效剂"之一。而通过金融系统的结构，由养老金权利引起的这些改变的偏好可以被调解，有时是被阻止的。还有其他一些因素能够改变偏好，从而形成一个透明度联盟结构，例如，对财阀与韩国专制政权之间亲密关系的反抗，或在德国，一种观念认为工作保障越来越多地与股东保护联系在一起。【279】

随着偏好的改变，每个群体（以及每个潜在的联盟）在从一个政策立场转向另一个政策立场时都面临着权衡。举例来看，如果该项结盟将改变治理实践的结果，影响并改变一些作为补充的制度，如联合薪酬决定机制、劳动安全机制、社会福利机制或职业训练机制，那么劳动者作为一个群体显然要比作为社团主义[2]妥协的一部分要好。

此外，与社团主义妥协相关、（我们认为）是形成和维持妥协的必要条件

---

[1] 旁支付，又称为"可转移支付"，是博弈论合作博弈中的子概念，其假设博弈中各参与者都用相同的尺度来衡量他们的赢得，且各联盟的赢得可以按任意方式在联盟成员中分摊。——译者注

[2] 社团主义（corporatism 或 corporativism，又称为"统合主义"）在历史上是一种政治体制，在这样的体制里，立法的权力交给了由产业、农业、和职业团体所派遣的代表。与多元论相较，多元制度里众多团体必须经过民主竞争的过程才能取得权力，但在社团主义制度里，许多未经过选举的组织实体掌控了决策的过程。这些社团主义的代表团与一般的商业公司或法人组织并不相同。社团主义又被称为"经济法西斯主义"。——译者注

的共识的政治制度，并不一定会在养老金和养老基金相关事务中做出低劣的集体决定。事实上，引人瞩目的是，欧洲两个国家——荷兰和瑞典，作为共识政治中的典型代表，在20世纪90年代实施了彻底的养老金改革。转向关注"股东价值"，可能提高股东的盈利能力，但却可能降低劳动者的平均工资。[3]

相反，社团主义妥协可能有其他长期的，源自处于平衡状态的公司治理实践的动态成本。这些实践更偏好内部人而非外部人，有利于生产者而非消费者，冒着提高自由现金流代理成本（agency costs of free cash flow）的风险，同时降低了要素流动性和价格灵活性。这一选择往往会抑制创造就业机会和技术创新，同时降低了投资的回报率。劳动者将忍受更少的工作机会，停滞的工资、社会服务的压力以及养老金的低回报。随着这些成本的增加，劳动者会试图逃离社团主义妥协。同样的分析可以适用于公司系统内部的其他参与者。管理者和大股东在社团主义妥协中具有特别的优势，但仍可能由于"内部人"导向的治理系统带来的经济停滞和其他负面影响而遭受长期损失。

纵然这些共同的经济压力会改变参与者的偏好，但也仅仅使一种新的联合成为可能，并不会让新的联盟自动产生。

【280】什么在塑造治理结果中最为重要，偏好还是制度？基于这些样本，治理实践的变化，往往更多地归因于多变的偏好而不是多变的政治制度。偏好的改变比制度的改变更快，因为随着时间变迁的制度变化更具粘性。在我们的样本中，只有在智利和韩国，公司治理格局的改变可以追溯到政治制度的明显变化。就政治制度而言，新加坡和马来西亚等"硬"民主国家的政治体制，很可能正在发生变化，但这些变化难以被度量，而且更难以与公司治理结果的变化联系起来。

在稳定的民主国家中，政治制度的变化非常缓慢。某些治理机构存在一些"锁定"选民群体的反馈效应，但总的来说，我们模型中因果关系的箭头是从偏好流向政治机构，再流向公司治理结果。我们相信不同治理结果的分布式后果会随着时间推移而改变偏好，但我们仍然没有在任何一个国家的叙述中彻底追溯公司治理结果对政治制度的影响。

---

〔3〕 Anke Hassel and Jurgen Beyer, "The Effects of Convergence: Internationalization and the Changing Distribution of Net Value Added in Large German Firms," Max Planck Institute, Discussions Paper 01/7, November 2001.

第八章 结论：继续推进研究

共识"聚合"对抗多数制"竞争"

在一些先进的工业化民主国家中，意见一致的政治系统倾向于使各方达成妥协"聚合在一起"。其为各方之间达成可信的协议提供了框架，鼓励各方为维持这一协议而建立起各自的利益和观念。

相较之下，多数制系统损害了社团主义协商，因为其将偏好的微小改变放大为政策的巨大波动。结果是，一个团体在对社团主义交易的投资，要么压根无法达成联合，要么联合被破坏，各方都不由得想要背叛他们的核心选民（或者害怕其他团体首先背叛），只是为了追求对中间选民（median voter）[4]的忠诚。多数制系统中两极分化的阵营，会就更广泛的选民联合展开竞争，而不是为了特定的利益的竞争，因此，外部人比内部人更重要，消费者比生产者更重要，并且——至关重要的是——大量股权分散的小股东比股权集中的大股东更重要。

因此，多数主义竞争更易于推动一个国家的治理系统朝向提高投资者保护程度的方向发展，将会采取两种形式：一种是投资者模式，劳动者很少参与；另一种是透明度联合，伴随着劳动者的参与。如果公民投票者通过提供养老金计划的方式，在好的治理中拥有强烈的重大利益，那么"锁定"效应就会发生用以维持新的均衡，就像智利一样。如果公民投票者并没有如此大的利害关系，就如同在一个严重依赖于第一支柱，根本未建立政府运营的养老金计划的国家，那么，这些影响并不会被锁定。

但是面向养老金和改变偏好的多数主义道路，可能不是建立透明度联盟的唯一道路。共识（consensual）政治系统同样可以用非直接的方式产生透明度效应。尽管这些系统支持了社团主义妥协的大多数组成要素，他们同样可能拥有更高的能力来实施养老金改革。在一个共识政治体制下，所有的主要政党都有参与改革谈判和分担风险的机制，包括政治和经济成本。相比之下，多数决制度中，社会安全的"第三轨道"[5]常常阻碍了政治妥协并且将改革

---

[4] 中间选民理论，是政治经济学的理论，即社会成员个人的偏好之和可以得出确定的唯一的社会总体偏好，而这种社会总体偏好恰好是个人偏好处于所有选民偏好峰的中点上的选民，高于他偏好的选民数量和低于他偏好的选民数量正好相等。实际上是为了当选，讨好中间选民的做法。——译者注

[5] 是指政治上极具争议的问题，不能触碰，任何政治人物如触碰这类问题，将不可避免地付出政治上的昂贵代价。——译者注

视为政治家从事的危险事业。

随着时间推移,即便是共识政治系统,也可能产生一个关注股东价值和透明度的选民群体,就像荷兰和瑞典似乎正在发生的那样。对我们而言,这些政治性事件如何被排序仍是一个未知数;至少在荷兰,为增强透明度而建立选区的政治决策,还没有时间让这些选区获得足够的政治支持,以抵消圩田模式社团主义者妥协的束缚,这种妥协深深植根于国内政治实践中。

许多国家的变化

当我们回顾在我们样本中公司治理变迁的方式时,特别是我们在前三章中审查的案例中,我们观察到一国公司治理模式的变化,同样,在一组国家中,都不是孤立的、随机的过程。公司治理只是国家和某种程度上区域层面(如欧盟)政治交易所敲定的许多重要制度安排之一。如同其他的制度选择一样,这些治理选择被更大的历史潮流所包围,而潜在的偏好和政治制度都反映了这些更广泛、更深刻的潮流。

贴近这一蜿蜒的历史长河,从19世纪中期大型有限责任公司的成长到现在,我们发现公司治理经历了三个大的变革时期:1850年至1914年、1914年至1974年、1974年至今。描述性地看,我们注意到贯穿这些时期的几个重要变量:全球经济的开放程度;一个国家融入世界经济的时间点(格申克龙早期和晚期的发展);劳动力整合模式(独裁主义或民主模式);以及一个国家政治制度的本质。

在这三个阶段,我们可以标示每个过程中的几个驱动因素,这些驱动因素会随着时间推移而变化。

第一阶段:公司的扩张,1850—1914年

公司治理实践第一阶段形成时期的全球驱动力是西欧、北美和日本的工业化和资本流动。工业革命为投资带来了巨额回报;这些回报流向那些能够累积财富并且聪明积极地使用他们的人。他们可以从自己的储蓄,从互相熟识的人,或者从政府(通过奖励、补贴和垄断租金)那里获得资金。

所有国家都是从作为所有者的大股东以创始人身份主导企业开始的,管理者和劳动者发挥的作用非常有限,而且公司内部缺乏少数股东。这符合我们对各国企业历史的了解。在一个宽松的规则框架下,"私人约束"(private bonding）机制在为企业成长提供资金中居于核心地位。银行和证券交易所扮演了这一角色，小型的个人网络也是如此。银行代表投资者对公司进行监控。证券交易所通过上市要求提供了保证。股份制通过合并和私人安排等有限的方式展开了。为了回应这些激励措施，更完备的债券市场、股票市场开始兴起。

通过这种方式，19世纪末所有主要的工业化经济结构培育出的公司，都具有相当集中的集中持股治理模式。少数投资者承担风险并购买股份。股权市场日益繁荣——不仅仅是在美国，而且正如拉詹和津加莱斯所指出的那样，日本和法国也是如此。公司规模的迅速扩张产生并且需要职业的管理者。在大多数情况下，大股东直接监督管理者。股份制超前于正式保护而存在。

在这个较早的时期，各国之间已经存在着分歧，接下来的分化已现端倪。格申克龙著名的对先发展国家和后发展国家差异的论断，在这里似乎可以被应用：作为先发展国家的英国，走向了股权分散化的路径，而德国、日本和俄罗斯，作为后发展国家，则走向了集中持股的路径。但总的来说，大约在第一个阶段，各国之间的相似大过差异。政治制度往往是专制的或相对较新的民主主义，并没有很好的制度化，并且经常听到一系列狭隘的声音，以回应组织良好的精英利益集团。

第二阶段：应对混乱，1914—1974年

在公司治理形成的第二阶段（1914—1974年），公司治理形成的全球驱动力主要是经济和社会混乱。在技术继续扩大投资回报的同时，政治力量扰乱了市场和贸易。战争、经济萧条和政治混乱与民粹主义和精英阶层混杂在一起，反抗市场力量。在大多数国家，对经济的规制是首要的反应，通过扩大政府部门的权力，扩张了公有制，并提升了银行所扮演的角色，因此鼓励了集中持股。

在许多国家，政治变革——扩大的选举权、战时动员和宪治政府——将大大拓展更广泛的利益和偏好的发言权。在一些地方，这将导致民主的崩塌和独裁政权；在另一些地方，这却加强了民主体制。在这些国家的主要差异是劳动在政治中政治性"渗透"的本质：在法西斯主义等系统中被压制，整合为基督教民主党和社会民主党组织中的"社团主义"民主，并在新自由主义国家展开较量。

在少数情况下，如美国，加强监管的目的旨在保护股东权益和促进股权分散。在欧洲大陆和日本，由于战争和经济混乱为政府干预提供了强有力的支持，监管规制则背道而驰，朝着另一个方向发展。银行被广泛地重组，有些地方甚至在二战前就实行了有效的国有化，而另一些地方则是在二战后。股票市场崩溃了。少数股东保护的工作几乎无人问津。面对经济保护主义和对国内竞争的广泛限制，产品市场疲软。福利国家得以发展、构建和扩张。就业保障和社会保险制度大幅度增长。在多数国家，这些福利国家依赖于"现收现付"养老金计划，将成本拖延至未来，而不是——像在智利、马来西亚、新加坡和英国、美国以及最近转向全额福利基金的荷兰和瑞典——那些私人持有和全部资金充足的计划（在这个阶段的后期发展起来）。

第三阶段：新背景下的全球资本流动，1974年至今

第三个阶段自1970年代开始，其特征是经济政策的广泛自由化以及对贸易和金融流动开放性的重建。这一阶段的开放性类似于一战前的经济系统，但政治体系更加民主。第三阶段的重要特征在于养老资产池的巨大增长，以及私人储蓄的普遍增长，逐步进入全球证券市场，并因此创设了新的选民——我们认为这是一个新的、强有力的联盟——主要为少数群体股东服务，越来越成为全球公司治理的主流。

贸易和国内金融模式的变迁在很大程度上塑造了公司治理实践。例如，美国所采纳的政策促使大量个人和机构拥有股票。1974年《雇员退休收入保障法案》（ERISA）将大量养老金储蓄投入证券市场，这是我们大多样本的主要偏好的变化。对金融机构界定的边界被放宽，允许国家和各州的银行、金融和商业银行、证券经纪公司等混业经营。其他样本也同样实施自由化，尽管各自的程度不同。拥有国有化企业的国家也开始了大规模私有化。

国家之间自由化的经济关系给国家层面的经济制度选择带来了竞争性压力。在一些欧洲国家和日本，社团主义妥协的稳定特征将会面临那些在降低成本方面不受限制的国家生产者的竞争。没有养老金计划的企业成本更低。拥有灵活劳动规则的公司可以降低工资。投资者进入国家证券市场，并要求作为少数股东得到关注。在国家公共退休结构之外拥有养老基金体系的劳工组织现在也加入了这场博弈，将劳动者的民粹主义声音置于辩论之中。

这些普遍的全球模式，尤其是在上面讨论的第三波浪潮中的驱动因素，

是否会促使公司治理实践的一致性趋同于一个理想的公司治理模型？这就引出了我们的第三个问题。

问题三：公司治理制度的总体模式差异性更小（趋同）还是更大（分化）？

我们分析的方法和国别（地区）样本中的证据表明，公司治理安排中持续存在多样性，而不是趋同于单一模式。伴随所有者、管理者和劳动者偏好随着时间的转移，且存在六种不同的政治联盟可供选择，考虑到他们所支持的各种各样的政治机制，如果所有国家都以同样的治理模式作为终结，将是不可思议的。

【284】

如同我们在上文向读者所提供的信息，有三种可能的结盟，每种结盟中又有两类可能的"获胜者"，因此存在六种可能的联盟组合。公司治理中的每一个结果，都或许拥有不同的政治基础。这样的政治结盟可以改变，也可能摇摆不定。现在许多国家属于社团主义妥协或透明度联盟（或介于二者之间，并随时间推移有所移动），但是并没有理由来推断所有的国家都会终结于这两种模式中的一种。社团主义妥协和透明度联盟可能退化或破裂，重新回归到管理者主义。

人口结构变化和资本流动性都可能会持续地作为改变劳动者境遇的外部因素。劳动者公民获得财产，他们对股东保护产生了偏好，从而加大了建立透明联盟的可能性。

但是，无论是在金融领域，还是在协调经济结构方面，劳动者资产的数量与政策偏好之间的联系都是由机构来调节的。一些金融机构鼓励由养老基金持有者集体表达意愿（例如工会控制的养老基金），而其他的结构则可能使投资者的发言权支离破碎，将这一领域留给了管理者和声誉中介之间互惠互利，却牺牲了小股东和劳动者利益。一些经济结构鼓励劳资合作，另一些经济结构则鼓励二者的摩擦。而所有的偏好反过来又会由构建思想、分析、解释和联盟模式的潜在政治体系调和。

路径依赖正在发挥作用。早期的选择塑造了现在的选择。我们注意到两个特别重要的历史选择。首先，我们需要特别强调的内容，涉及养老金计划和拨款。三个养老金支柱的相对权重以及后来国家与私人养老金的"挤出效应"，往往会使各国在与公司治理实践相关的联盟协调方面从一种路径走上另

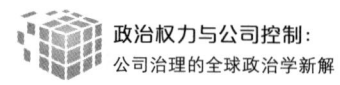

一个路径。这些选择同样决定了何种资产池将被创设,以及在某种程度上,他们往哪里流动。

在这方面,要想理解未来公司治理辩论的政治倾向,我们必须追踪有关养老金改革的争论。这一问题常常被归结为一个简单的问题,即是否要私有化。这掩盖了另一个至关重要的问题,即转向第二和第三支柱的模式是否会真正发生。资产由机构掌控,而机构要对所有者负责,可能比自治管理者管理自己的资产更注重治理。

另一个历史的分支点涉及协调度变量,以衡量资本主义经济体之间的差异。构建了较高发展程度社团主义协定的国家,在共识政治体系中由协调市场经济支持,在面对全球变化时,很可能与那些在多数主义系统中拥有自由市场经济结构的国家有着不同的政治。

[285] 趋同论证中的致命弱点(Achilles heel)就在于其假设全球经济中适用的选择机制过于强大,以至于在这个过程开始时,就能侵蚀所有先前存在的条件。面对雄壮高耸的冰川,是不容易将其摧毁的。残留效应显而易见。全球经济力量肯定会影响了我们研究的样本,但他们有办法按照这些影响是如何内化的去塑造。

由过去所塑造的这些框架中,各国进行政策的政治辩论。内部振荡可能比强有力的"国家模式"路径意味着更多。美国对少数股东保护的记载随着政治平衡的转变而起起伏伏;韩国转变了路线;法国则向新的方向出击;荷兰以稳定方式改变了原有系统中的大部分。国家来回摇摆;而将政治与这些波动的时间相匹配又是另一个研究领域。

不足之处及未来研究方向

我们坦率承认,在本书中,我们的研究方法和使用证据存在几个重大缺陷。这包括了因果关系模型的复杂性以及随之而来的检测问题;数据之痛;几个简化的假设可能会重复,并将时常困扰我们;金融和声誉中介机构复杂的黑匣子;以及公司治理偏好的可塑性。

模型的复杂性

我们对公司治理的定义是宽泛的,超越了对股票市场机制的狭隘关注,

第八章 结论：继续推进研究

尤其是超越了仅仅与董事会相关的运作，而这些都是市面上多数商业媒体对什么是公司治理的误读。以克拉森斯（Claessens）研究为基础，我们将公司治理定义为一系列义务和决策结构，形成了"复杂的约束机制，决定了由公司产生的利润并形成了事后利润分配的商讨机制"。[6]

我们的方法使得政治成为分析的中心。在这方面我们加入了罗伊、拉詹和津加莱斯、帕加诺和沃尔平、克罗兹纳以及佩罗蒂和范塔登的队伍。他们同样提及了政党、利益集团、社会阶层和政治机构。我们以其工作为基础，发展出了与群体和偏好相关的类型化研究，将公司内部更多的直接偏好与政治组织中的政治战略联系起来。

但这是一个复杂的因果关系模型，如第二章的概要中不同图表中的方框、线条和回归曲线等所展示的那样。众所周知，在一个包含多重独立变量的模型中，开发可被检验的、可被证伪的命题是出了名的困难。一定程度上是这个实证问题导致的结果，我们大体上受制于运行中的相关性而不是控制权的多重回归，后者可能在因果关系构建方面会少一些模糊地带。

数据难题

在究竟什么组成了公司治理制度方面，并没有客观标准，或者——更重要的是——如何去客观地衡量他们。例如，对研究者和从业者而言，就一个跨国样本，或许在国际会计准则理事会的支持下，制定一个普遍接受的会计和审计质量指数，将会非常有帮助。这些指数问题可能通过近期新兴市场中为公司治理打分的企业所解决。

代理服务行业（proxy service sector）的几家企业已经展开了评分业务，标准普尔（Standard & Poor）也开始对公司进行企业治理评估。一些企业被指责存在有利益冲突，因为他们也从自己正在评估的企业那里收取费用。一家名为"治理指标"（Governance Metrics）的新公司加入了竞争，同时通过从机构投资者（而非公司管理者）处获得收入来避免利益冲突问题。

我们长远的目标是了解变化的动态，各地究竟是如何从一种模式发展到

---

[6] Stijn Claessens, "Global Corporate Governance Covergence: The Case of Asia," paper presented to the Global Research Network Meeting, Institute of Corporate Governance of Korea University, Global Corporate Governance Forum of the World Bank, and the International Institute of Corpoate Governance, July 2002, Seoul.

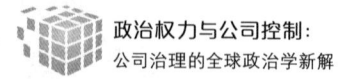

另一种模式。当前的许多研究都是静态的：它将这个或那个变量与集中度数据关联起来。这是非常有价值的，但还远远不够。我们知道已经发生了变化。拉詹和津加莱斯用他们的书——《大逆转》(The Great Reversals)很好地诠释了这一点。分析过程中关键的下一步是展示主要国别（地区）案例的长期"纵向轨迹"，并研究这些深刻的叙述，以获得各地如何在本书中讨论的众多治理最终状态之间移动的系统线索。

分析轨迹的下一步需要更详细地列出等式两边的变化模式：所有权模式的变化和政治模式的变化。这里我们将面临一个重大的实证难题：如在本书第三章中所指出的，所有权集中度的数据是不完整和静态的。它目前只提供了制度在某一点的简况（快照）。未能提供随着时间推移该点的变化。变化发生了，在过去若干年中在某些情况下发生了相当大的变化。例如，在我们的样本中，1997—1998年亚洲金融危机后，亚洲国家取得了长足的发展，而这些变化并没有反映在我们借鉴拉波塔等人的会计质量指数当中。

核心的争论涉及大股东对由证券组合投资者提供的价格激励的反应，需要对持有量随时间的变化进行检验。为此，我们至少需要有关所有权集中度的最新数据集。随着时间的推移，各地内部的更多数据将有助于解决小样本问题。各地正在进行的历史重建工作可能对我们在这一关键领域的基础知识做出重大贡献。[7]

简化的假设困扰我们

在这种情况下，政治过程的重要因素将变得更加明显，一个原因是政策结果——我们以及其他作者普遍忽视的这个因素。我们的分析强调了偏好和制度。该系统还有第三个部分，被社会学家称为"政治资源调动"(political resource mobilization)。偏好需要资源通过制度来行事。劳动者、所有者和管理者需要选票、资金、组织、意识形态表达以及游说的能力，才能获胜。我们通过投票和政党计划推断出选民的偏好，但我们却很少运用政治资源来做什么，因为他们更难以衡量。

---

[7] Morck et al., *The History of Corporate Governance around the World: Family Business Groups to Professional Managers*, forthcoming.

第八章 结论：继续推进研究

声誉中介的黑匣子

当前公司治理研究中最容易被忽视的变量之一是声誉中介机构的作用和金融机构的结构。声誉中介在这一系统中，无疑是相当重要的参与者。他们被赋予重要的任务，特别是在股权分散的模型中，但究竟是什么原因让他们表现好或者表现差，我们缺少相关的动态分析。

随着世界各地都在处理其养老金危机，解决方案的影响将在很大程度上取决于声誉中介扮演的角色。一些业务方式鼓励对管理代理问题进行强有力的监控，并保护股东利益。而另一些则不是这样。我们对此知之甚少，无法很好地理解这一体系，也无法很好地理解运行中的政策问题。

偏好的可塑性

密切相关是"调和"（mediating）结构的作用，它将偏好利益和行为联系起来。人们的偏好是通过他们理解正在发生事情的方式来进行协调的。这些理解受到中介金融结构的影响，也受到影响观念的过程的影响：记者和经济新闻界；学术活动及学术写作；政治党派和政治思想；智囊团和基金会。所有这些都引发了关于监管、问责制、市场、平等、价格、劳动力市场、国际机构等方面的好实践和坏实践的争论。在这里与社会学家的协作将会特别有益。

小结：继续为公司治理之争而战

本书中的论点和证据为我们提供了弹药，可以用来推测，甚至预测公司治理难题在理论和实践旨趣的几个方面的影响。其中包含了公司治理中的逐顶竞争（还是逐底竞争），制度互补的有效性和紧密性，公司治理"改革"的风险和回报，国家在公司中的角色转变，以及关于公司治理的修辞辩论的概览。

【288】

逐底竞争还是逐顶竞争？[8]

在资本和企业流动性日益增强的背景下，全球各地市场上不断变化的联

---

[8] 也可以被认为是"良性竞争"与"恶性竞争"。——译者注

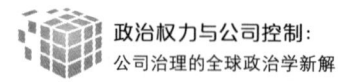

盟之间的政治角力，会否导致一场股东保护方面的"逐底竞争"抑或"逐顶竞争"？

我们的样本表明"逐顶竞争"行为准则，代表了全球范围内更强大的少数股东保护。但是，在立法、规则、执行、持股模式和治理实践方面的做法仍然存在相当大的差异和不确定性。增强股东保护的激励措施促使各国争夺公司治理的"明星"，而不是吸引数量上占优势的"柠檬次品"〔9〕，从而采用亲少数股东保护的概念。但其他的变量也参与了进来，发挥了作用，并限制了这些规定的适用。

尽管存在制度互补性和制度惯性的双重拖累，但荷兰的例子表明了这一要素流动的过程如何改变结果。如果对国内公司治理现状不满意，投资资本和企业都可以跨境迁移。在荷兰，由于20世纪80年代的养老基金改革，ABP等机构投资者获得了大量资金，但他们寻求增强少数股东保护的能力受到荷兰管理者和劳动者在这方面阻碍监管变革的能力的限制——一个经典的舍弃社团主义妥协均衡的例子。作为回应，投资基金集体抛弃了阿姆斯特丹证券交易所，将自己证券投资组合转移到其他能够提供更好保护的市场。

具有讽刺意味的是，在国内投资者纷纷逃离海外之际，其他欧洲国家公司却被在阿姆斯特丹上市所吸引，以便利用完全相同的规则来推进管理者防御，而这些规则正是投资者所鄙视的。最为著名的例子是古驰（Gucci），该公司将自身的注册地从意大利换到荷兰，以阻止一项收购要约，这可能会提高少数股东权利而威胁到现有大股东的控制权利益。

当然，还有更多的公司从对少数股东保护相对薄弱的国家迁往治理声誉较好的国家的例子。发达市场的许多企业在美国或英国市场交叉上市，例如那些在纽约和伦敦发行存托凭证的公司。与此同时，许多来自新兴市场的企业在纳斯达克（NASDAQ）首发上市或者在伦敦或纽约证券交易所交叉上市。

虽然我们注意到许多大股东缺少交叉上市的热情，但仍有许多例子表明，他们选择从少数股东保护较低的国家叛逃，参与这些交易。这些公司中处于控制地位的所有者或管理者，在上述证券市场中，更愿意将自身与更为严格的治理保护绑定在一起，以获得更高的价格/收益，有可能几倍于正常情况下

---

〔9〕 George Aberlof, "The Market for 'Lemons': Quality Uncertainty in the Market Mechanism," *Quarterly Journal of Economics* 84（1970）：488-500.

的股价；大股东为了获得更多的金钱，而管理者则是更好利用股份购买展开有益的收购（或避免自己被收购）。事实上，巴西创建"新板"市场的主要动机之一，就是防止这些"进步的"公司完全抛弃圣保罗交易所（São Paulo Exchange），转而在纽约上市。

从这个意义上讲，声誉中介发挥了主导作用。随着投资资本变得日益国际化和宽松化，每个国家的证券交易所都可以从吸引那些优质企业和投资资本中获益，这些资金将用于购买公司治理水平较高的股票。相反，那些证券交易中公司治理不规范的国家，诸如荷兰，交易所会因资本和上市公司的双重外逃而蒙受巨大损失。[10]

拥有较高少数股东保护制度的国家，吸引了企业和资本，它们的交易所将受益于更高交易的交易收入，以及更深层次资本市场的长期利益。他们的交易市场将会蓬勃发展；直接的收益集中在声誉中介机构，而长期收益则广泛分布。

另一方面，已确立的"柠檬次品"原则表明吸引多数柠檬次品企业的成本是巨大的，而拥有较高少数股东保护的企业则会离开。由于资本市场的交易稀疏、市场变浅，在这些国家短期损失将会主要落在声誉中介身上，声誉中介的收入将会萎缩，市场对"柠檬"市场的不信任后果将会落在所有市场参与者身上。即便长期损失被广泛地分担了，但是短期损失将会是集中的，而且柠檬次品公司获得的收益很可能无法抵消金融业萎缩所带来的成本。

全球基金在国家层面实践带来压力的这一顺序，本质上是投资者模式。我们看到了这一机制的逻辑性，但是强调这并非自发形成的。如果愿意，公司可能会改变自身的行为。但是通过政治系统传递的监管规制，以及他们的趋同"向上"的融合可能会遇到阻力。因此，很可能由内部大股东和既存系统中的参与者发起斗争，因为他们都害怕嵌入的偏好会遭到破坏。

对我们"逐顶竞争"的结论持怀疑态度的人，可能会注意到美国在治理场所之间竞争的例子。美国公司可以在任何一个州注册，也可以将"总部"从一个州迁移到另一个州。这种流动性可能会导致总体上对股东保护程度的降低。管理者确实成功地在许多州通过了反收购法，然后将公司总部从对投资者友好的特拉华州迁移到更友好竞争的地区，如宾夕法尼亚州或俄亥俄州。

---

〔10〕 Coffee"2002a"．

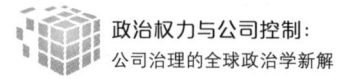

【290】州议员们通过法律削弱了对少数股东的保护,但这些公司对投资者的长期吸引力下降,几乎没有给他们带来什么损失,原因之一是,总部设在其所在地的公司仍然可以选择位于纽约的美国资本市场上市。公司设立和资本市场之间的区别在这里很重要,对股权集中度的成本和收益的观念也是一样。

通过法律降低对少数股东的保护的州立法者,几乎没有因为这些公司对投资者的长期吸引力降低而承担补偿成本,其中一个原因是总部设在其所在地的公司仍然可以选择在纽约的美国资本市场上市。

制度互补性与"改革"

治理系统嵌在相关政策和实践的框架中。正如《资本主义的多样性》作者所指出的,治理模式与劳动者培训、工资决定机制和价格波动机制、就业保护、产品市场竞争和贸易风险等方面的实践相互作用。从一个模型中借用零件并将它们整合在另一个模型中,可能很困难。

将公司治理选择与相关制度选择联系起来的制度互补性有多紧密?我们的国别(地区)样本表明,制度互补性在保持各种联盟模式的事前均衡方面是相当强有力的,即便在面临其他参与者偏好变化的压力下,也是如此。我们的样本还表明,公司治理选择可能比严格的制度互补所允许的资本主义的多样性(varieties-of-capitalism)概念更具灵活性。

但是对公司治理的"改革者"而言,有一点值得警惕。我们样本中的一些案例表明,公司治理机制的改革,尤其是新兴市场的公司治理机制,需要谨慎地处理代理和征收成本之间的平衡。治理机制在互补性"组合体"捆绑中,出现了互相之间交互作用,以缓和(如果不能彻底消除的话)征用和代理成本。[11]在不审查政策互补性问题的情况下,每次只改变一个机制可能会产生不良影响。[12]

例如,通过改进非执行董事监督的方式来降低征用成本,效果上对企业家征收沉重的"税收",可能会削弱私人大股东约束管理者的能力。[13]这些

---

〔11〕 Ralph Heinrich, "Complementarities in Corporate Governance: A Survey of the Literature with Special Emphasis on Japan," Kiel Institute of World Economics Working Paper No. 947, 1999.

〔12〕 Katharina Pistor, Martin Raiser, and Stanislaw Gelfer, "Legal Evolution and the Trans: Lessons from Corporate Law Development in Six Countries," unpublished paper, Berkowitz, Pistor, and Richard, 2003.

〔13〕 董事会,即便是非执行董事,都容易被雇员-管理者所俘获。

改革带来的意想不到的后果可能是代理成本飙升,公司内部根深蒂固的员工经理现在可以自由地进行糟糕的管理。实际上,在一些国家关于公司治理的辩论中,对"职业化"管理者的号召往往暗指"降低大股东的影响力"。相反地,降低代理成本的努力——变化在于对所有并购竞争开放的态度——可能导致较高的征用成本,由大股东出现来惩戒(或征用)"雇员-管理者",在这个过程中,雇员、管理者以牺牲了小股东为代价补偿了自身利益。[14]

【291】

事实上,集中持股模式仍可能有许多优点,包括对管理者代理成本的有效控制。然而投资者模式表明,集中持股模式将会最终被更加"有效"的少数股东保护和低股权集中度的系统所取代。

我们对此并不确定。在监管薄弱、执行能力较差的国家,集中持股模式能够提供监督机制。构建复杂的法律和实践生态环境十分困难并且旷日持久,这些法律和实践是英美模式透明联盟的支柱。

运营效率和股权集中度并不必然相关。在一些生产系统中,集中持股模式的公司可能表现更好。事实上,几乎所有的初创公司,包括微软、甲骨文和谷歌等自负的美国高科技巨头在创立初期都是集中持股式公司。

再次重提国家

我们的案例揭示出,公司治理改革的观念相当于去监管化。如果一国朝向较高的少数股东保护水平和较高的股权分散方向发展,国家的作用不一定会缩小。相反,它朝向了不同的方向发展,包括其公司治理监管职能,国有企业私有化过程中的政府监管选择,以及——最重要的是——养老金计划结构和融资方面的一系列政策选择。

我们已经详细讨论了声誉中介机构在传递(或阻止)加强对少数股东保护的压力方面的关键重要性,以及有效监管这些中介机构所固有的困难。监管俘获始终都是一种风险。

通过国有企业的私有化,国家在治理方面也发挥着重要的作用。私有化或公司化国有企业(SOEs)的管理者往往比处于控制权竞争中的企业的管理

---

〔14〕 大股东可以通过破坏隐性契约对雇员进行征用,使其分担公司的"准地租",或仅仅依靠掠夺他们的养老金[如罗伯特·马克斯韦尔(Robert Maxwell)丑闻]。参见 Margaret M. Blair, *Ownership and Control*: *Rethinking Corporate Governance for the Twenty-first Centry* (Washington, D. C. : Brookling Institute Press, 1995).

者更根深蒂固。在大多数情况下，剩余国家所有权、"黄金股"和其他否决权都有效地使这些公司免于敌意（甚至是友好）收购。

此外，国有企业管理者往往擅长加强与"利益相关者"（通常是国有企业全体员工）的共同事业，特别是在员工被工会组织化和政治动员的情况下。许多这样的公司在公共事业或公共交通领域占据着主导地位，并且它们在金融服务领域也具有相当大的影响力，因为一旦股票上市，它们在股市市值中所占的比重就非常巨大。通过抑制争夺控制权的风险，削弱了金融约束的力量，而这些"雇员-管理者"更愿意通过抵抗持续的放松管制或强有力的竞争政策，来努力弱化产品市场的竞争，降低国有企业累积的租金。[15]因此，拥有大量国有企业的国家更有可能继续处于我们联盟类别中的社团主义妥协框架中。

正如我们在本书中反复指出的那样，有关养老金计划和共同基金的结构和功能的规定是公共政策的一个核心问题，对股市乃至公司治理都将产生巨大的长期影响。养老金计划的规定可能会成为公司治理的"尾巴"。

随着家庭和企业对其养老金资产施加更多控制，他们将对养老基金经理施加更大的压力，要求他们在国内外寻求更高的回报。养老金计划的这些变化将大量以前的被动储蓄投入到活跃的股权投资中，特别是在日本和欧盟。积极的证券投资导致了更系统地使用治理贴现（或溢价）。这可能会导致对管理者更积极的监督。如果持有这些基金的公司有意与基金经理串通一气，或者股份集中在少数人手中，情况可能会相反。

随着这些基金重要性不断增加，关于这些基金如何行使其金融（和政治）影响力的争论也将愈演愈烈：将会出现何种结果，以及在什么样的监管参数范围内。例如，加州公务员退休基金（CalPERS），被很多股东积极主义者视为一个英雄般的机构，因为该机构在寻求公司治理透明度方面发挥了领导作用。但是加州公务员退休基金也常常受到来自华尔街的批评，指责其利用自身权力达到政治目的（例如帮助工会或民主党政客），牺牲了受益人的经济利

---

[15] 由施莱弗和维什尼拓展的"掠夺之手"模型表明，在很多情况下，即便该国有企业部分或全部的私有化，只要他们仍然可以通过自由裁量的监管控制公司的利润，政治家可以从国有企业中攫取很多私人利益。取决于何种程度的腐败可以被容忍，他们可以直接获取私人现金利益，或者通过过度的雇佣有特权的工会或领域。Shleifer and Vishny 1999, 176-78.

益，以支持政客们感兴趣的非经济"社会目的"（就业援助机制、社区发展）。事实上，一些左翼活动人士希望养老基金被用于"可持续发展"等社会目标，并将股东权利与这一目标挂钩。其他活动家将他们的目标限制在更好的业绩目标上。管理者发现，削弱诸如加州公务员退休基金等挑战了其自主权的机构，对他们是有利的。有许多只手试图在很多不同的方向上对基金监管的钟摆进行拉扯。

分享全球化的收益

在大量投资资本从发达国家流向发展中国家的背景下，这种拉锯式的角力事关重大。从长远来看，经济全球化是创造巨额财富的引擎。如同我们在本书中讨论的一些部分，资本流动、货物跨境中有清晰的赢家——发达国家的资本所有者获得了较高的回报，发展中国家的劳动者获得了高工资——同样也有输家，但平均来看，总体上的收益，应该大幅超过损失，否则全球化无疑会逐步停止。而现实中并没有出现这种迹象。

由这种将原本丰富的资源更有效地结合在一起所创造的财富，通过国内或跨国经营的企业流动。发达国家的资本所有者（包括养老金领取者、家庭和机构投资者）在发展中国家寻找投资机会，主要是证券市场，最好是具有流动性的公众公司，他们面临的主要风险之一就是这些企业的公司治理问题。少数股东保护风险的大小、公司治理如何随着时间推移而变化以及这些选择是如何被嵌入国内政治妥协之中——稳定或脆弱的妥协——将极大地影响全球化创造的财富的规模和轨迹，并同样影响着资本所有者和劳动力提供者之间如何共享这些财富。

因此，马来西亚或土耳其等国国内关于治理规则的政治辩论，对东京、伦敦或纽约的投资组合经理来说确实很重要，尽管这些规则在发展中国家首都的变化速度，远慢于交易大厅屏幕闪烁的紧迫性。我们希望强调这样一个事实，即这些全球投资者在这种潜在收益中的合作伙伴并不是发展中国家的"裙带资本家"（crony capitalists），随着金融全球化的持续发展，他们长期的回报会下降（如同斯托尔帕-萨缪尔森预测的那样），这些收益应当归属于发展中国家的企业家、管理者和劳动者。这就是我们早些时候在公司治理历史的三阶段中所提到的第三阶段（从1975年到现在）的新政治背景。

【293】

修辞与公司治理"高地"（High Ground）

我们的案例表明，正是获胜的政治联盟为每个国家的公司治理设定了辩论的术语。在公司治理选择中，与其他的政治竞争一样，存在着一场旷日持久的战斗，既要控制话语权，又要控制决策机制。

在一本如此专注于经济激励、理性决策以及几乎好战地执着于"积极政策经济"方法的书中，我们通过讨论修辞和合法性来结束我们的故事，这具有不小的讽刺意味。（政策）话语有影响力，因此它成为争论的对象，这是经济社会学家提出的观点。[16]

在研究过程中，我们筛选了几十个国家和地区（包括数种语言）关于公司治理选择的数千页论证。关于术语的固执争论让我们感到震惊。究竟公司治理的真正含义为何？大量的笔墨被花在关于定义的争论上。在一个又一个国家（地区），在一个又一个研讨会上，我们观察到大量精心设计的言辞，证明当前联盟结盟是正当的，"胜利者"斥责"失败者"，失败者则回击类似的言辞攻击。虽然我们没有对这些争论进行系统的内容分析，但是我们确实观察到了一些模式。

例如，在资本与劳动力划分政治战线的国家，投资者联盟对公司治理的定义是："应对金融全球化的挑战"遵守经合组织原则，来实现"在对资本的全球竞争中的治理国际标准"。相反，从劳动者力量的角度来看，大股东和外商证券组合投资者被斥责为自私的寡头，并与无情的国际货币基金组织和无耻的苏黎世投机分子结成同盟。[17]在社团主义妥协中，管理者和劳动者多数时候坐在"同一条船"上，其公司治理的选择需确保公司在一个"稳定"的经济中"服务于国家"——所有者被作为寡头和"投机者"而被抛弃。德国、荷兰、瑞典，特别是日本见证了这种言论的大量使用。在这些国家，利益相关者（作为股东的对立方）保护的观念在公共话语中仍然相当强大。

引人瞩目的是，寡头政治执政者（如果有人愿意承认自己是寡头的话）

---

[16] 参见第四章中的讨论；Nicolas Véron, Matthielu Autrer, and Alfred Galichon, *L'information financière en crise—Comptabilité et capitalism* (Paris: Odile Jacob, 2004); and Schmidt 2002 on discourses.

[17] 在2002年巴西总统大选中，就有对这类辞令特别多彩的运用，大选中民粹主义者路易斯·伊纳西奥·（卢拉）·达席尔瓦 [Luiz Inacio (Lula) da Silva] 胜出。

在设定话语术语条款的斗争中相对沉默。或许这是因为寡头政治联盟倾向于在威权或早期民主国家中设定治理选择，而在这些国家，辩论的术语条款并不那么重要。当寡头们屈尊为自己的治理偏好发布政治理由时，他们倾向于借用投资者模式的说辞。例如，米哈伊尔·霍尔多科夫斯基经常引用股东价值和良好公司治理的语言，推论出管理者对股东负有的可归责性与政府首脑对选民所负有的可归责性之间清晰的类比关系，直到他因惹怒了弗拉基米尔·普京而被投入监狱。

在透明度联盟和管理者主义阵营之间摇摆的国家，政治辩论出现了意料之中的公司治理诉求，保护了"小人物""个人投资者""寡妇和孤儿"。在美国，几乎每一场证监会委员发表的治理言论都会援引这样的箴言。公司治理的作家，从伯利和米恩斯到蒙克斯和米诺几乎都悲观地就管理者防御和管理者改进中的危险发出警告。新闻工作者乐于将这些豪言壮语与浮夸的管理过度和口是心非的形象结合起来。

与此同时，在各联盟分歧中，管理者为了满足自身的目的，竞相操纵公司治理的观念。华尔街、伦敦或其他金融中心几乎没有季度盈利报告或分析师的电话会议未引用"构建股东价值"的口号——即使在日本也是如此。来自法国和韩国等不同国家的职业经理人迅速接受了股东价值的概念，将其作为职业自治的理由，使其不受大股东和劳动者（特别是针对准私有化国有企业中的管理者）的干涉。让-保罗·梅西耶（Jean-Paul Messier）最喜欢用"创造股东价值"（building shareholder value）这个短语，即便他把威望迪公司搞砸了。许多人谈及"投资者阶层"，好像这是一个统一的整体，而不是一个具有相当异质性，且往往具有相互冲突的目标的支离破碎的群体。股东价值在一定程度上与效率有关。但是，就业保障、收入不平等、社会福利等分配问题依然严重。现实中可能有很多方法来组织一个高效的公司。

【295】

市场效率和政治修辞

在这些言辞激烈的辩论中，我们不偏袒任何一方，但我们确实注意到既有模型中所有者、管理者和劳动者等全部参与者在这个反反复复的模式中存在令人不安的不一致，不情愿地面对公司治理安排中的政治事实。

例如，当管理者表现不佳，无法为股东赚取利润时，这些管理者常常秉持更为宽泛的问责制修辞概念，包括从就业稳定到"可持续"管理，再到"为利益相关者服务"，而不仅仅局限于服务投资者。但是，当人们努力改变公司治理规则，使新规则严格地将赚取利润作为对股东责任的定义之时，这些同一批管理者却又采取另一种方式，秉持更窄的修辞概念，将公司治理视为一个严格的经济行为——这表明治理改革将使公司运营方式"政治化"，从而为律师寻租、官僚干预以及对社会议题感兴趣的"民粹主义"力量敞开大门，而非利润。大股东、股东集团，劳动者及其工会，在区分市场效率和政治过程方面，并未能识破某些障眼法，他们更倾向于权宜之计，而不是一以贯之地选择公司治理辩论的论据。

　　解决哪一种形式的公司治理功能在经济学语境下最有效，以及具有何种社会效果和政治外部性，显然其已经大大超越了本书的范围，无论这种评估多么重要。但在本书中，我们想强调的一点是，"公司治理决策"的条款是一个明确的政治结果，尽管具有重要的效率和其他市场影响。除了效率规则外，公司治理规则还具有分配效应。我们认为，那些支持抑或反对公司治理改革的人——以及那些只是一心希望在改革过程中赚钱的人——都应该认真了解这些制度选择被辩论和制定的政治机制。

数据附录

本附录为我们在本书中使用的数据提供了背景支持。我们还计划将这些数据发布到一个网站上,供其他作者访问。

【297】

与该领域的所有研究人员一样,我们在收集所有问题的可靠数据方面面临巨大挑战。同样,与所有研究人员一样,我们在很大程度上依赖其他人的工作来构建关键度量指标,如第三章中的少数股东保护指数和第四章中的制度指标。

我们结合了来自几个不同领域的数据序列。

- 微观经济,企业层面的数据,如集中/分散持股以及对少数股东的保护,汇总到一个国家层面;
- 宏观经济国家变量,如人均国内生产总值和养老金隐性债务,以及
- 国家层面的政治科学变量,如政治凝聚力指数或左派-右派联盟指数。

我们将数据分析限制在简单的测试中,如测量离散度、相关性和少量线性二元回归。我们的目标是对可获得数据的有限国别(地区)样本的相关假设进行的一阶检验;我们期待未来的研究人员改进这些测试,为特定国家和跨国家样本添加新的数据源,并在我们的论点中找出漏洞。

我们没有为共线性等问题插入控件或运行额外的测试。我们对任何两组数据之间的统计因果关系断言的力度是有节制的;其中许多关系是内生的,可能通过多种途径来实现。

以通用格式收集国别(地区)样本的数据集相当耗时,同时利用的各种主要来源,如附录表 A.1 所示。

· 333 ·

我们测试的最大样本量是39个国家（地区）；尽管这39个国家（地区）显然是所有可能国家（地区）中的一个子集，但根据MSCI的权重计算，它们合计占全球股市总市值的99.5%。换句话说，我们几乎掌握了全球所有股票市场的数据，涵盖了除南极洲以外的所有大洲的不同收入水平。

如文中所述，在表2.1中，我们使用各种研究来编制整个样本的集中持股指数索引。附录表A.2中右边的两列标明了我们所有权集中数据集的价值和来源；这些选择背后的逻辑将在第二章中讨论。

表 A.1 样本及离散值

变量	样本数	均值	标准差	最小值	最大值
集中持股	39	46.9	19.4	4.1	90
少数股东保护	39	45.6	19.6	11	97
人均GDP	39	16 681	12 085	480	42 320
资本化率（%）	39	96.4	80.7	6.7	377
政治凝聚力指数	38	0.77	0.58	0	2
政治体制存续期	38	33.3	21	4.4	57
库萨克左-右翼配置（60-96）	16	3.2	0.6	2.2	4
职业保障	16	10	5.6	1	21
养老保险隐性债务（%GDP）	26	-115.9	75.2	-330	6
退休金资产占GDP	37	38.5	39	0	127
国内股权资产中的养老金资产	38	8.4	13.2	0	56.1
外商证券组合投资者渗透率	34	23.3	17.5	3	69.6
非执行董事	39	19.3	18.3	0	70
信息	39	60.7	16.6	25	89
监督	39	27.6	26.2	0	100
控制权（拉波塔等）	39	60.5	28.1	0	100
激励机制	39	33.4	31.6	0	100

在表 3.1 中，少数股东保护指数和有关集中持股及市值的数据覆盖了全部 39 个国家（地区）的样本。在第二章中，我们对多样化来源存在的潜在估测误差和一些指标的主观性进行了讨论。我们的 MSP 指数在很大程度上利用了拉波塔等人组合的成果；尽管我们将董事会独立性和管理层薪资水平这两个额外标准纳入了考虑范围，但是两个 MSP 指标存在 0.89 的相关性。

我们可以获得 37 个国家（地区）的养老金资产数据，34 个国家（地区）的外商投资者渗透率估值，26 个国家（地区）的养老金隐性债务（IPD）对 GDP 的比值（见文中表 7.2、表 5.1 和表 7.1）。IPD 是在经济合作与发展组织、世界银行及独立学者的帮助下经过相当复杂的计算得出的；一些 IPD 估值使用的是不同的假设，例如资产回报率，因而严格来说，估值之间没有可比性。

我们收集了 38 个国家（地区）的政治凝聚力和政治体制存续期的数据集（表 4.2 和表 A.8）。左-右翼配置及职业保障的估值（图 5.4 和经合组织的表 A.14）只有 16 个国家（地区）。

表 A.2　所有权集中度数据

	世界银行集中持股	拉波塔等大型	拉波塔等中等	巴尔卡和贝希特集中持股	法乔和郎集中持股	我们的指数[a]	来源
阿根廷		65	80			72.5	拉波塔等，1999 年
澳大利亚		5	50	26		27.5	拉波塔等，1999 年
奥地利		15	17		52.8	52.8	法乔和郎，2002 年
比利时		50	40	15	51.5	51.5	法乔和郎，2002 年
巴西		63				63	拉波塔等，1999 年
加拿大		25	30			27.5	拉波塔等，1999 年

续表

	世界银行集中持股	拉波塔等大型	拉波塔等中等	巴尔卡和贝希特集中持股	法乔和郎集中持股	我们的指数[a]	来源
智利		38				90	莱福特和沃克，1999年
中国						5	林，2000年
丹麦		35	40			37.5	拉波塔等，1999年
芬兰		10	20		48.8	48.8	法乔和郎，2002年
法国		20	50	30	64.8	64.8	法乔和郎，2002年
德国		10	40	26.9	64.6	64.6	法乔和郎，2002年
希腊		50	100			75	拉波塔等，1999年
中国香港	71.5	70	90			71.5	世界银行
印度		43				43	拉波塔等，1999年
印度尼西亚	67.3	62				67.3	世界银行
爱尔兰		10	13		24.6	24.6	法乔和郎，2002年
以色列		50	60			55	拉波塔等，1999年
意大利		15	60	20	59.6	59.6	法乔和郎，2002年
日本	4.1	5	10			4.1	世界银行

续表

	世界银行集中持股	拉波塔等大型	拉波塔等中等	巴尔卡和贝希特集中持股	法乔和郎集中持股	我们的指数[a]	来源
马来西亚	42.6	52				42.6	世界银行
墨西哥		67				66	拉波塔等，1999年
荷兰		20	20	9		20	拉波塔等，1999年
新西兰		25	29			27	拉波塔等，1999年
挪威		25	40		38.55	38.6	法乔和郎，2002年
菲律宾	46.4	51				46.4	世界银行
葡萄牙		45	50		60.3	60.3	法乔和郎，2002年
新加坡	44.8	30	40			44.8	世界银行
南非		52				52	拉波塔等，1999年
韩国	24.6	20	50			31.8	张，2002年，表10
西班牙		15	30	16	55.8	55.8	法乔和郎，2002年
瑞典		45	60	62	46.9	46.9	法乔和郎，2002年
瑞士		30	50		48.1	48.1	法乔和郎，2002年
中国台湾	45.5	14				45.5	世界银行

【300】

续表

	世界银行集中持股	拉波塔等大型	拉波塔等中等	巴尔卡和贝希特集中持股	法乔和郎集中持股	我们的指数[a]	来源
泰国	51.9	48				51.9	世界银行
土耳其		58				58	拉波塔等,1999年
英国		0	40	5.2	23.6	23.6	法乔和郎,2002年
美国		20	10			15	拉波塔等,1999年
委内瑞拉		49				49	拉波塔等,1999年

来源:世界银行;La Porta et al. 1999;Claessens et al. for World Bank,9个国家的2980家上市公司;Barca and Becht 2001;Faccio and Lang 2002,5232家上市公司;La Porta et al. 1999,20家最大的"大"公司,10家最大的"小"公司。

a 表 2.1 现实的指数是依照集中度的顺序。

表 A.3 表 2.2 国别变量

	1913	1929	1938	1950	1960	1970	1980	1990	1999
阿根廷	0.17				0.05	0.03	0.11		0.15
澳大利亚	0.39	0.50	0.91	0.75	0.94	0.76	0.38	0.37	1.13
奥地利	0.76				0.09	0.03		0.17	0.17
比利时	0.99	1.31			0.32	0.23	0.09	0.31	0.82
巴西	0.25						0.05	0.08	0.45
加拿大	0.74		1.00	0.57	1.59	1.75	0.46	1.22	1.22
智利	0.17				0.12	0.00	0.34	0.50	1.05
古巴	2.19								
丹麦	0.36	0.17	0.25	0.10	0.14	0.17	0.09	0.67	0.67
埃及	1.09				0.16		0.01	0.06	0.29

续表

	1913	1929	1938	1950	1960	1970	1980	1990	1999
法国	0.78		0.19	0.08	0.28	0.16	0.09	0.24	1.17
德国	0.44	0.35	0.18	0.15	0.35	0.16	0.09	0.20	0.67
印度	0.02	0.07	0.07	0.07	0.07	0.06	0.05	0.16	0.46
意大利	0.17	0.23	0.26	0.07	0.42	0.14	0.07	0.13	0.68
日本	0.49	1.20	1.81	0.05	0.36	0.23	0.33	1.64	0.95
荷兰	0.56		0.74	0.25	0.67	0.42	0.19	0.50	2.03
挪威	0.16	0.22	0.18	0.21	0.26	0.23	0.54	0.23	0.70
俄罗斯	0.18								0.11
南非				0.68	0.91	1.97	1.23	1.33	1.20
西班牙							0.17	0.41	0.69
瑞典	0.47	0.41	0.30	0.18	0.24	0.14	0.11	0.39	1.77
瑞士	0.58					0.50	0.44	1.93	3.23
英国	1.09	1.03	1.92	0.86	1.15	1.99	0.38	0.81	2.25
美国	0.39	0.75	0.56	0.33	0.61	0.66	0.46	0.54	1.52

来源：Rajan and Zingalse 2003，表 3。

注：表 2.2 是部分国家研究成果的综述；此处是完整表格。

表 A.4　图 3.3 集中持股与股东保护之间的关联性

	少数股东保护		
	全样本	发达国家	发展中国家
集中持股	-0.2467	-0.4283**	0.3042
显著性（p>t）	(0.13)	(0.03)	(0.29)
样本数	39	25	14

该图显示，尽管总体样本反映集中持股与少数股东保护之间呈负相关，但根据该地收入水平该相关性实际上是相反的。最重要的观察结果是中间的一个值，该值显示对于在全球股票市场上占比极大的发达国家而言，少数股东保护与集中持股之间呈 0.42 的负相关。

** $p<0.05$.

表 A.4A 发达国家描述性统计（人均 GDP >10 000 美元）

样本	均值	标准差	最小值	最大值
25	43.62	18.52	4.1	75
25	49.76	20.42	24	97

表 A.4B 发展中国家描述性统计（人均 GDP≤10 000 美元）

样本	均值	标准差	最小值	最大值
14	52.75	20.13	5	90
14	38.07	16.14	11	67

表 A.5 图 3.3 集中持股与股东保护相关性（20 个国家或地区）

	少数股东保护
集中持股	−0.5551**
显著性（p>t）	(0.01)
样本数	20

** $p<0.05$.

表 A.6 图 3.3 线性回归：股东保护对集中持股

因变量	少数股东保护
集中持股	−0.25
	(016)
常数	57.28***
	(8.17)
样本数	39
F (1, 37)	2.4
统计概率>F	0.13
确定系数（R^2）	0.0609
修正确定系数（Adj. R^2）	0.0355
残差标准差	19.262

*** $p<0.01$.

表 A.7　表 4.5 政治凝聚力与集中持股与少数股东保护的相关性

	政治凝聚力修正指数		
	总	发达国家	发展中国家
集中持股	0.2043	0.3437	0.2618
显著性	(0.22)	(0.10)	(0.37)
少数股东保护	−0.1654	−0.4617**	0.3317
显著性	(0.32)	(0.02)	(0.25)
样本	38[a]	24	14

[a] 无中国香港数据。

** $p<0.05$.

表 A.8　表 4.6 线性回归：集中持股和少数股东保护对政治凝聚力

因变量	少数股东保护	集中持股
政治凝聚力修正指数	−11.3**	12.12**
	(5.04)	(5.02)
政治体制存续期	0.5***	−0.47***
	(0.14)	(0.14)
常数	36.9***	52.57***
	(5.72)	(5.69)
样本数	38[a]	38[a]
F (2, 35)	7.25	6.82
统计概率>F	0.0023	0.0032
确定系数（R^2）	0.293	0.2804
修正确定系数（Adj.R^2）	0.2526	0.2393
残差标准差	16.82	16.74

[a] 无中国香港数据。

** $p>0.05$, *** $p<0.01$.

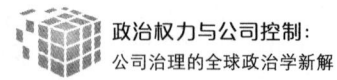

表 A.9　表 4.7 政治凝聚力和私人养老金关联性

	私人养老金（%GDP）
政治凝聚力修正指数	0.08
显著性	(0.65)
样本数	36

注：此处使用的政治凝聚力指数是从贝克等人2001年的资料中再编码而来，用以权衡我们对否决者的定义。我们将少数派议会制政府按3至1进行编码，即从表单上的最高分，到同样分数的两党制议会政府。这一安排的合理性在于，尽管少数派政府为了使立法通过必须寻求其他党派的支持，但他们有能力四处购来支持，并且通常来说立法通过只需要一个其他党派的支持。因此，我们将其与两党制政府（IPCOH=1）进行同样的编码，而不是依照多党制（IPCOH=2），或按其起始状态，进行更高的编码（IPCOH=3）。我们还对贝克的政治指标数据库（DPI）中还有一些其他潜变量进行了探究，用作对共识或多数机构的测量，包括选举类型、政治分化程度等。我们认为我们的指数中包含的否决者数值是最有效的测量方法。

表 A.10　图 5.1 少数股东保护与市场资本总额、外商证券组合投资者渗透率及退休金与 GDP 比值之间的相关性

	市场资本总额	FPI 渗透率	退休金资产
少数股东保护	0.45***	−0.08	0.57***
显著性（p>t）	(0.00)	(0.64)	(0.00)
样本	39	34[a]	37[b]

注：该表显示的是相关系数的数据分析。
[a] 无印度尼西亚、爱尔兰、马来西亚、墨西哥和菲律宾的数据。
[b] 无土耳其和委内瑞拉的数据。
*** $p<0.01$.

表 A.11　表 5.6 线性回归：少数股东保护对资本化率/GDP（%）

因变量	少数股东保护
市场资本总额	0.11***
	(0.04)

续表

因变量	少数股东保护
常数	35.04***
	(4.47)
样本数	39
F (1, 37)	9.35
统计概率>F	0.0041
确定系数（R^2）	0.2017
修正确定系数（Adj. R^2）	0.1801
残差标准差	17.759

*** $p<0.01$.

表 A.12　表 5.7 线性回归：少数股东保护对退休金与 GDP 比值（%）

因变量	少数股东保护
退休金资产	0.29***
	(0.07)
常数	35.27***
	(3.85)
样本数	37[a]
F (1, 37)	16.41
统计概率>F	0.0003
确定系数（R^2）	0.3192
修正确定系数（Adj. R^2）	0.2997
残差标准差	16.542

[a] 无土耳其和委内瑞拉的数据。

*** $p<0.01$.

表 A.13　表 5.8 集中持股和少数股东保护与就业保障规则相关性

	集中持股	少数股东保护
职业保障	0.73***	−0.73***
显著性（p>t）	(0.00)	(0.00)
样本数	16	16

*** $p<0.01$.

表 A.14　表 5.9 线性回归系数

因变量	集中持股	少数股东保护
职业保障	2.35***	−2.73***
	(0.59)	(0.69)
常数	15.94**	76.13***
	(6.75)	(7.81)
样本数	16	16
F (1, 14)	15.71	15.83
统计变量>F	0.0014	0.0014
确定系数（R^2）	0.5288	0.5306
调整确定系数（Adj. R^2）	0.4951	0.4971
残差标准差	12.959	14.981

** $p<0.05$, *** $p<0.01$.

表 A.15　表 5.10 集中持股和股东保护与收入差异（基尼系数）相关性

	少数股东保护	集中持股
基尼系数	0.61**	−0.46*
显著性（p>t）	(0.01)	(0.07)
样本数	16	16

* $p<0.10$, ** $p<0.05$.

表 A.16　第六章各国描述性统计

	集中持股	少数股东保护	养老金隐性债务（%GDP）	退休金资产（%GDP）	外商投资者渗透率
中国	5.0	11.0		0.0	4.0
德国	64.6	33.0	−138.0	16.0	23.6
日本	4.1	37.0	−70.0	41.0	17.4
马来西亚	42.6	67.0		54.0	
荷兰	20.0	36.0	−54.0	113.0	54.7
新加坡	44.8	84.0		61.0	10.0
韩国	31.8	37.0	−33.0	13.0	21.1
瑞典	46.9	46.0	−132.0	41.0	32.5
全样本					
均值	46.9	45.6	−115.9	38.5	23.3
标准差	19.4	19.6	75.2	39.0	17.5
最小值	4.1	11.0	−330.0	0.0	3.0
最大值	90.0	97.0	6.0	127.0	69.6

表 A.17　表 6.2 公司治理与社团主义：相关系数

	少数股东保护	所有权集中度
H-K 社团主义分值	−0.7662***	0.4408*
雇主集中度	−0.6187***	0.4735**
雇主协调度	−0.6241***	0.4854**
企业合作度	−0.7529***	0.4530*
工会密度/集中度	−0.3914	0.2552
商谈	−0.4675*	0.2962

注：n=18（协调度 n=20）。
*p<0.10，**p<0.05，***p<0.01。

表 A.18　表 6.3 社团主义：相关系数

	H-K 社团主义分值	集体谈判集中度	雇主集中度	雇主协调度	企业合作度
集体谈判集中度	0.6027***				
雇主集中度	0.7465***	0.5765**			
雇主协调度	0.9021***	0.4611*	0.6801***		
企业合作度	0.7987***	0.4326*	0.5674**	0.6618**	
工会密度/集中度	0.6504***	0.6294**	0.4959**	0.5290**	0.3073

注：n=18。

*p<0.10, **p<0.05, ***p<0.01.

表 A.19　表 6.4 二元回归结果 (OLS)

	股东保护	集中持股
H-K 社团主义分值	-44.89***	22.33*
	(9.41)	(11.37)
常数	73.27***	26.45***
	(5.79)	(7.00)
F (1, 16)	22.74	3.86
统计概率>F	0.0002	0.0671
确定系数 (R^2)	0.587	0.1943
修正确定系数 (Adj. R^2)	0.5612	0.144
残差标准差	13.553	16.371

注：n=18；无葡萄牙和西班牙的数据。

*p<0.10, ***p<0.01.

表 A.20　表 6.5 多元回归结果（OLS）

	股东保护	集中持股
雇主集中度	-2.80	7.23
	(6.39)	(7.71)
工会密度/集中度	4.67	-1.31
	(5.47)	(6.61)
H-K 社团主义分值	-47.22**	11.94
	(16.76)	(20.24)
常数	74.35***	31.97***
	(9.28)	(11.21)
$F_{(1, 16)}$	7.37	1.5
统计概率>F	0.0034	0.2572
确定系数（R^2）	0.6122	0.2435
修正确定系数（Adj. R^2）	0.5291	0.0814
残差标准差	14.041	16.959

注：n=18。
** $p<0.05$，*** $p<0.01$。

表 A.21　表 6.6 二元回归结果（OLS）

	股东保护	集中持股
雇主集中度	-15.79***	10.45**
	(5.01)	(4.86)
常数	49.84***	38.17***
	(3.91)	(3.79)
$F_{(1, 16)}$	9.92	4.62
统计概率>F	0.0062	0.0472
确定系数（R^2）	0.3828	0.2242
修正确定系数（Adj. R^2）	0.3442	0.1757

续表

	股东保护	集中持股
残差标准差	16.57	16.065

注：n=18。

** p<0.05, *** p<0.01.

表 A.22　表 6.7 二元回归结果（OLS）

	股东保护	集中持股
雇主协调度	−12.45***	8.38**
	(3.90)	(3.77)
常数	50.22***	37.92***
	(3.88)	(3.76)
样本数	18	18
F（1, 16）	10.21	4.93
统计概率>F	0.0056	0.0412
确定系数（R^2）	0.3895	0.2356
修正确定系数（Adj. R^2）	0.3513	0.1878
残差标准差	16.479	15.946

注：n=18。

** p<0.05, *** p<0.01.

表 A.23　表 6.8 二元回归结果（OLS）

	股东保护	集中持股
企业合作度	−17.85***	9.29**
	(3.90)	(4.57)
常数	50.21***	37.92***
	(3.27)	(3.83)
F（1, 16）	20.94	4.13

续表

	股东保护	集中持股
统计概率>F	0.0003	0.0591
确定系数（R^2）	0.5669	0.2052
修正确定系数（Adj. R^2）	0.5398	0.1555
残差标准差	13.881	16.261

注：n=18。

* $p<0.10$，*** $p<0.01$.

表 A.24　表 6.9 二元回归结果（OLS）

	股东保护	集中持股
集体谈判集中度	−10.77**	5.90
	(5.09)	(4.76)
常数	51.22***	37.37***
	(4.42)	(4.13)
F（1, 16）	4.47	1.54
统计概率>F	0.0504	0.2327
确定系数（R^2）	0.2185	0.0877
修正确定系数（Adj. R^2）	0.1697	0.0307
残差标准差	18.644	17.421

注：n=18。

** $p<0.05$，*** $p<0.01$.

表 A.25　表 6.10 二元回归结果（OLS）

	股东保护	集中持股
工会密度/集中度	−9.77	5.51
	(5.74)	(5.22)
常数	50.32***	37.86***
	(4.57)	(4.16)

续表

	股东保护	集中持股
F (1, 16)	2.89	1.11
统计概率>F	0.1082	0.3068
确定系数（R^2）	0.1532	0.0651
修正确定系数（Adj. R^2）	0.1003	0.0067
残差标准差	19.408	17.635

注：n=18。

*** $p<0.01$.

表 A.26　第七章各国描述性统计

	集中持股	少数股东保护	养老金隐性债务（%GDP）	退休金资产（%GDP）	外商投资者渗透率
智利	90.0	54.0		57.0	7.8
法国	64.8	52.0	−102.0	16.0	36.1
英国	23.6	74.0	−24.0	102.0	35.0
美国	15.0	97.0	−23.0	103.0	10.8
全样本					
均值	46.9	45.6	−115.9	38.5	23.3
标准差	19.4	19.6	75.2	39.0	17.5
最小值	4.1	11.0	−330.0	0.0	3.0
最大值	90.0	97.0	6.0	127.0	69.6

表 A.27　养老金隐性债务分布

	n	均值	标准差	最小值	最大值
发达国家/地区	20	119	67	245	6
新兴国家/地区	6	134	102	330	37
总计	26	115	75	330	6

注：另见表 7.1。

表 A.28 第二和第三支柱产业资产分布

	n	均值	标准差	最小值	最大值
发达国家/地区	25	47	42	1	127
新兴国家/地区	12	20	26	0	76
总计	37	38	38	0	127

注：另见表 7.2。

表 A.29 图 7.1 集中持股和少数股东保护与养老金隐性债务相关性

	集中持股	少数股东保护
IPD（%GDP）	0.43**	−0.39**
显著性（p>t）	(0.03)	(0.05)
样本	26	26

表 A.30 图 7.1 线性回归系数

因变量	集中持股	少数股东保护
IPD（%GDP）	0.11***	−0.10**
	(0.05)	(0.05)
常数	32.22***	56.49***
	(6.48)	(6.69)
$F(1, 14)$	5.56	4.37
统计概率>F	0.0269	0.0473
确定系数（R^2）	0.188	0.1541
修正确定系数（Adj. R^2）	0.1542	0.1188
残差标准差	17.74	18.308

注：n=26。

** $p<0.05$, *** $p<0.01$.

表 A.31　图 7.2 股东保护与私人养老金资产（%GDP）相关性

	少数股东保护
私人养老金资产（%GDP）	0.56***
显著性（p>t）	（0.00）
样本数	37

*** $p<0.01$.

表 A.32　图 7.2 线性回归系数

因变量	少数股东保护	
私人养老金资产（%GDP）	0.29***	
	（0.07）	
境内股权资产中的养老金资产（%GDP）		0.92***
		（0.20）
常数	35.27***	37.93***
	（3.85）	（3.08）
样本数	37[a]	38[b]
F（1, 35）	16.41	21.58
统计概率>F	0.0003	0
确定系数（R^2）	0.3192	0.3747
修正确定系数（Adj. R^2）	0.2997	0.3574
残差标准差	16.542	15.922

[a] 无土耳其和委内瑞拉的数据。

[b] 无委内瑞拉的数据。

*** $p<0.01$.

参考书目

"Accounting Standards to Be Set by Private Institution." 2000. *Nihon Keizai Shimbun*, April 3.

Acemoglu, Daron, Simon Johnson, and James Robinson. 2004. "Institutions as the Fundamental Cause of Long-Run Growth." NBER Working Paper No. 10481.

Adler, Emanuel, and Peter Haas. 1992. "Conclusion: Epistemic Communities, World Order, and the Creation of a Reflective Research Program." *International Organization* 46: 367-90.

Adolfsson, Petra, Urban Ask, Ulrika Holmberg, and Sten Jönsson. 1999. "Corporate Governance in Sweden: A Literature Review." Report submitted to the European Commission.

Agnblad, Jonas, Erik Berglöf, Peter Högfeldt, and Helena Svancar. 2001. "Ownership and Control in Sweden: Strong Owners, Weak Minorities, and Social Control." In *The Control of Corporate Europe*. Fabrizio Barca and Marco Brecht, eds. New York: Oxford University Press.

Agosin, Manuel, and Ernesto Pastén. 1999. "Corporate Governance in Chile." Paper for the OECD Development Center, April.

——. 2003. "Corporate Governance in Chile." Central Bank of Chile Working Paper No. 209.

Aguilera, Ruth, and Michal Federowicz. 2003. *Corporate Governance in a Changing Economicand Political Environment: Trajectories of Institutional Change on the European Continent*. London: Palgrave Macmillan.

Aguilera, Ruth, and Gregory Jackson. 2002. "Institutional Changes in European Corporate Governance." *Economic Sociology* 3: 17-26.

——. 2003. "The Cross-National Diversity of Corporate Governance: Dimensions and Determinants." *Academy of Management Review* 28: 447-65.

Akerlof, George. 1970. "The Market for 'Lemons': Quality Uncertainty in the Market Mechanism." *Quarterly Journal of Economics* 84: 488-500.

Albert, Michel. 1993. *Capitalism vs. Capitalism: How America's Obsession with Individual A-*

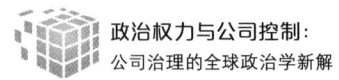

chievement and Short-Term Profit Has Led It to the Brink of Collapse. Paul Haviland, trans. New York: Four Walls Eight Windows.

Alchian, Armen A., and Harold Demsetz. 1972. "Production, Information Costs, and Economic Organization." *American Economic Review* 62: 777–95.

Amable, Bruno. 2000. "Institutional Complementarity and Diversity of Social Systems of Innovation and Production." *Review of International Political Economy* 7: 645–87.

Amable, Bruno, Ekkehard Ernst, and Stefano Palombarini. 2001. "How Do Financial Markets Affect Industrial Relations: An Institutional Complementarity Approach." Unpublished manuscript.

Aoki, Masahiko. 1990. "Toward an Economic Model of the Japanese Firm." *Journal of Economic Literature* 28: 1–27.

——. 1994. "The Japanese Firm as a System of Attributes: A Survey and Research Agenda." In *The Japanese Firm: Sources of Competitive Strength*. Masahiko Aoki and Ronald Dore, eds. Oxford: Clarendon Press.

——. 2001. *Information, Corporate Governance, and Institutional Diversity: Competitiveness in Japan, the USA, and the Transitional Economies*. Stacey Jehlik, trans. New York: Oxford University Press.

Aoki, Masahiko, and Hugh Patrick. 1995. *The Japanese Main Bank System: Its Relevance for Developing and Transforming Economies*. New York: Oxford University Press.

Armour, John, Brian Cheffins, and David A. Skeel Jr. 2002. "Corporate Ownership Structure and the Evolution of Bankruptcy Law: Lessons from the UK." *Vanderbilt Law Review* 55: 1699–1785.

Barca, Fabrizio, and Marco Becht, eds. 2001. *The Control of Corporate Europe*. New York: Oxford University Press.

Bebchuk, Lucian Arye, Jesse M. Fried, and David I. Walker. 2002. "Managerial Power and Rent Extraction in the Design of Executive Compensation." NBER Working Paper No. 9068.

Bébéar, Claude, and Philippe Manière. 2003. *Ils vont tuer le capitalisme*. Paris: Plon.

Becht, Marco, Patrick Bolton, and Ailsa A. Roell. 2002. "Corporate Governance and Control." European Corporate Governance Institute Finance Working Paper No. 02/2002.

Becht, Marco, and J. Bradford DeLong. Forthcoming. "Why Has There Been So Little Blockholding in America?" In *The History of Corporate Governance around the World: Family Business Groups to Professional Managers*. Randall Morck, ed. Chicago: University of Chicago Press.

Beck, Thorsten, George Clarke, Alberto Groff, Philip Keefer, and Patrick Walsh. 2001. "New

Tools in Comparative Political Economy: The Database of Political Institutions." *World Bank Economic Review* 15: 165-76.

Becker, Gary. 1968. "Crime and Punishment: An Economic Approach." *Journal of Political Economy* 76: 169-217.

Beer, Samuel H. 1965. *British Politics in the Collectivist Age*. New York: Knopf.

Berle, Adolf A., and Gardiner C. Means. 1932. *The Modern Corporation and Private Property*. New York: Commerce Clearing House.

Berger, Suzanne. 2003. *The First Globalization: Lessons from the French*. Paris: Seuil.

Berger, Suzanne, Michael Dertouzos, Richard Lester, and Robert Solow. 1989. "Toward a New Industrial America." *Scientific American* 260: 39-47.

Berglöf, Erik, and Ernst-Ludwig von Thadden. 1999. "The Changing Corporate Governance Paradigm: Implications for Transition and Developing Countries." William Davidson Institute Working Paper No. 263.

Berkowitz, Daniel, Katharina Pistor, and Jean-Francois Richard. 2003. "Economic Development, Legality, and the Transplant Effect." *European Economic Review* 47: 165-95.

Berle, Adolf A., and Gardiner C. Means. 1932. *The Modern Corporation and Private Property*. New York: Commerce Clearing House.

Besanger, Serge, Nicolas Mottis, and Jean-Pierre Ponsard. 2001. "Value Based Management and the Corporate Profit Centre." *European Business Forum* 8: 41-47.

Black, Bernard. 1999. "Creating Strong Stock Markets by Protecting Outside Shareholders." Paper prepared for the OECD Conference on Corporate Governance in Asia: A Comparative Perspective, March 3-5, Seoul.

——. 2001a. "Does Corporate Governance Matter? A Crude Test Using Russian Data." *University of Pennsylvania Law Review* 149: 2131-50.

——. 2001b. "The Corporate Governance Behavior and Market Value of Russian Firms." *Emerging Markets Review* 2: 89-108.

——. 2001c. "The Legal and Institutional Preconditions for Strong Securities Markets." *UCLA Law Review* 48: 781-855.

Black, Bernard, and John C. Coffee. 1994. "Hail Britannia? Institutional Investor Behavior under Limited Regulation." *Michigan Law Review* 92: 1997-2087.

Black, Bernard, Hasung Jang, and Woochan Kim. 2003. "Does Corporate Governance Affect Firms' Market Value? Evidence from Korea." Stanford Law and Economics Olin Working Paper No. 237.

Black, Bernard, Reinier Kraakmann, and Anna Tarassova. 2000. "Russian Privatization and Corporate Governance: What Went Wrong?" *Stanford Law Review* 52: 1731-1808.

Black, Bernard, and Anna Tarassova. Forthcoming. "Beyond Privatization: Institutional Reform in Transition: A Case Study of Russia." In *The Ecology of Corporate Governance: The East Asian Experience*. Thomas Heller and Lawrence Liu, eds.

Blair, Margaret M. 1995. *Ownership and Control: Rethinking Corporate Governance for the Twenty-first Century*. Washington, D. C.: Brookings Institute Press.

——. 2003. "Post-Enron Reflections on Comparative Corporate Governance." *Journal of Interdisciplinary Economics* 14: 113-24.

Blair, Margaret M., and Mark J. Roe, eds. 1999. *Employees and Corporate Governance*. Washington, D. C.: Brookings Institution Press.

Blancet, Didier, and Florence Legros. 2002. "France: The Difficult Path to Consensual Reforms." In *Social Security Reform in Europe*. Martin Feldstein and Horst Siebert, eds. Chicago: University of Chicago Press.

Blasi, Joseph, Maya Kroumova, and Douglas Kruse. 1997. *Kremlin Capitalism: The Privatization of the Russian Economy*. Ithaca, N. Y.: ILR Press/Cornell University Press.

Blasi, Joseph, Douglas Kruse, and Aaron Bernstein, eds. 2003. *In the Company of Owners: The Truth about Stock Options (and Why Every Employee Should Have Them)*. New York: Basic Books.

Bonoli, Guiliano. 2000. *The Politics of Pension Reform: Institutions and Policy Change in Western Europe*. New York: Cambridge University Press.

Botero, Juan C., Simeon Djankov, Rafael La Porta, Florencio López-de-Silanes, and Andrei Shleifer. Forthcoming. "The Regulation of Labor." *Quarterly Journal of Economics* 119: 1339-82.

Boutillier, Michel, and Patrice Geoffron. 2001. Vers une convergence des systèmes de gouvernement d'entreprises en Europe? Final Report, Commissariat Général du Plan. December.

Boycko, Maxim, Andrei Shleifer, and Robert Vishny. 1995. *Privatizing Russia*. Cambridge: MIT Press.

Boyer, Robert. 1989. *The Regulation School: A Critical Introduction*. New York: Columbia University Press.

——. 2001. "The Diversity and Future of Capitalisms: A *Régulationnist* Analysis." In *Capitalism in Evolution: Global Contentions—East and West*. Geoffrey M. Hodgson, Makato Itoh, and Nobuharu Yokokawa, eds. Cheltenham, U. K.: Edward Elgar.

Boyer, Robert, and J. P. Durand. 1997. *L'Après-fordisme*. Paris: Syros.

Brancato, Carolyn. 2000. "International Patterns of Institutional Investment." Conference Board Institutional Investment Report, April.

Brewer, John. 1989. *The Sinews of Power: War, Money, and the English State, 1688−783*. New York: Knopf.

Brooks, Sarah, and Estelle James. 2001. "The Political Economy of Structural Pension Reform." In *New Ideas About Old Age Security: Toward Sustainable Pension Systems in the 21st Century*. Robert Holzmann and Joseph Stiglitz, eds. Washington, D. C. : World Bank.

Celina, Karin Knorr, and Alex Poole, eds. 2004. *The Sociology of Financial Markets*. Oxford: Oxford University Press.

Chandler, Alfred D. 1990. *Strategy and Structure: Chapters in the History of the Industrial Enterprise*. Cambridge: MIT Press.

Chang, Sea−Jin, and Jung−Ho Kim. 2000. "The Chaebol Reforms." Paper presented at the Joint International Conference of the Weatherhead Center for International Affairs and Korea University, Cambridge, Mass. , March.

Chappel, Randy, and Donald J. Roberts. 1993. "CalPERS and Institutional Shareholder Activism." Stanford Graduate School of Business Case S−BE−12.

Charreaux, Gerard. 2002. "Au−delà de l'approche juridico−financière: Le rôle cognitive des actionnaires et ses consequences sur l'analyse de la structure de proprieté et de la gouvernance." Université de Bourgogne Research Center in Finance, Organizational Architecture, and Governance Working Paper No. 020701.

Cheffins, Brian. 2001. "Does Law Matter? The Separation of Ownership and Control in the United Kingdom." *Journal of Legal Studies* 30: 459−84.

——. 2002a. "Corporate Law and Ownership Structure: A Darwinian Link?" *University of New South Wales Law Journal* 25: 346−78.

——. 2002b. "Putting Britain on the Roe Map: The Emergence of the Berle−Means Corporation in the United Kingdom." In *Corporate Governance Regimes: Convergence and Diversity*. Joseph A. McCahery, Piet Moerland, Theo Raaijmakers, and Luc Renneboog, eds. Oxford: Oxford University Press.

Chen, Kevin, Zihong Chen, and John Wei. 2003. "Disclosure, Corporate Governance, and the Cost of Equity Capital: Evidence from Asia's Emerging Markets." Paper presented to the Global Research Network Meeting, Institute of Corporate Governance of Korea University, Global Corporate Governance Forum of the World Bank, and the International Institute of Corporate Governance, July, Seoul.

China Securities and Regulatory Commission. 2000. "Information Disclosure and Corporate Governance in China." Paper prepared for the Second OECD/World Bank Asian Corporate Governance Roundtable, May 31–June 2, Hong Kong.

Cho, Lee-Jay, and Yoon-Hyung Kim, eds. 1998. *Korea's Choices in Emerging Global Competition and Cooperation*. Seoul: Korea Development Institute.

Cho, Myeong-Hyeon. 2000. "Corporate Governance in Korea." Paper presented to the Conference on Corporate Restructuring in Korea, University of California, San Diego, October.

Cho, Yoon-Je, and Joon-Kyung Kim. 1997. *Credit Policies and the Industrialization of Korea*. Seoul: Korea Development Institute.

Choy, Jon. 2000. "Tokyo Hesitates on Pension Reform." *Japan Economic Institute Report*, January 28.

Cioffi, John W., and Martin Höpner. "The Political Paradox of Corporate Governance Reform: Why the Center-Left Is the Driving Force behind the Rise of Financial Capitalism." Paper presented to the 2004 Annual Meetings of the American Political Science Association, September 2–5, Chicago.

Claessens, Stijn. 2002. "Global Corporate Governance: The Case of Asia." Paper presented to the Global Research Network Meeting, Institute of Corporate Governance of Korea University, Global Corporate Governance Forum of the World Bank, and the International Institute of Corporate Governance, July, Seoul.

Claessens, Stijn, Simeon Djankov, Joseph P. H. Fan, and Larry H. P. Lang. 1998a. "Diversification and Efficiency of Investment by East Asian Corporations." World Bank Working Paper.

——. 1998b. "Expropriation of Minority Shareholders: Evidence from East Asian Corporations." World Bank Working Paper.

——. 2002. "Disentangling the Incentive and Entrenchment Effects of Large Shareholdings." *Journal of Finance* 57: 2741–71.

Claessens, Stijn, Simeon Djankov, and Larry H. P. Lang. 2002. "The Separation of Ownership and Control in East Asian Corporations." *Journal of Financial Economics* 58: 81–112.

Clarke, P. F. 1971. *Lancashire and the New Liberalism*. Cambridge: Cambridge University Press.

Clowes, Michael J. 2000. *The Money Flood: How Pension Funds Revolutionized Investing*. New York: Wiley.

Coase, Ronald H. 1937. "The Nature of the Firm." *Economica* 4: 386–405.

Coffee, John. 1981. "'No Soul to Damn: No Body to Kick': An Unscandalized Inquiry into the Problems of Corporate Punishment." *Michigan Law Review* 79: 386–459.

———. 1999. "Privatization and Corporate Governance: The Lessons from Securities Market Failures." *Journal of Corporation Law* 25: 1–39.

———. 2001. "The Rise of Dispersed Ownership: The Roles of Law and the State in the Separation of Ownership and Control." *Yale Law Journal* 111: 1–81.

———. 2002a. "Competition among Securities Markets: A Path Dependent Perspective." Columbia Law and Economics Working Paper No. 192.

———. 2002b. "Understanding Enron: It's about the Gatekeepers, Stupid." Columbia Law and Economics Working Paper No. 207.

———. 2003. "What Caused Enron? A Capsule Social and Economic History of the 1990's." Columbia Law and Economics Working Paper No. 214.

Coutinho, Luciano, and Flavio Rabelo. 2003. "Brazil: Keeping It in the Family." In *Corporate Governance in Development: The Experience of Brazil, Chile, India, and South Africa*. Charles P. Oman, ed. Washington, D.C.: OECD Development Center.

Cox, Gary. 1997. *Making Votes Count: Strategic Coordination in the World's Electoral Systems*. New York: Cambridge University Press.

Cox, Gary, Frances Rosenbluth, and Michael F. Thies. 2000. "Electoral Rules, Career Ambitions, and Party Structure: Conservative Factions in Japan's Upper and Lower Houses." *American Journal of Political Science* 44: 115–22.

Crabtree, Susan. 2002. "Hastert Shoots Down GOP Attempt to Block Sarbanes Bill." *Congressional Roll Call*, July 18.

"Cracks in the Wall." 2000. *Forbes Global*, May 15.

"Crusade for Better Governance." 1999. *New Straits Times*, May 4.

Cuervo-Cazurra, Alvaro, and Ruth Aguilera. 2004. "The Worldwide Diffusion of Codes of Good Governance." In *Corporate Governance and Firm Organization*. Anna Grandori, ed. Oxford: Oxford University Press.

Culpepper, Pepper. 2003. *Creating Cooperation: How States Develop Human Capital in Europe*. Ithaca, N.Y.: Cornell University Press.

———. 2004. "Institutional Change in Contemporary Capitalism: Coordination and Change in Finance during the 1990s." Paper presented to the 14th International Conference of Europeanists, Chicago, March 11–13.

Culpepper, Pepper, Peter A. Hall, and Bruno Palier, eds. Forthcoming. *The Politics That Markets Make: Economic and Social Change in France*. London: Palgrave Macmillan.

Curtis, Gerald. 1999. *The Logic of Japanese Politics: Leaders, Institutions, and the Limits of*

Change. New York: Columbia University Press.

Cusack, Thomas R. 1997. "Partisan Politics and Public Spending: Changes in Public Spending in the Industrialized Democracies, 1955–1989." *Public Choice* 91: 375–95.

——. 1999. "Partisan Politics and Fiscal Policy." *Comparative Political Studies* 32: 464–86.

Davis, E. Philip, and Benn Steil. 2001. *Institutional Investors*. Cambridge: MIT Press.

Davis, Gerald F. 1991a. "Agents without Principles? The Spread of the Poison Pill through the Intercorporate Network." *Administrative Science Quarterly* 36: 583–613.

——. 1991b. "Networks and Corporate Control: Comparing Agency Theory and Interorganizational Explanations for the Diffusion of the Poison Pill." *Academy of Management Best Papers Proceedings* 1991: 173–77.

——. 1996. "The Significance of Board Interlocks for Corporate Governance." *Corporate Governance* 4: 154–59.

Davis, Gerald F., Kristina A. Diekmann, and Catherine H. Tinsley. 1994. "The Decline and Fall of the Conglomerate Firm in the 1980s: The De-institutionalization of an Organizational Form." *American Sociological Review* 59: 547–70.

Davis, Gerald F., and Christopher Marquis. 2005. "The Globalization of Stock Markets and Convergence in Corporate Governance." In *The Economic Sociology of Capitalism*. Richard Swedberg and Victor Nee, eds. Princeton: Princeton University Press.

Davis, Gerald F., and Douglas McAdam. 2000. "Corporations, Classes, and Social Movements." In *Research in Organizational Behavior 22*. Barry Straw and Robert I. Sutton, eds. Oxford: Elsevier Science.

Davis, Gerald F., and Gregory E. Robbins. Forthcoming. "The Fate of the Conglomerate Firm in the United States." In *How Institutions Change*. Walter W. Powell and Daniel L. Jones, eds. Chicago: University of Chicago Press.

Davis, Gerald F., and Michael Useem. 2002. "Top Management, Company Directors, and Corporate Control." In *Handbook of Strategy and Management*. Andrew Pettigrew, Howard Thomas, and Richard Whittington, eds. London: Sage.

Davis Global Advisors. 2000. *Leading Corporate Governance Indicators*, 2000. December.

——. 2002. *Leading Corporate Governance Indicators*, 2002. November.

——. 2003. "Conflict Patrol." *Global Proxy Watch*, September 5.

de Jong, Abe, and Ailsa Roell. Forthcoming. "Financing and Control in the Netherlands: A Historical Perspective." In *The History of Corporate Governance around the World: Family Business*

Groups to Professional Managers. Randall Morck, ed. Chicago: University of Chicago Press.

de Jong, Abe, Rezaul Kabir, Teye Marra, and Ailsa Roell. 2001. "Ownership and Control in the Netherlands." In *The Control of Corporate Europe*. Fabrizio Barca and Marco Becht, eds. New York: Oxford University Press.

de Winter, Jaap. 2004. *FEM Business*, September 13.

Dertouzos, Michael L., Richard K. Lester, and Robert M. Solow. 1989. *Made in America: Regaining the Productive Edge*. Cambridge: MIT Press.

Deutsche für Finanzanalyse und Asset Management. 2000. "Scorecard for German Corporate Governance." July. www.dvfa.de.

Dhanabalan, S. 2002. Speech to Asian Business Dialogue on Corporate Governance. Singapore, October.

Dietl, Helmut. 1998. *Capital Markets and Corporate Governance in Japan, Germany and the United States: Organizational Response to Market Inefficiencies*. New York: Routledge.

Dixit, Avinash K. 2004. *Lawlessness and Economics: Alternative Modes of Governance*. Princeton: Princeton University Press.

Djankov, Simeon, Rafael La Porta, Florencio López-de-Silanes, and Andrei Shleifer. 2002. "The Regulation of Entry." *Quarterly Journal of Economics* 117: 1–37.

Djelic, Marie-Laure. 2001. *Exporting the American Model: The Postwar Transformation of European Business*. Oxford: Oxford University Press.

Djelic, Marie-Laure, and Sigrid Quack, eds. 2003. *Globalization and Institutions: Redefining the Rules of the Economic Game*. Cheltenham, U.K.: Edward Elgar.

Dobbin, Frank, ed. 2004. *The New Economic Sociology: A Reader*. Princeton: Princeton University Press.

Dore, Ronald P. 2000. *Stock Market Capitalism, Welfare Capitalism: Japan and Germany versus the Anglo-Saxons*. New York: Oxford University Press.

——. 2002. "Pensioners to the Casino." In *Markets and Authorities: Global Finance and Human Choice*. Marcello de Cecco and Jochen Lorentzen, eds. Cheltenham, U.K.: Edward Elgar.

——. 2004. "Pros and Cons of Insider Governance." REITI Working Paper.

Drucker, Peter. 1976. *The Unseen Revolution: How Pension Fund Socialism Came to America*. New York: Harper and Row.

Dyck, Alexander. 2003. "The Hermitage Fund: Media and Corporate Governance in Russia." Harvard Business School Case 703-010.

Economist Intelligence Unit. 2003. Russia Country Report.

Ellickson, Robert C. 1991. *Order without Law: How Neighbors Settle Disputes*. Cambridge: Harvard University Press.

Ensminger, Jan. 1992. *Making a Market: The Institutional Transformation of an African Society*. New York: Cambridge University Press.

Ernst, Ekkehard C. 2002. "Financial Systems, Industrial Relations, and Industry Specialization: An Econometric Analysis of Institutional Complementarities." OECD, February.

Esping-Anderson, Gøsta. 1989. "The Three Political Economies of the Welfare State." *Canadian Review of Sociology and Anthropology* 26: 10-36.

——. 1990. *The Three Worlds of Welfare Capitalism*. Cambridge: Polity Press.

Esteves-Abe, Margarita, Torben Iversen, and David Soskice. 2001. "Social Protection and the Formation of Skills: A Reinterpretation of the Welfare State." In *Varieties of Capitalism: The Challenges Facing Contemporary Political Economies*. Peter Hall and David Soskice, eds. New York: Oxford University Press.

Estienne, Jean-François, and Kiyoshi Murakami. 2000. "The Japanese Experience of Review and Reform of Public Pension Schemes." In *Social Dialogue and Pension Reform: United Kingdom, United States, Germany, Japan, Sweden, Italy, Spain*. Emmanuel Raynaud, ed. Geneva: International Labor Organization.

Faccio, Mara, and Larry H. P. Lang. 2002. "The Ultimate Ownership of Western European Corporations." *Journal of Financial Economics* 65: 365-95.

Fama, Eugene, and Michael Jensen. 1983. "Separation of Ownership and Control." *Journal of Law and Economics* 26: 301-25.

Fan, Joseph, and T. Wong. 2001. "Corporate Ownership Structure and the Informativeness of Accounting Earnings in East Asia." Center for Economic Institutions Working Paper No. 2001-21.

Federation of European Stock Exchanges. 2002. *Share Ownership Structure in Europe*. http://www.fese.org/statistics/share_ownership/share_ownership.pdf.

Feldstein, Martin. 1996. "Social Security and Saving: New Time Series Evidence." *National Tax Journal* 49: 151-64.

Feldstein, Martin, and Horst Siebert, eds. 2002. *Social Security Pension Reform in Europe*. Chicago: University of Chicago Press.

Felton, Robert, Alec Hudnut, and Jennifer van Heeckeren. 1996. "Putting a Value on Board Governance." *McKinsey Quarterly* 4: 170-75.

"A Firm's Home May Not Be Sweet for Shareholders." 1999. *International Herald Tribune*, June 12.

Fisher, Lawrence, and James H. Lorie. 1968. "Rates of Return on Investment in Common Stocks: The Year-by-Year Record, 1926-65." *Journal of Business* 41: 291-316.

Fiss, Peer, and Edward Zajac. Forthcoming. "Corporate Governance and Contested Terrain: The Rise of Shareholder Value Orientation in Germany." *Administrative Science Quarterly*.

Fligstein, Neil. 2001. *The Architecture of Markets: An Economic Sociology of Twenty-first Century Capitalist Societies*. Princeton: Princeton University Press.

Fligstein, Neil, and Linda Markowitz. 1993. "Financial Reorganization of American Corporations in the 1980s." In *Sociology and the Public Agenda*. William J. Wilson, ed. Newbury Park, Calif.: Sage.

Fohlin, Caroline. Forthcoming. "The History of Corporate Ownership and Control in Germany." In *The History of Corporate Governance around the World: Family Business Groups to Professional Managers*. Randall Morck, ed. Chicago: University of Chicago Press.

Foley, Martin. 1998. "Accounting Adjustments." *China Business Review* 25: 22-24.

Franks, Julian R., and Colin Mayer. 1990. "Capital Markets and Corporate Control: A Study of France, Germany, and the UK." *Economic Policy* 5: 191-231.

———. 1996. "Hostile Takeovers and the Correction of Managerial Failure." *Journal of Financial Economics*. 40: 163-81.

———. 1997. "Corporate Ownership and Control in the UK, Germany, and France." *Bank of America Journal of Applied Corporate Finance* 9: 30-45.

Franks, Julian R., Colin Mayer, and Stefano Rossi. Forthcoming. "Spending Less Time with the Family: The Decline of Family Ownership in the UK." In *The History of Corporate Governance around the World: Family Business Groups to Professional Managers*. Randall Morck, ed. Chicago: University of Chicago Press.

Fredrickson, George M. 1971. *The Black Image in the White Mind: The Debate on Afro-American Character and Destiny, 1817-1914*. Scranton, Pa.: Harper and Row.

Frentrop, Paul. 2003. *A History of Corporate Governance, 1602-2000*. Amsterdam: Deminor.

Frieden, Jeffrey. 1988. "Sectoral Conflict and U.S. Foreign Economic Policy, 1914-1940." *International Organization* 42: 59-90.

———. 1999. "Actors and Preferences in International Relations." In *Strategic Choice and International Relations*. David Lake and Robert Powell, eds. Princeton: Princeton University Press.

Gao, Bi. 1997. *Economic Ideology and Japanese Industrial Policy: Developmentalism from 1931 to 1965*. Cambridge: Cambridge University Press.

Garrett, Geoffrey. 1998. *Partisan Politics in the Global Economy*. Cambridge: Cambridge University Press.

Garrett, Geoffrey, and Peter Lange. 1996. "Internationalization, Institutions, and Political Change." In *Internationalization and Domestic Politics*. Robert Keohane and Helen Milner, eds. New York: Cambridge University Press.

Gerschenkron, Alexander. 1962. *Economic Backwardness in Historical Perspective: A Book of Essays*. Cambridge: Harvard University Press.

Gingerich, Daniel W., and Peter A. Hall. 2002. "Varieties of Capitalism and Institutional Complementarities in the Political Economy: An Empirical Analysis." Paper presented to Workshop on Comparative Political Economy, October, Cornell University.

Glaeser, Edward, Simon Johnson, and Andrei Shleifer. 2001. "Coase vs. the Coasians." *Quarterly Journal of Economics* 3: 853–99.

Global Corporate Governance Forum. 2002. "Mission Statement and Charter." http://www.gcgf.org/about.htm.

Godeau, Lucie. 2003. "Foreign Investors Shun Russia Despite Growth, BP Deal." *Baltic Times*, February 27.

Goetzmann, William, and Elisabeth Koll. Forthcoming. "The History of Corporate Ownership in China." In *The History of Corporate Governance around the World: Family Business Groups to Professional Managers*. Randall Morck, ed. Chicago: University of Chicago Press.

Go-Feij, Denise. 1999. "Corporate Governance and Technical Innovation in the Netherlands." Report to the European Commission. May.

Goldthorpe, John H. ed. 1984. *Order and Conflict in Contemporary Capitalism*. New York: Oxford University Press.

Gompers, Paul, Joy Ishii, and Andrew Merrick. 2001. "Corporate Governance and Equity Prices." NBER Working Paper No. 8849.

Gordon, Andrew. 1985. *The Evolution of Labor Relations in Japan: Heavy Industry*. Cambridge: Harvard University Press.

——. 1991. *Labor and Imperial Democracy in Prewar Japan*. Berkeley and Los Angeles: University of California Press.

Gourevitch, Peter A. 1977. "International Trade, Domestic Coalitions, and Liberty: Comparative Responses to the Crisis of 1873–1896." *Journal of Interdisciplinary History* 8: 281–313.

——. 1986. *Politics in Hard Times: Comparative Responses to International Economic Crises*. Ithaca, N.Y.: Cornell University Press.

——. 1999. "The Governance Problem in International Relations." In *Strategic Choice and*

International Relations. David Lake and Robert Powell, eds. Princeton: Princeton University Press.

Gourevitch, Peter A., and Michael B. Hawes. 2002. "The Politics of Choice among National Production Systems." In *l'année de la régulation*, No. 6. Robert Boyer, ed. Paris: Presses des Sciences Po.

Gourevitch, Peter A., and James Shinn. 2001. *Corporate Governance for Beginners*. London: Oxford University Press.

——. 2002. *How Shareholder Reforms Can Pay Foreign Policy Dividends*. New York: Council on Foreign Relations.

Goyer, Michel. 2003a. "Corporate Governance under Stress: An Institutional Perspective on the Transformation of Corporate Governance in France and Germany." Ph. D. dissertation, Department of Political Science, MIT.

——. 2003b. "Core Competencies and Labor: An Institutionalist Perspective on Corporate Governance in France and Germany." In *Global Markets, Domestic Institutions: Corporate Law and Governance in a New Era of Cross-Border Deals*. Curtis Milhaupt, ed. New York: Columbia University Press.

——. 2004. "The Growth of Stock Markets in France and Germany, 1995–2002: The Importance of Work Organization Institutions." Paper presented to the Annual Meetings of American Political Science Association, Chicago, September 2-5.

——. Forthcoming. "The Transformation of Corporate Governance in France." In *Changing France: Transforming the Democratic Balance among State, Market, and Society*. Pepper Culpepper Peter Hall, and Bruno Palier, eds. London: Macmillan Palgrave.

Grandolini, Gloria, and Luis Cerda. 1998. "The 1997 Pension Reform in Mexico." World Bank Policy Research Working Paper No. 1933, Washington, D. C.: World Bank.

Grossman, Sanford J., and Oliver D. Hart. 1980. "Disclosure Laws and Takeover Bids." *Journal of Finance* 35: 323-34.

——. 1981. "Implicit Contracts, Moral Hazard, and Unemployment." *American Economic Review* 71: 301-7.

——. 1986. "The Costs and Benefits of Ownership: A Theory of Vertical and Lateral Integration." *Journal of Political Economy* 94: 691-719.

Groves, Theodore, Yongmiao Hong, John McMillan, and Barry Naughton. 1994. "Autonomy and Incentives in Chinese State Enterprises." *Quarterly Journal of Economics* 109: 183-209.

Guillén, Mauro. 2000. "Corporate Governance and Globalization: Is There a Convergence across Countries?" *Advances in International Comparative Management* 13: 175-204.

Haas, Peter. 1992. "Introduction: Epistemic Communities and International Policy Coordination." *International Organization* 46: 367-90.

Haggard, Stephan. 2000. *The Political Economy of the Asian Financial Crisis*. Washington, D. C.: Institute for International Economics.

Haggard, Stephan, Wonhyuk Lim, and Euysung Kim, eds. 2003. *Economic Crisis and Corporate Restructuring in Korea: Reforming the Chaebol*. Cambridge: Cambridge University Press.

Hall, Peter A., ed. 1989. *The Political Power of Economic Ideas: Keynesianism across Nations*. Princeton: Princeton University Press.

Hall, Peter A., and Robert J. Franzese. 1998. "Mixed Signals: Central Bank Independence, Coordinated Wage Bargaining, and European Monetary Union." *International Organization* 52: 505-35.

Hall, Peter A., and Daniel W. Gingerich. 2001. "Varieties of Capitalism and Institutional Complementarities in the Macroeconomy: An Empirical Analysis." Paper presented to the Annual Meetings of the American Political Science Association, August, San Francisco.

Hall, Peter A., and David Soskice, eds. 2001. *Varieties of Capitalism: The Institutional Foundations of Comparative Advantage*. New York: Oxford University Press.

Hancké, Bob. 2001. "Restructuring in French Industry." In *Varieties of Capitalism: The Institutional Foundations of Comparative Advantage*. Peter Hall and David Soskice, eds. New York: Oxford University Press.

——. 2002. *Large Firms and Institutional Change: Industrial Renewal and Economic Restructuring in France*. Oxford: Oxford University Press.

Hansmann, Henry, and Reinier Kraakman. 2000a. "The End of History for Corporate Law." *Georgetown Law Journal* 89: 439-67.

——. 2000b. "The Essential Role of Organizational Law." *Yale Law Journal* 110: 387-440.

Hart, Oliver H. 1989. "An Economist's Perspective on the Theory of the Firm." *Columbia Law Review* 89: 1757-74.

——. 1995. *Firms, Contracts, and Financial Structure*. Oxford: Oxford University Press.

Hartz, Louis. 1955. *The Liberal Tradition in America: An Interpretation of American Political Thought since the Revolution*. New York: Harcourt, Brace.

Hassel, Anke, and Jürgen Beyer. 2001. "The Effects of Convergence: Internationalization and the Changing Distribution of Net Value Added in Large German Firms." Max-Planck-Institute Discussion Paper 01/7, November.

Hawley, James P., and Andrew T. Williams. 2000. *The Rise of Fiduciary Capitalism: How In-*

stitutional Investors Can Make Corporate America More Democratic. Philadelphia: University of Pennsylvania Press.

Heinrich, Ralph. 1999. "Complementarities in Corporate Governance: A Survey of the Literature with Special Emphasis on Japan." Kiel Institute of World Economics Working Paper No. 947.

Herrigel, Gary. 1996. *Industrial Constructions: The Sources of German Industrial Power*. Cambridge: Cambridge University Press.

Hertzfeld, Jeffrey M. 1999. "Russian Corporate Governance: The Foreign Direct Investor's Perspective." Paper presented to the OECD Conference on Corporate Governance in Russia, May 31-June 2, Moscow. http://www.oecd.org/dataoecd/55/47/1921803.pdf.

Hibbs, Douglas A., Jr. 1976. "Industrial Conflict in Advanced Industrial Societies." *American Political Science Review* 70: 1033-58.

——. 1977. "Political Parties and Macroeconomic Policy." *American Political Science Review* 71: 1467-87.

Hilzenrath, David. 2002. "How Congress Rode a 'Storm' to Corporate Reform." *Washington Post*, July 28.

Hiscox, Michael J. 2001. "Class versus Industry Cleavages: Inter-industry Factor Mobility and the Politics of Trade." *International Organization* 55: 1-46.

——. 2002. *International Trade and Political Conflict: Commerce, Coalitions, and Mobility*. Princeton: Princeton University Press.

Hobsbawm, Eric J. 1968. *Industry and Empire: An Economic History of Britain since 1750*. London: Weidenfeld and Nicolson.

Hogfeldt, Peter. Forthcoming. "The History and Politics of Corporate Ownership in Sweden." In *The History of Corporate Governance Around the World: Family Business Groups to Professional Managers*. Randall Morck, ed. Chicago: University of Chicago Press.

Holmstrom, Bengt, and Paul Milgrom. 1994. "The Firm as an Incentive System." *American Economic Review* 84: 972-91.

Holzmann, Robert, Robert Palacios, and Asta Zviniene. 2002. *Reporting the Implicit Pension Debt in Low and Middle Income Countries*. Washington, D.C.: World Bank.

Höpner, Martin. 2003a. "European Corporate Governance Reform and the German Party Paradox." Max-Planck-Institute for the Study of Societies Program for the Study of Germany and Europe Working Paper No. 03.1.

——. 2003b. "What Connects Industrial Relations and Corporate Governance? Explaining Institutional Complementarity." Max-Planck-Institute for the Study of Societies Working Paper.

Höpner, Martin, and Gregory Jackson. 2001. "An Emerging Market for Corporate Control? The Mannesmann Takeover and German Corporate Governance." Max–Planck–Institute for the Study of Societies Discussion Paper No. 01/04.

"House GOP Opposition to Senate's Accounting Bill Vanishes." 2002. *National Journal's Congressional Daily*, July 18.

Huang, Yasheng, Kirsten J. O'Neal–Massaro, and Anatoli Miliukov. 2002. "Unified Energy System of Russia." Harvard Business School Case 702–068.

Huber, John D. 1996. *Rationalizing Parliament: Legislative Institutions and Party Politics in France.* Cambridge: Cambridge University Press.

Ibbotson, Roger, and Rex Sinquefield. 1976. "Stocks, Bonds, Bills, and Inflation: Year by Year Historical Returns (1926–1974)." *Journal of Business* 49: 11–47.

Iglesias, Augusto, and Robert J. Palacios. 2000. "Managing Public Pension Reserves Part I: Evidence from the International Experience." World Bank Social Protection Discussion Paper No. 0003.

Iversen, Torben. 1998. "Wage Bargaining, Central Bank Independence and the Real Effects of Money." *International Organization* 52: 469–504.

Iversen, Torben, and Thomas R. Cusack. 2000. "The Causes of Welfare State Expansion: Deindustrialization or Globalization?" *World Politics* 52: 313–49.

Iversen, Torben, and David Soskice. 2001. "An Asset Theory of Social Policy Preferences." *American Political Science Review* 95: 875–93.

Iversen, Torben, and Anne Wren. 1998. "Equality, Employment, and Budgetary Restraint: The Trilemma of the Service Economy." *World Politics* 50: 507–46.

Jaikumar, Ramchandran. 1986. "Postindustrial Manufacturing." *Harvard Business Review* 64: 69–76.

Jang, Hasung. 2003. "Corporate Restructuring in Korea after the Economic Crisis." *Joint U.S.–Korea Academic Studies* 147–84.

Jensen, Michael C. 1986. "The Agency Costs of Free Cash Flow: Corporate Finance and Takeovers." *American Economic Review* 76: 323–29.

Jensen, Michael C., and William H. Meckling. 1976. "Theory of the Firm: Managerial Behavior, Agency Costs, and Ownership Structure." *Journal of Financial Economics* 3: 305–60.

Johnson, Chalmers A. 1982. *MITI and the Japanese Miracle: The Growth of Industrial Policy, 1925–1975.* Stanford: Stanford University Press.

Johnson, Simon, Rafael La Porta, Florencio López-de-Silanes, and Andrei Shleifer. 2000. "Tunneling." Papers and Proceedings of the One Hundred Twelfth Annual Meeting of the American

Economic Association, *American Economic Review* 90: 22-27.

Johnson, Simon, John McMillan, and Christopher Woodruff. 2000. "Entrepreneurs and the Ordering of Institutional Reform: Poland, Slovakia, Romania, Russia, and Ukraine Compared." *Economics of Transition* 8: 1-36.

Kahler, Miles, and David Lake, eds. 2003. *Governance in a Global Economy: Political Authority in Transition*. Princeton: Princeton University Press.

Kaplan, Steven. 1997. "Corporate Governance and Corporate Performance: A Comparison of Germany, Japan, and the U.S." *Journal of Applied Corporate Finance* 9: 86-93.

Katzenstein, Peter, and Takashi Shiraishi, eds. Forthcoming. *Beyond Japan: East Asian Regionalism*. Ithaca, N.Y.: Cornell University Press.

Keefer, Philip. 2005. "Political Credibility, Citizen Information, and Financial Sector Development." Paper presented at the conference Economics, Political Institutions, and Financial Markets, Stanford University.

Keefer, Philip, and David Stasavage. 2003. "The Limits of Delegation: Veto Players, Central Bank Independence, and the Credibility of Monetary Policy." *American Political Science Review* 97 (3): 407-23.

Kenworthy, Lane, and Alexander Hicks. 1998. "Cooperation and Political Economic Performance in Affluent Democratic Capitalism." *American Journal of Sociology* 103: 631-72.

Kester, W. Carl. 1991. *Japanese Takeovers: The Global Contest for Corporate Control*. Boston: Harvard Business School Press.

——. 1996. "American and Japanese Corporate Governance: Converging to Best Practice?" In *National Diversity and Global Capitalism*. Suzanne Berger and Ronald Dore, eds. Ithaca, N.Y.: Cornell University Press.

Kim, Il-Sup. 2000. "Financial Crisis and Its Impact on the Accounting System in Korea." Korea Accounting Standards Board Manuscript.

Krauss, Ellis, and Michio Muramatsu. 1984. "Bureaucrats and Politicians in Policymaking: The Case of Japan." *American Political Science Review* 78: 126-46.

Kremers, Jeroen. 2002. "Pension Reform: Issues in the Netherlands." In *Social Security Pension Reform in Europe*. Martin Feldstein and Horst Siebert, eds. Chicago: University of Chicago Press.

Krozsner, Randall S. 2000. "The Economics and Politics of Financial Modernization." *Economic Policy Review of the Federal Reserve Bank of New York*, October.

Laeven, Luc. 2001. "Insider Lending and Bank Ownership: The Case of Russia." *Journal of Comparative Economics* 29: 207-29.

Lamoreaux, Naomi R., and Jean-Laurent Rosenthal. Forthcoming. "Legal Regime and Business's Organizational Choice: A Comparison of France and the United States during the Mid-nineteenth Century." *American Law and Economic Review*.

La Porta, Rafael, Florencio López-de-Silanes, and Andrei Shleifer. 1999. "Corporate Ownership around the World." *Journal of Finance* 54: 471-517.

——. 2005. "What Works in Securities Law?" *Journal of Finance*, forthcoming.

La Porta, Rafael, Florencio López-de-Silanes, Andrei Shleifer, and Robert W. Vishny. 1997. "Legal Determinants of External Finance." *Journal of Finance* 52: 1131-50.

——. 1998. "Law and Finance." *Journal of Political Economy* 106: 1113-55.

——. 2000. "Investor Protection and Corporate Governance." *Journal of Financial Economics* 58: 3-27.

——. 2002. "Investor Protection and Corporate Valuation." *Journal of Finance* 57: 1147-70.

Lardy, Nicholas. 2002. *Integrating China into the Global Economy*. Washington, D.C.: Brookings Institution Press.

Lefort, Fernando, and Eduardo Walker. 1999. "Ownership and Capital Structure of Chilean Conglomerates: Facts and Hypotheses for Governance." *Revista ABANTE* 3: 3-27.

Levy, Jonah. 1999. *Tocqueville's Revenge: State, Society, and Economy in Contemporary France*. Cambridge: Harvard University Press.

Levitt, Arthur, and Paula Dwyer. 2002. *Take on the Street: What Wall Street and Corporate America Don't Want You to Know: What You Can Do to Fight Back*. New York: Pantheon.

Li, David. 2000. "Insider Control, Corporate Governance, and the Soft Budget Constraint: Theory, Evidence, and Policy Implications." In *Financial Market Reform in China: Progress, Problems, and Prospects*. Baizhu Chen, J. Kimball Dietrich, and Yi Fang, eds. Boulder, Colo.: Westview Press.

Lijphart, Arend. 1999. *Patterns of Democracy: Government Forms and Performance in Thirty-six Countries*. New Haven: Yale University Press.

Lin, Cyril. Forthcoming. "Public Vices in Public Places: Challenges in Corporate Governance Development in China." In *The History of Corporate Governance around the World: Family Business Groups to Professional Managers*. Randall Morck, ed. Chicago: University of Chicago Press.

Lindblom, Charles E. 1977. *Politics and Markets: The World's Political Economic Systems*. New York: Basic Books.

Lins, Karl, Deon Strickland, and Marc Zenner. 2000. "Do Non-U.S. Firms Issue Equity on

U. S. Stock Exchanges to Relax Capital Constraints?" Research monograph. http://www. cob. ohio-state. edu/fin/dice/papers/2000-5. pdf.

Lipset, Seymour Martin, and Stein Rokkan, eds. 1967. *Party Systems and Voter Alignments: Cross-National Perspectives*. New York: Free Press.

Locke, Richard. 1995. *Remaking the Italian Economy*. Ithaca, N. Y. : Cornell University Press.

Lordon, Frédéric. 2000. *Fonds de pension, pièges à cons ? Mirage de la démocratie actionnariale*. Paris: Raisons d'agir.

——. 2002. *La politique du capital*. Paris: Odile Jacob.

Malkiel, Burton G. 1996. *A Random Walk Down Wall Street: The Time-Tested Strategy for Successful Investing*. 6th ed. New York: Norton.

Magee, Stephen P. , William A. Brock, and Leslie Young. 1989. *Black Hole Tariffs and Endogenous Policy Theory in General Equilibrium*. Cambridge: Cambridge University Press.

Maher, Maria, and Thomas Andersson. 2002. "Corporate Governance: Effects on Firm Performance and Economic Growth. " *Corporate Governance Regimes: Convergence and Diversity*. Joseph A. McCahery, Piet Moerland, Theo Raaijmakers, and Luc Renneboog, eds. Oxford: Oxford University Press.

Manow, Philip. 2001a. "Business Coordination, Collective Dares, Bargaining, and the Welfare State: Germany and Japan in Historical Comparative Perspective. " In *Comparing Welfare Capitalism: Social Policy and Political Economy in Europe, Japan, and the USA*. Bernhard Ebbinghaus and Philip Manow, eds. London: Routledge.

——. 2001b. "Welfare State Building and Coordinated Capitalism in Japan and Germany. " In *The Origins of Nonliberal Capitalism: Germany and Japan in Comparison*. Wolfgang Streeck and Kozo Yamamura, eds. Ithaca, N. Y. : Cornell University Press.

——. Forthcoming. *Social Protection, Capitalist Production: The Bismarckian Welfare State and the German Political Economy from the 1880s to the 1990s*.

Manow, Philip, and Bernhard Ebbinghaus. 2001. "Introduction: Studying Varieties of Welfare Capitalism. " In *Comparing Welfare Capitalism: Social Policy and Political Economy in Europe, Japan, and the USA*. Bernhard Ebbinghaus and Philip Manow, eds. London: Routledge.

March, James G. , and Johan P. Olsen. 1998. "The Institutional Dynamics of International Political Orders. " *International Organization* 52: 943-69.

Mares, Isabela. 2003. *The Politics of Social Risk: Business and Welfare State Development*. Cambridge: Cambridge University Press.

Martinez, Gebe, and Keith Perine. 2002. "Corporate America Faces Shift in Legislative Landscape." *Congressional Quarterly Weekly*, July 5.

Mayer, Colin. 1996. "Corporate Governance, Competition, and Performance." OECD Working Paper No. 164.

Maurice, Marc, François Sellier, and Jean-Jacques Silvestre. 1986. *The Social Foundations of Industrial Power: A Comparison of France and Germany*. Arthur Goldhammer, trans. Cambridge: MIT Press.

McCall, H. Carl. 2002. Testimony before the Committee on Financial Services. U. S. House of Representatives. March 20.

McCubbins, Mathew D., and Thomas Schwartz. 1984. "Congressional Oversight Overlooked: Police Patrols versus Fire Alarms." *American Journal of Political Science* 28: 165–79.

McIntyre, Andrew. 2001. "Institutions and Investors: The Politics of the Financial Crisis in Southeast Asia." *International Organization* 55: 81–122.

McKinnell, Henry. 2003. Letter to the Securities and Exchange Commission. October 1.

McKinsey Investor Opinion Survey. 2000. June. www.gcgf.org.

McPherson, James. 1988. *Battle Cry of Freedom: The Civil War Era*. New York: Oxford University Press.

Megginson, William L. "Appendix Detailing Share Issue Privatization Offerings, 1961–2000." http://faculty-staff.ou.edu/M/William.L.Megginson-1/.

Mercer Human Resources Consulting. 2002. Total Remuneration Survey, 2000.

Meyer, John W., and Brian Rowan. 1977. "Institutionalized Organizations: Formal Structure as Myth and Ceremony." *American Journal of Sociology* 83: 340–63.

Milgrom, Paul, and John Roberts. 1990. "The Economics of Modern Manufacturing: Technology, Strategy, and Organization." *American Economic Review* 80: 511–28.

——. 1992. *Economics, Organization, and Management*. Englewood Cliffs, N. J.: Prentice Hall.

——. 1995. "Complementarities, Industrial Strategy, Structure, and Change in Manufacturing." *Journal of Accounting and Economics* 19: 179–208.

Ministry of Welfare. Pension Fund Management Bureau. 2001. "Regarding Basic Asset Management Policy for National Pension and Retirement Savings Accounts." Paper presented to the International Corporate Governance Forum, July, Tokyo.

"Minority Shareholders Watchdog Group looking for a Suitable Model." 1999. Bernama News Agency, August 16.

Minow, Nell. 2003. "When Does a Pay Package Become Too Outrageous?" *Chicago Tribune*, September 14.

Miyajima, Hideyaki. 1998. "The Impact of Deregulation on Corporate Governance and Finance." In *Is Japan Really Changing Its Ways? Regulatory Reform and the Japanese Economy.* Lonny E. Carlile and Mark C. Tilton, eds. Washington, D. C.: Brookings Institution Press.

Moerland, Pieter. 1999. "Corporate Supervision in the Netherlands." Paper presented to the Conference on Convergence and Diversity in Corporate Governance Regimes and Capital Markets, University of Tilburg, November, Tilburg, Netherlands.

Monks, Robert A. G. 1998. *The Emperor's Nightingale: Restoring the Integrity of the Corporation in the Age of Shareholder Activism.* Reading, Mass.: Addison-Wesley.

——. 2001. *The New Global Investors: How Shareholders Can Unlock Sustainable Prosperity Worldwide.* Oxford: Capstone.

Monks, Robert A. G., and Nell Minow. 1991. *Power and Accountability: Restoring the Balance of Power between Corporations, Owners, and Society.* New York: Harper Business.

——. 2001. *Corporate Governance.* 2nd ed. Oxford: Blackwell.

Moore, Barrington, Jr. 1966. *Social Origins of Dictatorship and Democracy: Lord and Peasant in the Making of the Modern World.* Boston: Beacon Press.

Moran, Michael. 2002. "Pension Accounting and Funding: A Roadmap for Analysts and Investors." Goldman Sachs Global Strategy Research. December.

Morck, Randall, Michael Percy, Gloria Tian, and Bernard Yeung. Forthcoming. "The Rise and Fall of the Widely Held Firm: A History of Corporate Ownership in Canada." In *The History of Corporate Governance around the World: Family Business Groups to Professional Managers.* Randall Morck, ed. Chicago: University of Chicago Press.

Morin, Francois. "A Transformation in the French Model of Shareholding and Management." *Economy and Society* 29: 36-53.

Mottis, Nicolas, and Jean-Pierre Ponssard. 2002. "L'influence des investisseurs institutionnels sur le pilotage des enterprises." Ecole Polytechnique Laboratoire d'Econometrie Working Paper No. 2002-020, May.

"Move to Improve Corporate Governance." 1999. *Business Times Singapore*, December.

Murphy, Antoine E. Forthcoming. "Corporate Ownership in France: The Importance of History." In *The History of Corporate Governance around the World: Family Business Groups to Professional Managers.* Randall Morck, ed. Chicago: University of Chicago Press.

Naughton, Barry. 2000. "Financial Development and Macroeconomic Stability in China." In

Financial Market Reform in China: Progress, Problems, and Prospects. Baizhu Chen, J. Kimball Dietrich, and Yi Fang, eds. Boulder, Colo.: Westview Press.

Nesbitt, Steven L. 1994. "Long-Term Rewards from Shareholder activism: A Study of the 'CalPERS Effect.'" *Journal of Applied Corporate Finance* 6: x-xx.

——. 1995. "The 'CalPERS Effect': A Corporate Governance Update." Wilshire and Associates. July 19.

Nihon Corporate Governance Forum. 1998. "Coporato Gabanansu gensoku: Atarashii nihongata kigyō tōchi o kangaeru." *Coporaato Gabanansu Gensoku Sakutei Iinkai*, May 26.

Nijhuis, Jos, and Jaap van Manen. 2002. "Competing for Capital: Analysts' Perceptions of the Competitive Position of Dutch Companies." PricewaterhouseCoopers Netherlands.

Nishi, Norio. 1998. "The Transformation of the Japanese Pension Market." *National Bureau of Asian Research Publications: Executive Insight*, No. 14.

North, Douglass C., and Barry R. Weingast. 1989. "Constitutions and Commitment: The Evolution of Institutions Governing Public Choice in Seventeenth-Century England." *Journal of Economic History* 69: 803-32.

Nye, Joseph S. 2004. *Soft Power: The Means to Success in World Politics*. New York: Public Affairs Press.

OECD Principles of Corporate Governance. 1999. Washington, D.C.: Organization for Economic Cooperation and Development Publications.

OECD Principles of Corporate Governance. 2004. Washington, D.C.: Organization for Economic Cooperation and Development Publications. http://www.oecd.org/dataoecd/32/18/31557724.pdf.

Oi, Jean C., and Andrew G. Walder, eds. 1999. *Property Rights and Economic Reform in China*. Stanford, Calif.: Stanford University Press.

Pagano, Marco, and Paolo Volpin. 2001a. "The Political Economy of Corporate Governance." Centre for Economic Policy Research Discussion Paper No. 2682.

——. 2001b. "The Political Economy of Finance." *Oxford Review of Economic Policy* 17: 502-19.

Palmer, Edward. 2002. "Swedish Pension Reform: How Did It Evolve, and What Does It Mean for the Future?" In *Social Security Pension Reform in Europe*. Martin Feldstein and Horst Siebert, eds. Chicago: University of Chicago Press.

Patton, Donald, and Martin Kenney. 2003. "Innovation and Social Capital in Silicon Valley." BRIE Working Paper No. 155.

Perine, Keith. 2002a. "Senate Accounting Industry Regulation Could Get New Legs after Recess." *Congressional Quarterly Weekly*, May 24.

——. 2002b. "Senate Panel Approves Tighter Rules for Accounting Industry." *Congressional Quarterly Weekly*, June 21.

Perotti, Enrico, and Ernst-Ludwig von Thadden. 2003. "The Political Economy of Bank and Market Dominance." European Corporate Governance Institute Finance Working Paper No. 21/2003.

Piñera, José. 1996. "Empowering Workers: The Privatization of Social Security in Chile." *Cato Letter*, No. 10.

Piore, Michael, and Charles Sable. 1984. *The Second Industrial Divide: Possibilities for Prosperity*. New York: Basic Books.

Pistor, Katharina, Yoram Keinan, Jan Kleinheisterkamp, and Mark West. 2002. "The Evolution of Corporate Law: A Cross-Country Comparison." *University of Pennsylvania Journal of International Economic Law* 23: 791-871.

Pistor, Katharina, Martin Raiser, and Stanislaw Gelfer. 2000. "Legal Evolution and the Transplant Effect: Lessons from Corporate Law Development in Six Countries." Unpublished paper.

Plihon, Dominique, Jean-Pierre Ponssard, and Philippe Zarlowski. 2001. "Quel scenario pour le gouvernement d'enterprise? Une hypothèse de double convergence." Ecole Polytechnique Laboratoire d'Econometrie Working Paper 2001-008, August.

Porter, Michael. 1990. *The Competitive Advantage of Nations*. New York: Free Press.

——. 1992. "Capital Disadvantage: America's Failing Capital Investment System." *Harvard Business Review* 72: 65-83.

Posner, Richard A. 1972. *Economic Analysis of Law*. Boston: Little, Brown.

Rajan, Raghuram, and Luigi Zingales. 2003. "The Great Reversals: The Politics of Financial Development in the 20th Century." *Journal of Financial Economics* 69: 5-50.

Ramseyer, Mark, and Frances Rosenbluth. 1993. *Japan's Political Marketplace*. Cambridge: Cambridge University Press.

Rodrik, Dani. 1997. *Has Globalization Gone Too Far?* Washington, D. C.: Institute of International Economics.

Roe, Mark. 1994. *Strong Managers, Weak Owners: The Political Roots of American Corporate Finance*. Princeton: Princeton University Press.

——. 2003a. "Delaware's Competition." *Harvard Law Review* 117: 588-646.

——. 2003b. *Political Determinants of Corporate Governance: Political Context, Corporate Impact*. New York: Oxford University Press.

Roeder, Philip G. 1993. *Red Sunset: The Failure of Soviet Politics*. Princeton: Princeton University Press.

Rogowski, Ronald. 1989. *Commerce and Coalitions: How Trade Affects Domestic Political Alignments*. Princeton: Princeton University Press.

———. 1999. "Institutions as Constraints on Strategic Choice." In *Strategic Choice and International Relations*. David Lake and Robert Powell, eds. Princeton: Princeton University Press.

Rogowski, Ronald, and Mark A. Kayser. 2002. "Majoritarian Electoral Systems and Consumer Power: Price-Level Evidence from OECD Countries." *American Journal of Political Science* 46: 526–39.

Romano, Roberta. 1990. "The State Competition Debate in Corporate Law." In *Corporate Law and Economic Analysis*. Lucien Bebchuk, ed. Cambridge: Cambridge University Press.

"Russia Launches Corporate Governance Reform." 2000. United Press International, September 7.

"Russia's Lousy Corporate Governance." 1999. *Economist* (U.S.), July 24.

Sakakibara, Eisuke. 1990. *Shihon shugi o koeta Nihon: Nihon-gata shijō keizai taisei no seiritsu to tenkai*. Tokyo: Toyo Keizai.

Salter, Malcolm S., and Joshua N. Rosenbaum. 2002. "OAO Yukos Oil Company." Harvard Business School Case 902–021.

Schieber, Sylvester. 1999. "The Employees Retirement Income Security Act: Motivations, Provisions, and Implications for Retirement Security." Paper presented to the Conference on ERISA after 25 Years: A Framework for Evaluating Pension Reform, September 17, Washington, D. C.

Schmidt, Vivien A. 2001. "The Politics of Adjustment in France and Britain: When Does Discourse Matter?" *Journal of European Public Policy* 8: 247–64.

———. 2002. "Does Discourse Matter in the Politics of Welfare State Adjustment?" *Comparative Political Studies* 35: 168–93.

Schonfeld, Andrew. 1965. *Modern Capitalism: The Changing Balance of Public and Private Power*. New York: Oxford University Press.

Shinn, James. 2000. "Globalization, Corporate Governance, and the State." Ph. D. diss., Princeton University.

Shiozaki, Yasuhisa. 2003. "Corporate Governance Standards and Capital Markets." Speech presented to the Symposium on Building the Financial System of the 21st Century. October 4, Tokyo.

Shirk, Susan. 1993. *The Political Logic of Economic Reform in China*. Berkeley and Los Angeles: University of California Press.

Shleifer, Andrei, and Daniel Treisman. 2004. "A Normal Country." *Foreign Affairs* 3: 20–

38.

Shleifer, Andrei, and Robert W. Vishny. 1997. "A Survey of Corporate Governance." *Journal of Finance* 52: 737–83.

——. 1999. *The Grabbing Hand: Government Pathologies and Their Cures*. Cambridge: Harvard University Press.

Shugart, Matthew S., and John M. Carey. 1992. *Presidents and Assemblies: Constitutional Design and Electoral Dynamics*. New York: Cambridge University Press.

Sinclair, Timothy J. 2003. "Global Monitor: Bond Rating Agencies." *New Political Economy* 8: 147–61.

——. 2004. *The New Masters of Capital: American Bond Rating Agencies and the Politics of Creditworthiness*. Ithaca, N.Y.: Cornell University Press.

Sinn, Hans-Werner. 1999. "The Crisis of Germany's Pension Insurance System and How It Can Be Resolved." NBER Working Paper No. 7304.

Smith, Paul. 1967. *Disraelian Conservatism and Social Reform*. London: Routledge and Kegan Paul.

Smith v. Van Gorkom, 488 A. 2d 858 (Delaware 1985).

Söderström, Hans, Erik Berglöf, Bengt Holmström, Peter Högfeldt, and Eva Milgrom. 2003. "Corporate Governance and Structural Change: European Challenges." Studieförbundet Näringsliv och Samhälle Economic Policy Group Report.

Soskice, David, and Torben Iversen. 1998. "Multiple Wage-Bargaining Systems in the Single European Currency Area." *Oxford Review of Economic Policy* 14: 110–24.

——. 2000. "The Nonneutrality of Monetary Policy with Large Price or Wage Setters." *Quarterly Journal of Economics* 115: 265–84.

Sprenger, Carsten. 2002. "Ownership and Corporate Governance in Russian Industry: A Survey." European Bank for Reconstruction and Development Working Paper No. 70.

Stasavage, David. 2002. "Credible Commitment in Early Modern Europe: North and Weingast Revisited." *Journal of Law, Economics, and Organization* 18: 155–86.

Stern, Marc A. 2001. "Pension Reform and Global Equity Markets." Birinyi Associates Inc. Topical Study No. 17, Westport, Conn.

Stiglitz, Joseph E., and Karla Hoff. 2003. "The Transition Process in Post-Communist Societies: Towards a Political Economy of Property Rights." Paper presented to the Annual Meetings of the American Political Science Association, August 30, Philadelphia.

Streeck, Wolfgang. 1984. *Industrial Relations in West Germany: A Case Study of the Car Indus-*

try. London: Heinemann.

Strouse, Jean. 1999. *Morgan: American Financier*. New York: Random House.

Suchman, Mark C. 1994. "On Advice of Counsel: Law Firms and Venture Capital Funds as Information Intermediaries in the Structuration of Silicon Valley." Ph. D. diss., Department of Sociology, Stanford University.

Suchman, Mark C., and Mia L. Cahill. 1996. "The Hired Gun as Facilitator: Lawyers and the Suppression of Business Disputes in Silicon Valley." *Law and Society Inquiry* 21: 679-712.

Suleiman, Ezra. 1987. *Private Power and Centralization in France: The Notaries and the State*. Princeton: Princeton University Press.

——. 1995. *Les resorts cachés de la réussite française*. Trans. Sylvette Gleize. Paris: Seuil.

Sundin, Anneli, and Sven-Ivan Sundqvist. 1998. *Owners and Power in Sweden's Listed Companies, 1997*. Stockholm: SIS Agarservice AB.

Suto, Megumi. 1999. "New Developments in the Japanese Corporate Governance in the 1990s: The Role of Pension Funds." *Hamburgische Welt-Wirtschafts-Archiv*, July.

Swank, Duane, and Cathie Jo Martin. 2001. "Employers and the Welfare State: The Political Economic Organization of Firms and Social Policy in Contemporary Capitalist Democracies." *Comparative Political Studies* 34: 889-923.

Swenson, Peter A. 1989. *Fair Shares: Unions, Pay, and Politics in Sweden and West Germany*. Ithaca, N. Y.: Cornell University Press.

——. 2002. *Capitalists and Markets: The Making of Labor Markets and Welfare States in the United States and Sweden*. New York: Oxford University Press.

Sykes, Allen. 2000. *Capitalism for Tomorrow: Reuniting Ownership and Control*. Oxford: Capstone.

Thelen, Kathleen. 2004. *How Institutions Evolve: The Political Economy of Skills in Comparative-Historical Perspective*. New York: Cambridge University Press.

Thompson, F. M. L. 1963. *English Landed Society in the Nineteenth Century*. London: Routledge and Kegan Paul.

Thomson, Tracy A., and Gerald F. Davis. 1997. "The Politics of Corporate Control and the Future of Shareholder Activism in the United States." *Corporate Governance* 5: 152-59.

Tiberghein, Yves. 2002a. "Political Mediation of Global Economic Forces: The Politics of Corporate Restructuring in Japan, France, and South Korea." Ph. D. diss., Stanford University.

——. 2002b. "State Mediation of Global Financial Forces: Different Paths of Structural Reforms in Japan and South Korea." *Journal of East Asian Studies* 2: 103-41.

——. 2003. "Veto Players, Financial Globalization, and Policy Making: A Political Analysis of the Pathway of Structural Reforms in Japan, 1993-2002. " Paper presented to the Annual Meetings of the American Political Science Association, August 28-31, Philadelphia.

Towers Perrin. 1999. Worldwide Total Remuneration Report. April.

Trumbull, Gunnar. 2000. "Divergent Paths of Product Market Regulation in France and Germany, 1970-1990. " In *Handbook of Global Economic Policy*. Stuart S. Nagel, ed. New York: Marcel Dekker.

——. 2002. "The Rise of Consumer Politics: Market Institutions and Product Choice in Postwar France and Germany. " Harvard Business School Working Paper No. 03-054.

Trumka, Richard L. 2002. "Comments on the SEC's Proposal S7-36-02 to Require Mutual Funds to Disclose Their Proxy Voting Policies. " Letter to the Securities and Exchange Commission, December 6.

United States Congress. House of Representatives. 2002. *Sarbanes-Oxley Act of 2002*. 107th Congress. H. R. Report No. 107-610 (2002).

United States Securities and Exchange Commission. 2002. *Disclosure of Proxy Voting Policies and Proxy Voting Records by Registered Management Investment Companies*. September 20.

Useem, Michael. 1993. *Executive Defense: Shareholder Power and Corporate Reorganization*. Cambridge: Harvard University Press.

——. 1996. *Investor Capitalism: How Money Managers Are Changing the Face of America*. New York: HarperCollins.

van het Kaar, Robbert. 1998. "Pensions and Pension Funds Become Major Issue in Dutch Industrial Relations. " *European Industrial Relations Observatory Online*. August. www. eiro. eurofond. ie.

van Lent, Laurence. 1995. "Pressure and Politics in Financial Accounting Regulations. " University of Tilburg, January.

Véron, Nicolas, Matthieu Autret, and Alfred Galichon. 2004. *L'information financière encrise—comptabilité et capitalisme*. Paris: Odile Jacob.

Walter, Carl, and Fraser J. Howie. 2001. *To Get Rich Is Glorious! China's Stock Markets in the 80's and 90's*. New York: Palgrave Macmillan.

West, Mark. 1994. "The Pricing of Shareholder Derivative Actions in Japan and the United States. " *Northwestern University Law Review* 88: 1436-1507.

Westphal, James D. , and Edward J. Zajac. 1998. "Symbolic Management of Stockholders: Corporate Governance Reforms and Shareholder Reactions. " *Administrative Science Quarterly* 43:

127-53.

Willer, Dirk. 1997. "Corporate Governance and Shareholder Rights in Russia." Centre for Economic Policy Research Discussion Paper No. 343.

Williamson, Oliver E. 1975. *Markets and Hierarchies: Analysis and Antitrust Implications*. New York: Oxford University Press.

——. 1995. *Organization Theory: From Chester Barnard to the Present and Beyond*. New York: Oxford University Press.

Womack, James P., Daniel T. Jones, and Daniel Roos. 1991. *The Machine That Changed the World: The Story of Lean Production*. New York: Harper Perennial.

World Bank. 1993. *The East Asian Miracle: Economic Growth and Public Policy.* New York: Oxford University Press.

Xu, Xiaonian, and Yan Wang. 1997. "Ownership Structure, Corporate Governance, and Firms' Performance: The Case of Chinese Stock Companies." World Bank Working Paper. http://www.worldbank.org/html/dec/Publications/Workpapers/WPS1700series/wps1794/wps1794.pdf.

Yano, Tomomi. 2001. "Nenkinshikin unyô kara mita corporate governance." Paper prepared for the International Corporate Governance Forum, July, Tokyo.

Yoo, Seong-Min. 1997. "Evolution of Government-Business Interface in Korea: Progress to Date and Reform Agenda Ahead." Korea Development Institute Working Paper No. 9711.

——. 1999. "Corporate Restructuring in Korea: Policy Issues before and during the Crisis." Korea Development Institute Working Paper No. 9903.

Yoo, Seong-Min, and Young-Jae Lin. 1999. "Big Business in Korea: New Learning and Policy Issues." Korea Development Institute Working Paper No. 9901.

Yoon, Youngmo. "Chaebol Reform: The Missing Agenda in 'Corporate Governance.'" Paper presented to the Conference on Corporate Governance in Asia: A Comparative Perspective, March 3-5, Seoul.

Zajac, Edward J., and James D. Westphal. 1994. "The Costs and Benefits of Managerial Incentives and Monitoring in Large U. S. Corporations: When Is More Not Better?" *Strategic Management Journal* 15: 121-42.

——. 2004. "The Social Construction of Market Value: Institutionalization and Learning Perspectives on Stock Market Reactions." *American Sociological Review* 69: 433-57.

Zeigler, Nick. 1997. *Governing Ideas: Strategies for Innovation in France and Germany*. Ithaca, N. Y.: Cornell University Press.

Zingales, Luigi. 2000. "In Search of New Foundations." *Journal of Finance* 55: 1623-53.

Zorn, Dirk, Frank Dobbin, Julian Dierkes, and Man-shan Kwok. Forthcoming. "Managing Investors: How Financial Markets Reshaped the American Firm." In *The Sociology of Financial Markets*. Karin Knorr Cetina and Alexandru Preda, eds. Oxford: Oxford University Press.

索 引

（页码为本书边码）

A

A&P，大西洋与太平洋食品公司，251

ABP，公共部门养老基金（荷兰），84-85，185n97，186，240，288

accountant's letter，会计信，36n

accounting and auditing standards，会计和审计准则，118n，171，200，221-22，235

accounting firms，会计师事务所，33，35，99，116

acquisitions，收购，39，113，129-30，166，174

Adelphia，阿德菲亚公司，1

Adenauer, Conrad，康拉德·阿登纳，161

Administradora de Fondos de Pensiones（AFP），养老金管理者，230，230n27

agency costs，代理成本，28，28n4，32，32n18，209

AGF-Paribas，法国保险总公司-法国巴黎银行，265

Ahold，阿霍德集团，1，3，185n94，219

Airbus，空中客车公司，272

Air France，法国航空公司，272

AKZO Nobel，阿克苏诺贝尔公司，181

Alcan，加拿大铝业公司，267

Alcatel，阿尔卡特公司，212，212n5

Algemene Bank Nederland（ABN），荷兰银行，185n97

Algemene Oudermans Wet，（AOW），荷兰国家养老金制度（第一支柱养老金计划），184

Allende, Salvador，萨尔瓦多·阿连德，228

Allmänna Tilläggspension（ATP），国民补充退休金，145

allocative efficiency，分配效率，90

Alsthom，阿尔斯通公司，271，272

American Airlines，美国航空公司，251

American depository receipts（ADRs），美国存托凭证，44n44，103，114-15，288

American Federation of Labor（AFL），美国劳工联合会，246

American Federation of Labor-Congress of Industrial Organizations（AFL-CIO），美国劳工联合会-产业工会联合会，251-52

American model，美国模式，5-6，29，122

Amsterdam Bourse，阿姆斯特丹证券交易所，178，181

Amsterdam Stock Exchange，阿姆斯特丹证券交易所，182

analytic narratives，分析性叙述，95

Anheuser-Busch，安海斯-布希公司，251

antidirector rights，反董事权利指数，46

antitakeover devices，反收购工具，39，87，

129-30, 267

antitrust rules, 反垄断规则, 7, 89

Argentina, 阿根廷, 18, 110, 111, 114, 188

Armstrong Commission, 阿姆斯特朗委员会, 2

Arthur Andersen, 安达信会计师事务所, 117n37, 239

Asian financial crisis of 1997-98, 1997—1998年亚洲金融危机, 3, 82, 100, 119, 126, 131, 233, 234-35, 236, 286

asset-stripping, 资产剥离, 222

Associação Brasileira das Companhias Abertas (ABRASCA), 巴西上市公司协会, 108, 108n

Association Française de la Gestion Financière (AFG), 法国金融资产管理协会, 269

Association of Southeast Asian Nations (ASEAN), 东南亚联盟, 232

Association pour le Régime de Retraite complémentaire de Salariés (ARRCO), 国家职工养老保险金管理局, 268

Assurances Générales de France and PARIBAS (AGF-Paribas), 法国保险总公司-法国巴黎银行, 265

audit practices, 审计实务, 44

Aufsichsrat, 监事会（德语）, 45, 162n25, 163

Australia, 澳大利亚, 17, 18, 21, 75

Austria, 奥地利, 18, 25, 54

authoritarian systems, 威权体系（体制）, 79-83, 187-203

Avon Letter, 雅芳信, 251n55

Aznar, José María, 何塞·玛丽亚·阿斯纳尔, 135

B

Balladur, Edouard, 爱德华·巴拉迪尔, 268

Bank for International Settlements (BIS), 国际清算银行, 100

Bank of England, 英格兰银行, 260

Bank of France, 法国银行, 263, 264

Banking Act, 银行法, 264

Barisan Nasional, 国民阵线, 233, 234

Bass brothers, 巴斯兄弟, 240

Belgium, 比利时, 18

Berle-Means separation, 伯利-米恩斯（所用权和控制权）分离理论, 5-6, 245, 246

Berlusconi, Silvio, 西尔维奥·贝卢斯科尼, 135, 199

Big Five accounting firms, 五大会计师事务所, 117, 117n37, 118n38, 181, 200, 255, 267

Big Five Chilean families, 智利五大家族, 229

Big Four, 四大会计师事务所, 117 109, 255

Biggs, John, 约翰·比格斯, 258

Big Six, 六大会计师事务所, 117, 255

binding appointments, 有约束力的任命, 183, 183n86

Blair, Tony, 托尼·布莱尔, 135, 262

blockholder model, 集中持股模式, 4-5, 15, 52, 137, 153

blockholding: class cleavage and, 集中持股：阶级分裂和, 96; in collective action problem, 集体行动难题, 38; to contain agency costs, 为遏制代理成本, 28n4; described, 被描述为, 16; in good governance deal, 善治协议, 99; MSPs and, 少数股东保护和, 162, 301, 302, 303, 308-10; percentage of, 百分比, 19; political cohesion and, 政治凝聚力和, 73, 74-75

BMW, 宝马公司, 242

board independence, 董事会独立性, 45
boards of directors, 董事会, 45, 115n, 222
Boehner, John A., 约翰·A. 博纳, 255n
Bolsa de Madrid, 马德里证券交易所, 110
bond-rating agencies, 债券评级机构, 35, 99, 116
Borsa Italiana, 意大利证券交易所, 110
Brazil, 巴西, 18, 108, 108n, 110, 111, 188, 289
British Telecom, 英国电信公司, 240, 262
brokerage firms, 证券经纪公司, 35
Bubble Period of 1985-89, 1985—1989年泡沫时期, 172
Bumiputra, 马来人, 236
Bundesverband der Deutscher Industrie (BDI), 德国工业协会, 108
Bush, George H. W., 乔治·H. W. 布什（老布什）, 135
Bush, George W., 乔治·W. 布什（小布什）, 135, 256-57
Business Accounting Discussion Council (BADC), 商业会计讨论委员会, 171n47
business judgment rule, 商业判断规则, 112
Business Roundtable, 商业圆桌会议, 252-53, 255

C

Caisse Nationale d'Assurance Vieillesse des Travailleurs Salariés (CNAVTS), 职工退休补助金制度协会, 268
California Public Employees' Retirement System (CalPERS), 加州公务员退休基金, 146, 174n53, 184, 185, 231, 240, 249, 251, 262, 292
Canada, 加拿大, 17, 18, 19, 21, 25, 75
capital, 资本, 140
capitalist economics policies (CEPs), 资本主义经济政策, 15, 27, 58-59
Carnegie, Andrew, 安德鲁·卡内基, 242, 243, 250
Carter, Jimmy, 吉米·卡特, 255
carve outs, 剥离, 115
causal model, 因果关系, 57-59
Center-Right Liberal Democratic Party (LDP), 中右翼自民党, 168, 175
centralization, 集中化, 156-57
Central Provident Fund (CPF), 中央公积金, 199, 201, 202, 203, 240
Chaebol, （韩国的）财阀, 109, 110, 114, 119, 124-31, 188, 189
Chandler, Alfred P., 阿尔弗雷德·P. 钱德勒, 28, 126, 244
Chandler variables, 钱德勒变量, 125
Charpin Plan, 查平计划, 268
"Chicago school" economy, 芝加哥学派经济学, 28, 229, 230
chief executive officer (CEO), 首席执行官, 45, 251, 253-54, 266
Chile: AFPs options in, 智利：养老金管理者选项, 229-30; blockholdings in, 集中持股, 110; conglomerates in, 企业集团, 229; corporate ownership in, 公司所有权, puzzle of corporate ownership 公司所有权难题, 17, 21; cross-listing in, 交叉上市, 114; cross-shareholding in, 交叉持股, 4; MSPs in, 少数股东保护, 50, 51, 112, 229-30; oligarchy in, 寡头政治, 188; pension reform in, 养老金改革, 228-29, 230; Pinochet period in, 皮诺切特统治时期, 205, 228; privatization in, 私有化, 228; transparency in, 透明度, 209, 228-32
Chirac, Jacques, 雅克·希拉克, 264, 265,

268

Christian democratic model, 基督教民主模式, 78n36, 159, 169n20, 282

Christian Democratic Party, 基督教民主党, 3, 161, 163, 263

Christian Democratic Union, 基督教民主联盟, 160

Chung Ju Yung, 郑周永, 124, 129n51, 189, 199

Circulo de Empresarios, 企业家俱乐部, 108

Citicorp/Travelers, 花旗/旅行者集团, 239

civil law countries, 大陆法系国家, 83-87

civil servant systems, 公务员制度, 215-16

class cleavages, 阶级分裂, 95-148

class conflict, 阶级冲突, 11

class conflict models, 阶级冲突模型, 23-24, 60-61, 62-64, 95

cleavages, 分歧, 95-148, 149-204, 205-73

Clinton, Bill, 比尔·克林顿, 135

coalitions, 联合, 22, 23, 59-67

Code of Takeovers and Mergers, 并购守则, 235

codes of conduct, 行为准则, 288

codetermination, 共决制度, 157-58, 160, 163

Colbertism, 科尔伯主义, 262

Colgate Palmolive, 高露洁棕榄公司, 251

collective bargaining, 集体谈判, 157-59, 247, 310

Comité de la Reglementation Comptable (CRC), 会计法规委员会, 267

Committee on Company Legislation, 公司立法委员会, 202

Committee on Corporate Governance, 公司治理委员会, 202

Committee on Disclosure and Accounting Standards, 信息披露和会计准则委员会, 202

common law countries, 普通法系国家, 83-87

Compagnie des Agents de Change (CAC-40), ACA-40股价指数, 266, 267

Companies Act, 公司法, 235

Companyism, 社团主义, 149n

Compaq, 康柏公司, 117

compromesso historico, 历史妥协, 159n19

Conable, Barber, 巴伯·科纳布尔, 248

Conference Board, 大型企业联合会, 250, 257

conglomerates, 企业集团, 87, 89, 179n72

Congress of Industrial Organizations (CIO), 产业工会联合会, 246

Conseil National de la Comptabilité (CNC), 国家会计委员会, 267

consensus systems, 共识系统（体制）, 10, 25-26, 71, 72-73, 76-77, 82

conservative investors, 保守投资者, 63

consumers, 消费者, 77-78

contracterian theory, 契约理论, 37, 38-39, 112

control, 控制, 16-20, 43, 46-47

Coordinated Market Economies (CME), 协调市场经济, 6, 11, 22, 52, 79, 158, 161, 264, 284, 282

coordination index (CI), 协调指数, 53-55

corporate governance: authority in, 公司治理：权威, 30; benefits of, 利益, 57; change in, 变化, 281-83; convergence versus diversity in, 趋同化对抗多元化, 283-85; corporatism and, 社团主义和, 306; country- or firm-level premium in,

国家或公司层面的公司治理溢价, 102-3; debate over, 论争, 3-4, 293; degrees of coordination in, 协调度, 11, 20, 21-22; described, 描述为, 3, 285; "legal family" school and, 法系流派和, 83-85; measures of, 措施, 286; MSPs in, 少数股东保护, 16, 20-22; patterns of, 模式, 15-26; pension plans and, 养老金计划和, 218-20; policy consequences of, 政策结果, 12-13; political explanation for, 政治学的解释, 10-12; power and responsibility in, 权力和责任, 1-2; rhetoric and legitimacy in, 修辞和合理性, 293; variance in, 差异, 4-10, 36-37, 63n10, 277-78

corporate governance law, 公司治理法律, 4

corporate governance systems, 公司治理体系, 2-3, 4, 12-13, 16, 20-22

corporate ownership, 公司所有权, 16-20

corporate scandals: accountability and, 公司丑闻: 问责制和, 1, 2; 401 (k) effect and, 401 (k) 效应和, 219-20, 220n18; global, 全球, 1, 6; regulation and, 规制和, 35-36n25; reputational intermediary role in, 声誉中介的角色, 116, 240

Corporate Sector Transparency and Publicity Act (TransPuG), 企业部门透明度和信息公示法案, 162, 163

corporations, 公司, 91, 281-82

corporatism, 社团主义, 149, 150, 159-60, 306, 307

corporatist compromise, 社团主义妥协, 207-8, 279, 284

corporatist model, 社团主义模型, 150-59; authoritarian, 威权, 187-203; described, 描述为, 23, 25, 64-65, 77; measurement in, 测量, 25; predictions and testing in, 预测和测试, 153-60, 167; preference cleavage in, 偏好分歧, 150-51; theories of, 理论, 151-52

Council of Institutional Investors (CII), 机构投资者委员会, 240, 251

Council on Annual Reporting, 年度报告委员会, 182n80

Council on Foreign Relations, 外交关系协会, 1n2

credible commitment, 可信承诺, 76-77

Cromme Commission, Cromme, 委员会, 162

crony capitalism, 裙带资本主义, 150

cross-class coalition, 跨阶层联盟, 24, 149-87, 246

cross-class coalition model, 跨阶层联盟模式, 206-7

cross-listing of shares, 交叉上市, 44n44, 103, 114-15, 288-89

cross-shareholding, 交叉持股, 4, 5n7, 13, 18

crowding-out effect, 排出效应, 218

Czech Republic, 捷克共和国, 86

D

Daewoo, 大宇集团, 124, 127, 129, 129n51, 131

Daimler-Chrysler, 戴姆勒-克莱斯勒公司, 164

Dassault, 达索公司, 272

Database of Political Indicators (DPI), 政治指标数据库, 72, 74

Davis Global Advisors, 戴维斯全球咨询公司, 162n25

dead hand provisions, 死手条款, 45

defined benefit, 固定福利, 247

defined benefit pension, 固定福利计划, 215n11

defined contribution pension，固定福利养老金计划，215n11

degrees of coordination（DoC），协调度，11; as CEP component，资本主义经济模式组成部分，15, 27, 58-59; described，描述为，277-78; economic policies and，经济政策和，20, 21-22; index of，指数，20, 21-22; MSPs and，少数股东保护和，54; variables in，变量，284

Deloitte Touche Tohmatsu，德勤会计师事务所，117n37

Déminor，Déminor 公司，269

democracies，民主，73-76, 81

Democratic Party，民主党，243, 256

Denmark，丹麦，18, 54, 152

dependent variable，因变量，15, 16-20

depository receipts，存托凭证，44n44, 103, 114-15, 288

deregulation，放松管制，255

Deutsche Asset Management，德意志资产管理公司，117, 163, 163n29, 165

Deutsche Bank，德意志银行，117, 165, 239

Deutscher Rechnungslegungs Standards Committee（DRSC），德国会计准则委员会，163

Diffusion，分散，4-5, 15, 51-54, 75

disclosure，披露，211

Disclosure and Accounting Standards Committee（DASC），信息披露与会计准则委员会，200

dislocation，割裂，282-83

Donaldson, Paul，保罗·唐纳森，258

Drexel Burnham Lambert，德崇证券，250

Drucker, Peter，彼得·德鲁克，248, 249, 259

DSC，DSC 电信公司，212n5

DSM，帝斯曼集团，185n94, 181

Dutch East India Company（VOC），荷兰东印度公司，177, 177n67

Dutch financial institution（AEGON Nederland），荷兰金融机构（荷兰全球保险集团），185n97

E

East Asian Tigers，亚洲四小龙，29, 125

economic sociology，经济社会学，57, 83, 87-93

economic value added（EVA），经济增加值，201

efficiency，效率，57

electoral law systems，选举法，69-71, 75-76

Elf Acquitaine，埃尔夫阿奎坦石油公司，267-68

Ellison, Lawrence，劳伦斯·埃里森，242

embedded economies，"嵌入式"经济，88, 89

Employee Retirement Income Security Act（ERISA），美国雇员退休收入保障法案，247, 249, 283

Employees Provident Fund（EPF），雇员公积金，201, 233, 234, 239

Employee Stock Option Plans（ESOPs），员工股票期权计划，172-73, 211-12, 212n5, 235, 248

Employee Welfare Pension Insurance Scheme，员工福利养老保险计划，219

employment insurance，就业保险，152

employment security，就业保障，136, 305

Enron scandal，安然公司丑闻，1, 6, 117n37, 219, 220, 256

Enterprise Chamber of the Amsterdam Court of Justice，阿姆斯特丹法院的企业商会，185

Enzi, Michael, 迈克尔·恩齐, 257
equity index funds, 股票指数基金, 250
equity markets, 股票市场, 245, 282
equity portfolio managers, 股票投资组合经理, 178
Ernst & Young, 安永会计师事务所, 117n37
ethnic network, 种族网, 5
European Community, 欧洲共同体, 3, 166
European Corporate Governance Network, 欧洲公司治理网络, 17
European Monetary Union, 欧洲货币联盟, 184
European Parliament, 欧洲议会, 166
European Union（EU）, 欧盟, 165, 180, 271, 292
Exxon, 埃克森美孚石油公司, 244

F

family-held ownership, 家族所有权, 17, 109-10
family network, 家庭或族群网, 5
Federal Employees Retirement fund, 联邦雇员退休基金, 219
Federal Ministry of Economics and Research, 联邦经济和研究部, 165n33
Federal Reserve, 美联储, 244, 257
Federation Internationale des Bourses de Valeurs（FIBV）, 国际证券交易所联合会, 104
Federation of European Stock Exchanges（FESE）, 欧洲证券交易所联合会, 109-10
Federation of Korean Industry（FKI）, 韩国工业联合会, 108, 125
feedback effect, 反作用, 58
feedback loop, 反馈循环, 79
Fidelity Mutual Fund, 富达共同基金, 249, 252
filibuster rules, 阻挠议事规则, 68
Financial Accounting Standards Board（FASB）, 财务会计准则委员会, 44, 254, 255
financial disclosure, 财务披露, 43
financial forecasting, 财务预测, 91
financial intermediaries, 金融中介机构, 164-66, 212
Financial Services Act, 金融服务法案, 260
Financial Services Agency（FSA）, 金融服务机构, 130, 171n47, 176
Financial Services and Markets Act, 金融服务和市场法案, 260
Financial Services Authority（FSA）, 金融服务管理局, 260
Financial Supervisory Commission（FSC）, 金融监督管理委员会, 129
Finland, 芬兰, 18, 25
first pillar pension plans, 第一支柱计划, 213-15
Fisk, Jim, 吉姆·菲斯克, 245
Ford Motor, 福特汽车, 242
foreign direct investment（FDI）, 外商直接投资, 97, 174n55
foreign portfolio investment（FPI）, 外商证券组合投资, 98, 103-6, 120, 141, 178, 228, 304
founder-entrepreneurs, 创始人兼企业家, 242
401（k）effect, 401（K）效应, 219-20, 248-49
401（k）plans, 401（k）计划, 175-76, 216, 225, 225n22, 239
Four Tigers, 四小龙, 233
framing structures, 框架, 27-56
France: civil law in, 法国: 民法, 84, 86; corporate scandal in, 公司丑闻, 3; cross-

listing in, 交叉上市, 114; economic reversals in, 经济逆转, 7, 20; future in, 未来, 272-73; Matignon Accords in, 马提翁协议, 译为希拉克协议, 142; MSPs in, 少数股东保护, 50, 51, 50, 51; overview of, 综述, 262-63; ownership concentration in, 股权集中度, p266 未见 18, 19, 21, 266; political system in, 政治体系, 71, 72, 75, 269-72; politics in, 政治, 135; preferences in, 偏好, 269-72; privatization in, 私有化, 264, 265; reforms in, 改革, 152, 268-69; shareholder protections in, 股东保护, 267-68; state leadership in, 国家领导, 263-67

France Telecom, 法国电信, 267, 272

Free Democratic Party (FDP), 自由民主党, 160, 162, 166

Furukawa, 古河, 169

G

game theory, 博弈理论, 33

Gates, William, 威廉·盖茨, 242

generally accepted accounting principles (GAAP), 通用会计准则, 44, 254

General Motors, 通用公司, 30

General Telephone and Electronics (GTE), 美国通用电子电话公司, 251

German model, 德国模式, 161, 165

German Social Democratic Party, 社会民主党, 3, 160, 161-62, 163, 166

Germany: board membership in, 德国: 董事会成员, 45; civil law in, 民法, 84; corporatism in, 社团主义, 25, 157-58, 159, 160-67; cross-shareholding in, 交叉持股, 4; economic variance in, 经济变量, 6, 12, 20; financial intermediaries in, 金融中介, 164-66; ownership concentration in, 所有权集中度, 18, 110, 127; pension funds in, 养老基金, 164-65; political system in, 政治体系, 71; politics in, 政治, 3, 169, 161-62; postwar occupation of, 战后占领, 163n30, 161; reforms in, 改革, 152; revival in, 复兴, 29; training system in, 训练体系, 78n35; transparency in, 透明度, 211; unions in, 工会, 211; works councils in, 劳资委员会, 207

Gerschenkron, Alexander, 亚历山大·格申克龙, 12, 161, 261

Gerstner, Louis, 路易斯·格斯特纳, 257

Gesetz zur Kontrolle und Transparenz im Unternehmensbereich (KonTraG), 公司控制和透明度法, 162, 163

Glass-Steagall Act, 格拉斯-斯蒂格尔法案, 2, 245

Global Corporate Governance Forum (GCGF), 全球公司治理论坛, 119, 119n42

golden shares, 黄金股, 45, 267, 291

good governance deal, 善治协议, 96, 97-99, 101-3, 110-12, 141, 266

Google, 谷歌公司, 242, 291

Gould, Jay, 杰伊·古尔德, 245

governance. See corporate governance; corporate governance systems 公司治理, 见词条: 公司治理 (corporate governance)、公司治理体系 (corporate governance systems)

governance games, 治理手法, 33-34, 37

Governance Metrics, 治理度量公司, 286

governance patterns, 治理模式, 15-26

government held ownership, 政府所有, 17

"grabbing hand" mode, "掠夺之手"模型, 292n

Gramm, Phil, 菲尔·格拉姆, 257

Gramm-Leach-Bliley Act，格雷姆-里奇-比利雷法案，255
Grasso, Richard，理查德·格拉索，220
Great Depression，大萧条，142，245
great reversals，大逆转，7，19，20
Greece，希腊，18
greenmail payments，绿票讹诈，240，251
gross domestic product（GDP），国内生产总值，37，120，126，130，232，268，302
Grove, Andrew，安德鲁·格鲁夫，257
Grumman，格鲁曼公司，251
Gucci，古驰公司，288

H

Handelsgesetzbuch（HGB），德国商法典，162
Harper & Rowe，哈珀＆罗公司，251
Hasan, Bob，鲍勃·哈桑，188
Hermes，爱马仕，262
Hewlett-Packard，惠普公司，117
Hicks-Kenworthy measure，希克斯-肯沃斯度量法，25，153，154-55，154n，308
High Level Finance Committee on Corporate Governance，公司治理高级财务委员会，234，235
high-tech entrepreneurs，高科技企业，116，254，291
Historical Compromise，历史性妥协，149
Ho Ching，何清，201
Hoffa, James，詹姆斯·霍法，247
Holland，荷兰，180，279
Hollinger，霍林格公司，1
Hong Kong，中国香港，18，21，39，50，51，103
Hong Kong Bank，香港银行，239
Hoogovens，霍高文公司，185n94
hostile takeovers：attempts at，敌意收购：尝试，174n55，288；banks and，银行和，164；as managerism challenge，管理主义挑战，250-54，269；collective action problem and，集体行动难题和，3，8，39；protections against，保护，39，87，129-30，166，174，183，201；worker preferences on，员工偏好，222-23
hua qiao，华侨，200，232，234
Hyundai，现代汽车公司，124，127，129，129n51，189

I

Ibrahim, Anwar，安瓦尔·易卜拉欣，236
Icahn, Carl，卡尔·伊卡恩，250
implicit pension debt（IPD），养老金隐性债务，25，164，213-15，213n9，218，226，268，274，311
impression management，印象管理，91，91n69
incentives，激励，46-47，89，223
income inequality，收入不平等，138，306
incomplete contracts，不完全契约，30-32，35，36，38n26
index of political cohesion（IPCOH），政治凝聚力指数，73，74，75，304
India，印度，18
individually held ownership，个人所有，17
Indonesia，印度尼西亚，3，18，21，82，188，202
information practices，信息行为，43-44
initial public offering（IPO），首次公开募集，231，266，288
insider knowledge，内部知识，111
insiders，内部人，5，179
Institute of CPAs of Singapore（ICPAS），新加坡注册会计师协会，200
institutional complementarity，制度互补性，51-53，51n，290-91

институтional investment, 机构投资, 24; institutions, 机构, 67-93; consensus, 一致, 69-78; interest groups and, 利益集团和, 2, 69n22; majoritarian, 多数决, 69-78; parchment, 羊皮卷, 68n19; preferences and, 偏好和, 22-26, 57-83, 69n22, 277; role of in corporate governance, 公司治理的角色, 8; types of, 种类, 10, 67-83

interest aggregations, 利益加总, 69-71
interest groups, 利益集团, 2, 11, 15
intermediate variables, 中间变量, 15
Internal Revenue Code, 国内税收法, 246
Internal Revenue Service (IRS), 美国国税局, 246
International Accounting Standard (IAS), 国际会计准则, 118n, 163, 267
International Accounting Standards Board (IASB), 国际会计准则理事会, 43, 44, 118n, 182
International Accounting Standards Committee (IASC), 国际会计准则委员会, 118n
international bond markets, 国际债券市场, 122
International Data Corporation (IDC), 国际数据公司, 174n55
Internationale Nederlanden Group (ING), 荷兰国际集团, 185, 185n92
International Federation of Accountants (IFAC), 国际会计师联合会, 118n
International Federation of Stock Values (FIBV), 国际证券交易所联合会, international financial organization (IFO), 国际金融机构, 99-100, 118-19
International Financial Reporting Standards (IFRS), 国际财务报告准则, 43-44, 182

International Monetary Fund (IMF), 国际货币基金组织, 100, 104, 119, 294
International Organization of Securities Commissions, 国际证券委员会, 118n
International Paper, 国际纸业公司, 251
intervening variables, 中介变量, 15
investment models, 投资模式, 23
investor model: class cleavage in, 投资模式：阶级分裂, 96-131; conservative support of, 保守派支持者, 63; contrasted with other models, 与其他模型对比, 273-74, 280; described, 描述为, 61, 62-63, 206, 289; good governance deal of, 善治协议, 96-99; labor in, 劳动, 96-97; pension funds in, 养老基金, 121; variance in, 变量, 100-101
Ireland, 爱尔兰, 18, 21, 25
Israel, 以色列, 18, 115
Italy: coalition government in, 意大利：联合政府, 70, 264; corporate scandal in, 公司丑闻, 3; cross-listing in, 交叉上市, 114; employment security in, 就业保障, 136; ownership concentration in, 股权集中度, 17, 18, 19, 21, 109-10; politics in, 政治, 135; shareholder protection in, 股东保护 50, 51, 108; tax evasion in, 避税, 111
iterative game, 程式性博弈, 33, 34n26, 37
Ito Hirobumi, 伊藤博文, 168
Iwasaki Yotaro, 岩崎阳太郎, 168, 188

J

Jaffré, Philippe, 菲利普·贾夫雷, 267-68
Japan: banks in, 日本：银行, 29, 176-77; bubble period in, 泡沫时期, 172; coalition politics in, 联盟政治, 135; company unions in, 公司工会, 207; consensus

system in, 共识系统, p72一处为公示系统, p167未见, 26, 72, 167-77; corporatism in, 社团主义, 25, 159-60, 167-77; cross-shareholding in, 交叉持股, 4, 5n7, 13, 18, 52; economic growth in, 经济增长, 29; economic variance in, 经济变量, 6, 7, 12, 20; great reversal in, 大逆转, 168-71; incomplete contracts in, 不完全契约, 31; lobbyists in, 游说, 108; MSPs in, 少数股东保护, 50, 51, 171-74; ownership concentration in, 股权集中度, 17, 18-19, 21, 54; pensions in, 养老金, 175-76, 292; political institutions in, 政治机构, 174-75; political system in, 政治体系, 70-71; postwar occupation of, 战后占领, 149, 163n30, 167, 169; reputational intermediaries in, 声誉中介, 176-77, 208; VOC trade agreement in, VOC贸易协定, 177, 177n67; welfare state in, 福利国家, 152

Japan Corporate Governance Association, 日本公司治理协会, 174, 174n53

Japanese Association of Pension Funds, 日本养老基金协会, 168

Japanese Institute of Certified Public Accountants (JICPA), 日本公认会计士协会, 171n47

job preservation, 保住工作的一种机制, 译为保住工作, 209, 210-11, 249

job security, 就业保障, 24, 127, 136-38, 211

Juppé, Alain, 阿兰·朱佩, 268, 269, 271

Jurong Shipyard, 裕廊造船厂, 200

K

Kabunushi Ombudsman, 股东监察官, 72n49

kaisha-shugi, 社团主义, 149n

kansayaku, 監查役（监查人员）, 171, 173, 208

Kapitalaufnahmeerleichterungsgesetz (KapAEG), 融资促进法, 162

Keidanren, 经济团体联合会, 108, 168, 169, 171n47, 173-74, 173n52

keiretsu system, 企业集团系统, 译为经联会, 18, 125, 170

Keizaidantai-rengokai (Keidanren), 经济团体联合会, 108, 168, 169, 171n47, 173-74, 173n52

Keizaidoyukai, 经济同友会, 173

Keppel, 吉宝公司, 200

Keynesian economic policy, 凯恩斯主义经济政策, 142, 143

Khordokovsky, Mikhail, 米哈伊尔·霍尔多科夫斯基, 190, 199, 294

Kigyo-Kaikei Shingikai, 商业会计讨论委员会, 171n47

Kim Dae Jung, 金大中, 114, 119, 123, 127, 128, 131

Kim Woo Choong, 金宇中, 124, 129n51

Kim Young Sam, 金泳三, 123, 127

KLM, 荷兰皇家航空公司, 185

KMPG Peat Marwick, 毕马威会计师事务所, 117n37

Kohl, Helmut, 赫尔穆特·科尔, 135

Koito Manufacturing, 小糸制作所, 174n55

Koo In Hwoi, 辜朝明, 124, 129n51

Korea: and Asian financial crisis, 韩国：亚洲金融危机, 3, 100, 131; chaebols in, （韩国）财阀, 109, 110, 114, 119, 124-31, 188, 189; class cleavage in, 阶级割裂, 130; cross-listings in, 交叉持股, 115; democratization in: 民主化, 2-3, 125, 127, 128; foreign investment in, 外

国投资，104; labor unions in, 工会，127-31; oligarchy in, 寡头政治，124，125; ownership concentration in, 股权集中度，18; reforms in, 改革，107，119，128，131; shareholder protection in, 股东保护，99，123-24，123n，130; shifting preferences in, 偏好转移，123-31; tax evasion in, 避税，111

Korea Association of Securities Dealers Automated Quotation (KOSDAQ), 韩国创业板市场科斯达克，114，115

Korea Electric Power (KEPCO), 韩国电力公司，128

Korean Accounting Standards Board (KASB), 韩国会计准则委员会，129

Korean Financial Accounting Standards (KFAS), 韩国财务会计准则，129

Korean Stock Exchange (KSE), 韩国证券交易所，104，114，126，128，130

Korea Telecom, 韩国电信公司，128

Korea Tobacco, 韩国烟草，128

KPN, 荷兰电信公司，185

Kuala Lumpur Stock Exchange (KLSE), 吉隆坡证券交易所，234，235，236

Kumpulan Wang Simpanan Pekerja, 雇员公积金，233

Kwok family, 郭氏，232

kyōtō keizai, 京都经济模式（国家统治的经济形态的一种），159n19

L

Labor, U. S. Department of, 美国劳工部，251n55

labor contract, 劳动者的合约，8

labor markets, 劳动力市场，78n36

labor power model, 劳动力模型（式），23，24，62，64，132-46，206

labor unions: collective bargaining of, 工会：集体谈判，157-59，247; private-sector, 私营部门，173; reform and, 改革和，146; retirement benefits and, 退休福利和，216n13; in social pacts, 社会协定，142; strikes by, 罢工，127，169; takeovers and, 收购和，251

Landis, Judge, 兰迪斯法官，241，255

Latin America, 拉丁美洲，70，188

law-and-economics tradition, 法律经济学传统，27

Law on Control and Transparency of Corporations, 公司控制和透明度法，162

Law on Facilitating Raising Capital, 融资促进法，162

Leading Corporate Governance Indicators, 公司治理指标判断，182

Leavitt, Arthur, 亚瑟·莱维特，254

Lee Byung Chul, 李炳哲，124，129n51

Lee Hsien Loong, 李显龙，199，201

Lee Kuan Yew, 李光耀，199

left political parties, 左翼政党，132-33

left-right cleavage, 左右分裂，134-36，137

"legal family" school, 法系流派，7，8，57，83-87

Legends Program, 传奇计划，118

legislation: antitakeover, 立法：反收购，39，87; job security, 就业保障 24; MSP, 少数股东保护，39-51

scandal-influenced, 受丑闻影响的，7

Le Pen, Jean-Marie, 让-马里·勒庞，271

Liberal Democrats, 自由民主党，135

liberal market economy (LME), 自由市场经济，263; centralization in, 集中，158; coordination in, 协调，11，22，52，284; diffusion in, 扩散，96; education and

training in, 教育和培训系统, 78n36; influence of, 影响 153; politics in, 政治, 166
Lieberman, Joseph, 约瑟夫·利伯曼, 255
limited liability company, 有限责任公司, 1
Lim Soe liang, 李姆索里昂, 188
Lippo Group, 力宝集团, 188
Liquidation, 清算, 109–10
listing requirements, 上市要求, 34, 99,
lobbying, 游说, 66, 98, 255, 255n
London Stock Exchange (LSE), 伦敦证券交易所, 114–15, 259, 260
Lucky-Goldstar (LG), 乐喜金星集团, 124, 129, 129n51

M

Major, John, 约翰·梅杰, 135
majoritarian systems, 多数决制度（模式）, 10, 25, 69–78; competition in, 竞争, 280–81; credibility in, 可信度, 76–77; effect predictions in, 效果预测, 72–73; measurements of, 测量, 72; political cohesion in, 政治凝聚力, 82
Malaysia: and Asian financial crisis, 马来西亚：亚洲金融危机, 3, 233, 234–35, 236; diffusion in, 扩散, 51; ethnicity in, 种族, 232; hostile takeovers in, 敌意收购, 39; ownership concentration in, 股权集中度, 18, 110; permissive protections in, "宽容" 的保护, 236–37; political system in, 政治体系, 82, 232, 233–34; preferences in, 偏好, 233; privatization in, 私有化, 235–36
Malaysian Accounting Standards Board (MASB), 马来西亚会计准则委员会, 235
Malaysian Association of CPAs, 马来西亚会计师协会, 235
Malaysian Chinese Association (MCA), 马来西亚华人协会, 234, 236
Malaysian Corporate Governance Code, 马来西亚公司治理准则, 234, 235, 235
Malaysian Institute of Corporate Governance, 马来西亚公司治理协会, 234
Malaysia's generally accepted accounting principles (MGAAP), 马来西亚的公认会计原则, 235
managerial agency costs, 管理代理成本, 28, 32, 209
managerial agency failure, 管理代理失败, 66
managerial incentives, 管理者激励, 46–47
managerism, 管理主义, 149n, 192, 205, 237–41
managerism model, "管理主义" 模式, 23, 25, 62, 66–67, 273–74
managers: as a category, 经理：种类, 275; coalition alignments of, 联盟, 8–9, 23; compensation for, 薪酬, 43, 201, 223, 237; described, 描述为, 59, 278; discipline of, 约束, 112–13; in keiretsu system, 经联会, 170, 170n45, 172, 173; monitoring of, 监控, 213–18; public accountability of, 公共责任, 112, 221–22; preferences of, 偏好, 59–67 M&A Consulting, 并购咨询公司, 174n55
Mannesmann, 曼内斯曼公司, 164, 164n31, 165, 165n36
Marcos, Ferdinand, 费迪南德·马科斯, 188, 202
market capitalization, 股票市值, 103, 104, 304
market control bias, 市场控制权偏离, 49n53
market economies, 市场经济, 11
market for control, 企业控制权市场, 38
market power, 市场力量, 132

Matignon Accords，马提翁协议，142

Matsushita，松下电器，170

Maxwell, Robert，罗伯特·马克斯韦尔，291n

McCall, H. Carl，卡尔·H. 麦考尔，220，220n18

McCaw, Craig，克拉格·麦克考，250

media，媒体，1n1

mergers and acquisitions（M&A），并购，39，113，129–30，166，179n72，243，259

Messier, Jean-Paul，让-保罗·梅西耶，294–95

Mexico，墨西哥，18

microeconomics，微观经济学，30

Microsoft，微软，212，242，291

Milken, Michael，迈克尔·米尔肯，250

Millennium Democracy Party，千禧年民主党，128

Miller, Zel，泽尔·米勒，257

Ministry of Economy and Finance，经济和财政部，271

Ministry of Finance（MOF），财政部：French，法国，264，267；Japanese，日本，171n47

Ministry of Finance and Economy（MOFE），财政和经济部，129，130

Ministry of International Trade and Industry（MITI），国际贸易和工业部（又称"通产省"），140

minority shareholder protection（MSP）：blockholding and，少数股东保护：集中持股和，301，302，303；as CEP proponent，资本主义经济模式的支持者，15，27，54，58–59；described，描述为，4，277；economic policies and，经济政策和，16，20–22；elements of，要素，20–21；employment security rules and，就业保障规则，305；index of，指数，48；labor and，劳工和，134；in laws and regulations，法律和规则，39–51；market capitalization and，股票市值和，103，104，304；ownership concentration minority（continued）and，（持续的）所有权集中的少数派和，306；ownership trade-off in，有权消长，50；political form and，政治形式和，68；predictions 预测，47–51；reform，改革，145，171；resistance to，抵抗，108；on retirement assets，退休资产，305

MinorityShareholder Watchdog Committee，少数股东监督委员会，234，235

Mitbestimmung，共同决策，45，163，167

Mitsubishi，三菱公司，168，188

Mitsubishi Bank，三菱银行，239

Mitterrand, François，弗朗索瓦·密特朗，265，269，272

Mohammed Mohatir，马哈蒂尔·穆罕默德，233

money managers，短期资本经营者，238–41

Monks, Robert，罗伯特·蒙克斯，256n66

Morgan, J. P.，摩根大通，34，202，242，243，245

Morgan Stanley Capital International Index，摩根士丹利国际指数，49n54

motivation patterns，激励模式，90

mutual funds，共有基金，224–25，249，251–52

Myanmar，缅甸，80，202

N

National Association of Securities Dealers Automated Quotations（NASDAQ），纳斯达克指数，103，113，115，288

National Cash Register Corporation（NCR），全国现金出纳机公司，251

National Front，国民阵线，233

National Labor Relations Act, 国家劳动关系法, 246

National Labor Relations Board, 国家劳工关系委员会（NLRB）, 247

Naziism, 纳粹主义, 160, 161

nested authority, 嵌套权力, 4n3

Netherlands: accounting standards in, 荷兰: 会计准则, 182; antitakeover devices in, 反收购工具, 182, 183, 185; coalition government in, 联合政府, 70; continuity and consultation in, 连续性和咨询, 184-85; corporate scandal in, 公司丑闻, 3; corporatism in, 社团主义, 160, 177-80; foreign investments in, 外国投资, 178, 179, 181n79; great reversals in, 大逆转, 20; industrialization in, 工业化, 180-81; Japanese trade agreement, 日本贸易协议, 177, 177n67; oversight protections in, 监管保护, 182; ownership concentration in, 股权集中度, 18, 19, 21, 54; pension funds in, 养老基金, 184-86, 185n97, 240; political system in, 政治体系, 72; sectoral conflict in, 部门冲突 177-87; shareholder protections in, 股东保护, 21, 50, 51, 178, 279, 288

Netherlands Company Law, 荷兰公司法, 182n82

Neuer Markt, 创业板市场, 109, 115, 167

neoliberal models, 新自由主义模式, 63

Neptune Orient, 东方海皇航运公司, 200

New Deal, 罗斯福新政, 209n

New Economic Regulations, 新经济条例, 265

new-money entrepreneurs, 新贵企业家, 113-14, 115, 231, 232

New York State Common Retirement Fund（NYSCRF）, 纽约州公共退休基金, 220

New York Stock Exchange（NYSE）, 纽约证券交易所, 103, 115, 117, 117n36, 145

New Zealand, 新西兰, 18, 25

nexus of contracts, 契约连锁, 31, 91

Nikkeiren, 雇主协会联合会, 168, 169, 173

Nissan, 日产公司, 169

non-bank financial intermediaries（NBFI）, 非银行金融中介机构, 126

non-executive director（NED）, 非执行董事, 45, 100, 100-101n2, 108, 129, 200, 235, 290

North Korea, 朝鲜, 80

Norway, 挪威, 18, 25, 110

Novartis, 诺华公司, 271

Novo Mercado, "新板"市场, 115, 289

noyaux durs, 长期稳定的股东, 265, 269

NRE bill, 新经济条例, 271

Nuovo Mercato, 新市场, 115

O

OECD Corporate Governance Principles, 经济合作与发展组织公司治理原则, 107, 122, 294

offshore tax shelters, 离岸避税港, 111

old-money blockholders, 旧富, 92, 108, 111, 113, 114

oligarchy model, 寡头政治模式, 23, 25, 62, 65, 95, 187-89, 235

O'Neill, Paul, 保罗·奥尼尔, 257

one-off game, "一次性"博弈, 34n20, 37

operating executive system, 运营执行系统, 172

Oracle, 甲骨文公司, 212, 291

ordinary least squares, 普通最小二乘法（OLS）, 227, 307-10

organizational capacity, 组织能力, 28

organizationaldiversity, 组织多样性, 13

Organization for Economic Cooperation and Development (OECD), 经济合作发展组织, p79经合组织, 第五、七章译为经合组织, 18, 26, 79, 100, 122, 154, 203

organized market economy (OME), 有计划的市场经济, 78n36, 166

outcomes, 结果, 12, 16-20, 23, 58

oversight, 监管, 43, 45, 182

owners: as a category, 作为一个类比的所有者, 274; coalition alignments of, 联盟, 8-9, 23; described, 描述为, 59-60, 278; preferences of, 偏好, 59-67

ownership buckets, 所有权"水桶", 17

ownership concentration, 股权集中度, 299-300, 306

Oxley, Michael, 迈克尔·奥克斯利, 254, 255, 256

P

Pakistan, 巴基斯坦, 86

Panel on Takeovers and Mergers, 收购和兼并委员会, 260

parchment institutions, 羊皮卷制度, 68n19

Paris Bourse, 巴黎证交所, 265n88, 266

Park Chung Hee, 朴正熙, 124, 188, 231

parliamentary system, 议会制, 70, 71nn27 and 28

Parmalat, 帕玛拉特公司, 1, 3

party systems, 政党制度, 69-71

path dependence, 路径依赖, 29, 284

PAYGO (pay-as-you-go) pension system, 现收现付养老保险制度, 9, 25, 177, 184, 213-15, 268-69

Pechiney, 佩希内, 267

Pension Benefits Guarantee Corporation (PBGC), 养老金福利担保公司, 247

pension funds: active versus passive, 养老基金: 积极主义与消极主义, 238, 252; bankrupted, 破产, 131; coalitions and, 联盟和, 9; corporatism and, 社团主义和, 160, 164-65, 175-76, 177n64 and 65; equity investments of, 资产投资, 66; global, 全球的, 121; private, 私人的 217; raided, 突袭, 291n; transparency and, 透明度和, 65-66, 145-46; pension plans, 养老金计划, 211-13; firm-level, 公司层面, 212, 215-16; individual, 个人的, 212, 216-18; managerial monitoring and, 管理层监管和, 213-18; pillars of, 支柱产业, 212, 213-16, 311; supplementary, 补充的, 212, 216; underfunded, 资金不足, 213-15, 247, 268

Pensions Advisory Committee, 养老金咨询委员会, 175

People's Action Party (PAP), 人民行动党, 199, 202, 203

personal retirement account (PRA), 个人退休账户, 230, 230n27, 231

Peters Commission Corporate Governance Report, Peters委员会公司治理报告, 185

Philippines, 菲律宾, 18, 82, 188, 202

Philips, 菲利普, 181, 185n91

Pickens, T. Boone, 布恩·皮肯斯, 174n55, 250

Piera, Jose, 何塞·皮涅拉, 230

Pinochet, Augusto, 奥古斯托: 皮诺切特, 205, 228

Pitt, Harvey, 哈维·皮特, 255n, 257, 258

Pohang Iron and Steel, 浦项钢铁公司, 126, 128

poison pills, 毒丸计划, 5, 45, 87, 89, 267, 292

Poland, 波兰, 86

Poldermodel，巴尔的摩，179

political cohesion index，政治凝聚力指数，73，74，75，304

political economy，政治经济学，90

political institutions. See institutions political parties，政治机构，见词条政党，75–76

political science，政治学，58，89

politics：coalitions in，政治：联合，59–66；elements of，要素，2，58；institutions in，机构，67–83；legal traditions and，法律传统和，86–87；preferences in，偏好，22–26，57–67，69–68；U. S. corporate governance reversals and，美国公司治理逆转和，2

populism，民粹主义，245

portfolio diversification，投资组合多样化，106–7

portfolio investors，资产组合投资者，98，102n9

portfolio theory，最佳证券投资理论，32

Port of Singapore Authority（PSA），国际港务集团，200

Portugal，葡萄牙，18，21，110，264

preference：in class cleavage，偏好：阶级割裂，95–148；coalitions and，联合和，59–67；corporate governance，公司治理，8，59–68；feedback loop to，反馈循环，79；institutions and，机构和，67–83，277；labor，劳工，132–46；political，政治的，16，22–26；single-country，一国，278–80；theories of，理论，60；preferred shares，优先股，183，183n86

presidential system，总统制，70，71nn27 and 28

Price Waterhouse Coopers，普华永道会计师事务所，117n37

Pricing，定价，91

principal-agent theory，委托-代理理论，42，241

priority shares，优先股，183，183n86

private bonding，私人约束，33–35，36–37，261，281–82

private control bias，私人控制权偏离，49n53

private equity funds，私募股权基，110n21

private ordering，私人秩序，32，37–38

private ordering guarantee，私人秩序保证，97

private ordering model，私人秩序模型，97–99

private pensions，私人养老金，216–18，226，312

privatization，私有化，128，167，190，236，261，264，265，291

privatized pensions，养老金私有化，179，184

producers，生产者，77–78

profit sharing，利润分享，248

property and voice model，产权与透明度模式，60，61，62，65

proportional representation system，比例代表制度，70n25

Proxinvest，法国Proxinvest公司，268

Prudent Man Rule，审慎人规则，247

public accountability，公共问责制，1，207，221–22

Public Accounting Oversight Board，公共会计监督委员会，257

public employee pension funds，公共雇员养老基金，215–16，225，249，250

Public Employees Fund，公共雇员基金，240

public policy，公共政策，2，8，16，20–22

Pure Food and Drug Act，纯食品和药品法，

244

Putin, Vladimir, 弗拉基米尔·普京, 190, 294

Q

quality of corporate law (QCL), 公司法的质量, 24, 39-40, 41n37, 42, 63n10, 134, 139, 166

quasi rents, 准租金, 209, 291n

R

rates of return, 249-50, 收益率

Reagan, Ronald, 罗纳德·里根, 89, 135, 248

regulatory market, 受管制的市场, 6

regulatory policies, 规制政策, 2, 35-36

regulatory reform, 监管改革, 34, 39

religion, 宗教, 159

Renggō labor federation, Rengō 劳工联盟, 173

replacement effect, 替代效应, 218

Republican Party, 共和党, 255, 256

reputational intermediaries (RI): ambiguous, 声誉中介：模棱两可, 116-18, 287; class cleavage role of, 阶级分裂作用, 99-100; conflicted, 冲突, 38, 239, 239n, 241, 254-56; corporatism and, 社团主义和, 176-77; described, 描述为, 2; in game playing, 博弈, 34n20; managerial performance and, 管理绩效和, 5; monitoring role of, 监督角色, 33-35, 241, 254-55, 256; private bonding and, 私人约束和, 34-35; role of, in scandals, 丑闻, 116; single-versus multi-purpose, 单一和多目的, 275

reputation building, 声誉构建, 33-35

residual control, 剩余控制权, 32-33

residual risk, 剩余风险, 32-33

residual state ownership, 剩余国家所有权, 291

Rhenish capitalism, 莱茵河模式（莱茵式资本主义）, 6, 160, 163, 166

Rho Myo Hun, 卢武铉, 123

Rho Tae Woo, 卢泰愚, 125, 188

Ricardo-Viner theory, 李嘉图-维纳理论, 151-52, 152n8

Rocard, Michel, 迈克尔·罗卡尔, 268

Rockefeller, John, 约翰·洛克菲勒, 242, 243, 244, 250

Rockwell, 罗克韦尔公司, 251

Roundtable on Corporate Governance, 公司治理圆桌会议, 1n2

Royal Dutch Airlines (KLM), 荷兰皇家航空公司, 185

Royal Dutch Shell, 荷兰皇家壳牌公司, 181

Russia, 俄罗斯, 150, 189, 190-92, 263

S

Samsung, 三星公司, 124, 129, 129n51

Sanofi/Aventis, 赛诺菲/安万特, 271

São Paulo Exchange, 圣保罗交易所, 289

Sarbanes, Paul, 保罗·萨班斯, 256

Sarbanes-Oxley Act 萨班斯-奥克利法案, 7; debate and lobbying over, 辩论和游说, 220, 243, 251, 256-58; implementation of, 实施, 118, 254; politics and, 政治和, 2, 256-58, 256n67

Scandinavian model, 斯堪的纳维亚模式, 143

Scania, 斯堪尼亚公司, 44

Schröder, Gerhardt, 格哈德·施罗德, 135

scripts, 文字系统, 92

second pillar assets, 第二支柱资产, 215-16

sectoral cleavage, 部门分裂, 11, 149-204

sectoral models, 部门模型, 23, 25, 60,

· 399 ·

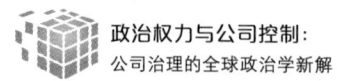

61, 62, 64–65, 95

Securities and Exchange Act, 证券交易法案, 2, 243

Securities and Exchange Commission（SEC），证券交易委员会，又称"证监会", 34, 220, 254; carve out exemptions of, 剥离豁免, 115; lobbying of, 游说, 118, 255; on mutual fund proxy voting, 共同基金代理投票, 251; origins of, 起源, 2, 209n, 241, 245; prosecution by, 起诉, 240–41; regulation by, 监管, 117, 255, 258; on shareholder vote, 股东投票, 252

Securities and Investment Board（SIB），证券投资委员会, 260

Securities Finance Corporation, 证券金融公司, 173n52

securities firms, 证券公司, 33

securities law, 证券法, 4

securities lawyers, 证券律师, 35

securities markets, 证券市场, 99

selectorate, 选举人团, 80

self-dealing, 自我交易, 222

self-regulatory organization（SRO），自律组织, 260

Sembawang, 三巴旺, 200

SembCorp, 胜科工业集团, 200

Shanghai Bank, 上海银行, 239

shareholder, 股东, 9–10, 67n

shareholder activism, 股东激进主义（股东行动主义), 88, 89, 292

shareholder model, 股东模式, 4–5, 52

shareholder protections, 股东保护, 4, 37, 42–43, 75, 120, 308–10

shareholder value, 股东价值, 91, 174, 209, 294–95

Shell, 荷兰皇家壳牌公司, 181, 185n91

Sherman Antitrust Act, 谢尔曼反垄断法案, 2, 7

shikko yakuinei, 运营执行系统, 172, 244

Shoei, Shoei 公司, 174n55

Siemens, 西门子, 164

signaling, 信号, 91

Silicon Valley, 硅谷, 88

Singapore: governance approach in, 新加坡：治理方法, 198; hua qiao control in, 华侨家族控制, 200; overview of, 综述, 199; ownership concentration in, 股权集中度, 18, 110; pension systems in, 养老金制度, 199, 201; politics in, 政治, 202–3; shareholder protections in, 股东保护, 21, 200–201

Singapore Airlines, 新加坡航空公司, 200

Singapore Institute of Directors, 新加坡董事学会, 202

Singapore Power, 新加坡电公司, 200

Singapore Stock Exchange（SSE），新加坡证券交易所, 200, 201

Singapore Technologies, 新加坡科技, 200

Singapore Telecom, 新加坡电信公司, 200

Single European Act, 单一欧洲法, 264

Snow, John, 约翰·斯诺, 257, 258

Sociaal Economische Raad（SER），三方协商社会经济委员会, 185, 186

social democracy, 社会民主主义, 160, 161–62, 163

social democratic model, 社会民主模式, 7n36, 64, 78n36, 132–33, 133n34, 282

social democratic power, 社会民主力量, 24

social investing, 社会投资, 249–50

socialism, 社会主义, 269–70

social market, 社会市场, 6

social prestige, 社会地位, 110, 110–11n22

social security，社会保障，215，245
Sōhyō，日本劳动组合总评议会，173
South Africa，南非，18，110
Southeast Asia，东南亚，202
South Korea. See Korea，韩国
Soziale Marktwirtschaft，社会市场经济，159n19
Spain，西班牙，18，109-10，111，135，264
Spitzer, Elliot，艾略特·斯皮策，258
staggered boards，交错董事会，45
stakeholder，股东，9-10，67n
stakeholder capitalism，利益相关者资本主义，6
stakeholder model，利益相关者模型，4-5
stakeholder values，利益相关者价值，168
Standard & Poor，标准普尔，286
standard model，标准模型，291
Standard Oil Corporation，标准石油公司，244
state-owned enterprise（SOE）：ADR use by，国有企业：使用存托凭证，114；French，法国，265，266，267；governance and，治理和，291-92；liquidation of control in，控制权清盘，109；in Singapore，新加坡，200；unions of，工会，173
state ownership model，国家所有权模式，5
State Street Investments，美国道富投资公司，186
Stichting Corporate Governance Onderzoek voor Pensioenfondsen（SCGOP），养老基金公司治理研究，185，240
Stichting Pensioen Fonds（ABP），ABP基金会，184-85，185n97，186，240，288
Stichting Pensioenfonds voor de Gezondheid, Geestelijke en Maatschappelijke Belangen（PGGM），医疗保健养老基金，184，185，240
stock exchanges，证券交易所 34，44，99-100，115-16，117
stock grants，无偿配股，211-12，253-54
stock options：employee，股票期权：员工，172-73，211-12，212n5，235，248；executive，执行，253-54，266-267；taxation on，税收，266n92
stock transfer restrictions，股份转移限制，45
Stolper-Samuelson theory，斯托尔帕-萨缪尔森定理，151-52，152n8
structural determinism，结构决定主义，30
structuur-regelinglaws，"结构规则"法案，181
Studebaker Corporation，斯图贝克公司，247
Suharto family，苏哈托家族，202
SunKyong（SK），鲜京公司，129
Superintendencia de Seguros y Valores（SSV），保险和证券监管局，229
supplementary pension plans，补充养老金计划，212，216
sustainable growth，可持续发展，292
Svenska Arbetgivarforening（SAF），瑞典雇主联合会，146
Sweden：coalitions in，瑞典：联合，70，133-34，152；corporatism in，社团主义，25；diffusion in，扩散，51；great reversals in，大逆转，20；labor movement in，劳工运动，140；ownership concentration in，股权集中度，17，18，110，144；reforms in，改革，145-46；shareholder protection in，股东保护，99，108，112，279；welfare state in，福利国家，71n29，140，145
Swedish National Pension Insurance Funds，瑞典国家养老保险基金，144
Switzerland，瑞士，18，71n29，103

Syndicat National des chemins de fers (SNCF), 公共列车管理局, 272

T

Taft-Hartley funds, 塔夫特-哈特利基金, 215, 249
Taiwan, 中国台湾, 18, 108, 110, 111
takeovers, 收购, 39, 113. See also hostile takeovers, 另见词条敌意收购
Tax Equity and Fiscal Responsibility Act (TEFRA), 税收公平与财政责任法案, 248
tax evasion, 避税, 111
Tax Reduction Act of 2000, 减税法案, 162
Teachers Insurance and Annuity Association-College Retirement Equities Fund, 美国教师退休基金-大学退休权益基金 See TIAA-CREF 见美国教师退休基金会
Teamsters Union Central States Pension Fund, 卡车司机联盟中央国家养老基金, 247
Temasek, 淡马锡公司, 199, 201, 202, 203
Temasek listed companies (TLCs), 淡马锡上市公司, 201
Tennessee Valley Authority (TVA), 田纳西流域管理局, 245
termination liability method, 终止责任方法, 213n9
Texaco, 德士谷公司, 240
Thailand, 泰国, 3, 18, 72, 82, 189, 234
Thaksin Shinawatra, 他信·西那瓦, 189, 199
Thatcher, Margaret, 玛格丽特·撒切尔, 70, 135, 261, 262
third pillar pension, 第三支柱养老金, 216-18
Thomson St Gobain, 汤姆逊圣戈班公司, 272
TIAA-CREF, 美国教师退休基金会, 230, 240, 249, 258
Tokyo Stock Exchange, 东京证券交易所, 18, 171, 174, 178
tort law, 侵权法, 39, 40-43
torts model, "侵权" 模型, 85
Total Fina, 道达尔菲娜公司, 268
total stock market capitalization measure, 证券市场资本化总额方式, 20n
Toyota, 丰田汽车, 30, 44n45, 170, 291
trade disputes, 贸易纠纷, 13
trade unions, 工会, 132
transfer restrictions, 转让限制, 267
transitional systems, 转型系统, 79-83
transparency: in authoritarian systems, 透明度: 威权系统, 80; class conflict versus, 阶级冲突, 206-7; in corporatist model, 社团主义模式, 65, 160; crowding-out effect in, 排出效应, 218; described, 描述为, 208-10; job security through, 工作安全, 211; managerism and, 管理主义和, 237-41; pension patterns and, 养老金模式和, 213-20; political and economic, 政治经济, 13; prediction and evidence of, 预测和证据, 223-28; replacement effect in, 替代效应, 218; shareholding patterns and, 股权结构和, 211-213; social pressures and, 社会压力和, 80; workers and, 员工, 210-11, 220-23
transparency coalition model: changes in, 透明度联合模型: 变化, 284; contrasted with other models, 与其他模型对比, 273-74, 280; described, 描述为, 65-66, 208-10; measures of, 手段, 25; preference cleavage in, 偏好分歧, 205-73; reforms in, 改革, 145, 142
Treasury, U.S. Department of, 美国财政部, 257
trust offices, 信托办公室, 183

Turkey，土耳其，18，21
Turner, Ted，泰德·特纳，250
two-party system，两党系统，70，70n25
Tyco International，泰科国际公司，21，252，256

U

UAP-BNP，巴黎保险联合会-法国巴黎国民银行，265
unfunded pension plans，没有资金的养老金计划，213-15
Unilever，联合利华，181，185n91
Unions des Assurances de Paris and Banque National de Paris. See UAP-BNP，巴黎保险联合会-法国巴黎国民银行
United Kingdom (U.K.)：common law in，英国：普通法，84-85，85n44；corporatism in，社团主义，25；descriptive statistics for，描述性统计，310；equity ownership in，股权，224；great reversals in，大逆转，20；hostile takeovers in，敌意收购，39；institutional investor assets in，机构投资者资产，106；majoritarian system in，多数决制度，69，70，75，259-62；ownership concentration in，所有权集中度，17，18，19；pension investments in，养老金投资，224-25，240，262；preferences in，偏好，68n18；shareholder protections in，股东保护，21，50，51，262；unions in，工会，4
United Malays National Organization (UMNO)，马来民族统一机构，233，234，236
United States (U.S.)：blockholding in，美国：集中持股，242-46；consensus system in，共识系统，26，71n29；corporatism in，社团主义，25；economic model variance in，经济模型变量，6，12，20；employment Protection in，就业保障，136；descriptive statistics for，描述性统计，310；401(k) plans in，401(k)计划，243，247-48；governance overview of，治综述理，文中未见，241-43，258-59；historical patterns in，历史模式，143-46；hostile takeovers in，敌意收购，39；incomplete contracts in，不完全契约，31；institutional investor assets in，机构投资者资产，106；managerial accountability in，管理层问责制，112；managerism in，管理主义，250-54；oligarchs in，寡头，243，244；ownership concentration in，股权集中度，17，18，19，54；pensions in，养老金，224-25，243，246-47；political system in，政治体系，70；reforms in，改革，356-58；rhetorical notions in，修辞概念，295；robber baron period in，强盗贵族时期，150；shareholder protections in，股东保护，21，50，51；social investing in，社会投资，249-50；stock option issue in，股票期权问题，254；unions in，工会，4；Wall Street，华尔街，254-56
Unruh, Jesse，杰西·安鲁，240

V

Variance，变量，277-78
varieties of capitalism (VoC)，资本主义的多样性，51-54，77，79，113n31，153，166，205n，208，290
Venezuela，委内瑞拉，18
vertical pyramid control，垂直的金字塔控制，4
veto gates，否决门，71，71n27 and 28，81
veto players，否决者，69，71，71n28，72n30，175
veto points，否决点，71，71n28，234

Vietnam，越南，202

Vivendi，威望迪环球集团，1，3，219

Vodafone，沃达丰公司，164，164n31，165，165n36

voice model，发言权模式，60，61，62，65，95

"voice or exit，"发声或退出，187

Volcker, Paul，保罗·沃克尔，255n

Voluntary Code on Takeovers，自愿收购法，201

Volvo，沃尔沃公司，144

Vorstand，双层董事会管理层，163

voting caps，投票上限，45，183，183n86

voting restrictions，投票限制，45

voting rights，投票权，45

W

Wallenbergs，瓦伦堡家族，110，141

WallStreet，华尔街，254-56

Webster, Judge，韦伯斯特法官，258

Weimer Republic，魏玛共和国，161

Westminster system，威斯敏斯特系统，10，70n25

Winter, Jaap，杰普·温特，186

Workers: as a category，员工，274-75; coalition alignments of，联合，8-9，23，25; described，描述，59，278; in labor power model，劳动者权力模式，132-46; political influence of，政治影响，132-34; preferences of，偏好，59-67，132-34，220-21

World Bank，世界银行，72，74，100，119，213n9

WorldCom，世通公司，1，219，256，257，257n69

X

Xylan，Xylan公司，212n5

Y

Yamagata Arimoto，山形县有朋，168

Z

zaibatsu system，（日本）财阀系统，125，167，168，169，188

译后记

《政治权力与公司控制》是政治学视角下研究公司治理的两本代表作品之一；另一本是马克·罗伊教授的作品《公司治理的政治维度》。两部作品在谷歌学术上的引注均超过 1000 次。转引 1000 多次是什么水平呢？例如公司法研究领域的集大成之作《公司法剖析》（*The Anatomy of Corporate Law*）大致上就位于这样一个水平，转引次数约为 1500 次。本人翻译的另外一本专著《公司法的失败》（*The Failure of Corporate Law*），系进步公司法学派（progressive corporate law）的代表作，其转引次数也仅有 258 次。因此，将前述两部作品并称为这一领域的经典之作，一点都不为过。

学者约翰·阿莫、亨利·汉斯曼、莱纳·克拉克曼在回答什么力量塑造着公司法这一话题时，鲜明地表示"全球各地的公司法一直背负着其历史演变所留下的痕迹，并且反映着不以效率为导向的诸多文化或者意识形态思潮"。这一观点也逐渐为学术界所接受，而这一观点的脚注，正是上述提到的两本专著。深入了解作品的背景，拥有更清晰的视野，有助于明确本书的定位和价值。同时有了顶级专家的背书，翻译本书也拥有了更强的正当性基础。若干年前，在初步阅读本书后，我就发现书中有很多创新之处，在传承并综合了各派学者研究的同时又有超越之处，超越了汉斯曼的《公司法历史的终结》、超越了马克·罗伊的《公司治理的政治维度》，利用了 LLSV 的部分数据和分析方法，也超越了他们的基本结论。因此，我断定这是一本富有见地、有跨学科智识、有多元化视野的高水平著作。

翻译这样的作品是激动人心的，作者古勒维奇教授特别撰写了一封支持翻译的推荐信，我的导师——北京大学吴志攀教授也向出版社撰写了荐语。原书作者与导师的支持，给了我莫大的鼓励与肯定，是支撑我翻译的巨大动力。翻译之路从对作者的了解开始，彼得·古勒维奇作为国际知名学者、美国艺术与科学院院士，作品一贯受到学术界的好评，代表作有《艰难时世下的政治》等。他不仅是加州大学圣地亚哥分校国际关系和太平洋研究学院的创始院长，也是国际关系和比较政治学专家，专攻政治经济学，特别关注国际贸易与经济全球化、贸易争端、监管制度和公司治理。合作者詹姆斯·希恩作为一名兼具学术、实务背景的学者，不仅创办或参股多家公司并成功上市，同时为美国政府服务过，曾官至助理国防部长，有着非常丰富的政治学背景和公司治理经验。合作者的学术声誉也是本书质量的有效保障。两位学者惺惺相惜，甚至在前言中写道："我们感谢彼此的精诚合作；从始至终，我们始终坚信，如果没有对方，谁也写不出这本书。"

与马克·罗伊教授的法学背景不同，古勒维奇教授是典型的比较政治学学者，但对于经济学、社会学、法学的了解是相当透彻的，丝毫不逊于以法学抑或经济学为主业的学者们。扎实的功底体现在本书的方方面面，尤其是在第三章中，作者非常准确地将相关问题从法律和经济学传统的争论中确定下来。涉及公司的"契约连锁"、不完全契约、交易成本和委托-代理理论等，并且与中小股东保护、私人约束机制等绑定在一起。如果说《公司治理的政治维度》是法学家对政治视角的借用，本书则纯粹是两位政治学学者以比较政治学为底色对公司治理的观察。政治视角的介入无疑为公司治理的研究增加了一笔浓重的色彩，而进一步运用比较政治学的框架，跨学科、跨地区的实证研究，细致精微、大开大合，是我在相对熟悉的法学领域不曾出现的。综合来看，本书的贡献主要表现在如下几个方面：

第一，本书试图解答了公司治理的模式之争，深入探讨了公司治理模式的多样化及其优劣。有别于其他单一学科视角，作者的观察角度更为独特、学科内涵也更为宽泛，对公司治理模式演变的观察方法也更为细致。足以就各种治理模式展开全面评价，以评比其优劣。

传统的公司治理问题集中在以下几个方面：所有国家的公司治理是否会趋同于一个共同模式，抑或多样性会继续维持？什么解释了各国公司治理中的多样性？什么导致了治理中伴随时间推移的改变？依据主流观点，企业治理系统可分为两组，分散型股东结构和集中大股东结构。前者是公开上市的企业和发达的资本市场的所有权分散的特点，而在后者中，大多数公司都有一个或几个较大的核心股东。在全球范围来看，分散持股还是少见的，基本上局限于美国和英国等发达的大型经济体。而大股东模式在世界各地，包括在欧洲大经济体和日本仍然存在。一些学者认为，所有权的分散是一个渐进发展的终点，往往被视为属于一个卓越的系统，企业应该能够在全球市场上优胜于其他企业。另一些学者认为，公司法规则变迁中存在结构驱动和规则驱动的路径依赖，股权结构和治理模式并不会完全趋同。

本书的作者冷静地站在一旁分析，并主张，"对每一种治理类型的最好描述是：其拥有强大优点的同时，也拥有典型的缺陷。一个利益相关者系统可以是高效的和坦诚的，一个股权分散系统也可以是腐败的、有害的——反之亦然。我们认为多样性是美好的。每一个系统都能为劳动者的国际配置提供支持。组织形式补充了比较优势；拥有多于一种模式能够提高生产力（生产率）。无论如何，组织多样性都是不可避免的。这能够帮助我们理解其中的因果关系。"

第二，本书引入了政治学的视角，来分析公司治理与政治因素、政策之间的关系。在整体的公司治理架构中，我们愈发看到了政治的重要性。政治学的基本因素包括：利益、制度和政治斗争——正在全世界范围内发挥作用。政策也非常重要，法律保护和市场结构都由政策决定。他们源于政治过程中做出的决定：法律通过、法律执行、规制应用、法院保护避免腐败——这些都是深刻的政治变量。公司治理作为分析的对象，应用上述框架分析具有优势。公司可能提供社会效率，但却是通过支持某些群体优于其他群体来实现的。因此，它涉及利益和约束的分配，从而涉及政治。

公司治理与公共政策之间互相作用，则形成了多种有特色的治理机制和监管体系。公司治理系统反映了公众政策选择，各国通过的法律塑造了激励机制，而激励机制反过来又塑造了治理体系。一些国家拥有严厉的内幕交易禁令，拥有活跃的控制权市场，拥有强大的小股东保护制度以及产品市场竞争和有效的反垄断规则。这些国家通过股东选举产生的董事会，拥有分散的股权和管理监督模式。其他国家通过允许金字塔结构杠杆和交叉持股、限制市场控制、限制竞争以及向少数股东提供弱保护来鼓励集中持股。

第三，在方法论上，本书革新地运用了政治学新方法。近些年来，政治学分化为两个阵营，一方强调"偏好"的作用，一方则强调"制度"的影

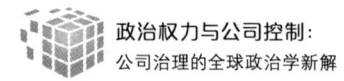

响。两派都坚定的将其他的因素看作变量，以此来展示其研究的影响，即一派认为偏好持续反映了制度的力量，而另一派则认为制度持续反映了偏好的力量。本书作者检验了两者，首先运用比较"静力学"的方法，描述了偏好模型，之后描述了制度模型。其后，本书加入了制度与偏好是如何在一段时间内互相作用的动态元素。通过历史的分析性描述作为研究方法，定位国家政策模式的样态，得出了如下研究框架：政治（主体偏好+政治制度）—政策（少数股东保护+经济协调度）—公司治理结果（集中持股/分散持股）。

但本书的贡献不止于此，作者另辟蹊径，运用政治学理论，分析公司治理中群体联合现象。作者从三个层面来分析"管理层""股东""劳动者"之间的联合与分化。不同主体的联合，不同的胜出结果，最终导致了不同的治理模式，也可以据此解释不同国家公司治理的细微差别。另一方面，本书大篇幅采用"分析性叙述"的方法。分析性叙述关注制度的变迁，关注案例的选择及其先后顺序，关注对于一般理性假设的检验，更加重视演绎、归纳和重述的结合。在本书的后面几个章节中，分析性叙述发挥了十分重要的作用，针对主要经济体展开研究，提供了另一种发展论证和检验证据的方法。

十年磨一剑。本书的翻译、出版历经整十年。大家都没有放弃，唯心怀感激！在此感谢钱琦、刘海光两位老师的费心张罗，感谢张馨月同学对本书的仔细校对，特别要感谢中国政法大学出版社冯琰老师为本书的付出！《政治权力与公司控制》系公司治理比较政治学领域的集大成之作，古勒维奇老爷子和希恩先生向我们展示了学术研究的极致之美、多样性之美，成就经典作品的同时也成就了我这位译者，衷心地感谢两位教授！